Tracy Marks
Astrologie der Selbst-Entdeckung

Tracy Marks

Astrologie der Selbst-Entdeckung

Eine Reise in das Zentrum des Horoskops

Verlag Hier & Jetzt

Deutsche Erstveröffentlichung
Hamburg 1989

Die Originalausgabe erschien 1985 bei
CRCS Publications, CA 955473, USA,
unter dem Titel 'THE ASTROLOGY OF SELF-DISCOVERY'

1. Auflage 1989
2. Auflage 1990

Herausgeber: Wolfgang Bartolain, Hamburg
Übersetzung: Petra Petersen und Renate Vincenz
Umschlaggestaltung: Uli Breyer
Satz: Verlag Hier & Jetzt
Datenkonvertierung: FOTOSATZ J. Duscha, Berlin
Druck: Fuldaer Verlagsanstalt, Fulda

Die in der 2. Auflage erheblich erweiterte und verbesserte
Tabelle im Anhang verdanken wir Herrn Swidirsci, Hamburg

Titelbild: 'DER STERN' von Margarete Petersen

ISBN 3-926925-01-9

Inhaltsverzeichnis

Einführung

Das Horoskop ist nicht nur ein Mittel, durch das wir mit der Zeit zu einem theoretischen Verständnis unseres unveränderlichen Wesens gelangen, oder mit dessen Hilfe wir herausfinden, welche Einflüsse in allen unseren Lebensbereichen wirken — das Horoskop dient auch als Landkarte für die Entdeckungsreise zu dem Menschen, der wir in Wahrheit sind und der wir werden können, wenn wir uns entschließen, alle unsere verschiedenen Teile und die inneren und äußeren Kräfte, die auf uns einwirken, sorgsam zu beachten. Wenn wir Astrologie bewußt, aktiv, konstruktiv und verantwortungsvoll nutzen, können wir uns sowohl selbst entdecken als auch im Zusammenwirken mit den universellen Kräften uns selbst gestalten.

Dieses Buch tritt für eine aktive, dynamische und transformierende Einstellung zur Astrologie ein, die sowohl den empirischen als auch den intellektuellen Kontakt zu den «Planeten-Persönlichkeiten» in uns umfaßt. Durch den aktiven Gebrauch der Astrologie können wir unseren gesamten Lebenszweck oder unsere Lebensrichtung entdecken und uns den Wegen der Integration verpflichten. Das bedingt, daß wir die verschiedenen und häufig gegensätzlichen Persönlichkeiten in uns miteinander in Einklang bringen. Wenn wir das Geburtshoroskop als Landkarten für die persönliche Entwicklungsreise benutzen, können wir lernen, mit den positiven Möglichkeiten von Transiten, Progressionen und Synastrien zusammenzuarbeiten, statt uns als Opfer zu erfahren, die sich widerstandslos äußeren Einflüssen unterwerfen. Erlauben wir unserem wahren Selbst, sich zu entfalten und zu erblühen, werden wir wahrscheinlich auch geeignete Mittel finden, zu der Welt, in der wir leben, einen lohnenden Beitrag zu leisten.

Die *ASTROLOGIE DER SELBST-ENTDECKUNG* umfaßt neun Kapitel; fünf davon wurden ursprünglich als getrennte Büchlein herausgegeben und sind von mir während der letzten fünf Jahre verbessert und erweitert worden, um mein eigenes sich weiterentwickelndes Verständnis widerzuspiegeln. Die anderen vier Kapitel, die den Mond, die Mondzeichen, die Mondknoten, aber auch den Mißbrauch von Astrologie betreffen, bringen Gedanken und Erfahrungswerte zum Ausdruck, die ein wesentlicher Bestandteil meiner eigenen Entwicklung während der letzten zehn Jahre gewesen sind. Als Astrologin, Beraterin, Schriftstellerin, Lehrerin, spirituelle Studentin und Psychotherapeutin schöpfe ich aus meinen eigenen Erfahrungen, meiner Intuition und dem Wissen, das ich durch Studium und tiefgehende Begegnungen mit anderen Menschen erwarb.

Dieses Buch ist kein allumfassendes Werk, das sämtliche Facetten der Horoskopinterpretation oder gar jede einzelne Auslegung der Planetenstellungen einschließt. Vielmehr ist es ein Reiseführer zu einigen der vernachlässigten oder nur oberflächlich behandelten Bereiche in der Astrologie.

Diese Themen haben jedoch höchst bedeutungsvolle Konsequenzen für diejenigen von uns, die versuchen, ihre physischen, emotionalen und intellektuellen Anlagen miteinander in Einklang zu bringen und sich von einschränkenden Mustern der Vergangenheit befreien und das innere Feuer erwecken wollen, das die Prozesse der Selbstentfaltung leiten kann.

In dem Kapitel «**Der Mond: Dem Kind in uns wieder mit liebender Fürsorge» begegnen** wollen wir darüber nachdenken, auf welche Weise wir das weibliche Prinzip verleugnen und die lebensbejahenden Kräfte des inneren Kindes unterdrückt haben. Wir wollen auch darüber sprechen, welche schmerzhaften, aber gewöhnlich belebenden Prozesse uns dabei helfen, mit dem inneren Kind wieder in Kontakt zu kommen und ihm, indem wir uns zu ihm bekennen, die Aufmerksamkeit und liebevolle Fürsorge zukommen lassen, die es so dringend braucht.

In dem Kapitel «**Mondzeichen**» wollen wir die Mondzeichen im Hinblick darauf auswerten, welche Bedeutung sie für das Erkennen unserer Bedürfnisse haben und auf welche Weise sie uns befähigen, uns selbst zu hegen und zu pflegen. Wir werden uns wachstumsfördernden Tätigkeiten widmen.

In dem Kapitel «**Neumond, Vollmond**» wollen wir die Einflüsse der Mondphasen auf uns bewerten und betrachten, wie wir den jeweiligen Einfluß nutzen können, um unser Verständnis zu erweitern und die keimenden Anfänge, die bei Neumond möglich sind, fruchtbar zu machen. Mit Hilfe von Arbeitsbögen und einem Anhang, in dem alle Neumonde, Vollmonde und Mondfinsternisse (Eklipsen) aufgeführt sind, können wir Konjunktionen mit den Radix-Planeten leicht bestimmen und sind dann bereit, diese zukünftigen Aspekte richtig zu nutzen.

In dem Kapitel «**Mondknoten: Unser Lebensziel**» wollen wir sowohl den absteigenden Mondknoten, der den Einfluß der Vergangenheit verkörpert, als auch den aufsteigenden Mondknoten, der auf unser Lebensziel hinweist, sowie die Integration der beiden Polaritäten gründlich betrachten. Wir wollen darüber nachdenken, was die eigenen Knoten bedeuten und klären, welche Aufgaben uns mit der Mondknotenachse in den Zeichen gestellt werden. Außerdem wollen wir die Mondknoten in bezug auf Transite, Progressionen und Horoskopvergleiche untersuchen.

In dem Kapitel «**Transite, der nächste Schritt in unserem Werden**» wollen wir verschiedene Anschauungen darauf untersuchen, wie Transite uns beeinflussen, wie wir aktiv mit ihnen zusammenarbeiten können, und in wieweit wir fähig sind, die Lehre, die sie uns übermitteln, zu erkennen und zu leben. Wir wollen lernen, Transite zu interpretieren, um jedem der äußeren Planeten die richtigen Fragen stellen zu können, damit wir uns konstruktiv auf ihre Kräfte vorzubereiten vermögen und aus ihnen Nutzen ziehen können. Außerdem wollen wir die bevorstehenden Konjunktionen von Saturn/Uranus und Saturn/Neptun in Schütze und Steinbock genau ansehen und überlegen, wie wir davon profitieren könnten.

In dem Kapitel «**Neptun**» wollen wir uns auf die schwer faßbaren und sensibilisierenden Eigenschaften dieses äußeren Planeten einstimmen und die Entwicklungsstadien des Übergangs als auch die Verwirrung, die Neptun in unser Leben bringt, gründlich untersuchen. Gleichzeitig wollen wir uns bemühen, inmitten eigener neptunischer Verwirrung Klarheit zu finden. Außerdem wollen wir zahlreiche andere Bedeutungen und Aufgaben Neptuns beleuchten: zum Beispiel, welche Vorteile uns Visualisierung und Phantasie-Arbeit bringen, oder wir betrachten Neptun als den Herrn des Dienens, des Opferns, der Kreativität und der spirituellen Erfahrung, aber auch in Beziehung zur romantischen Liebe.

Das Kapitel über «**Pluto**» wird uns mit den tiefgründigen Dimensionen der Transformation durch freiwerdende Energien bekanntmachen sowie mit den Themen Machtausübung, Tod und Wiedergeburt im psychologischen Sinne konfrontieren, welche durch Pluto gefördert werden können. Wir wollen beurteilen, inwieweit wir uns entmachten oder Macht mißbrauchen und uns jener Lebensbereiche bemächtigen können, die Pluto sowohl von Geburt an als auch durch Transite beeinflußt. Außerdem wollen wir in Erwägung ziehen, ob sich plutonische Elemente in den zwischenmenschlichen Beziehungen auswirken.

Die «**Prinzipien der Tiefenastrologie**» sind ein zusammenfassendes Kapitel, das einige der Gedanken, die in den vorhergehenden Kapiteln geäußert wurden, verbindet. Es macht auch mit neuen Ideen bekannt und erstellt eine Gesamtphilosophie sowie einen Zugang zur Horoskopinterpretation, der konstruktiv, praktisch und wachstumsfördernd ist. In diesem Kapitel werden alle Prinzipien in einen Zusammenhang gebracht, die ich aus meinem Innersten, aus der Psychologie, der Astrologie, der zeitgenössischen Physik und aus spirituellen Lehren gewonnen habe.

Zum Schluß werden wir uns in dem Kapitel «**Mißbrauch der Astrologie**» mutig die Gefahren ansehen, die dem Studium und der Interpretation von Horoskopen innewohnen. Wir werden erkennen, wie leicht wir den negativen Elementen in unserer Persönlichkeit, wie zum Beispiel Zukunftsangst, Intellektualisierung, Hilflosigkeit und Qual, erlauben, in die astrologische Praxis einzufließen. Wir wollen auch erörtern, daß wir, als astrologische Berater, uns selbst gegenüber ehrlich sein und getreu unseren höchsten Werten handeln müssen, wenn wir die Astrologie als helfendes Werkzeug einsetzen wollen.

Die Gedanken, die in diesem Buch vorgestellt werden, sind eine Integration von Tiefenpsychologie (einschließlich Psychosynthese, Gestalt-Therapie und objektbezogener Denkrichtungen), spirituellen Lehren und traditioneller

Astrologie sowie von Wissen, das ich durch meine eigene berufliche Arbeit und meine täglich wenigstens zweistündigen Selbst-Therapie-Übungen während der letzten fünfzehn Jahre meines Lebens gewonnen habe. Obgleich ich mich noch als Astrologin betrachte und mich mit astrologischer Beratung, dem Lehren und Schreiben über dieses Thema beschäftige, arbeite ich hauptsächlich als Beraterin/Psychotherapeutin. Ich habe wöchentliche Sitzungen mit Klienten, die sich ihrer persönlichen und überpersönlichen Entwicklung widmen möchten und offen sind für die emotionalen und intellektuellen Veränderungen, die eine solche Verpflichtung mit sich bringt. Ich benutze mein überpersönliches Verständnis, um Menschen zu helfen, mit ihrer inneren Führung in Kontakt zu kommen und ihre eigenen Wachstums- und Integrationsprozesse zu erleichtern. Dies ist auch ein Hauptanliegen dieses Buches.

Das Horoskop ist eine erstaunlich genaue Landkarte der Psyche, aber eben nur eine Landkarte. Es bedient sich der symbolischen Ebene und kann auf eine Reihe möglicher Ziele oder Bestimmungen sowie auf die Wege, die uns zu dem jeweiligen Ziel führen können, hinweisen. Es vermag zu sagen, wann die beste Zeit für uns ist, die jeweilige Reise zu beginnen. Doch wir selbst sind es, die das Ziel, den Weg und die Zeit bestimmen müssen. Es liegt an uns, den Motor unseres physischen Fahrzeuges in Gang zu setzen und dem Vehikel Energie zuzuführen, wenn wir durch Mißgeschicke ausgelaugt sind. Wir müssen der Versuchung widerstehen, all die «Touristenfallen» zu erforschen, die nur ein paar Kilometer von der Hauptstraße entfernt liegen, auf der wir reisen. Das Horoskop kann uns dabei helfen, die Richtung zu bestimmen, aber es sagt nichts darüber aus, ob wir unsere Ziele erreichen oder scheitern werden.

Um astrologisches Wissen am vorteilhaftesten zu nutzen, müssen wir uns verpflichten, aktiv die Verantwortung für unser Leben zu übernehmen. Wir müssen lernen, mit allen Teilen unseres Wesens, ob sie nun hilfreich oder hinderlich sind, in Kontakt zu kommen und sie auf dem Weg zur inneren Vereinigung und Anpassung akzeptieren und integrieren. Astrologie kann uns helfen, verstandesmäßig zu erkennen, wer wir sind und wer wir sein könnten. Es liegt an uns, ob wir diese Erkenntnisse zur Realität werden lassen, indem wir Mut, Willen, die Liebe zu uns selbst und die Hingabe an unser höchstes Potential und das Potential anderer aufbringen, die dieses Ziel erfordert.

Teil 1

Mond und Mondknoten

Kapitel 1

Der Mond: Dem Kind in uns wieder mit liebender Fürsorge begegnen

Wie verbunden sind wir mit unserem grundlegenden, instinktiven und emotionalen Wesen? Wie gut integrieren wir das empfängliche und nährende weibliche Prinzip in uns, das uns ermöglicht, Nahrung zu geben und zu empfangen? In welchem Maße sind wir in der Lage, mit den tiefen Gefühlen und intuitiven Kräften des inneren Kindes Kontakt zu halten, während wir gleichzeitig als Erwachsene funktionieren und uns der äußeren Realität anpassen? Wie erfahren wir unser lunares Wesen und drücken die Energien des Mondes im täglichen Leben aus?

In der Astrologie weist der Mond auf die tiefsten emotionalen Muster und Bedürfnisse hin, auf Sensibilität und Empfänglichkeit. Er zeigt uns unser Verhältnis zur inneren Weiblichkeit, der Anima, und zu weiblichen Einflüssen außerhalb unserer selbst. Die Verwurzelung in uns selbst, unseren Familien und in der Vergangenheit, in unserem Zuhause und in unserer Gemeinschaft und weiteren Umgebung ist eine Funktion des Mondes. Der Mond beeinflußt auch die Art und Weise, wie wir Bindungen eingehen und auch, wie wir uns zu sichern und zu schützen suchen. Er zeigt, wie fürsorglich und liebevoll wir uns selbst, unseren Kindern und anderen Menschen, die uns etwas bedeuten, begegnen können. Um uns annehmen zu können und um Beziehungen zu schaffen, die uns und andere Menschen fördern und stützen, ist es unbedingt notwendig, uns mit den Kräften des Mondes und den eigenen lunaren Bedürfnissen in Einklang zu bringen. Auf die Art dieser Bedürfnisse deuten Position und Aspekte des Mondes im Geburtshoroskop hin. Eine solche Anpassung wird immer schwierig sein, solange die Einstellungen, die Institutionen und die Erfordernisse der Gesellschaft nicht mit dem Lunarprinzip übereinstimmen.

Das Wiedererwachen des Mondbewußtseins

Wir leben in einer Welt, in der das Mondbewußtsein immer wieder vernachlässigt und abgewertet wurde. Von Beginn der patriarchalischen Religion an, als der Anbetung des Sonnengottes die Verehrung des hebräischen Gottvaters, Jehova, folgte, hat die Menschheit mit Eifer gegen die große Mutter des frühen Matriarchats und allem, was sie darstellt, gekämpft. Gegen das Irrationale im Gegensatz zum Rationalen, gegen Einheit statt Trennung, gegen die einschließenden und erhaltenden Yin-Qualitäten des Seins anstelle der Yang-Kräfte aktiver Leistung. Die vitalen, kraftvollen Gestalten mit den lebensspendenden Energien der Mutter-Gottheiten wurden durch die patriarchalischen Religionen vereinnahmt und so verzerrt, daß nur eine körperlose, machtlose Jungfrau Maria als Darstellung der weiblichen Tugenden übrigblieb. Heidnische Religionen wurden ausgelöscht; Hexen wurden verbrannt. Nach der Entdeckung der Sonne als Zentrum des Sonnensystems begann das heliozentrische Bewußtsein die Wissenschaft zu glorifizieren und dabei verlor sie ihre Verankerung in der Religion. Da begann die Religion zu leblosem Formalismus zu degenerieren, ohne die herz- und bauchzentrierte Lebendigkeit, die aus dem Einklang mit der Lebenskraft resultiert. Das Denken stand eher in Opposition zu Gefühl, Instinkt und Intuition, anstatt mit ihnen zusammenzuwirken. Die gewaltigen unpersönlichen Kräfte von Wissenschaft und Technologie begannen die persönliche und gemeinschaftliche Zufriedenheit aufzulösen, die während vieler Jahrhunderte eine sichere Grundlage gebildet hatte.

Wenn wir den Zerfall lunaren Bewußtseins sowohl aus psychologischer Sicht als auch vom kollektiven Standpunkt aus betrachten, müssen wir der Tatsache ins Auge sehen, daß in einer Welt, die von Männern beherrscht wird, als zwangsläufige Folge die emotionalen Probleme und Entwicklungsaufgaben von Männern einen weitreichenden Einfluß auf die Einstellungen und Institutionen der Gesellschaft als Ganzes haben. Jungen müssen, mehr als Mädchen, das weibliche Prinzip herabwürdigen, um sich von ihren Müttern zu lösen und ihre eigene Individualität zu bilden. Indem sie alles, was weich und zartfühlend ist und an die symbiotische Glückseligkeit im Mutterleib und ihre Kindheit erinnert, für unter ihrer Würde halten und sich vor allem mit ihren Vätern und der anmaßenden Selbstgenügsamkeit des männlichen Prinzips identifizieren, beginnen Jungen, eine feste Identität außerhalb des weiblichen Einflußbereiches zu bilden. Ist die männliche Identität erst einmal fest begründet, fangen die Jugendlichen an, sich wieder mit dem Weiblichen zu vereinen, ohne die erschreckende Bedrohung eines Identitätsverlustes durch den Rückfall in die symbiotische Einheit. Das Weibliche, nun eher in heranwachsenden Mädchen und jungen Frauen wiederentdeckt statt in der Mutter, wird erneut geschätzt. Eine neue Art emotionaler und sexueller Vereinigung wird gesucht und erfahren, eine Vereinigung, die die Identität eher bewahrt als zerstört. Wenn die männliche Entwicklung positiv fortschreiten soll, muß das weibliche Prinzip langsam wieder in die Psyche integriert werden, so daß weibliche Eigenschaften jetzt ohne den Verlust des Egos erfahren und ausgedrückt werden können. So kann die Frau, anstatt nur Vermittlerin beim Wiedererlangen verleugneter und projizierter Eigenschaften zu sein, zu einer mitwirkenden Partnerin werden.

Unsere von Männern beherrschte Gesellschaft ist tatsächlich in einer der Entwicklungskrisen des männlichen Reifungsprozesses steckengeblieben; nämlich da, wo es darum geht, sich wieder zum weiblichen Prinzip zu bekennen und es zu integrieren. Der Heldenmythos im Nazi-Deutschland, losgelöst von weiblichen Werten, mag uns kollektiv so erschüttert haben, daß in uns die Erkenntnis unseres Schattens heraufdämmerte und wir der Rache der unterdrückten Weiblichkeit gewahr wurden. Jetzt rebelliert Mutter Natur gegen die Vergewaltigung der Umwelt; Frauen lehnen sich gegen das Konzept männlicher Überlegenheit auf. Obwohl es ein Mann war, der als erster den Mond betrat, und nicht eine Frau, hat dieser erste Flug zum Mond 1969 eine neue Verbindung zwischen Erde und Mond geschaffen, eine Verbindung, die vielleicht einen Kanal öffnet für die Wiederentdeckung des lunaren Bewußtseins. Edgar Mitchell und Jim Irwin gründeten nach ihrer ersten Reise zum Mond die «Stiftung Höhenflug», ein Ergebnis ihrer bewegenden Erfahrungen der «Gegenwart Gottes» auf dem Mond.

Zusätzlich zu der physikalischen Erforschung des Mondes erleben wir in der zweiten Hälfte des zwanzigsten Jahrhunderts, wie das Interesse an vielen Bereichen wieder auflebt, die der Mond repräsentiert — die Befreiung der Frau, natürliche Geburt, natürliche Ernährung, ganzheitliche Gesundheit, Hexenkunst, Gemeinschafts- und Landleben, Umweltbewußtsein und Ahnenforschung. Die Psychologie mit ihrem Interesse an der menschlichen Natur hat neue Zweige entwickelt, die in ihrer Orientierung noch lunarer sind als die Freudianische Psychoanalyse. Jungianische Psychologie ist heute ebensoweit verbreitet wie Primärtherapie und Rebirthing. Die Entdeckung östlicher Religionen durch die westliche Welt hat zu Verschiebungen in der Einstellung geführt — Meditation hat sogar im Geschäftsleben Einzug gehalten. Der Bruch zwischen Wissenschaft und Religion beginnt zu heilen, seit die zeitgenössische Physik die alten Wahrheiten des mystischen und matriarchalischen Bewußtseins bestätigt. Die mystischen Künste erfahren das wiederauflebende Interesse eines Publikums, das enttäuscht und ernüchtert war von den einengenden und trostlosen inneren Welten, wie sie von der Technologie geschaffen wurden.

Das Wiedererwachen des lunaren Bewußtsein ist sowohl für das physische als auch für das emotionale Überleben notwendig. Abgeschnitten von der Unterstützung durch unsere Instinkte und unseren Geist, nicht im Einklang mit der inneren und äußeren Natur, zerstören wir uns selbst und die Welt um uns herum. So wie C. G. Jung schrieb:

> *Was immer man in sich selbst hat, aber nicht lebt, wächst und richtet sich gegen einen... Jeder, der die Instinkte übersieht, wird von ihnen hinterrücks überfallen werden.*

Wenn die Mondgöttin nicht angebetet wird, sei es nun direkt oder symbolisch, dann wird sich ihre dunkle Seite entfalten. Je mehr wir die Ur-Mutter zurückweisen, desto entstellter wird sie und degeneriert schließlich zu solch niederen Archetypen wie der eiskalten saturnischen Jungfer oder der dunklen allesverschlingenden plutonischen Göttin, eher auf Zerstörung erpicht als auf Erschaffung. Wie uns Märchen gelehrt haben, trachten vergessene Göttinnen nach Rache; die böse Fee, die nicht zu Dornröschens Taufe eingeladen war, strafte sie mit dem Fluch der Bewußtlosigkeit, was bedeutete, daß sie hundert Jahre im Reich des Mondes verbringen mußte, bevor sie ihren Prinzen traf und sich mit dem männlichen Prinzip vereinen konnte. Wenn sie aber willkommen sind, verwandeln sich die vernachlässigten und verbitterten bösen Feen im Inneren in Märchenprinzessinnen zu geistigen Lehrerinnen, die uns innere Schätze offenbaren, von denen wir nicht einmal wissen mögen, daß wir sie besitzen.

Verleugnen wir unser lunares Wesen, können wir an einer Vielzahl emotionaler und physischer Krankheiten leiden, die unsere Energie erschöpfen und uns davon abhalten, die wahren Kraftquellen zu entdecken. Wir entwickeln Magenleiden und Fortpflanzungsstörungen; wir werden zu zwanghaften Essern, übermäßig abhängig von Beziehungen, ständig auf der Suche nach äußeren Befriedigungen, die Erfüllung versprechen, uns jedoch nur betäuben und davon abhalten, uns der wahren inneren Hilfsquellen bewußt zu werden. Wir entwickeln Neurosen und Psychosen, indem wir unerfüllte Mondbedürfnisse nach außen auf Personen, Gegenstände und Erfahrungen projizieren, die uns nur einen vorübergehenden Aufschub von der nagenden inneren Leere verschaffen. Das leere Gefäß der Mondgöttin kann nicht von außen gefüllt werden; wir müssen ganz tief nach innen gehen, uns dem Schmerz und dem Zorn dieser mißhandelten Göttin stellen, sowohl in ihrer kindlichen als auch in der erwachsenen Erscheinungsform, dann werden wir inmitten dieses Schmerzes und Zornes die Nahrung, die uns heilen kann, entdecken.

Die Entbehrung mütterlicher Zuwendung

Wenn wir als Kinder unter einem Mangel an mütterlicher Zuwendung litten, wenn es den Müttern an Einklang mit ihren eigenen und unseren Bedürfnissen und Gefühlen fehlte, haben wir höchstwahrscheinlich eine «schlechte Mutter» verinnerlicht, die in vielfältiger Weise gegen das Leben war. Einst außerhalb unserer selbst, existiert sie jetzt in uns. Sie fürchtet die Lebendigkeit der Instinkte und Emotionen; sie besteht auf Perfektion und Selbstaufopferung; sie benutzt Zorn, Angst und Schuld, uns zum Gehorsam zu zwingen. Immer, wenn wir mit unseren wahren Gefühlen in Kontakt kommen, erleben wir die Angst, sie zu betrügen. Doch wenn wir uns nicht lösen und unser eigenes Wesen getrennt von ihrem entdecken, sind wir verdammt, ein trostloses und angstvolles Dasein zu fristen.

Häufig ist die Verinnerlichung der «schlechten Mutter» eine verzerrte Form des weiblichen Archetypus oder der Anima, begleitet von einem ebenso verzerrten Animus. Diese männliche Kraft versucht zu kompensieren, was uns fehlt, indem sie uns unaufhörlich zu Leistung und Perfektion treibt. Zusammen wirken diese Kräfte in einer verschlingenden, zwanghaften, wolfsgleichen Weise, getrieben von der Gier, den inneren Hunger zu stillen, und der erschreckenden Qual, unerfüllter Bedürfnisse zu entfliehen. Wenn wir uns unfähig fühlten, in dem Körper der Mutter zu entspannen, die von ihren Instinkten getrennt war, sind wir jetzt unfähig, mit dem eigenen Körper und den Instinkten locker umzugehen. Wir suchen Zuflucht im Verstand und errichten Mauern gegen Gefühle. Wir verlieren unsere Begeisterungsfähigkeit und Kreativität. Wir treiben uns selbst zu Zielen, die uns nicht erfüllen können, auch wenn wir sie erreichen.

Ein alternatives Muster dazu ist die Identifizierung mit dem Rollenbild der passiven, altruistischen, weiblichen Mutter, dem femininen Archetypus, der die weicheren Yin-Energien für gültig erklärt und die ursprüngliche, kraftvolle Energie der Muttergöttin oder Weltenmutter abwertet. Werden wir zur Verkörperung des Yin, abgesondert vom Yang, ziehen wir verstärkt Yang-Eigenschaften an, die mit der Weichheit und Zartheit von Yin nichts zu tun haben. Wir projizieren unseren Animus nach außen und fühlen uns zu Menschen hingezogen, deren überwältigender Animus uns dominiert und ausbeutet.

Ein häufiger Hinweis auf die Verinnerlichung der «schlechten Mutter» als Ergebnis mangelnder Zuwendung sind zwanghafte Eßgewohnheiten. Tragen wir einen unstillbaren Hunger in uns, dann vermag Essen leicht zu einem Muttterersatz zu werden, den wir verschlingen und/oder zurückweisen können. Das Essen mag ein Versuch sein, viele Bedürfnisse, abgesehen von physischem Hunger, zu befriedigen. Vielleicht versuchen wir, das zu kurz gekommene Kleinkind in uns zu nähren oder schlucken die Wut auf die Mutter und unsere Lieben, die uns vernachlässigten, hinunter. Wir mögen das Essen dazu benutzen, Kontakt zu unserem Körper herzustellen, um die nagenden Schmerzen unerfüllter Bedürfnisse zu dämpfen, um das Denken zum Schweigen zu bringen und uns den unbewußten Vorgängen der Verdauung hinzugeben. Wir mögen sogar versuchen, einen tiefen Seelenhunger zu stillen; eine Sehnsucht, mit unserem essentiellen Wesen verbunden zu sein, das wir erfolglos, getrennt vom Körper, suchten.

Der Mond dreht sich um die Erde und ist von ihr abhängig. Unsere lunaren Gefühle sind ebenfalls vom irdischen Körper abhängig, der sie beherbergt und erhält. Diesen Körper zu besitzen oder wieder in Besitz zu nehmen verlangt von uns, die verwundeten Instinkte zu akzeptieren und die Wut auf diejenigen zu erfahren, die versagten, unseren Bedürfnissen gerecht zu werden. Während wir langsam lernen, diese Wut loszulassen, können wir uns der Aufgabe zuwenden, für uns selbst Mutter und primäre Quelle der Fürsorge zu sein. Nur wir allein können die Wunden der Vergangenheit heilen. Das Wasser, das uns jetzt nährt, mag das Wasser unserer Tränen sein, wenn wir um das trauern, was wir nur unzureichend erfahren oder verloren haben. Wir müssen uns entschließen, unsere Gefühle wiederzufinden und ihnen treu zu bleiben, auch wenn sie eine geballte Ladung nicht integrierter vergangener Erfahrungen mit sich bringen; wir müssen uns des weiblichen Archetypus oder der inneren Gestalten der Göttin bewußt werden. Wir müssen uns immer wieder fragen, was unsere wirklichen Bedürfnisse sind, sie erfahren, sie einschätzen und unser Leben umstrukturieren, so daß wir ihnen so gut wie möglich nachzukommen vermögen.

Diejenigen von uns, die mehr von der «schlechten Mutter» als von der «guten Mutter» verinnerlicht haben oder die auf andere Weise nicht in Einklang mit den lebensbejahenden lunaren Kräften stehen, müssen möglicherweise auf die chaotischen Ebenen kindlicher Gefühle und Instinkte hinabsteigen, um die Lebensquelle wiederzufinden. Im Gegensatz zum spirituellen Streben, das aufwärtsblickt und zu mystischen oder herz-zentrierten Ebenen aufzusteigen sucht, vermögen wir den verlorenen Geist nur durch eine Reise nach unten, hinab zu den ursprünglichen Ebenen, wiederzugewinnen. Solch eine Reise ist gefährlich und muß einem göttlichen Zweck geweiht sein, wenn wir die oft ungezähmten und verknäulten Kräfte von Angst, Schmerz und Wut umwandeln wollen statt von ihnen überwältigt zu werden. Die Mondgöttin, die wir ein halbes Leben oder länger verleugnet haben, kann zu einer wütenden Gorgone geworden sein, einer Medusa, deren Zorn oft zu erschreckend ist, um ihm ins Gesicht zu sehen. Das verletzte Kind in uns, das von klein auf geschlagen und zum Schweigen gebracht wurde, mag unter den Schutzmechanismen zum Vorschein kommen und uns einer Qual aussetzen, die größer ist, als wir zu ertragen vermögen. Es bedarf eines bewußten und heiligen Aktes, sich dem lunaren Wesen in uns hinzugeben. Wenn wir immer wieder von Emotionen und Instinkten überwältigt werden, ohne bewußte Wahrnehmung und Wahl, kann das zum Wahnsinn führen. Aber, wenn wir ein wenig Wahnsinn zulassen, um in seinem Kern eine tiefere geistige Gesundheit wiederzufinden, verbinden wir Unbewußtes mit Bewußtsein und fangen an, ganz zu werden.

Wenn dies unsere Aufgabe ist, müssen wir langsam vorwärtsgehen und die Unterstützung von Freunden und Helfern erbitten, die unsere Suche verstehen und schon das Einfühlungsvermögen und Mitgefühl der Mondgöttin besitzen. Wir müssen inneren Rückhalt in Form von Glauben und Vertrauen pflegen. Jedes verlorene Teil von uns, ungeachtet, wie erschreckend oder häßlich es erscheinen mag, wenn wir darauf stoßen, verwandelt sich, wenn wir es willkommen heißen und wieder eingliedern. Der Schmerz läßt uns schmelzen und öffnet unsere Herzen; die Wut gibt uns Kraft. Willig gehen wir durch jeden Anfall von Schmerz und Wut, ergeben uns ihm, und entscheiden uns loszulassen, damit seine Magie auf uns wirken kann. Indem wir die verwundeten und wütenden Instinkte anerkennen, indem wir die Bestien in uns lieben, nehmen wir sie an und erwecken ihre heilenden Fähigkeiten. Was wir am meisten in uns fürchteten, wird zu unserer wertvollsten Stärke und das Tor zu unserem vollständigen Wesen. In dem Buch *«Woman's Mysteries»* beschreibt Esther Harding die Wiederentdeckung der Instinkte als eine Reise auf dem Boot der Mondgöttin:

> *Die Erlösung wird durch eine neue Haltung gegenüber der instinktiven Kraft gefunden, mit der Erkenntnis, daß sie in sich selbst nicht menschlich ist, sondern zu übermenschlichen oder göttlichen Ebenen gehört. Das Boot der Göttin zu betreten bedeutet, den Ansturm des Instinktes in einer religiösen Weise zu akzeptieren, und zwar als Manifestation der schöpferischen Lebenskräfte an sich...*
>
> *Der Instinkt kann nicht länger als ein Wert betrachtet werden, der zum Vorteil des persönlichen Lebens ausgebeutet wird; stattdessen muß erkannt werden, daß sich die Persönlichkeit, das Ego, den Forderungen der Lebenskraft als einem göttlichen Wesen unterordnen muß.*

DER MOND

Positiver Ausdruck	**Negativer Ausdruck**
Eigenschaften, die mit früh erfahrener Fürsorge in Verbindung stehen und einen Einklang von Gefühlen und Instinkten zur Folge haben:	Eigenschaften, die beherrschend, entstellt, unterdrückt oder unterentwickelt sind:
1. Urvertrauen in sich selbst und andere	1. Kein Vertrauen in sich selbst und zu anderen, Verzerrung des Vertrauens-/Mißtrauensmuster
2. Verwurzelung im eigenen Wesen und in seiner instinkthaften Natur	2. Mangel an innerlicher und körperlicher Verwurzelung; Instinkten ausgeliefert oder von ihnen getrennt sein
3. Im Einklang mit Gefühlen; emotionale Tiefe und Stabilität	3. Über-emotional; emotionale Instabilität; emotionale Unterdrückung
4. Sensibilität gepaart mit einem gesunden Maß an Selbstschutz	4. Überempfindlich; alles persönlich nehmend; übertriebener Selbstschutz; Mangel an Selbstschutz
5. Aufgeschlossenheit, Verständnis für die Bedürfnisse anderer, einfühlsam	5. Übermäßig besorgt; übermäßig mitfühlend; mangelndes Einfühlungsvermögen, unbewußt und wenig aufgeschlossen den Bedürfnissen anderer gegenüber

6. Fürsorgliches und mütterliches Verhalten und Benehmen	6. Übermäßig beschützend oder von erstickender Fürsorge; Märtyrer-Tendenzen; Verleugnung fürsorglicher und mütterlicher Eigenschaften
7. Fähigkeit, Fürsorge zu empfangen; ausgewogenes Muster von Geben und Nehmen	7. Abhängig von Fürsorge durch andere; unfähig zu geben oder zu nehmen
8. Fähigkeit zu Selbsterhaltung	8. Genußsucht; Selbstverneinung, Mangel an selbsterhaltendem Verhalten
9. Fähigkeit, Bedürfnisse in Beziehungen zu erfahren und zu befriedigen, ohne den Verlust von Identität und Unabhängigkeit	9. Verleugnung von Bedürfnissen und Abhängigkeit; Befriedigung falscher und Vernachlässigung wahrer Bedürfnisse; Abhängigkeit
10. Kommt aus einer Familie, in der es sowohl Nähe als auch Abstand gibt	10. Übermäßig abhängig von der Familie aus der er stammt; Mangel an familiären Bindungen
11. Enge Beziehungen eingehen, ohne Unabhängigkeit und Eigenständigkeit zu opfern	11. Symbiotische Beziehungen; Vermeidung von Nähe und Intimität
12. Loyalität gegenüber geliebten Menschen und Hingabe an sie	12. Übermäßig festhaltend und klammernd; unloyal; vermeidet Abhängigkeit und Verantwortung
13. Fähigkeit, Sicherheitsbedürfnisse zu befriedigen	13. Übermäßig mit Sicherheit beschäftigt; unsicher; Verleugnung von Sicherheitsbedürfnissen
14. Schaffung der Grundlagen für ein sicheres Zuhause; Freude an der Familie und am häuslichen Leben	14. Klammerung an das Zuhause; zurückgezogener Lebensstil; Vermeidung eines Heimes oder des häuslichen Lebens
15. Klug; sparsam	15. Selbstsüchtig, geizig; desinteressiert an finanzieller Sicherheit
16. Konstruktive persönliche Gewohnheiten	16. Schädliche oder zwanghafte Gewohnheiten; Mangel an konstruktiven Gewohnheitsmustern
17. Gesunde Eßgewohnheiten	17. Übertriebene oder ungesunde Eßgewohnheiten; hungern; mangelndes Interesse an Nahrung
18. Fähigkeit, sich zurückzuziehen und seine Möglichkeiten neu zu ordnen	18. Zwanghaftes Sich-Zurückziehen in Abgeschiedenheit; Unfähigkeit, nach innen zu gehen
19. Kindliche Offenheit und Spontaneität	19. Übermäßig kindisch und unreif; selbstgefällig
20. Fähigkeit, sich ohne Selbstverlust anzupassen; in der Lage sein, zu folgen und auch zu führen	20. Übermäßig anpassungsfähig; passiv und nachgiebig; intensiver Vorwärtsdrang als Reaktion auf Passivität; Unfähigkeit, sich anzupassen

21. Offenheit für Intuition; psychische Sensibilität	21. Überwältigt durch intuitive und psychische Prozesse oder getrennt von ihnen
22. Fähigkeit, sich an weibliche Energie und an Frauen anzuschließen	22. Übermäßig an feminine Energie oder an Frauen gebunden oder beides geringschätzen

Die heilende Kraft lunarer Dunkelheit

Eine der Aufgaben des Mondes, die fast gänzlich von der westlichen Gesellschaft ignoriert worden ist, betrifft die heilenden Fähigkeiten des Unbewußten, wenn es bewußt gewählt wird. Die moderne Psychotherapie basiert auf dem Grundsatz, das Unbewußte bewußt zu machen, die Emotionen und Instinkte besser kennenzulernen und diese Erkenntnis in die Identitätserfahrung aufzunehmen. Liebende jedoch, die sich der Ekstase einer Verschmelzung von Körper und Seele hingeben, Frauen, die die symbiotische Einheit der Schwangerschaft erleben, Meditierende, die ihren Verstand loslassen und eins werden mit ihrem Atem oder ihrem Mantra, und Künstler, die ihre Denkprozesse transzendieren und ihren schöpferischen Kräften erlauben, sie zu führen — sie alle kennen die tiefe Ebene der Erfüllung und Regeneration, die erreichbar ist, wenn man aufhört zu kontrollieren, zu interpretieren, zu organisieren, zu analysieren oder zu verstehen. Das Kind ist in die Dunkelheit des Schoßes geboren; das Küken ist geschlüpft nach dem Ausbrüten in der Dunkelheit des Eies. Geburt beginnt in der Dunkelheit; Morgendämmerung folgt auf die lange Nacht. Häufig zerstört das Licht des Bewußtseins, was es zu erhellen sucht. Psyche, in dem Mythos von «Amor und Psyche», verlor ihren Liebhaber Amor, indem sie eine Kerze anzündete, um ihn zu sehen, statt der Liebe zu trauen, die er ihr in der Dunkelheit gab. Wir dürfen die «Brutzeit» nicht unterbrechen oder uns antreiben, vor der Zeit Früchte zu tragen. Einen Samen aus der Erde zu ziehen, bevor er gekeimt hat, eine Larve zu öffnen, bevor der Schmetterling seine Flügel geformt hat, bedeutet, das neue Wachstum oder das neue Leben schlechthin zu verhindern.

Wir assoziieren Dunkelheit mit Tod, Depression, Isolation mit dem Bösen. Schwarz ist dunkel, und alles, was schwarz ist, ist durch weißes Bewußtsein unterdrückt worden. Wir vergessen die Dunkelheit der Gebärmutter oder die reiche fruchtbare Dunkelheit der Erde, sogar die stille inspirative Dunkelheit der Nacht, wenn das Denken entspannt ist und Intuitionen und Visionen frei zum Vorschein kommen. Wir halten die Bindung an das Wachbewußtsein fest und entwerten so ein Drittel des Lebens, den Schlaf, die Dunkelheit, der wir uns, um der kommenden Morgendämmerung willen, überlassen. Gefühle von Schmerz, Zorn und Angst werden zu dunklen abgelehnten Gefühlen, im Widerstreit mit den hellen Gefühlen von Freude, Frieden und Liebe, die wir gerne annehmen. Wir ertragen die Dunkelheit nur um des Lichtes willen, statt sie um ihrer selbst willen zu schätzen. Wir ringen verzweifelt die Hände, während wir uns mit der Umweltverschmutzung, der Bedrohung durch die Kernenergie, den Kriegen, den Morden und sogar den bösartigen «Scheidungsschlachten», in denen immer der andere der Feind ist, auseinandersetzen. Wer trägt die Schuld? Wir tragen die Schuld! Nicht dadurch, daß wir bewußt werden, aber dadurch, daß die Bewußtwerdung auf die falsche Weise geschieht. Wir sind nicht deshalb schuldig, weil wir unbewußt sind, denn in mancher Weise sind wir zu unbewußt, sondern deshalb, weil wir die Fähigkeit verloren haben, uns den heilenden Dimensionen des Unbewußten hinzugeben.

Das Licht rationalen Bewußtseins ist Sonnenlicht, das Licht der männlichen Sonne, eine Gabe des Sonnen-Gottes, Gottvaters, des Patriarchats, der männlichen Überlegenheit. Das Licht der Sonne ist unfähig, in die Dunkelheit einzudringen; es geht unter, um in die Dunkelheit hineinzuführen; es geht auf, um die dunkle Nacht aufzulösen. Nur der Mond und die Sterne können die Dunkelheit erhellen, können zur gleichen Zeit existieren und die erschreckende Dunkelheit des Weltalls in einen lebendigen ehrfurchtsgebietenden Abendhimmel verwandeln. Sonnenlicht ist polarisiertes Licht — es schafft starke Kontraste; es zerteilt Hell und Dunkel. Wo Sonne ist, gibt es Schatten, die Projektionen des verleugneten unbewußten Selbst. Wo Mond ist, gibt es Hoffnung auf Vereinigung von Dunkelheit und Licht.

Wenn die Dämonen des Unbewußten drohen, uns innen wie außen zu überwältigen, wird der rationale Verstand hilflos. Sonnenbewußtsein verliert seine Macht im Angesicht der Dunkelheit. Heilung kann dann nur durch Mondbewußtsein kommen, aus der tiefen Kreativität und Fruchtbarkeit der Hingabe an Instinkte und Gefühle, an Intuition und Imagination, an den Urgrund unseres Wesens, der der Urgrund der Mütter ist, die uns geboren haben und der Erde, die uns noch ernährt.

Wir müssen die Dunkelheit annehmen und in das chaotische Loch in uns selbst hinabsteigen, in die persönliche und kollektive Unterwelt, um unsere Wurzeln nach unten zu strecken statt die Zweige hinaufwachsen zu lassen, bis wir fallen. Wir bedürfen der Wiederentdeckung unserer Grundlagen. Aber um dahin zu kommen, müssen wir uns von einigen Neigungen und Verhaltensweisen in der äußeren Welt trennen. Wir müssen einige der Ziele aufgeben, die eher von Haben, Streben, Erreichen und Werden abhängig sind als von Sein und dem tiefen Ruhen im nährenden Schoß des eigenen Wesens. Einsamkeit, Qual und Terror müssen wir annehmen und an die heilenden Fähigkeiten glauben, während wir vertrauensvoll ganz in das Gefühl hineingehen. Dies geschieht nicht, um das Gefühl zu glorifizieren oder in ihm zu schwelgen, auch nicht, um daran festzuhalten, sondern um hindurchzugehen und es loszulassen, während wir uns wieder mit den warmen, nährenden, wässerigen und den stabil erhaltenden irdischen Kräften in unserem Kern vereinen. Von den solaren Bemühungen um Vernunft und Kontrolle müssen wir uns befreien, um uns der Dunkelheit zu öffnen, nicht, um in der Dunkelheit zu verweilen, sondern um das lunare Bewußtsein und seine heilenden Kräfte zu erwecken.

Mythologische Bedeutung des Mondes

Betrachten wir die antiken Mythologien, die eine Weltsicht innehatten, die lange vor der Entdeckung der äußeren Planeten existierte, treffen wir auf Bedeutungen, die dem Mond zugeschrieben werden. Heute assoziieren wir sie mit Uranus, Neptun und Pluto. Wir finden die uranischen Bereiche der Veränderung, der Intuition, des Genies und des Wahnsinns; die neptunischen Bereiche des Mitgefühls, der Vision, der Imagination, des Geistes und des Opfers; die plutonischen Bereiche des Todes, der Wiedergeburt, der dunklen verschlingenden Mutter, der Zerstörung, der Heilung und der Transformation. Vielleicht ist der Mond tatsächlich das Tor zu den äußeren Planeten? Die Art, wie wir mit Grundgefühlen, Bedürfnissen und Instinkten umgehen, übt einen Einfluß darauf aus, ob die äußeren Planeten im Geburtshoroskop Feinde sind, die uns überfallen, oder Führer, die, wie der Mond, unseren Weg erhellen.

Der lunare Weg ist nicht leicht. Opfer sind immer notwendig. Als Tochter müssen wir uns für einige Zeit von der Mutter lösen, um uns mit den männlichen Kräften zu vereinen. So wie Persephone, von Pluto in die Unterwelt verbannt, die unschuldige Einheit der Mutterliebe aufgab. Als Mütter opfern wir sowohl unsere Söhne als auch unsere Töchter dem Erwachsenwerden. Wir sind wie Demeter, die den Verlust Persephones beklagt, die zwar zu gegebener Zeit wieder zurückkehren wird, jedoch einen ebensogroßen Teil ihrer selbst mit einem männlichen Partner teilen wird. Auch als Väter opfern wir unsere Kinder ihrem eigenen Reifeprozeß. Als Söhne lehnen wir die Mutter ab, um eine männliche Identität zu formen, und um uns schließlich wieder mit Frauen vereinen zu können, und hoffentlich auch, um mit unserem inneren weiblichen Prinzip, der Anima, Frieden zu schließen.

Sich der Anima anzunehmen bedeutet, daß wir in die Bereiche der Mondgöttin, die viele Gesichter hat, eintreten. — Die Jungfrau Artemis, die mit dem zunehmenden Mond verbunden ist, Aphrodite oder Selene, die Mutter schlechthin, verbunden mit dem Vollmond, und Hekate, das alte Weib, Torhüterin der Unterwelt, die mit dem abnehmenden Mond in Verbindung steht. Weitere bedeutende mythologische Assoziationen mit dem Mond sind die drei Nornen, die die Macht des Schicksals repräsentieren: Wissen um die Vergangenheit, instinktive Macht der Gegenwart und Einblick in die Zukunft. Es gibt noch eine wichtige Assoziation mit dem Mond in der Mythologie, nämlich das Konzept der jungfräulichen Göttin. In seiner ursprünglichen Bedeutung bezieht sich das Wort «Jungfrau» nicht auf Keuschheit im sexuellen Sinne, sondern eher auf das Einssein mit sich selbst. Sie, die Jungfrau ist, gehört sich selbst, herrscht über sich selbst und ordnet sich nicht dem Männlichen außerhalb ihrer selbst, sondern nur ihrem eigenen Wesen unter. Die Jungfrau gibt sich der Vereinigung mit dem Göttlichen in sich selbst hin, dem inneren Gott, ihrem Animus oder ihrer männlichen Seele.

Die weibliche Leere wird durch den Vorgang der Selbstbefruchtung gefüllt, der inneren Konjunktion von Sonne und Mond, der Integration von solaren und lunaren Kräften. Wir können versuchen, den Kontakt zu den lunaren Instinkten und zur Mondgöttin wiederzugewinnen, aber dieses Streben führt nicht notwendigerweise durch sich selbst zu einem Ende. Lunares Bewußtsein ist nicht dem solaren Bewußtsein als überlegen zu betrachten, sondern eher als sein Partner. Wir müssen erst die archetypischen weiblichen Kräfte erfahren, bevor wir die männliche und weibliche Natur in uns vereinen können. Dann kann unser Ziel die himmlische Hochzeit sein, die innere Vereinigung, die es uns ermöglicht, vollständig und eins mit uns selbst zu werden und fähig zu sein, echte, fundierte und belastbare Bindungen mit anderen Menschen einzugehen, die ebenfalls ganz sind.

Dem Kind in uns wieder mit liebender Fürsorge begegnen

Wir haben die Wiedereingliederung des Mondprinzips aus vielen Perspektiven betrachtet, indem wir sowohl einen mythologischen, jungianischen Zugang gewählt haben, der die Anima und die Mondgöttin im Brennpunkt hat, als auch, parallel dazu, einen etwas anderen psychologischen Zugang, der sich mit der Beziehung zwischen Mutter und Kind auseinandersetzt und der daraus resultierenden Verinnerlichung der Wechselspiele zwischen beiden. Letzterer Perspektive wollen wir uns jetzt wieder zuwenden, um uns darauf vorzubereiten, mit den lunaren Kräften direkter in Kontakt zu treten. Dabei hilft uns die Erfahrung von Bedürftigkeit und die Fähigkeit oder das Unvermögen, diese zu akzeptieren und zu befriedigen. Nach einer Neubewertung der Mutter-Kind-Beziehung können wir anfangen zu betrachten, wie gut wir selbst für uns sorgen. Wir sehen uns an, welche Veränderungen wir vorzunehmen wünschen in dem Prozeß, dem Kind in uns wieder mit der liebenden Fürsorge zu begegnen, die seinem einmaligen Wesen und seinen wahren Bedürfnissen entspricht. Neben den allgemeinen Bedürfnissen, die wir alle erfahren, hat jeder von uns auch eine Reihe individueller Bedürfnisse, auf die unser Mondzeichen sowie das betreffende Haus und die Aspekte hinweisen. Diese Bedürfnisse müssen auch in Betracht gezogen werden, wenn wir mit den lunaren Kräften Frieden schließen wollen.

In dem Buch *«Your Inner Child of the Past»* erforscht Hugh Missildine eine Anzahl von Verhaltensmustern, Einstellungen und Verhaltensweisen, die wir aufgrund elterlicher Fürsorge und «Bemutterung» verinnerlicht haben und jetzt in der Beziehung zu uns selbst ausdrücken. Misseldine diskutiert auch den Prozeß der Bewußtwerdung dieser Strukturen und geht auf das beschwerliche, aber letztendlich lohnende Wagnis ein, diejenigen Muster zu verändern, die für uns schädlich sind. Der Prozeß beginnt damit, uns klar zu machen, wie unsere Eltern auf unsere Gefühle und Bedürfnisse eingingen, um dann die Aufmerksamkeit darauf zu lenken, wie wir in ähnlicher Weise reagieren. Solche Erkenntnis mag schmerzhaft und entmutigend sein. Doch nur wenn wir uns bewußt machen, daß wir unangemessen die Vergangenheit in der Gegenwart wiederholen, können wir anfangen, uns selbst von Verhaltensweisen zu befreien, die uns nicht länger dienlich sind.

Allein das Erkennen dieser Strukturen ohne Anerkennung und Mitgefühl wird uns nicht helfen. Wir müssen sowohl unsere Wut auf die Eltern erfahren für das, was sie uns versagten, aber auch anerkennen, womit sie uns unterstützten. Wir sollten unsere Eltern mit Verständnis und Vergebung betrachten, wenn wir entdecken, wie auch sie unbewußt beeinflußt wurden von ihrer Erziehung und durch Umstände jenseits ihrer Erkenntnis und Kontrolle. Dies erschwerte ihnen zu geben, was sie selber nicht besaßen. Wahrscheinlich werden wir die wirklichen Bedürfnisse unseres Selbst, das wir waren, und das wir bis zu einem gewissen Maß noch sind, erkennen und erleben müssen. Wir benötigen Mitgefühl für das Kind in uns, dessen Bedürfnissen nicht entsprochen wurde, und das dies vielleicht durch die Entwicklung von Einstellungen und Verhaltensweisen ersetzt hat, die uns nicht mehr entsprechen.

Durch diese Erkenntnis kommen wir dann zur Betrachtung neuer Einstellungen und Verhaltensweisen, die wir erfüllen können. Vielleicht brauchen wir Rollenmuster, die uns lehren; vielleicht kennen wir auch schon neue Wege der Selbst-Fürsorge und müssen nur anwenden, was wir bereits wissen. Wie auch immer die Situation aussieht, in der Regel müssen wir uns anstrengen, den sicheren vertrauten Drang tief eingegrabener Gewohnheiten zu überwinden und die anfängliche Angst zu ertragen, die bei der Entwicklung einer neuen, unbekannten, aber äußerst befriedigenden Art und Weise, mit uns selbst zu sein, entsteht.

Ein wichtiger Teil dieses Prozesses liegt darin, mit wirklichen Gefühlen und Bedürfnissen in Berührung zu kommen und ihre Berechtigung anzuerkennen. Dann können wir damit beginnen, Möglichkeiten für ihre Befriedigung zu finden, ohne in die beiden hauptsächlichen Fallen auf diesem Weg zu geraten: In Hoffnungslosigkeit oder Verzweiflung darüber, daß wir wohl niemals Erfüllung finden werden; oder indem wir versuchen, in der Kompensation, durch unmittelbare, aber wirkungslose und unangemessene Formen, Ersatzbefriedigung zu finden. Wie können wir den wirklichen Bedürfnissen nach Kontakt, Fürsorge und Zugehörigkeit gerecht werden, nach einem Zuhause und einer Familie? Ein entscheidender Schritt ist, einfach wahre Gefühle und Bedürfnisse zu akzeptieren und mit Zartheit zu erfahren. Was wir unterdrückt haben, taucht auf und erfüllt uns, indem es für sich selbst sorgt. Wir fühlen uns weniger leer, wenn wir vom wahren Selbst erfüllt sind. Nur wenn wir mit diesem wahren Selbst in Berührung kommen, können wir anfangen, ein Leben zu schaffen, das uns wahrhaftig nährt und erhält.

Dieses Leben zu erschaffen ist jetzt unsere Verantwortung, nicht die der Eltern. Eines der größten Hindernisse, dem wir begegnen können, wird die mächtige, trotzige Kraft des Zornes und der Schuldzuweisung sein. Der Teil in uns, der der Forderung nach dem Erwachsenwerden widersteht und sich stattdessen an die Haltung klammert: «Ich werde es nicht tun, mach' du es für mich». Je mehr wir die Wut auf unsere Eltern für das, was sie uns nicht gaben, festhalten, um so mehr suchen wir von ihnen das zu bekommen, was sie nicht fähig sind zu geben. Je mehr wir von anderen fordern, die unerfüllten Bedürfnisse der Vergangenheit wiedergutzumachen, desto wahrscheinlicher ist es, daß wir erhöhte Frustration, Enttäuschung und Verlust erleben.

Jetzt sind wir unsere Eltern. Wie stark verzerrt und verletzt unsere Gefühle und Instinkte auch sein mögen, nur wir können mit ihnen Frieden schließen. Was wir in uns selbst ablehnen, ziehen wir durch andere an. Was wir unfähig sind, uns selbst zu geben, werden wir unfähig sein, von anderen ganz zu bekommen. Sehen wir andere an, um uns zu vervollständigen, werden wir von ihnen abhängig und leugnen Seiten in uns, die unsere Beziehungen bedrohen können. Verlieren wir den Kontakt zu unserem Wesen, fangen wir an, auch den Kontakt zu anderen zu verlieren und finden uns auf lange Sicht allein, ohne innere oder äußere Unterstützung. Wir sind jetzt unsere Eltern. Wir müssen lernen, uns selbst zu trösten, wenn wir Angst oder Schmerzen haben, uns mit positiven, fürsorglichen Botschaften zu füttern sowie mit Speisen und Aktivitäten, die uns zutiefst befriedigen. Erwachsen zu werden bedeutet nicht, das Kind in uns aufzugeben, sondern zu lernen, es sowohl zu pflegen als auch seinen Forderungen Grenzen zu setzen.

Wenn wir die folgenden Fragen über das Thema «Dem Kind in dir mit liebender Fürsorge begegnen» beantworten, kann uns dies helfen, den Prozeß eines Dialoges mit dem inneren Eltern/Kind-Bereich unseres Mondes zu beginnen. Interpretieren wir die Mondpositionen, bevor wir ihre Bedeutung in unserem Leben innerlich eingeschätzt haben, kann dies unser Verständnis voreingenommen machen und begrenzen. Das Geburtshoroskop ist nur eine Landkarte und kann unmöglich die ganze, lebendige Realität unseres Wesens darstellen. Wenn wir bereit sind, eine Stunde oder mehr damit zu verbringen, Antworten auf die folgenden Fragen über unsere Eltern/Kind-Muster aufzuschreiben oder laut zu sagen (allein, auf Band oder einem Freund), können wir mehr von der Stellung des Mondes begreifen, als wenn wir uns zuerst durch astrologischen Symbolismus diesen Fragen nähern.

DEM KIND IN DIR
WIEDER MIT LIEBENDER FÜRSORGE BEGEGNEN

1. *Beschreibe dein Temperament als Kind im Alter von 3-5, 8-10 und 13-14 Jahren.*

2. *Beschreibe deine Mutter oder die für dich bedeutsamste Elternfigur.*

3. *Wie hast du deine Bedürfnisse und Gefühle erfahren, und wie bist du mit ihnen umgegangen und hast sie ausgedrückt? Wie hat dein Elternteil auf deine Bedürfnisse, auf Wünsche/Sehnsüchte, auf Angst, auf Schmerz/Verletztheit, auf Wut und auf Freude reagiert?*

4. *Beschreibe deine Beziehung zu deinen Eltern. Wie hast du Liebe/Anerkennung und Zurückweisung/Strafe/Mißbilligung erfahren? Wie und wann haben deine Eltern Anerkennung und Mißbilligung zum Ausdruck gebracht?*

5. *Was haben deine Eltern von dir erwartet? Welche «Du-sollst-Forderung» haben sie dir auferlegt? Wie haben sie dich erzogen, oder es unterlassen, dich zu erziehen?*

6. *Wie war deine Erfahrung mit dem Gefühl, geliebt zu werden, sicher und geborgen zu sein?*

7. *Wie funktioniert dein inneres Kind in dir heute?*

8. *In welchen Dingen sorgst du heute für dich genau so, wie deine Eltern es in der Vergangenheit taten? Welche schädlichen Verhaltensmuster hast du aus der Vergangenheit übernommen?*

9. *Welche neuen Einstellungen oder Verhaltensweisen möchtest du entwickeln, um diese schädlichen Muster zu ersetzen?*

10. *Welchen wahren Bedürfnissen in deinem Leben ist nicht entsprochen worden, und wie könntest du ihnen nachkommen? Wie könntest du dich noch stärker selbst lieben, fördern und bestätigen?*

11. *Welche Botschaft oder welches Mantra (zum Beispiel, «ich bin in Ordnung, so wie ich bist» oder «ich muß nicht perfekt sein» oder «es ist in Ordnung, ängstlich zu sein») ist für dein inneres Kind am wichtigsten?*

EMPFEHLENSWERTE ÜBUNGEN

1. *Wiederhole die Botschaft (siehe II.) an dein inneres Kind täglich mehrere Male. Bitte deine Freunde, sie dir gegenüber häufig zum Ausdruck zu bringen.*

2. *Schreibe deinem inneren Kind täglich oder sprich zu ihm, um einen Dialog herzustellen. Lerne es kennen. Lerne sein Vertrauen zu gewinnen. Eine Puppe oder ein Stofftier mit besonderer Bedeutung für dich kann hilfreich sein.*

3. *Erwirb Joe Cockers Lied «You are so beautiful to me» und singe es laut deinem inneren Kind vor, wenigstens dreimal hintereinander. Mach' dies täglich oder mehrere Male wöchentlich und entdecke die Liebe und Ausstrahlung, die du besitzt und die du erleben und ausdrücken kannst, wenn dein inneres Kind sich genährt und geschätzt fühlt.*

Kapitel 2

Mondzeichen

Sobald wir die einführenden Betrachtungen über unser Verhältnis zu den Eltern abgeschlossen haben und wieder mit unserer inneren Quelle verbunden sind, können wir unser Verständnis erweitern, indem wir das, was das Horoskop vermittelt, genauer betrachten. Das Mondzeichen weist sowohl auf bestimmte Energien hin, die unser inneres Kind erfahren und ausdrücken muß, damit es sich geborgen und befriedigt fühlt als auch auf Energien, durch die unsere innere Quelle auf Gefühle und Bedürfnisse eingehen kann. Es ist wichtig, die Mondzeichen zu würdigen. Mond im Stier mag nach wundervollem Besitz verlangen; Mond im Schützen mag die Freiheit zum Reisen brauchen, um sich zufrieden zu fühlen. Sowohl das Mondzeichen als auch die Stellung des Mondes im jeweiligen Haus und die Aspekte weisen auf die spezifischen, individuellen Muster unseres inneren Kindes hin — die Erweiterung solcher Grundbedürfnisse wie emotionaler und physischer Kontakt, Zugehörigkeit, Nahrung und Heimat. Wenn den Grundbedürfnissen, die uns allen gemeinsam sind, nicht entsprochen wird, werden wir wahrscheinlich im Ausdruck der Mondzeichen zwanghaft verharren. Zum Beispiel, indem wir enorme Mengen an Geld oder anderen Besitztümern anhäufen, wenn wir den Mond im Stier haben, oder durch ständiges Reisen, wenn der Mond im Schützen steht. Extreme, zwanghafte oder starre Manifestationen des Mondzeichens, -hauses oder -aspektes können ein Hinweis darauf sein, daß wir unsere wirklichen Bedürfnisse eher kompensieren als befriedigen. Wenn dies so ist, möchten wir möglicherweise mit einer Psychotherapie anfangen oder uns einer Selbsthilfegruppe anschließen, die uns dabei unterstützt, Gefühle und Bedürfnisse, die wir verleugnet, unterdrückt oder mißachtet haben, aufzudecken und wieder mit ihnen in Kontakt zu kommen.

Wegen des begrenzten Umfangs dieses Kapitels können wir hier nur die Mondzeichen behandeln und müssen die entsprechenden Häuser und Aspekte unbeachtet lassen. Deshalb müssen wir unser eigenes astrologisches Verständnis anwenden, um die Mondzeichen im Lichte der Position im Horoskop zu betrachten. Weil der Mond im 3. Haus Ähnlichkeit mit dem Mond in den Zwillingen hat oder ein Mond/Uranus-Quadrat Ähnlichkeiten zum Mond im Wassermann aufweist, können wir auf den folgenden Seiten nicht nur über die Mondzeichen, sondern auch über die Stellung des Mondes und die Wirkung der entsprechenden Herrscher auf uns etwas erfahren. Wenn wir den Mond im Löwen im 6. Haus haben, im Quadrat zu Mars und im Trigon zu Jupiter, zeigen unsere emotionalen Anlagen nicht nur die Löwe-Qualitäten, sondern auch die von Jungfrau (6. Haus), von Widder (Mars) und Schütze (Jupiter). Das laufende Zeichen des progressiven Mondes ist es ebenfalls wert, betrachtet zu werden. Der progressive Mond drückt unsere wechselnden und sich entwickelnden Bedürfnisse während des gesamten Lebenszyklus aus. Die hier zusammengestellten Zitate, die die Bedeutung des jeweiligen Mondzeichens veranschaulichen sollen, können uns auch helfen, die eigentlichen Mondenergien tiefer zu erfahren.

Nach der Betrachtung des Mondzeichens können wir uns weiter auf den Prozeß der Selbst-Bestärkung einlassen. Mit einem «Tagebuch der inneren Reise» zu beginnen, wie am Ende dieses Kapitels beschrieben, mag uns helfen, die Bedürfnisse unseres inneren Kindes wirkungsvoller zu erfahren und zu erfüllen und beträchtlich mehr an emotionaler Nahrung innerhalb unseres Lebens zu finden.

Mond im Widder

Diejenigen von uns mit dem Mond im Widder müssen sich selbst ehrlich und offen darstellen, um ihre Individualität zur Geltung zu bringen und um sich begeistert auf neue Projekte und Aktivitäten einzulassen. Widder ist keine leichte Position für den Mond; wahrscheinlich haben wir eine Abneigung dagegen, auf andere angewiesen oder von ihnen abhängig zu sein. So verleugnen wir häufig unsere Bedürfnisse nach Nähe und Intimität und versuchen, emotional unabhängig zu sein. Wenn tiefe Gefühle und Bedürfnisse emporsteigen, kann es sein, daß wir sie unbewußt mit Ärger und impulsiven Handlungen abwehren wollen oder auch, indem wir sie auf sexuelle Weise ausdrücken.

Höchstwahrscheinlich hat ein Widder-Elternteil unseren Wünschen und unserem Verlangen schnell entsprochen und uns die Freiheit gegeben, den eigenen Interessen nachzugehen. Solch ein Elternteil bestärkte unser unabhängiges Wesen vielleicht deshalb, weil er oder sie unabhängig und/oder selbstbezogen war und nicht mit der Verantwortung für unser Wohlergehen belastet werden wollte. Er oder sie mag die Haltung vermittelt haben, «stark» und «zäh» zu sein; doch war diese Einstellung vielleicht weniger mit dem Bedürfnis verbunden, unsere Entwicklung voranzubringen als vielmehr ein Schutzmechanismus gegen zu große Nähe und gegen das Äußern von Bedürfnissen und verletzlichen Gefühlen. Möglicherweise haben Vater oder Mutter unsere Individualisierung unterstützt, während sie es gleichzeitig versäumt haben, uns wirklich zu bestätigen und zu stärken. Manchmal weist ein Widder-Mond auf einen Elternteil hin, der ergeben auf alle unsere Launen und Regungen einging, aber niemals unsere wahren Bedürfnisse erkannte und erfüllte oder uns half, die Frustrationstoleranz zu entwickeln, die wir brauchten, um heranzureifen und uns wirksam anzupassen.

Daher kann es eine unserer Aufgaben sein zu lernen, plötzliche Regungen von tieferen Wünschen und Bedürfnissen zu unterscheiden und herauszufinden, was wir über die Befriedigung momentaner Bedürfnisse hinaus wirklich suchen. Das kann auch einschließen, daß wir lernen, tiefere Bedürfnisse anzuerkennen und zu erfüllen und dennoch unsere grundlegende Unabhängigkeit aufrechtzuerhalten, während wir uns gleichzeitig die Erfahrung zugestehen, mit unserer eigenen Abhängigkeit als menschliche Wesen ins Reine zu kommen. Den Mond im Widder zu haben, deutet darauf hin, daß wir in unserem physischen und instinktiven Wesen verankert werden müssen, indem wir zutiefst unser «Da-Sein» und das «Ich bin» erfahren, und zwar auf eine Weise, die Realität und Substanz verleiht. Dann müssen wir nicht ständig auf der Suche nach Erregung und Stimulans sein, um Vitalität und Lebendigkeit zu erfahren.

Impressionen zum Mond im Widder

Entweder bin ich das vorderste Pferd im Gespann, oder ich bin nichts.

— John Fletcher

Ich will, was ich will, wenn ich es will.

— Henry Blossom

Aufrichtigkeit zeichnet mich aus.

— Malcolm X

Ich kann versprechen, ehrlich zu sein, aber ich kann nicht versprechen, unbefangen zu sein.

— Goethe

Wir tun, ... was wir am meisten zu tun wünschen. Wir sagen, ... sprechen, zeichnen, schnitzen, schreiben, drücken uns aus, ... wie es uns verdammt noch mal gefällt.

— Rockwell Kent

Alles hier ist Kreislauf, Bewegung und brodelnde Unruhe. Ein Experiment folgt dem anderen; Unternehmung folgt auf Unternehmung.

— Michel Chevalier

Eine glühende Unrast siedet im Kern, dieser Herzschlag heiß und kräftig.

— Don Marquis

«Jetzt! Jetzt!» schrie die Königin. «Schneller! Schneller!»

— Lewis Carroll

Lebendig zu sein heißt zu brennen.

— Norman O. Brown

Es ist nicht so sehr der Versuch, am Leben zu bleiben, als der Versuch, nicht von den täglichen inneren Explosionen auseinandergerissen zu werden.

— May Sarton

Wenn du nicht gleich Erfolg hast, versuch's doch mit etwas Begeisterung.

— Anonym

Ich bin eine Leidenschaft, ich bin eine Flamme... Ich bin jenes Verlangen, das über die Scham hinausgeht.

— Gustavo Bequer

Folge diesem Drang.

— Tom Masson

Ich will einen neuen Anfang.

— Barry Stevens

Wenn es dir zuerst nicht gelingt, versuche etwas anderes.

— Anonym

Ich denke, sogar wenn ich auf meinem Bett liege, kann ich noch etwas tun.

— Dorothea Lynde

Menschen, die unser Leben für uns arrangieren wollen, machen uns zornig.

— Diane Wakoski

Ich werde hart kämpfen. Ich werde ihnen die Hölle heiß machen.

— Harry S. Truman

Ohne vorherige Probe nehmen wir Risiken auf uns. Wir sind spontan.

— Fritz Perls

Sieh mal, ich kann es wagen zu fallen und sieh mal, ich kann aufstehen und sieh mal, ich bin nicht zu verletzt, um es wieder zu versuchen.

— Diana Michener

Mond im Stier

Wir, die wir den Mond im Stier haben, müssen eine solide Basis von Selbst-Wert und innerer Sicherheit erfahren. Dadurch gewinnen wir Vertrauen in innere Hilfsquellen und in die Fähigkeit, das zu erwerben, was wir brauchen, und zu benutzen, was wir haben. Wir brauchen das Erlebnis von physischer und emotionaler Wärme, um die Freuden und die Qual eines Lebens im Körper zu erfahren und den Kontakt zur Erde aufrechtzuerhalten. Wenn grundlegende Stier-Bedürfnisse nicht erfüllt wurden, werden wir wahrscheinlich überkompensieren, indem wir uns gehenlassen und uns an andere Körper, Nahrung, Geld und äußere Quellen der Befriedigung klammern. Wir werden träge, gierig und übermaterialistisch und durch das Beharren auf Sicherheit an eine routinierte, risikofreie und letztlich sterile Existenz gebunden.

Ein Stier-Elternteil mag unsere Sicherheitsmuster beeinflußt haben. Im positiven Sinne mag er oder sie robust, erdhaft und gut verwurzelt gewesen sein mit der Fähigkeit, uns die Wärme, den Halt und die Beständigkeit zu geben, die wir brauchten. Er oder sie konnten uns trösten und dabei helfen, Vertrauen zu unseren Fähigkeiten in der physischen Welt zu bekommen. Im negativen Sinne mag ein Elternteil durch seine Sinne versklavt gewesen sein und versucht haben, uns ebenfalls an eine vorwiegend physische Daseinsebene zu ketten. Möglicherweise sind wir eher verwöhnt als vernachlässigt worden, versorgt mit einem Überfluß an Essen, Geld oder anderem Lebenskomfort, ohne daß wir darum bitten mußten, so daß wir schließlich mit dieser Fürsorge ganz selbstverständlich rechneten. Vielleicht sind wir auch durch einen besitzergreifenden Elternteil unterdrückt worden und lernten, der Einmischung durch Passivität zu widerstehen oder durch die Umkehrung zu eigenem besitzergreifenden und klammernden Verhalten.

Vielleicht geben wir uns selbst wiederholt Botschaften über unseren Mangel an Wert und Fähigkeiten, darüber, daß wir lieber festhalten statt loslassen, über die Notwendigkeit, mehr Geld zu verdienen und Sicherheit durch Arbeit aufrechtzuerhalten, oder über die Wichtigkeit, all den Komfort und die physischen Annehmlichkeiten, die uns beruhigen, zu erwerben und zu genießen. Wir können uns durch einen zu leichten Lebensstil verzärteln oder Bedürfnisse durch eine zu starre Aufrechterhaltung der Selbst-Genügsamkeit abwehren. Um das Stier-Kind in uns wieder erfolgreich mit seiner inneren Quelle in Verbindung zu bringen, müssen wir innere Botschaften, die uns an unbefriedigende Gewohnheiten und Verhaltensweisen binden, neu bewerten und neue Botschaften entwickeln:

— die unser Selbstwertgefühl aufbauen und uns helfen, die Hilfsquellen und die Sicherheitsbasis in uns selbst zu entdecken und ihnen zu vertrauen;
— die uns ermutigen, die grundlegenden Bedürfnisse des Körpers zu erleben und zu erfüllen, ohne im Sumpf unserer Anlage zur Faulheit, in sinnlicher Befriedigung und physischer und materieller Gier zu versinken;
— die uns Entspannung erlauben und Hingabe an unser inneres Wesen, so daß wir Besitzgier oder die zwanghafte Selbst-Genügsamkeit loslassen können und unsere Fähigkeit spüren, aufrichtig Wärme und Zuneigung zu geben und zu erhalten.

Impressionen zum Mond im Stier

Meine Stärke liegt allein in meiner Beharrlichkeit.
— Louis Pasteur

Halte fest mit den Klauen einer Bulldogge und kaue und würge so viel wie möglich.
— Abraham Lincoln

Entschlossenheit heißt die bewundernswerte Qualität in uns selbst, die wir bei anderen verabscheuungswürdigen Eigensinn nennen.
— Anonym

Es ist besser, ein regelmäßiges Einkommen zu haben, als faszinierend zu sein.
— Oscar Wilde

Alles, was du hast, will dich besitzen.
— Regina Elbert

Für Schönheit gib alles, was du hast.
— Sara Teasdale

Das Hauptziel des Menschen liegt in der Erschaffung und Erhaltung von Werten.
— Lewis Mumford

Die Farbe des Bodens war in ihm, die rote Erde, der Geschmack und Geruch elementarer Wesen.
— Edwin Markham

Ruhe dich aus! Sei geduldig! Warte!
— Timothy Steele

Wenn sie versuchen, mich zu hetzen, sage ich immer: «Ich habe nur noch eine andere Gangart — und die ist langsamer.»

— Glenn Ford

Halte mich für ruhig..., mit einer Stimme von unendlicher Geduld, sanft, bis ich auf Widerstand treffe.

— W.S. Merwin

Untätig zu sein erfordert einen starken Identitätssinn.

— R.L. Stevenson

Ich würde all meinen Ruhm für ein Glas Bier und Sicherheit geben.

— William Shakespeare

Glück: Ein gutes Bankkonto, ein guter Koch und eine gute Verdauung.

— Jean-Jaques Rousseau

Sicherheit ist eine Einladung zur Faulheit.

— Rod McKuen

Ich verströme meine Wärme um mich herum, und sie spiegelt sich in anderen wider.

— Anais Nin

Ob früh oder spät, er ist immer der selbe. Immer gut gelaunt, immer erfreut, dich zu sehen, immer bekümmert, wenn du gehst!... So einfach, so gutmütig und so herzlich.

— Kenneth Graham

Ich bin beständig, der Polarstern. Kein anderer steht am Firmament so wahrhaft fest und ruhig wie er.

— William Shakespeare

Bevor wir etwas von uns selbst an andere geben können, müssen wir zuerst uns selbst besitzen.

— Ignazio Silone

Mond in den Zwillingen

Diejenigen von uns, die den Mond in den Zwillingen haben, benötigen die verbale Kommunikation, um mit den unterschiedlichsten Menschen umzugehen, um Neugier zu erwecken und zu befriedigen, um den Geist zu schulen und um ihn einzusetzen, um grundlegende Fertigkeiten zu entwickeln und um einer anregenden Umgebung aufgeschlossen und interessiert zu begegnen. Das tiefste Bedürfnis des Zwillings-Mondes besteht darin, Gefühle in Beziehungen zu erleben und auszudrücken, wobei wir ein Netzwerk von Menschen und Aktivitäten pflegen, die uns wirklich etwas geben statt einfach nur unser Interesse zu reizen. Es ist auch vorteilhaft, unseren Wissensdurst zu stillen und Fähigkeiten als Denker und Vermittler zu entwickeln.

Wenn unseren wahren Bedürfnissen nicht entsprochen wird, können wir uns in zwanghaftem Zwillings-Verhalten verlieren — vielleicht reden wir unablässig und oberflächlich, ohne wirklichen Kontakt herzustellen; oder wir vergeuden Energien, indem wir von Person zu Person, von Aktivität zu Aktivität wechseln, ohne irgendwo Erfüllung zu erleben. Vielleicht suchen wir Zuflucht im Wissen um des Wissens willen oder in intellektueller Tätigkeit, um unseren Gefühlen zu entkommen.

Im negativen Sinne weist der Zwillings-Mond darauf hin, daß wir einen Elternteil als wechselhaft oder unbeständig erfuhren, als besonders mit dem Verstand identifiziert und dazu neigend, eher zu rationalisieren und zu intellektualisieren als Gefühle direkt auszudrücken. Solch eine Mutter oder ein Vater mag reizbar, nervös und von Nebensächlichkeiten in Anspruch genommen gewesen sein. Im Positiven mag dieser Elternteil unsere verbalen und intellektuellen Fähigkeiten gefördert und unterstützt und uns beträchtliche Anregung und Herausforderung geboten haben.

Wenn dieser Elternteil nicht für den Nährboden sorgte, den wir brauchten, haben wir Botschaften verinnerlicht, die uns veranlassen, Gefühle zu verleugnen oder wegzuerklären. Möglicherweise setzen wir uns zu vielen äußeren Einflüssen aus, auf Kosten unserer Fähigkeit, Bindungen einzugehen oder uns in einem Fachgebiet zu spezialisieren. Unsicher dem Körper und den Gefühlen gegenüber haben wir geistige Fähigkeiten bis zu einem solchen Grad geschult, daß wir Meister der Rationalisierung geworden sind. Wir neigen dazu, Wörter und oberflächliche Handlungen zu benutzen, um uns gegen das Bedürfnis nach wirklichem Kontakt, nach Intimität und Kommunikation zu schützen. Unsere Aufgabe kann es sein, uns mit unseren Gefühlen und unserem Körper wieder so zu verbinden, daß es möglich wird, durch unsere Art zu denken, zu kommunizieren und das Leben zu gestalten, unsere geistigen Tätigkeiten und Beziehungen wahrhaft zu fördern.

Impressionen zum Mond in den Zwillingen

Wenn ich erwachsen werde, möchte ich ein kleiner Junge sein.

— Joseph Heller

Es ist unmöglich, absolute Treue zu versprechen.

— Erica Jong

Ich bin nur reich in einer nie endenden Rastlosigkeit.

— W.S. Gilbert

Mögen sich die anderen von Jahr zu Jahr abmühen, ich lebe von Tag zu Tag.

— Isaac Bickerstaff

Was ich liebe, ist immer nah bei mir, in Erde und Luft.

— Theodore Roethke

Unterhaltung sollte alles berühren, sich aber auf nichts konzentrieren.

— Oscar Wilde

«Die Zeit ist gekommen, von vielen Dingen zu reden», sagte das Walroß: «Von Schuhen — und Schiffen — und Siegellack — von Kohlköpfen und Königen — ».

— Lewis Carroll

Wenn du sie nicht mit Brillianz verblüffen kannst, verwirre sie mit Unsinn.

— Anonym

Irgendwie glitzerst du eher als daß du glühst. Nichtssagende Konversation fällt dir leicht.

— Gail Goldwin

So manches Mal habe ich mir gewünscht, mit dem Reden aufzuhören und herauszufinden, was ich wirklich glaubte.

— Walter Lippman

Wenn andere Leute zu reden beginnen, ist Konversation einfach unmöglich.

— Anonym

Ich denke, daß ich denke, deshalb denke ich, daß ich bin.

— Ambrose Bierce

Zuerst verstehe die Wahrheit, dann kannst du sie verzerren, so sehr es dir gefällt.

— Mark Twain

Ein Mann sollte leben, und wenn es nur zur Befriedigung seiner Neugier wäre.

— Jiddisches Sprichwort

Was gibt uns mehr sicheres Wissen als unsere Sinne?

— Lucretius

Es ist äußerst unterhaltsam, wie viele verschiedene Gefühle und Stimmungen man in einem Tag durchleben kann.

— Anne Morrow Lindberg

Manchmal fragen mich Menschen, wie ich es schaffe, so viele verschiedene Dinge zu tun, ohne das Gefühl der Zersplitterung zu haben. Ich fühle mich nie zerteilt, weil alles, was ich tue, Verbindung schafft.

— Hepzibah Menuhin

Ich bin nicht durcheinander. Ich bin einfach gut gemischt.

— Robert Frost

Wir alle werden ständig mit kleinen Stückchen unangebrachter Schizophrenie bombardiert.

— Roger Pierce

Mein Dilemma ist es, die zwei Pole des Leben zueinanderzuzwingen, die zwei Stimmen in die Melodie des Lebens zu übertragen.

— Hermann Hesse

Mond im Krebs

Steht der Mond im Krebs, ist es besonders wichtig, mit den lunaren Bedürfnissen einig zu werden, da der Krebs das Zeichen des Mondes ist. Unser grundlegendes Wohlbefinden ist deshalb von der Verbindung zur lunaren Quelle abhängig. Werden wir als Kinder vernachlässigt oder verwöhnt, kann es sein, daß wir dem Essen, dem Heim oder den Pflegepersonen, die sich um uns kümmerten und uns trösteten, zu großen Wert beimaßen. Sind wir mit unseren Bedürfnissen und Gefühlen in Kontakt, neigen wir vielleicht dazu:

— orale Befriedigung u.a. durch Essen zu suchen;
— von anderen zu erwarten, daß sie sich um uns bemühen;
— dauernd zu weinen, entweder aus Selbstmitleid oder in dem Versuch, anderen Menschen mehr Aufmerksamkeit abzunötigen;
— sich an Menschen und Dinge zu klammern;
— sich in eine private Welt zurückzuziehen.

Ein alternatives Verhaltensmuster dazu ist es, eine Ersatzbefriedigung in der zwanghaften Sorge um andere zu suchen. Es mag leicht für uns sein, zu hilflosen kleinen Mädchen oder Jungen zu werden oder sogar zu «Über-Mammis» oder «Über-Papis». Aber es ist schwierig, volle Befriedigung zu erleben, ohne auf andere in einer Weise einzugehen, die sie nicht zu Kindern macht, sondern ihre Integrität und Individualität respektiert. Wenn wir Quadrate oder Oppositionen zum Mond haben, haben wir um die Bedürfnisse, umsorgt zu werden und selbst zu umsorgen, eine mächtige Abwehr errichtet. Daraus können sich psychische und physische Probleme ergeben (häufig auf den Magen, den Uterus oder die Brust bezogen), wodurch wir gefordert sind zu lernen, besser für uns selbst zu sorgen.

Der Krebs-Mond weist darauf hin, daß einer (oder beide) unserer Eltern mütterlich, beschützend und einfühlsam gewesen sein kann und fähig war, unsere Bedürfnisse wahrzunehmen, zu spüren und zu erfüllen. Wenn der Mond jedoch angegriffen ist, können die lunaren Eltern unbewußt, durch ihre eigenen unerfüllten Wünsche beeinflußt, uns darin bestärkt haben, hilflos und in bezug auf Freude und Genuß von ihnen abhängig zu bleiben. Solche Eltern sind häufig Märtyrer, die das für uns tun, was wir selbst tun sollten oder ihren eigenen Emotionen und physischen Krankheiten übermäßige Aufmerksamkeit widmen, um von uns Zuneigung und Beachtung zu bekommen. Eine Erfahrung, die wir selbst nötig gehabt hätten.

Daraus folgt, daß wir gelernt haben, uns selbst innere Botschaften zu vermitteln, die dazu führen, uns selbst zu bemitleiden, im Schmerz zu schwelgen und zu viel von anderen zu erwarten. Möglicherweise hängen wir auch zu sehr am Essen, am Zuhause, an denen, die wir lieben, oder an anderen äußeren Formen der Sicherheit und Befriedigung. Eine unserer wichtigsten Aufgaben kann darin liegen, die Symbiose, die unser inneres Kind nie hatte oder die es unvermeidlich als Teil seines Heranreifens aufgeben mußte, tief zu betrauern. Wahrscheinlich müssen wir die Bedürfnisse, zu umhegen und selbst umhegt zu werden, in ihrer Tiefe erfahren und als Erwachsene Verhaltensmuster oder Interaktionen finden, die diese Bedürfnisse erfüllen, ohne daß wir darum werben müssen. Die lunaren Lektionen beinhalten auch:

— mit wahren Bedürfnissen und Gefühlen in Berührung zu kommen und mit ihnen in Verbindung zu bleiben;
— eine innere Grundlage von Sicherheit zu schaffen;
— Verhaltensweisen zu überwinden, die sich auf Hilflosigkeit gründen oder Hilflosigkeit und Bedürftigkeit als Waffen benutzen;
— zu lernen, in anderen sowohl das Kind als auch den Erwachsenen zu fördern und zu lieben, ohne zu besitzen;
— sich lieber der emotionalen Selbst-Bestärkung zu widmen als dem Geben und Nehmen in Beziehungen übergebührliche Aufmerksamkeit zu schenken.

Impressionen zum Mond im Krebs

Ich glaube, das absolut Köstlichste im Leben ist das Gefühl, von jemandem gebraucht zu werden.

— Olive Schreiner

Die meisten von uns lieben aus dem Bedürfnis zu lieben, die meisten von uns trösten, weil wir des Trostes bedürfen.

— Nikki Giovanni

Ich möchte bei ihr Schutz suchen, meinen Kopf zwischen ihre Brüste und ihre Schulter legen, zugunsten der Liebe auf Macht verzichten.

— Adrienne Rich

Wenn ich zu ihm komme und mich wieder löse, greift er nach mir, hält mich fest und bittet mich zu bleiben.

— J.W. Riley

Ich frage einen verletzten Menschen niemals, wie er sich fühlt; ich werde selbst der verletzte Mensch.

— Walt Whitman

«Ich weine deinetwegen,» sagte das Walroß: «Ich habe tiefes Mitgefühl.»

— Lewis Carroll

Ich bin voll der Mutterliebe, meine Freundlichkeit ist immer mein Fluch gewesen, ein weiches Herz ist das Kreuz, das ich trage.

— Don Marquis

Wie die alten Chinesen können wir zu den aufeinanderfolgenden Wellen von Angreifern sagen: «Macht es euch bequem und laßt euch von uns aufnehmen.»

— Karolyn Kizer

Der Duft des Toasts mit Butter sprach einfach zu Toad, und nicht mit unsicherer Stimme; er erzählte von warmen Küchen, vom Frühstück an hellen frostigen Morgen, von gemütlichen Winterabenden zu Hause am Kamin.

— Kenneth Graham

Die älteste Auster blinzelte und schüttelte ihren schweren Kopf — womit sie sagen wollte, daß sie nicht die Absicht hatte, das Austernbett zu verlassen.

— Lewis Carroll

Mein Zuhause, mein Liebesnest..., mein Schutz vor dem Wirbelsturm.

— Elizabeth Bishop

Um sich selbst zu retten, ziehen sich Schnecken zum Schutze in ihre Häuser zurück, wo sie sicher und geduldig warten, bis die Elemente sich beruhigt haben.

— Isabella Gardner

Der Glanz von Kindertagen ist über mir, meine Männlichkeit versinkt in der Flut der Erinnerungen, ich weine wie ein Kind um die Vergangenheit.

— D.H. Lawrence

Ich glaube, daß wir uns im persönlichen Leben durch die tiefen, inneren Bedürfnisse unseres Wesens leiten lassen sollten.

— Sigmund Freud

Da ist etwas am Festhalten von Dingen, das ich heilsam finde.

— Edna O' Brian

Ich kann ohne diese Decke nicht leben. Ich kann dem Leben nicht unbewaffnet entgegentreten.

— Charles M. Schultz (Linus)

Mond im Löwen

Diejenigen von uns, die den Mond im Löwen haben, brauchen es besonders, sich geliebt und geschätzt zu fühlen. Wir bedürfen einer speziellen Behandlung, müssen spielen und uns spontan und kreativ ausdrücken. Wir benötigen Wärme und Hingabe und sind in der Lage, unerschöpflich von Herzen Liebe zu geben, solange auch wir mit Liebe gefüttert werden. Andernfalls kann unser lunares Wesen verzerrt und zwanghaft werden in seinem Drängen nach Aufmerksamkeit und/oder Macht. Im negativen sind wir unfähig, den Bühnenmittelpunkt zu verlassen, bauschen Dinge auf, um andere zu beeindrucken, werden anmaßend und herrisch in unseren Versuchen, das Kommando über uns und andere zu behalten.

Ein Löwe-Mond weist darauf hin, daß wir liebende Eltern hatten, die uns hoch schätzten, die begeistertes Interesse an unseren Aktivitäten und Triumphen zeigten und die fähig waren, unseren spielerischen Geist zu ermutigen und zu teilen. Ein angegriffener Mond kann jedoch auf Eltern hinweisen, die uns entweder übermäßig verwöhnten oder vernachlässigten. Das eine Extrem sind dic Mütter, die uns mit zu viel Aufmerksamkeit und zu vielen Extras überschütteten und uns darauf vorbereiteten, das Erwachsenen-Dasein als Prinzen oder Prinzessinnen zu leben. Das andere Extrem sind narzistische Eltern, die tyrannischen Königinnen oder Könige, die nur danach trachteten, uns zu gehorsamen Untertanen zu machen, oder jene Eltern, die sich so übermäßig mit uns identifizierten, daß sie uns drängten, ihre Träume zu leben und unerbittlich unsere persönliche Eigenart bekämpften.

Als Ergebnis unserer Erziehung können wir Botschaften verinnerlicht haben, die Aufmerksamkeit heischende, kindische, fordernde und/oder dominierende Verhaltensmuster verstärken. Vielleicht verhalten wir uns so, als hätten wir ein Recht darauf, für jedermann der Mittelpunkt der Welt zu sein, nicht nur für uns selbst. Wegen vergangener unbeantworteter Bedürfnisse werden wir möglicherweise zwanghaft in dem Verlangen, unseren Wert zu beweisen und Beifall zu erheischen.

Ein Löwe-Mond hat viel zu geben, vorausgesetzt, er kann im Sonnenlicht von Wärme und Zuneigung baden. Diejenigen von uns, die einen Löwe-Mond haben, müssen sich eher selbst emotional stärken statt immer von anderen zu erwarten, daß sie für uns sorgen. Manchmal müssen wir uns selbst volle Aufmerksamkeit und Wertschätzung schenken und unser eigenes Publikum sein, müssen das innere Kind ermutigen und uns an seiner Spontaneität und Begeisterung erfreuen. Um emotionale Befriedigung zu erfahren, müssen wir unser Herz für Schmerz und Freude gleichermaßen öffnen, um fähig zu werden, andere zu lieben. Nicht nur, weil sie diese Liebe erwidern, sondern auch, weil wir uns selber wahrhaft lieben.

Impressionen zum Mond im Löwen

Tu, was immer du willst, aber laß Freude dabei entstehen.

— Henry Miller

Das Leben ist kurz; koste es aus.

— Nikita Crutschow

Ein Mann kann so ziemlich mit allem Erfolg haben, wofür er unbegrenzten Enthusiasmus hat.

— Charles Schwab

Mein wahres Zentrum ... war eine ungeheure Fähigkeit, mich in alles um mich herum zu verlieben.

— Malvina Hoffman

Zu lieben heißt: geben, geben, geben. Gib mehr und mehr und mehr.

— William Jay Smith

Wenn du das Licht in dir besitzt, siehst du es außen.

— Anais Nin

Wir sind alle Würmer, aber ich glaube, daß ich ein Glühwürmchen bin.

— Winston Churchill

Ich feiere mich selbst und singe für mich. Ich bin vernarrt in mich selbst, da ist so viel von mir und alles so köstlich.

— Walt Whitman

Wenn du es hast — trag es zur Schau.

— Georg Lois

Sobald er aufwachte, fühlte er sich wichtig, so, als ob alles von ihm abhinge.

— A.A. Milne

Wenn ich ausgehe, bin ich ein großes Ereignis. Ich brauche nicht zu denken oder gar zu proben.

— Sylvia Plath

Wenn jemand klatschen möchte... jetzt ist die Zeit, es zu tun.

— A.A. Milne

Sei immer der Star in deinem eigenen Film.

— Ken Kesey

Es ist eine große Kunst zu bummeln.

— Henry David Thoreau

Jeder hat das Recht auf meine Meinung.

— Anonym

Wäre ich bei der Schöpfung zugegen gewesen, hätte ich einige nützliche Hinweise zur besseren Ordnung des Universums gegeben.

— Alfonso der Gelehrte

Ich bin ernsthaft — ich werde keine Ausflüchte gebrauchen — ich werde nichts entschuldigen — ich werde nicht einen einzigen Millimeter zurückweichen; und ich werde gehört werden.

— W.L. Garrison

Wenn es einen Glauben gibt, der Berge versetzt, dann ist es der Glaube in deine eigene Macht.

— Marie Ebner von Eschenbach

Der Löwe... sprang auf das Bett, rollte sich zusammen wie eine Katze und schnurrte sich in einer Minute selbst in den Schlaf.

— Frank Baum

Mond in der Jungfrau

Wenn wir einen Jungfrau-Mond haben, sind wir gewöhnlich Meister darin, den Verstand zu benutzen, um uns gegen unerwünschte Gefühle zu wehren. Wir brauchen Organisation und Voraussagbarkeit wenigstens in einigen Lebensbereichen. Wir müssen uns als nützlich erfahren und unserer dienstlichen und privaten Leistungen und Tätigkeiten wegen geschätzt werden. Wir brauchen die verstandesmäßige Einschätzung und Strukturierung unserer Erfahrungen genauso wie die Fürsorge für unser körperliches Wohlbefinden. Wir setzen einen hohen Maßstab an uns selbst und andere und müssen um jeden Preis persönliche Integrität aufrechterhalten.

Verlieren wir den Kontakt zu unserem tieferen emotionalen und instinktiven Wesen, können die konstruktiven Jungfrau-Eigenschaften zwanghaft destruktiv werden. Wir bestehen auf einem Ausmaß an Ordnung und Leistungsfähigkeit, die die Spontaneität und Lebendigkeit in uns und um uns herum zerstört; wir werden zu Arbeitssüchtigen, unfähig zu entspannen, auf Gedeih und Verderb dem Zwang ausgeliefert, sich um jeden Preis beschäftigt zu halten. Wir regen uns auf, sorgen uns, nörgeln und intellektualisieren unablässig. Wir ordnen uns anderen unter, um sie zu nötigen, Dienste in Anspruch zu nehmen. Wir reißen uns durch Selbstkritik in Stücke und sind auch anderen gegenüber nicht in der Lage, deren Unvollkommenheit gelten zu lassen.

Ein Jungfrau-Mond weist darauf hin, daß wir durch einen oder beide Elternteile ein großes Maß an Jungfrau-Energie erfuhren. Vielleicht hat ein bestärkender Jungfrau-Elternteil unsere geistige Entwicklung gefördert, uns eine konstruktive persönliche Lebensweise gelehrt und es uns ermöglicht, eine sichere und geordnete frühe Umgebung zu erfahren, ohne die Lebendigkeit unseres inneren Kindes zu vernichten. So ein Elternteil mag uns gelehrt haben, die Vernunft und den gesunden Menschenverstand benutzen zu können, um Gefühle und Wünsche zu meistern statt sie zu unterdrücken und zwar durch viele kleine, aber bedeutende Dienstleistungen im täglichen Leben.

Andererseits kann ein Jungfrau-Elternteil, der keinen positiven Einfluß hatte, uns übermäßiger Arbeitsleistung, Kritik, Analyse, Perfektionismus und/oder Kleinlichkeit in einem Maße ausgesetzt haben, das unser emotionales Wachstum und schwaches Selbstwertgefühl hemmte und unterdrückte. Das «Du-sollst-System» unserer Kindheit kann zu einer inneren Struktur geworden sein, die uns auch als Erwachsene noch versklavt. Die Empfindung, nicht gut genug zu sein, beeinträchtigt unsere persönlichen und beruflichen Leistungen. Möglicherweise hat uns ein unterwürfiger, sklavischer Elternteil zu oft geschmeichelt; oder ein hypochondrischer Elternteil hat sich wie besessen auf Krankheiten konzentriert, so daß wir schließlich selbst kränklich oder hypochondrisch wurden, um Aufmerksamkeit und Fürsorge zu erhalten.

Wir müssen die inneren Botschaften, die wir uns selbst geben und die die schädlichen Jungfrau-Muster ständig weiterwirken lassen, noch einmal überprüfen. Unsere Aufgabe kann es sein zu lernen, alle Gefühle und Bedürfnisse zu erfahren und zu achten, gleichzeitig analytische Fähigkeiten anzuwenden sowie Ordnung und Disziplin in unsere Erfahrungen zu bringen. Wir müssen neue Maßstäbe für uns und andere entwickeln, um unser unvollkommenes menschliches Verhalten völlig zu akzeptieren, obwohl wir auch gelegentliche Momente übermenschlicher Güte und Vollkommenheit schätzen sollten. Wenn wir wählen, uns selbst zu lieben, und uns dafür entscheiden, die erstaunliche Vollkommenheit der Unvollkommenheit zu entdecken, kann das unsere Seele so tiefreichend nähren, daß wir tatsächlich zu fähigeren menschlichen Wesen werden, die mehr zu geben haben.

Impressionen zum Mond in der Jungfrau

Das Ziel im Leben ist nicht, glücklich zu sein — sondern produktiv und nützlich.

— Leo Rosten

Sie trägt das Essen zum Tisch und geht gebeugt — und tut dies aus Liebe.

— Stephen Spender

Wahrscheinlich hilft nichts einem Menschen mehr, Schwierigkeiten zu überwinden oder zu ertragen, als das Bewußtsein, eine Aufgabe im Leben zu haben.

— Viktor Frankl

Er machte Botengänge, schickte die Post ab und fegte sogar den Fußboden. Und wenn nachts seine Arbeit getan war, fragte er immer nach mehr.

— Albert Stillman

Quäle dich nicht! Organisiere!

— Anonym

Ein kleiner, genauer Plan kann eine große Welt beinhalten.

— May Sarton

Ich habe mein Leben mit einem Kaffeelöffel ausgemessen.

— T.S. Eliot

Es sind die kleinen Dinge, die uns ärgern; einem Elefanten können wir aus dem Wege gehen, einer Fliege aber nicht.

— Anonym

Wenn ich mit kleinen Dingen beschäftigt bin, wird von mir nicht verlangt, größere Dinge zu tun.

— Franz I von Sales

Das Problem ist, daß ich das Leben analysiere statt es zu leben.

— Hugh Prather

Die Angewohnheit zu analysieren hat eine Tendenz, die Gefühle zu verwischen.

— John Stuart Mill

Mein ganzes Leben lang bin ich ein Zeuge der Umstände gewesen, die die ewige Unzulänglichkeit der Dinge bestätigen. Täglich ist es meine Gewohnheit wahrzunehmen, wie Dinge, die dafür gemacht wurden zueinanderzupassen, es nicht tun.
— Ogden Nash

Im Leben geht nichts durch, was unter hundert Prozent liegt.
— J.P. McEvoy

Ach, wäre die Welt nicht langweilig und platt, wenn es überhaupt nichts gäbe, über das man murren könnte.
— W.S. Gilbert

Wenn du ein erstklassiger Hypochonder bist, wachst du jeden Morgen mit dem festen Vorsatz auf, dir keine Sorgen zu machen; es wird schon alles schlecht ausgehen.
— Goodman Ace

Er hatte ein so beständiges und abnormales Reinigungsbedürfnis, daß er wirklich einen Großteil seiner Zeit vor dem Waschbecken verbrachte.
— Thomas Mann

Niemand kann dir ohne dein Einverständnis das Gefühl von Minderwertigkeit geben.
— Eleanore Roosevelt

Ich bin Niemand! Wer bist du? Bist auch du niemand?
— Emily Dickinson

Nein! Ich bin nicht Prinz Hamlet, noch war ich dafür bestimmt, einer zu sein. Bin ein Lord, aus dem Gefolge… kein Zweifel, ein leichtes Werkzeug, ehrerbietig, froh, von Nutzen zu sein. Politisch vorsichtig und peinlich genau.
— T.S. Eliot

Mond in der Waage

Wir, die wir den Mond in der Waage haben, sehnen uns nach der Erfahrung von Schönheit und Frieden. Wir streben danach, mit anderen zusammenzuarbeiten, zu gefallen und Zweierbeziehungen einzugehen, die gegenseitig erfreulich erfahren werden. Doch finden wir auch Befriedigung, wenn wir den Verstand gebrauchen, besonders die Fähigkeiten zur Objektivität und Synthese. Ein Elternteil, der uns hoch schätzte, der uns gerne eine Freude machte, der unsere ästhetische und intellektuelle Entwicklung förderte und der willig und in der Lage war, unseren Standpunkt anzuerkennen, kann uns dazu verholfen haben, mit den konstruktiven Dimensionen des Waage-Mondes im Einklang zu sein.

Wenn der Mond allerdings schwierig aspektiert ist oder wenn seine Trigone oder Sextile auf einen Elternteil hinweisen, der uns nur oberflächlich zur Verfügung stand, versuchen wir, von einem Partner zu bekommen, was wir durch unsere Eltern nie erfahren haben. Wir können dadurch zu abhängig von anderen werden und danach streben, ihre Gunst zu gewinnen, indem wir uns unersetzlich machen und ihnen jeden Wunsch erfüllen. Gewöhnlich neigen wir dazu, die Konfrontation mit Zorn und Schmerz zu vermeiden und Gefühle zu unterdrücken, weil wir jede Bedrohung von Beziehungen fürchten, die uns zwingen könnte, unsere Getrenntheit und das Alleinsein anzuerkennen. Diese Muster können durch einen Elternteil bestimmt worden sein, der zuviel Wert darauf legte, den äußeren Schein und eine oberflächliche Harmonie zu wahren, der unfähig war, Uneinigkeit zu tolerieren oder der uns glauben machte, daß Beziehung immer bedeutet, sich einem anderen unterzuordnen. Vater oder Mutter brachten vielleicht unerfüllte Bedürfnisse in die Elternschaft mit ein. Er oder sie erwarteten nun von uns, für den Mangel, den sie in der Kindheit selbst erlebt haben, entschädigt zu werden.

Auch wenn der Waage-Mond darauf hinweist, daß emotionale Erfüllung kooperative Beziehungen zu anderen erfordert, können wir nur dann wahrhaft befriedigende Verbindungen eingehen, wenn wir zuerst eine sichere Beziehung zu uns selbst herstellen. Wir müssen den Wert unserer Gefühle und Bedürfnisse anerkennen und bereit sein, uns um des tieferen und authentischeren Kontaktes willen zu behaupten, auch wenn dies die Erfahrung eines vorübergehenden Mißklanges bedeutet. Wir müssen Aufgeschlossenheit anwenden und die Fähigkeit einsetzen, uns selbst und auch andere von vielen Gesichtspunkten aus zu betrachten. Wir müssen jeder unserer inneren Persönlichkeiten zuhören und sie bestätigen, uns, wenn nötig, bereitwillig auf Disharmonie und Ungleichgewicht einlassen, um Harmonie und Gleichgewicht zu schaffen, die Bestand haben — was für uns so wichtig ist. Gleichzeitig haben wir das Waage-Bedürfnis nach Schönheit und Frieden zu achten, indem wir Umgebungen und Beziehungen schaffen, die uns, wann immer möglich, beruhigen und aufrichten.

Impressionen zum Mond in der Waage

Wir können nicht nur für uns selbst leben.
— Vernon E. Jordan Jr.

Ich weiß, daß persönliche Beziehungen das wahre Leben sind, für immer und ewig.
— E.M. Forster

Ich möchte nicht leben — ich möchte vor allem lieben und nebenbei leben.
— Zelda Fitzgerald

«Für einen ist es nicht so lustig wie für zwei, die zusammenhalten können», sagte Puh der Bär.
— A.A. Milne

Er brauchte die Augen anderer, um sich selbst zu sehen, die Sinne eines anderen, um sich selbst zu fühlen.
— Malcom X

Ich habe Stunden damit verbracht, mich völlig in etwas zu vertiefen, wovon ich glaubte, daß andere Menschen es gerne sähen. Ich habe mein eigenes Verlangen und meine Wünsche unterdrückt, habe das getan, wovon ich dachte, daß man es von mir erwartete, immer erpicht darauf zu gefallen.
— Liv Ullman

Das grundlegende Element, das zum Charme beiträgt, ist die Fähigkeit, sich selbst zu vergessen und in anderen Menschen aufzugehen.
— Eleanor Roosevelt

Charme ist ein Weg, die Antwort «ja» zu bekommen, ohne irgendeine klare Frage gestellt zu haben.
— Albert Camus

«In Ordnung», sagte die Katze von Cheshire; und dieses Mal verschwand sie ziemlich langsam, zuerst das Ende ihres Schwanzes, zuletzt ihr Grinsen; es stand noch lange im Raum, nachdem sie verschwunden war.
— Lewis Carroll

Wenn du ihm etwas Zucker gibst, wird er dich lieben.
— Kenneth Rexroth

Ich gebe dir ein eindeutiges «Vielleicht».

— Sam Goldwyn

Einige Menschen bevorzugen den Kompromiß, andere verachten ihn. Ich kann mich für keine Seite entscheiden, ich denke, an beidem ist etwas dran.

— Ogden Nash

Der Beweis einer erstklassigen Intelligenz ist die Fähigkeit, gleichzeitig zwei gegensätzliche Vorstellungen im Kopf zu haben und dennoch die Fähigkeit zu funktionieren aufrechtzuerhalten.

— F. Scott Fitzgerald

Manchmal kann selbst ich es nicht glauben, wie wischi-waschi ich bin.

— Charles Schultz (Charlie Brown)

Ohne Schönheit kann ich nicht leben.

— Albert Camus

Aber zuerst möchte ich mit mir selbst in Frieden sein. Ich möchte eine innere Harmonie leben, dem Wesen nach geistig, die in eine äußere Harmonie übersetzt werden kann.

— Anne Morrow Lindbergh

Mond im Skorpion

Wenn wir den Mond im Skorpion haben, zeigt das an, daß wir private Zurückgezogenheit schätzen, daß wir zu beträchtlicher emotionaler Intensität und Leidenschaft fähig sind, daß wir in unseren Erfahrungen unter die Oberfläche dringen müssen, um eine tiefe und solide Grundlage für uns selbst zu sichern. Wir brauchen die Erfahrung der Macht, die eigenen wie auch die Mittel anderer Menschen wirksam einzusetzen. Wenn wir unsere echten Gefühle verleugnen oder unseren wirklichen Bedürfnissen nicht entsprochen wird, vermögen wir uns leicht in zerstörerische Skorpion-Muster zurückzuziehen — indem wir von Sexualität oder Geld besessen sind, Rache oder Zerstörung ausdrücken oder uns fordernd verhalten und andere manipulieren. Eine der Schwierigkeiten eines Skorpion-Mondes steht mit der Angst, die Kontrolle zu verlieren oder sich hinzugeben, in Verbindung. Wegen dieser Angst verleugnen oder verbergen wir die weicheren, verletzlichen Seiten in uns und hindern uns dadurch selbst daran, eine wirklich enge Verbindung oder Harmonie, die wir suchen, zu erfahren.

Wir haben vielleicht Botschaften unserer Eltern verinnerlicht, die es uns ermöglichten, Einfallsreichtum, Ausdauer und Charakterstärke zu entwickeln sowie die Fähigkeit, die Tiefe unserer Erfahrung auszuloten. Die Sexualität kann durch die Intensität familiärer Wechselwirkung früh geweckt worden sein, so daß wir gezwungen waren, uns mit den Bedingungen der eigenen Lebenskraft und der Macht des Todes auseinanderzusetzen. Ein Skorpion-Elternteil kann jedoch unsere Fähigkeit, emotionale Nahrung zu empfangen und uns selbst zu bestärken, negativ beeinflußt haben. Vielleicht war so ein Elternteil feindselig und strafend, so daß wir beträchtliches Mißtrauen entwickelten und lernten, Gefühle zu verstecken. Sie oder er ist möglicherweise dominant, zudringlich oder sexuell provokativ gewesen, was uns zu der Furcht führte, besessen oder überwältigt zu werden. Kälte und unangebrachter Gleichmut, die sich in einer «Bleib-hart-Einstellung» manifestierten, kann unser inneres Kind daran gehindert haben, die Zärtlichkeit und Sorge zu empfangen, die es brauchte. Manchmal weist ein Skorpion-Mond auf den frühen Tod eines Elternteils hin oder auf eine verfrühte Konfrontation mit der Realität von Tod oder Gewalt.

Wir, die den Mond im Skorpion haben, können uns wieder an die innere Quelle anschließen, indem wir Gefühle und emotionale Bedürfnisse wiederentdecken, akzeptieren und ausdrücken und nicht nur unser sexuelles Verlangen. Wir brauchen Kontakt zu unserem eigenen Kern, müssen uns selbst statt andere besitzen und lernen, unsere Leidenschaft konstruktiv zu kanalisieren. Eine der Aufgaben des Skorpion-Mondes liegt darin, die innere Kraft wiederzuentdecken. Dabei sollten wir zur Befriedigung von Bedürfnissen die eigenen Fähigkeiten heranziehen statt andere zu manipulieren, damit sie das für uns tun, wozu wir selbst unfähig oder unwillig sind.

Impressionen zum Mond im Skorpion

Ich bin nur am Fundament des menschlichen Wesens interessiert. — Sigmund Freud

Meine Stimme ist unbedeutend, aber ich muß sie erheben; ich komme nicht, um die Ruhe zu begraben, sondern sie zu loben.
— Ogden Nash

Wenn die Wahrheit im Verborgenen begraben liegt, wächst sie, ringt nach Luft und sammelt so eine explosive Kraft, daß sie eines Tages ausbricht und alles mit ihr in die Luft fliegt.
— Emile Zola

Nur wenige Menschen ... kommen annähernd dazu, die Reichtümer, die in ihnen liegen, zu erschöpfen. Es gibt da verborgene Kraftquellen, die niemals benutzt werden.

— Admiral Richard Byrd

Ich werde so hart wie die Wahrheit sein und so kompromißlos wie die Gerechtigkeit. Ich möchte keine Milde walten lassen.

— William Lloyd Garrison

Ich nehme es dir übel, wenn du mir nicht alles gibst. Ich fordere, daß du vollkommen investierst, was du bist.

— Fritz Perls

Denn jeder, der nicht Herr über sein innerstes Selbst ist, würde gerne den Willen des Nachbarn beherrschen.

— Goethe

Was mich nicht umbringt, macht mich stärker.

— Friedrich Nietzsche

Wenn du sicher bist, daß du recht hast, hast du eine moralische Pflicht, deinen Willen jedem aufzuzwingen, der nicht mit dir übereinstimmt.

— Robert Mayer

Ich sah es als meine Aufgabe, überall Schwierigkeiten zu schaffen.

— Sören Kirkegaard

Der einzige Weg, eine Versuchung loszuwerden, ist, ihr nachzugeben.

— Oscar Wilde

Alles, was nicht festgenagelt ist, gehört mir. Alles, was ich losreißen kann, ist nicht festgenagelt.

— Collis Huntinton

Für jeden ekstatischen Augenblick müssen wir mit Qual und Angst bezahlen, müssen klagend und zitternd unseren Tribut leisten.

— Emily Dickinson

Er seufzte, schmachtete und machte verliebte Augen, während seine Leidenschaft kochte und brodelte.

— William Thackeray

Letzte Nacht schlief ich in feuerroten Laken. Heute nacht verliere ich mich wieder in Einsamkeit und verfluche mein eigenes Verlangen, dazu verurteilt, erst zu brennen und dann zu erfrieren.

— Carly Simon

Und Feuer und Eis in mir kämpfen unter der erstickenden Nacht.

— A.E. Housman

Er liebte absolut, darum haßte er auch … absolut.

— Frieda Lawrence

Irren ist menschlich; Vergebung ist nicht unsere Politik.

— Anonym

Was du nicht haben kannst, verschmähe!

— Italienisches Sprichwort

Sie war nicht nur bereit, Leid zu akzeptieren, sie verlangte tatsächlich danach.

— Maurice Friedman

Ich kenne den Ur-Grund… ich kenne ihn durch meine große Hauptwurzel. Es ist das, wovor du Angst hast. Ich fürchte mich nicht. Ich bin da gewesen.

— Sylvia Plath

Einige haben den Ort, wo wir verwurzelt sind, den Ort des Todes genannt. Wir richten unseren gleichgültigen Blick auf sie und nennen ihn eher einen Bereich des Wiedererwachens.

— Robin Morgan

Wir müssen immer noch weiter in eine andere Intensität hineingehen, um zu einer größeren Harmonie und zu einer tieferen Verbindung zu kommen.

— T.S. Eliot

Mond im Schützen

Haben wir einen Schütze-Mond, brauchen wir die Freiheit, unsere Grenzen zu erweitern — neue Möglichkeiten zu entdecken und umzusetzen, zu reisen und/oder unser Verständnis zu entwickeln. Wir haben ein großzügiges Herz und sind gerne freigebig. Außerdem trachten wir danach, uns mit Humor und durch angenehme Gesellschaft über Schwierigkeiten zu erheben.

Wenn wirkliche Bedürfnisse nicht gestillt werden oder wir mit Gefühlen oder Bedürfnissen in Kontakt kommen, die uns bedrohen, kann es sein, daß wir unserem Schütze-Wesen in einer defensiven und verzerrten Weise dadurch Ausdruck verleihen, daß wir unmittelbare Streitpunkte aufschieben oder vermeiden und uns auf die Zukunft konzentrieren, auf abstrakte Bereiche oder auf Tätigkeiten, die uns unterhalten und zerstreuen. Vielleicht beschäftigen wir uns ausschließlich mit Idealen oder Zielen statt mit laufenden Aufgaben, intellektualisieren und philosophieren unablässig, reißen unangebrachte Witze oder ziehen rastlos von Aktivität zu Aktivität oder von Person zu Person, wobei wir ewig danach trachten, der Verantwortung zu entfliehen und gleichzeitig die innere Leere zu füllen.

Sehr wahrscheinlich versorgte uns die Mutter oder der für uns bedeutenste Elternteil mit einem konstruktiven philosophischen Rahmen, in dem das Leben zu sehen ist, und erfüllte uns mit einer Liebe zur inneren und äußeren Forschung. Doch hatte dieser Elternteil möglicherweise Angst vor emotionaler Nähe und flüchtete sich in ferne Bereiche statt auf unsere wahren Bedürfnisse, Gefühle, Schwierigkeiten oder Belastungen, die wir erfuhren, einzugehen. Er hat uns eher verwöhnt als wirklich gestärkt. Vielleicht hat dieser Elternteil mehr gepredigt als verständnisvoll gelehrt, indem er das «Du-sollst» oder religiöse Prinzipien verkündete, mit denen unser eigenes Wesen und unsere Entwicklung nicht Schritt halten konnten.

Für jene von uns, die den Mond im Schützen haben, besteht die Rückkehr zu ihrer inneren Quelle darin, daß wir uns, unabhängig von den Eltern, eine eigene Philosophie und Moral schaffen. Das kann dabei helfen, mit Gefühlen und Bedürfnissen ins Reine zu kommen. Unsere Aufgabe beinhaltet auch, daß wir uns selbst und anderen zu geben lernen, indem wir jene innere Freiheit entwickeln, die fähig ist, innerhalb von Grenzen und Verpflichtungen zu existieren, und indem wir Gott oder den inneren Führer, der uns leitet und inspiriert, in uns entdecken und mit ihm verbunden bleiben.

Impressionen zum Mond im Schützen

Ich habe versucht, ein Philosoph zu sein; aber ich weiß nicht, wieso immer die Heiterkeit durchbrach.
— Oliver Edwards

Sie soll so sportlich wie ein Rehkitz sein, ... wild vor Freude über den Rasen.
— William Wordsworth

Sie wollte Leben geben; das Blut wärmen und die Hoffnung von düsteren und vorsichtigen Menschen wecken.
— Margot Asquith

Ich bin ein wenig taub, ein wenig blind, ein wenig unfähig und obendrein habe ich noch zwei oder drei scheußliche Gebrechen, aber nichts zerstört meine Hoffnung.
— Voltaire

Hör zu: Es gibt da ein verdammt gutes Universum nebenan; laß uns dorthin gehen.
— E.E. Cummings

Ich muß weiter gehen.
— Donald Davie

Das Morgen ist unser ständiger Wohnsitz.
— E.E. Cummings

Rechne ihm seine gebrochenen Versprechungen nicht als Verbrechen an. Er meinte sie ernst, ganz ernst, als er sie gab — seinerzeit.
— Kensal Green

Das Leben ist die Kunst, hinreichend Schlüsse aus unzureichenden Prämissen zu ziehen.
— Samuel Butler

Wohlklingend und tugendhaft war seine Rede, gerne wollte er lernen und lehren.
— Geoffrey Chaucer

«Ach was, mein Kind,» sagte die Herzogin. «Alles hat eine Moral, du mußt sie nur finden.»
— Lewis Carroll

Kommt, meine Freunde, es ist nie zu spät, eine neuere Welt zu suchen... Denn es ist meine Absicht, jenseits des Sonnenuntergangs über die Ozeane westlicher Sterne zu segeln, bis ich sterbe.
— Alfred Lord Tennyson

Oh, Herr, ich möchte frei sein, möchte frei sein; Regenbogen um meine Schultern, Flügel an meinen Füßen.

— Amerikanisches Negerlied

Er möchte mich binden und mich einengen, aber ich möchte mich ausdehnen, indem ich jeden Gesichtskreis durchmesse.

— Ernest Stadler

Ich verbrachte mein Leben in der fortwährenden Anstrengung, um den Gemeinplätzen der Existenz zu entkommen.

— Sir Arthur Conan Doyle

Seinem Leben Bedeutung zu verleihen, mag im Wahnsinn enden. Aber ein Leben ohne Bedeutung ist die Qual der Rastlosigkeit und des vagen Verlangens.

— Edgar Lee Masters

Die Hauptsache in dieser Welt ist, seine Seele hochzuhalten.

— Gustave Flaubert

Das einzig wahre Glück beruht darauf, daß wir uns selbst an ein Ziel verschwenden.

— John Mason Brown

Derjenige, der ein «Warum» zum Leben hat, kann fast jedes «Wie» ertragen.

— Friedrich Nietzsche

Und vor allen Dinge glaube ich daran, daß ich ***glauben*** *muß — daß ich an meine Mitmenschen glauben muß — daß ich an mich glauben muß — daß ich an Gott glauben muß — wenn das Leben irgendeine Bedeutung haben soll.*

— Margaret Chase Smith

Mond im Steinbock

Diejenigen von uns mit dem Mond im Steinbock, brauchen die Sicherheit von Organisation und Struktur und die Befriedigung des Einhaltens von Verpflichtungen und des Erreichens von Zielen. Wir sind stolz auf unsere Arbeit und möchten Anerkennung für unsere Fertigkeiten. Im Zeichen Steinbock steht der Mond im Exil; es ist von daher eine besonders schwierige Position, um emotionale Nahrung zu beziehen und selbsterhaltende Verhaltensweisen zu bilden. Wenn Gefühle und Bedürfnisse zum Vorschein kommen, erlauben wir ihnen vielleicht nicht einmal, voll in unser Bewußtsein zu treten. Wir haben zuviel Angst vor unserer Verletzlichkeit und Schwäche und beurteilen unser inneres Kind allzu streng. Die Unterdrückung der tieferen Seiten in uns kann dazu führen, daß wir in Depressionen, Negativität oder Selbstkritik versinken, unablässig arbeiten oder uns von erfüllenden Verbindungen zu anderen Menschen fernhalten. Vielleicht füttern wir uns immer wieder mit «Sei-stark-Botschaften», die zwar Selbstgenügsamkeit unterstützen, uns jedoch von einer wirklichen Fühlungnahme mit uns selbst abhalten — die nahe Beziehungen erst möglich macht.

Wahrscheinlich hat uns ein Elternteil dabei geholfen, Emotionen zu kontrollieren, Verantwortung für uns selbst zu übernehmen und eher erwachsene als kindliche Entscheidungen zu treffen, und er sorgte auch für Beständigkeit und Schutz, die wir brauchten, um uns sicher zu fühlen. Wie auch immer, einen Steinbock-Mond zu haben bedeutet, daß wir wahrscheinlich niemals unseren Gefühlen freien Lauf lassen durften und nicht viel zärtliche Zuwendung erhielten. Vielleicht ist ein Elternteil kalt und ablehnend gewesen, hat uns vernachlässigt oder uns zu verstehen gegeben, daß unsere Gefühle und Bedürfnisse wenig wert waren. Vielleicht war er oder sie auch ein Perfektionist, den wir nicht zufriedenstellen konnten und dessen Anerkennung an einen hohen Grad an Leistung und Erfolg gebunden war. Eine Folge davon kann sein, daß wir das als wertvoll empfinden, was wir leisten, nicht aber das, was wir sind.

Wir, die den Mond im Steinbock haben, müssen uns eigene Maßstäbe schaffen, auch wenn sie von denen unserer Eltern abweichen. Wir müssen aufhören, nach solchen Entschädigungen zu streben, die nicht tatsächlichen Bedürfnissen entsprechen. Unsere Aufgabe beinhaltet, daß wir die inneren Sicherheitsquellen nutzen und uns selbst die Wertschätzung und Anerkennung geben, die wir ursprünglich bei anderen suchten. Wir können die Erfüllung, nach der wir trachten, nur dann erleben, wenn wir unsere Gefühle und Bedürfnisse anerkennen und uns erlauben, verletzlich zu sein. Vielleicht entdecken wir dabei Stärke und Selbstgenügsamkeit, die die Sensibilität unseres inneren Kindes eher annehmen als ablehnen.

Impressionen zum Mond im Steinbock

Ich werde Herr über mich selbst sein.

— Goethe

Hör' immer auf den Kontrollturm.

— Charles Schultz (Snoopy)

Zu besitzen, was man wünscht, ist Reichtum, doch ohne all das auszukommen, ist Stärke.

— George McDonald

Es ist besser, einen großen Zaun an den Rand der Klippe zu stellen als einen Krankenwagen unten ins Tal.

— Joseph Malines

Lege alle deine Eier in **einen** *Korb, und dann gib gut acht auf ihn.*

— Mark Twain

Ich habe Mauern gebaut, eine Festung hoch und gewaltig, in die keiner eindringen kann... Ich bin ein Felsen; ich bin eine Insel.

— Simon & Garfunkel

Meine Gefühle können sich nicht ganz herauswagen. Ich bin erfüllt von Erinnerungen und Zweifeln. Ich denke, ich komme besser ohne sie zurecht als es darauf ankommen zu lassen.

— Cryer and Ford

Sie warten, wenn sie sich auf den Weg machen sollten; versteifen sich, wenn sie sich beugen sollten.

— Louise Bogan

Ich bin einsam in der großen Gesellschaft der Wesen. Ich bin mitten unter ihnen, aber nicht von ihrer Art.

— Ralph Waldo Emerson

Du hast dich selbst zu ernst genommen.

— Gonveneur Dupont

Halte dich an das, was schwierig ist.

— Rainer Maria Rilke

Was in aller Welt würde ein Mensch mit sich selbst anfangen, wenn nichts ihm im Wege stünde?
— H. G. Wells

Die Fähigkeit, Frustration zu ertragen, hält uns am Leben. — Abbie Hoffman

Jeder braucht ein gewisses Maß an Unglück in seinem Leben, um glücklich zu sein. — Anonym

Ich möchte nicht die Lehre gemeiner Bequemlichkeit verkünden, sondern jene des anstrengenden Lebens.
— Theodore Roosevelt

Ich werde sein wie der Baum dort. Ich werde an der Spitze sterben. — Jonathan Swift

Das Geheimnis des Erfolges ist die Treue zu einem Vorsatz. — Benjamin Disraeli

In den meisten Unternehmungen erfordert Erfolg nicht nur, daß wir den ersten Schritt tun, sondern auch den letzten. — Anonym

Ein Mangel an Vollkommenheit ist das größte Leid.
— The Chofetz Chaim

Was ein Mensch hat, mag von anderen abhängig sein, aber was er ist, hängt von ihm allein ab.
— Anonym

Als Kind war ich gezwungen, ein Leben zu führen, das weit über mein Alter hinausging; jetzt habe ich die Ordnung auf den Kopf gestellt, und ich beabsichtige, unbegrenzt jung zu bleiben. — Mary Pickford

Mond im Wassermann

Ein Wassermann-Mond deutet darauf hin, daß wir unsere Individualität erfahren und ausdrücken müssen und die Freiheit brauchen, um uns mit vielen verschiedenen Menschen auszutauschen. Wir möchten intuitive, schöpferische und abstrakte geistige Fähigkeiten nutzen, um einen sinnvollen Beitrag für die Gemeinschaft zu leisten. Die Wassermann-Energien verbinden sich nicht leicht mit dem Krebs-Mondprinzip. Gewöhnlich haben wir Schwierigkeiten, uns das Recht auf Bedürfnisse und Gefühle einzugestehen und uns dazu zu bekennen. Wir fürchten Nähe und Intimität. Fühlen wir uns durch herandrängende Emotionen oder Bedürfnisse bedroht, mögen wir rationalisieren oder intellektualisieren, mögen rebellieren oder lauthals unsere Unabhängigkeit verkünden oder uns übermäßig in anregende Tätigkeiten vertiefen. Manchmal verleitet uns der Mond im Wassermann dazu, überstürzte, plötzliche und abrupte Veränderungen vorzunehmen, um die Erfahrung von zu viel Nähe und Gefühl, die uns innerlich zu ersticken droht, zu überwinden. Einen großen Freundeskreis zu pflegen und/oder uns einer Sache zu widmen, an die wir glauben, kann uns erfüllen, kann aber ebenso ein Ersatz für unbefriedigte persönliche Bedürfnisse sein.

Sehr wahrscheinlich hat ein Elternteil unsere Wassermann-Qualitäten bestärkt. Er oder sie kann intellektuell, humanitär und individualistisch gewesen sein und diese Züge in uns selbst gefördert haben. Wir lernten stolz zu sein auf unsere Einmaligkeit und Originalität, auf unsere soziale und geistige Gewandtheit. Solch ein Elternteil kann jedoch auch gleichgültig oder kalt gewesen sein und nicht in der Lage, uns physisch und emotional zu stärken. Gleichzeitig blieb er jedoch zugänglich für große Gruppen von Menschen und reagierte auf soziale Belange, die weniger einschränkend und emotional fordernd waren als die Familienbande. Einer oder auch beide unserer Eltern können uns gegenüber unberechenbar und sprunghaft gewesen sein, so daß wir kein Vertrauen in sichere und stabile Beziehungen entwickeln konnten und schon früh lernten, uns vor Intimität zu schützen.

Wir, die den Mond im Wassermann haben, müssen unsere eigene Einmaligkeit erfahren und wertschätzen, während wir uns gleichzeitig eine Gemeinschaft von vertrauten, uns nahestehenden Menschen schaffen, in der emotionale Bedürfnisse respektiert und erfüllt statt unterdrückt werden. Wir müssen Intuition entwickeln und ihr vertrauen, mit Hilfe des Denkens Gefühle verstehen lernen und entdecken, wie wir unsere Bedürfnisse befriedigen können statt ihnen auszuweichen. Andere Aufgaben des Wassermann-Mondes liegen darin, die innere Freiheit zu pflegen, die aus der völligen Offenheit unserem emotionalen Wesen gegenüber resultiert und zu lernen, unser eigener Freund zu sein statt im gesellschaftlichen Leben aufzugehen, weil wir mit uns selbst nicht zurechtkommen.

Impressionen zum Mond im Wassermann

Du wärst lieber ein runder Pflock in einem quadratischen Loch als ein quadratischer Pflock in einem quadratischen Loch. — Elbert Hubbard

Wenn dies Kaffee ist, möchte ich Tee; aber wenn dies Tee ist, dann möchte ich Kaffee.
— Punch

Wenn du schon nicht als Genie geboren wurdest, dann sei wenigstens ein rechthaberischer Fanatiker.
— Anonym

Wenn ein Mann nicht mit seinen Kameraden Schritt hält, kommt das vielleicht daher, daß er einen anderen Trommler hört.
— Henry David Thoreau

Sie verfiel einer mysteriösen Hingabe;
sie verfiel dem Tierkreis und dem Zen;
sie verfiel dem Tarot und geheimnisvollen Elixieren.
— Joni Mitchell (aus dem Song «Clouds»)

Zwei Wege trennten sich in einem Wald, und ich nahm den, der weniger ausgetreten war, und das hat den ganzen Unterschied ausgemacht.
— Robert Frost

Eine alberne Übereinstimmung ist der Kobold der kleinen Geister. — Ralph Waldo Emerson

Erreiche eine Grenze und geh' darüber hinaus; erreiche eine weitere Grenze und geh' darüber hinaus. Unsere einzige Sicherheit ist unsere Fähigkeit zur Veränderung.
— John Lilly

Wieder und wieder befiehlt uns eine Stimme, den alten Trott zu durchbrechen, Sack und Pack zurückzulassen, die Autos zu wechseln und die Richtung zu ändern.
— Henry Miller

Ich will Raum.
— Tu Fu

Ich wollte frei sein, frei, das zu tun und zu geben, wonach mir der Sinn stand. In dem Moment, wo irgend etwas von mir erwartet oder gefordert wurde, wich ich aus. Das war ... meine Unabhängigkeit.

— Henry Miller

Zum demütigen Eheleben bin ich nicht berufen. Ich bin dein Freund, aber niemals dein Besitz.

— Vera Brittain

Der einzige Weg, einen Freund zu haben, ist, einer zu sein.

— Ralph Waldo Emmerson

Liebe ist nur Geschwätz, Freunde sind das, was zählt.

— Gelett Burgess

Sie scheint mit einem starken Verstand ausgestattet zu sein, was sie vor exzessiven Gefühlen bewahren wird.

— George Sand

Von Wut umzingelt, waren wir ohne Wut; von Leidenschaft umgeben, waren wir leidenschaftslos.

— George Clarke

Ich muß nach der Wahrheit fragen, die Wahrheit sprechen und wahrhaftig handeln, jetzt und immerdar.

— Lillian Hellman

Toleranz ist das Ergebnis unterdrückter Großherzigkeit.

— George Saintsbury

Ich kann nicht die gesamte Menschheit lieben, es sei denn, unermeßlich und abstrakt.

— Albert Camus

Wahre Sicherheit ist eher in sozialer Solidarität zu erreichen als durch abgesonderte individuelle Anstrengung.

— Fjodor Dostojewski

Entweder Ko-Existenz oder No-Existenz.

— Bertrand Russell

Wenn du aufhörst, einen Beitrag zu leisten, beginnst du zu sterben.

— Eleanore Roosevelt

Und nun, Menschheit, wende ich mich an dich: Ich weihe meinen Dienst der Welt!

— Voltarine de Cleyre

Mond in den Fischen

Den Mond in den Fischen zu haben bedeutet, daß wir Lebensperioden brauchen, in denen wir uns treiben lassen und träumen. Beziehungen müssen auf Feingefühl und Verständnis basieren, und wir brauchen Offenheit gegenüber den Quellen der Inspiration innerhalb und außerhalb unserer selbst. Die wässerigen Kräfte des Mondes lassen sich bei einer Plazierung in den Fischen leicht ausdrücken und werden manchmal sogar überbetont. Wenn wir unsere Gefühle und Bedürfnisse erfahren, kann es sogar sein, daß wir in ihnen schwelgen, sei es durch langanhaltende Weinkrämpfe und Selbstmitleid oder indem wir anderen Menschen Anteilnahme und Mitgefühl entlocken. Bewußt oder unbewußt versuchen wir durch Fantasie oder Idealisierung oder durch die Sucht nach Alkohol oder Drogen uns selbst zu entfliehen. Viele Menschen mit einem Fische-Mond können ihre Gefühle und Bedürfnisse aus zweiter Hand erfahren und befriedigen, indem sie sich fortwährend auf die Gefühle und Bedürfnisse anderer konzentrieren und sich völlig ihrem Wohlergehen widmen.

Ein Elternteil, der einen Fische-Einfluß auf uns ausübte, reagierte höchstwahrscheinlich sensibel und mitfühlend auf uns und bestärkte unsere inspirative Veranlagung. Wenn der Mond jedoch angegriffen ist, kann solch ein Elternteil auch einen sehr nachteiligen Einfluß auf uns gehabt haben. Er oder sie hat uns zu sehr verzärtelt und unsere Wehwehchen und Schmerzen zu wichtig genommen. Möglicherweise spielten die Eltern auch zu oft den Märtyrer, indem sie uns von ganzem Herzen ergeben waren, aber Schuldgefühle hervorriefen oder als Gegenleistung völlige Hingabe forderten. Er oder sie kann hypochondrisch gewesen sein oder von solch ätherischem Naturell, das sich nicht so leicht mit der physischen Realität abfinden konnte. Ein Fische-Elternteil kann seinen eigenen Süchten und Abhängigkeiten ausgeliefert gewesen sein oder derart in Träume und Fantasien verstrickt sein, daß er emotional oder physisch gar nicht völlig anwesend war.

Wir, die den Mond in den Fischen haben, müssen lernen, wie wir auf eigene Gefühle und Bedürfnisse konstruktiv reagieren können. Wir sollten lernen, uns selbst zu helfen und uns lieber mit uns selbst zu beschäftigen, statt zu versuchen, uns in anderen zu verlieren. Weil wir an einer göttlichen Unzufriedenheit leiden, können wir Schwierigkeiten haben, die Realitäten des irdischen Daseins zu akzeptieren und uns ihnen anzupassen. Wir müssen in der Lage sein, Visionen in Taten umzusetzen und jene Träume zu leben, die realisierbar sind. Dadurch sollte es gelingen, eine Verbindung zu schaffen zwischen unserem praktischen Naturell und unserem spirituellen oder kreativen Wesen. Wir können nach Übereinstimmung in engen Beziehungen streben, doch werden wir sie wahrscheinlich nicht erfahren, solange wir nicht den Einklang mit der eigenen kreativen und/oder spirituellen Quelle fördern und unser Herz sowohl der Fülle der Liebe als auch dem Schmerz in uns öffnen.

Impressionen zum Mond in den Fischen

Ich komme nicht dahinter, wo ich aufhöre und die anderen beginnen.

— Georg McCabee

Ich bin ich selbst und alles, was um mich herum ist, und wenn ich es nicht schütze, wird es mich nicht schützen.

— Jose Ortega Gasset

Wer wird den Retter erretten?

— Charles Schultz

Meine Freundlichkeit ist immer mein Fluch gewesen. Ein weiches Herz ist das Kreuz, das ich trage.

— Don Marquis

Wenn du schon nicht helfen kannst, zeige wenigstens Anteilnahme.

— Anonym

Ich sehe mich selbst wie ein Sieb. Jedermanns Gefühle fließen durch mich hindurch.

— Liv Ullman

Ist die Hingabe an andere ein Deckmantel für den Hunger und die Bedürfnisse des Selbst, deren man sich schämt? Ich schämte mich immer zu nehmen, also gab ich. Das war keine Tugend, sondern eine Maske.

— Anaïs Nin

Tränen aus der Tiefe einer göttlichen Verzweiflung steigen aus dem Herzen empor und sammeln sich in den Augen.

— Alfred Lord Tennyson

Sie läßt sich treiben. Alles, was sie mit ihrem Leben tun will, ist, es irgendwo zu verlieren.

— Dorothy Baker

Ich bin eine Feder für jeden Wind, der weht.

— William Shakespeare

Ein weiser Mann paßt sich den Umständen an, so wie Wasser die Form des Gefäßes annimmt, das es enthält.

— Chinesisches Sprichwort

«Ich meine das ernst», sagte Puh. «Ich brauche einen Fluchtweg.»

— A.A. Milne

Ich werde mich dir sicherlich entziehen. Siehst du, schon bin ich dir entkommen.

— Walt Whitman

Du magst betrogen werden, wenn du zu sehr vertraust, aber du wirst in Qualen leben, bis du genug vertraust.

— Frank Crane

Nicht ich, nicht ich, sondern der Wind, der durch mich bläst.

— D.H. Lawrence

Man sieht nur mit dem Herzen gut; das Wesentliche ist für das Auge unsichtbar.

— Antoine de St. Exupéry

Meine Gefühle erblühen in mir wie eine göttliche Offenbarung.

— André Gide

Für mich ist jede Stunde des Lichtes, jeder Kubikzentimeter des Raumes ein Wunder.

— Walt Whitman

Deinen eigenen Weg zu finden bedeutet, deiner eigenen Seligkeit zu folgen.

— Joseph Campbell

Lieber bin ich ein Träumer unter den Niedrigsten, mit Visionen, die zu verwirklichen sind, als Herr zwischen jenen, die ohne Träume und Verlangen sind.

— Khalil Gibran

Das Tagebuch deiner inneren Entwicklungsreise

Die folgenden Seiten beschreiben einen Prozeß der Selbst-Therapie, die ich bei einigen meiner Klienten anwende, um ihnen zu helfen, ihren Fortschritt zu überwachen, ihre Ziele zu klären, einen bestärkenden inneren Elternteil zu entwickeln und ihre emotionale Befriedigung und ihr Wohlbefinden zu verbessern. Als erstes ist es erforderlich, ein leeres Heft zu kaufen, ein einfaches Notizbuch oder ein richtiges Tagebuch, das uns wegen seiner Farbe, seines Entwurfs oder seiner sonstigen Beschaffenheit ästhetisch und emotional anspricht.

Absichten

Veränderung beginnt mit der Planung, in deren Verlauf wir uns über Wünsche klar werden und uns selbst erlauben, sie in ihrer vollen Intensität zu erleben. Am besten beginnst du das Tagebuch deiner inneren Entwicklungsreise damit, daß du die ersten paar Seiten für das Aufschreiben deiner Ziele verwendest und diese Ziele regelmäßig auf den neuesten Entwicklungsstand bringst. Bevor du beginnst, nimm dir etwas Zeit, darüber nachzudenken, welche Ziele dir persönlich am wichtigsten erscheinen und welche du am liebsten verwirklichen *willst*. Kannst du diesen *Willen* wirklich fühlen? Wenn nicht, ist deine Absicht nicht stark genug, um einen Prozeß in Gang zu setzen, der zur Erfüllung führt. Je mehr du es dir selbst erlauben kannst, jedes Ziel für sich zu wünschen und je mehr du es dir zugestehst, dieses Verlangen zu erfahren und zu bejahen, desto wahrscheinlicher ist es, daß du imstande bist, eine Wahl zu treffen, die dies widerspiegelt.

Wenn du die Liste deiner Absichten aufschreibst, beginne jede Aussage mit «ICH WILL», und zwar in Großbuchstaben geschrieben, zum Beispiel: «ICH WILL bewußt darauf achten, welche negativen Botschaften ich mir gebe und sie durch positive ersetzen,» «ICH WILL für meinen Körper sorgen, indem ich nahrhafte Mahlzeiten koche und ihn dreimal die Woche trainiere,» «ICH WILL es riskieren, meine Gefühle offener mit Freunden zu teilen,» oder: «ICH WILL mich zuerst an mich selbst wenden, wenn ich dringend etwas brauche, bevor ich die Hand nach anderen ausstrecke.» Achte darauf, realistische Ziele zu wählen, durch die du deinen inneren Fortschritt beurteilen kannst, statt dir solche Ziele zu setzen, die sehr abstrakt oder mit irgendeinem fernen Endpunkt in der Zukunft verknüpft sind (wie «ICH WILL ein erfolgreicher Fachmann sein» oder «ICH WILL ein liebendes menschliches Wesen sein»). Vielleicht möchtest du auch über alle deine Lebensbereiche nachdenken — sowohl über das Verhältnis zu deinem Verstand, deinem Körper, deinen Gefühlen und deinem Geist als auch über deine Beziehungen zur Arbeit, zur Liebe, zur Freundschaft, zur Freizeit, zu deinem Zuhause, usw. — während du deine Hauptziele definierst. Vielleicht möchtest du deine

Liste von Zeit zu Zeit ergänzen oder viele der notierten Vorsätze neu bewerten, um kurz und bündig die zehn oder zwölf herauszuarbeiten, die dir am wichtigsten sind. Mag sein, daß du auch den Wunsch hast, die Liste täglich durchzulesen oder dir die Vorsätze zu wiederholen, um sie zu bekräftigen und dich ihrer Verwirklichung im Leben noch stärker zu widmen. Je klarer dieses Leben innerlich vor dir steht und je intensiver du dir vergegenwärtigst, welche konkreten Vorteile du als Folge dieses Tuns erfahren kannst, desto erfolgreicher wirst du bei der Umsetzung in die Tat sein.

Guthaben

Der Abschnitt «Verdienste» deines Tagebuches dient dem täglichen Aufschreiben jener Erfahrungen, mit denen du dich *gut* fühlst — und zwar bezogen auf dein Verhältnis zu dir selbst, deinen Aktivitäten und zu anderen Menschen. Gönne dir jeden Abend die Zeit, wenigstens drei Erfahrungen aufzuzeichnen, bei denen deine innere und äußere Handlung mit deinen Werten und Zielen übereinstimmte. Die Aufzeichnung muß nicht länger als eine halbe bis eine Seite sein. Die größte Aufmerksamkeit wirst du wahrscheinlich jenen Erfahrungen schenken wollen, die deine Vorsätze widerspiegeln, ob sie nun darauf bezogen sind, wie du dich selbst und andere Menschen behandelst oder was du während des Tages leisten konntest. Für jemanden, der übermäßige Forderungen an sich selbst stellt und nach perfektionistischen Maßstäben lebt, kann es auch als Verdienst angerechnet werden, wenn er es schafft, sich gut zu fühlen, obwohl er hinter den Erwartungen zurückblieb. Zum Beispiel: «Ich sah heute nachmittag fern statt zu studieren und verzieh mir, nicht produktiver gewesen zu sein,» oder: «Ich legte mich einfach schlafen, als ich so deprimiert war, statt mich zu zwingen, zu der Party zu gehen.» Wahrscheinlich wirst du durch die Vorteile, die du gewinnst, dich bestärken lassen und dir auch deine Versäumnisse und Rückschritte vergeben wollen. Sich selbst schlecht zu behandeln, wenn man seinen Erwartungen nicht entspricht, führt selten zu einer gesunden Veränderung.

Ab und an, alle paar Wochen oder jeden Monat, möchtest du in deiner Verdienstliste nachlesen und dir die Erfahrung gönnen, zu sehen, wie deine Entwicklung deutlich, wenn auch vielleicht langsam, fortschreitet. Es ist wichtig zuzulassen, daß du dich *gut* fühlst, während du deine Erfolge aufschreibst. Du mußt die positiven Gefühle förmlich aufsaugen, als wenn du ein Kompliment von einem besonderen Freund bekommst; als Anerkennung deiner Fähigkeit, dir selbst Kraft zu geben und deine eigene Realität zu schaffen. Mit der Zeit wirst du es immer besser verstehen, deinen positiven, wachstumsbezogenen Erlebnissen Aufmerksamkeit zu schenken und dich durch das Negative weniger in Anspruch nehmen und entmutigen zu lassen. Du wirst beginnen, eine bestärkende Elternfigur zu verinnerlichen, die dich für jeden Fortschritt und für jede Leistung streichelt und dich trotz deiner Fehlschläge und Rückschritte liebt. In der Folge wirst du von anderen immer weniger brauchen und das, was andere zu geben haben, uneingeschränkter annehmen können.

Bestärkende Erfahrungen

Welche Erfahrungen sind emotional wahrhaft befriedigend, lassen dich mit einem Gefühl der Fülle oder Vollendung zurück und/oder mit Gefühlen von Liebe und Freude? Wir *brauchen* bestärkende Erfahrungen. Doch aus Gewohnheit suchen und wiederholen wir Erfahrungen, die uns nicht bestärken, die uns anregen, aber auch mit einem Gefühl der Leere, des Mangels und der Unzufriedenheit zurücklassen. Als Teil des Prozesses der Selbst-Integration lernen wir, jene Wünsche aufzugeben, die nicht mit unseren Bedürfnissen in Einklang stehen und uns selbst dahin zu bringen, jene Wünsche zu entdecken und zu erfüllen, die zur Zufriedenheit führen. Wenn du beginnst, Erfolge im Buch deiner inneren Entwicklungsreise aufzuzeichnen, kannst du in einem separaten Teil auch jene Erfahrungen festhalten, die dich wirklich bestärkt haben. Du könntest jede Woche oder jeden Monat eine Seite für diesen Zweck gebrauchen. Liest du diese Liste bestärkender Erfahrungen jeden Monat durch, und ziehst du sie bei Entscheidungen in bezug auf die Nutzung deiner Zeit zu Rate, kann dir das helfen, mehr von diesen Erlebnissen zu schaffen und von unbefriedigenden Zielen, Tätigkeiten und Beziehungen Abstand zu nehmen, die dich nicht wirklich stärken.

Vielleicht möchtest du die Liste bestärkender Erfahrungen mit einer Bestandsaufnahme der Vergangenheit anfangen: An welche zehn oder zwanzig erfüllendsten Erfahrungen kannst du dich erinnern? Was geschah während der letzten fünf Jahre? Während des letzten Jahres? Denke auch darüber nach, was du dafür tun kannst, um mehr Erlebnisse dieser Art zu haben. Wodurch wurden sie bisher hervorgerufen? Du könntest auch solche Erfahrungen in Betracht ziehen, die du nicht gehabt hast, die du aber für emotional befriedigend hältst. Warum nicht versuchen, sie herbeizuführen und zu sehen, was passiert? Je mehr du dazu imstande bist, «aus der eigenen Quelle zu schöpfen» und in dir jene Stärke zu entwickeln, die dir helfen kann, weise und erfüllende Entscheidungen zu treffen (die sowohl das Kind in dir als auch dein Erwachsenen-Ich befriedigen), desto weniger wirst du dazu neigen, auf eine Rettung von außerhalb zu warten (die es vielleicht gar nicht gibt), und um so seltener wirst du das verzweifelte Bedürfnis danach verspüren, daß andere für dich sorgen sollen. Viele deiner bestärkenden Erfahrungen beziehen sich wahrscheinlich auf den Austausch mit anderen Menschen. Doch in dem Maße, wie du dir deiner Rolle in diesem Prozeß bewußt wirst und erkennst, daß du die Fähigkeit hast, solche Verbindungen selbst zu schaffen, wirst du nicht mehr bereit sein, dich nur als ein leeres Gefäß zu sehen, das darauf wartet, von der Außenwelt gefüllt zu werden. Stattdessen wirst du deine eigene Stärke in Beziehungen spüren. Vielleicht möchtest du später noch eine ähnliche Bestandsaufnahme jener Erfahrungen machen, die dein Selbstwertgefühl fördern. Diese Erfahrungen können emotional befriedigend sein oder auch nicht, jedenfalls heben sie deine Selbst-Achtung und das Gefühl für deine Leistungsfähigkeit. Außerdem erfährst du dich als fähigen und verantwortungsvollen Erwachsenen, der bereit ist, für ein Leben im Einklang mit den eigenen Werten und einer wirksamen Tätigkeit in der Welt darauf zu verzichten, alle Wünsche seines inneren Kindes zu erfüllen.

Kapitel 3

Neumond und Vollmond

Viele von uns untersuchen Transite und Progressionen, die unser Horoskop beeinflussen und lassen die Aspekte unbeachtet, die durch Neu- und Vollmonde entstehen. Wahrscheinlich schrecken wir davor zurück, Seite für Seite durch die Ephemeriden zu blättern, um die Positionen jedes Mondumlaufes nachzusehen. Wahrscheinlich sind wir uns des bedeutenden Einflusses nicht bewußt, den diese Mondumläufe auf uns haben können, besonders, wenn sie in Konjunktionen zu Radix-Planeten stehen. Unsere Fähigkeit, ihre mächtigen Energien nutzbar zu machen, wenn wir um die bevorstehenden Neumonde und Vollmonde im Aspekt zu unseren Planeten wissen, haben wir wahrscheinlich noch nicht genutzt. Zum Neumond können wir lernen, vollständiger zu *sein* und wichtige Neuanfänge einzuleiten. Zum Vollmond können wir uns für Einsichten und Offenbarungen öffnen, die dann leichter zugänglich sind. In dieser Zeit können wir es dem Licht unseres Bewußtseins ermöglichen, sich zu verstärken und auszudehnen, so daß wir unser Verhältnis zu uns, zu anderen Menschen und zur Welt um uns herum klar wahrnehmen können. Wenn Neu- oder Vollmond-Planeten eng aspektiert werden, kann der Ausdruck dieser Planeten durch solar/lunare Energie verstärkt und umgewandelt werden.

Dieses Kapitel soll das Verständnis dafür wecken, wie Mondumläufe auf uns einwirken und wir uns darauf vorbereiten können, den größtmöglichen Nutzen daraus zu ziehen. Die Tabellen im Anhang geben gradgenau die Positionen aller Neu- und Vollmonde und der Mondfinsternisse für einen Zeitraum von 50 Jahren an. (Die beste Quelle für Positionen anderer Zeiträume sind *«American Ephemeris of the Twentieth Century»*, zusammengestellt und herausgegeben von der *ACS Publishing Co.*). Wenn wir die Positionen der Radix-Planeten, die Winkel und Knoten nachschlagen (im Umkreis von +/- 2 Grad) und über unsere Vergangenheit nachdenken, gewinnen wir Verständnis dafür, wie diese Lunationen jede Facette des Horoskops beeinflußt haben und wie sich das Muster hinsichtlich der einzelnen Planeten, Knoten und Winkel für uns entwickelt hat. Beobachten wir zukünftige Einflüsse und denken darüber nach, auf welche Weise wir uns ihr Erscheinen wünschen könnten. Indem wir uns selbst motivieren, die Energien der beeinflußten Planeten schöpferisch zu nutzen, können wir solche Erfahrungen und Anlässe aktiv herbeiführen, die uns helfen, Ziele zu verwirklichen. Mit Hilfe der Arbeitsbögen überprüfen wir unsere Vergangenheit und bereiten uns auf die Gestaltung unserer Zukunft bewußter vor.

Diejenigen von uns, die den Einfluß der Planeten meist als von außen kommende Kräfte erleben, während sie selbst nur passiv auf die ausgelösten Umstände reagieren, werden überrascht erkennen, wie weit wir uns als gestärkte und aktive Wesen erleben können, durchaus fähig, unser Leben selbst zu bestimmen und mit den kosmischen Energien zusammenzuwirken. Wir müssen nur bereit sein, aus der Vergangenheit zu lernen, zukünftige Einflüsse abzuschätzen und uns dafür zu entscheiden, mit dem erforderlichen Energieeinsatz ihre höchst aufbauenden, potentiellen Fähigkeiten auszudrücken.

Eine persönliche Erfahrung

Obwohl ich mir der Einflüsse von Mondumläufen während vieler Jahre bewußt war, entdeckte ich erst kürzlich die kraftvolle Energie, die sie für persönliche Transformation verfügbar machen. Während einer Woche, in der der Vollmond auf meiner Aszendent/Deszendent-Achse stand, studierte ich die Auswirkungen von Neu- und Vollmonden auf diese Achse und auch auf meinen Uranus, der im 7. Haus den Brennpunkt eines genauen T-Quadrats bildet. Bei Nachforschungen in meiner Vergangenheit erinnerte ich mich an (und erlebte noch einmal intensiv) frühere Erfahrungen, die zu Mustern von Entfremdung, Rebellion und Trennung in engen Beziehungen beitrugen. Diese Strukturen wurden noch deutlicher durch die genaue Konjunktion des Plutos meiner Mutter mit meinem Uranus. Außerdem entdeckte ich, daß es in einer wichtigen Beziehung meines Lebens fast zu jeder Neu- oder Vollmond-Konjunktion mit Uranus zum Knall kam. Während ich mich einer weiteren Neumond-Konjunktion mit Uranus näherte, der 13 Grad hinter meinem Deszendenten liegt, wurde mir bewußt, wie unsicher und unbefriedigend einige Schlüsselbeziehungen in meinem Leben waren, und erkannte ganz klar die Möglichkeit, daß es in einer oder mehreren Beziehungen zur Zeit des Neumondes «zur Krise» kommen würde. Durch das Wiedererleben von vergangenen Krisenerfahrungen kam es zu einer emotionalen Katharsis. Die dabei freigewordenen Energien und das neugewonnene Bewußtsein meiner bisherigen Verhaltensmuster halfen mir bei der Betrachtung von Problemen, die in gegenwärtigen Beziehungen auftraten. Ich fragte mich, ob ich meine uranische Energie nicht auch anders auszudrücken vermochte: Wie könnte ich diese besondere Wechselwirkung transformieren? Was könnte ich tun, um mich von früheren Verhaltensweisen zu befreien und Beziehungen auf eine Weise verändern, die für beide Seiten befriedigend wäre.

Als ich mir möglicher Handlungsweisen bewußt wurde und mich aufmachte, die erforderlichen Konfrontationen zu riskieren, erlebte ich eine Zuversicht und Bestärkung, die mich erstaunte. Innerhalb von zwei Wochen, die Neumond-Konjunktion hatte währenddessen stattgefunden, erlebte ich mit diesen wichtigen Personen in meinem Leben eine tiefere Verbindung und

Erfüllung als ich es jemals für möglich gehalten hätte. Vor allem aber erkannte ich immer klarer, welche Fähigkeiten ich (und wir alle) zur Überwindung der zutiefst verwurzelten und störenden inneren Konflikte zur Verfügung haben. Um das zu erreichen, brauchen wir die Astrologie nicht zu kennen und anzuwenden. Aber die Kombination von astrologischem Verständnis und Motivation kann diesen Prozeß außerordentlich beschleunigen.

Tatsachen und Theorien

Wir leben in einer patriarchalischen Kultur, einer Gesellschaft, die von Männern beherrscht wird und die einen männlichen Gott anbetet. Während des zwanzigsten Jahrhunderts waren das anwachsende Interesse an Psychiatrie und Psychotherapie, an Drogen, veränderten Bewußtseinszuständen, psychischen Phänomenen und an spirituellen Methoden aus dem Osten der Ausdruck eines unterdrückten lunaren Bewußtseins, das versucht, sich selbst zu behaupten und sowohl das individuelle als auch das kollektive Bewußtsein wieder ins Gleichgewicht zu bringen. Wenn wir beginnen, die solaren und lunaren Kräfte in uns zu integrieren — weibliche und männliche Energien, Bewußtes und Unbewußtes, Verstand und Emotionen/Körper —, unterstützen wir die Integration dieser Elemente in der Gesellschaft. Wir helfen auf diese Weise mit, das empfindliche Gleichgewicht zwischen Natur und Menschheit wieder herzustellen, das in der Gegenwart so gefährdet ist. In früheren Zeiten waren lunare Einflüsse stärker vorherrschend als sie es heute sind. Der hebräische Kalender, zum Beispiel, basiert auf 13 Mond-Monaten; das hebräische Wort «Sabbattu», übersetzt in «Sabbat», bedeutet Mond-Monat. Auch die Kalender und Sprachen vieler primitiver Kulturen spiegeln die Bedeutung wider, die der Mond und das Mondbewußtsein für einfache Menschen hatten.

Wissenschaftler, die Fossilien des Kammernautilus, eines Meerestieres, untersuchten, vertreten heute die Theorie, daß die spiralförmigen Linien auf seinem Gehäuse sich auf die Mondzyklen beziehen. Das älteste entdeckte Fossil mißt 9 Linien, neuere Fossile messen 17 und die Muschel der heutigen Kammernautilus mißt 28 oder 29 Linien. Dies spiegelt die 28,12 Tage des synodischen Mond-Monats wider. Das ist genau die Zeit, die der Mond braucht, um zu seinem ursprünglichen Platz auf der Umlaufbahn um die Erde zurückzukehren. Viele glauben, daß der Mond der Erde einst näher war und seine Erdumlaufzeit damals nur 9 Tage betrug (wie in den 9 Linien dokumentiert). Wenn das stimmt, dann wäre der Aufstieg der patriarchalischen Kultur und die Bewußtseinserweiterung, die mit der Entwicklung einer komplexen Zivilisation einhergeht (samt dem dazugehörigen Wachstum von Wissenschaft und Philosophie auf Kosten der Religion), eine Widerspiegelung der Tatsache, daß der Einfluß des Mondes abnimmt, je weiter er sich physisch von der Erde entfernt.

Vor kurzem haben Wissenschaftler begonnen, die Auswirkungen von Neu- und Vollmond auf die Erde und auf menschliches Verhalten zu untersuchen. Weil die Anziehungskraft der Planeten während der Lunationen am stärksten ist, ist es die vereinte Anziehungskraft von Sonne und Mond, die Erde und Wasser zum Steigen bringen. Das Land fängt buchstäblich an, sich auszudehnen und sich zusammenzuziehen; die Ozeane vergrößern und verringern ihre Wasservorräte. Auch der Flüssigkeitshaushalt des Körpers ist unvermeidlich davon betroffen. Wir produzieren zusätzliches Serotonin, eine chemische Substanz, die den Herzschlag erhöht und das Blut besser zirkulieren läßt. Unser chemisches Gleichgewicht ist verändert. Eine Erhöhung des elektrischen Potentials im Erdmagnetfeld führt zu einer Fülle von positiven Ionen in der Atmosphäre, die mit Veränderungen und Störungen im menschlichen Verhalten verbunden sind.

Studien von Neu- und Vollmond-Phänomenen deuten darauf hin, daß folgende Umstände besonders zu diesen Zeiten auftreten:

— ein überdurchschnittlicher Elektrizitätswert im physischen Körper;
— intensivierte Muskel- und Traumtätigkeit während des Schlafes;
— eine Zunahme an epileptischen und Asthma-Anfällen;
— eine größere Wahrscheinlichkeit von starken Blutungen und Blutstürzen während Operationen;
— die Tendenz zum Eisprung (mit höchster Fruchtbarkeit);
— Spitzenzeiten für sexuelle Aktivitäten, sowohl für Menschen als auch für Tiere;
— mehr Geburten (besonders zum Vollmond);
— mehr Morde, Raubüberfälle, Brandstiftungen und Gewalttätigkeiten;
— die Anzahl von Einweisungen in psychiatrische Kliniken nimmt zu, besonders zum Vollmond (man beachte, daß in dem engl. Wort *lunatic* = wahnsinnig/geisteskrank das Wort «Luna» = Mond vorkommt);
— die Tendenz, daß Fische sich in Schwärmen aufhalten, wodurch es den Fischern leichter wird, sie zu fangen (besonders Garnelen und Heringe).

Heute stellen viele Wissenschaftler Betrachtungen über das Wesen der Lunationen und die Auswirkungen auf das menschliche Verhalten an. Dr. Robert Becker nimmt an, daß es im Nervensystem «Verstärker-Knoten» gibt, entsprechend den Akupunkturpunkten, die die Schwankungen im Magnetfeld der Erde widerspiegeln, die durch solar-lunare Positionen und Phasen beeinflußt werden. Dr. Arnold Lieber stellt die Hypothese auf, daß wir uns alle zwischen den psychologischen Zuständen «negativer Rezeptivität» und «positiver Rezeptivität» vor und zurück bewegen. Befinden wir uns während des Vollmondes im Zustand «negativer Rezeptivität», d.h. in uns selbst zurückgezogen, reagieren wir wahrscheinlich nicht auf seinen Einfluß. Wenn wir uns jedoch zum Zeitpunkt des Vollmondes im Zustand «positiver Rezeptivität» befinden, ist unser emotionales Erleben gesteigert, und wir neigen zu Störungen im Gefühlsleben und im Verhalten.

Wer von uns zu der Zeit eines Neu- oder Vollmondes geboren wurde oder einen stark plazierten Mond im Krebs oder einen Winkel dazu (oder mehrere Krebs-Planeten) im Horoskop hat, besitzt eine ausgepägte Veranlagung, die Auswirkungen dieser Lunationen psychisch zu spüren. Vielleicht deshalb, weil wir uns der inneren Schwankungen einfach mehr bewußt sind als die meisten Menschen. Gerade uns kann es zugute kommen, wenn wir uns der solar-lunaren Zyklen bewußt bleiben. Unsere Haltungen und Handlungen müssen so verändert werden, daß wir den größten Nutzen aus dem Einfluß der Zyklen ziehen können.

Neumond

Bei Neumond stehen Sonne und Mond im selben Zeichen in Konjunktion. Das Licht, vom Mond reflektiert, ist geringer als während jeder anderen lunaren Phase, und die Anziehungskraft des Mondes auf die Erde ist am größten. In dieser Zeit drücken wir alle instinktiv die Energien jenes Zeichens aus, in dem der Mond gerade steht, und zwar in Übereinstimmung mit dem Lebensbereich, der durch das betroffene Haus im Horoskop angezeigt wird. Unsere Energie ist verstärkt nach innen gerichtet. Obwohl wir wahrscheinlich nicht sehr objektiv, klar oder selbstbewußt sind, können wir einen Zustand von Präsenz oder «Da-Sein» erreichen und unsere Aufmerksamkeit ziemlich wirkungsvoll auf die äußere Welt konzentrieren — besonders auf die Angelegenheiten des Hauses, in dem der Neumond stattfindet.

Wenn der Neumond in Konjunktion zu einem Planeten steht, *werden* wir, wie von selbst, zu dieser planetarischen Energie, häufig ohne uns darüber bewußt zu sein, wie wir uns darstellen. Es ist, als ob die vereinten Kräfte von Sonne und Mond einen Kanal in uns öffneten, der in den innersten Wesenskern führt. Welcher Planet auch immer durch Konjunktion von diesem Vorgang betroffen ist, wird erweckt und gestärkt. Ein Samen wird gepflanzt und beginnt zu keimen. Was wir auch entdecken, mit welcher Energie wir auch in Kontakt kommen und sie ausdrücken, was immer wir anfangen, was immer wir im Einklang mit dem Wesen dieses Planeten tun, hat zu Neumond eine größere Möglichkeit, sich zu entwickeln und äußerlich zu manifestieren als zu jeder anderen Zeit.

Hierzu eine persönliche Erfahrung. Als der Neumond einmal in Konjunktion zu meinem Aszendenten stand, gefolgt von einem Vollmond in Konjunktion zu meinem Uranus im 7. Haus, machte ich die folgende Tagebucheintragung (Das war eine Woche vor meiner Entdeckung der Astrologie — einer Entdeckung, die genau an dem Tag stattfand, als der Vollmond in Konjunktion zu meinem Uranus stand.): «Unbestimmte Eindrücke treiben durch mein Bewußtsein. Ich kann sie kaum fassen, kann nur eine wesentliche Veränderung in mir spüren, die vielleicht die Macht hat, das in mir zu verändern, was zu anderen in Beziehung steht. Ich sehe, wie ich Menschen beobachte, nehme wahr, wie sie miteinander in Beziehung stehen, wie sie aufeinander reagieren, wie sie Freundschaften schließen und erhalten. Und während ich sie beobachte, verspüre ich das tiefe Verlangen, meiner Entfremdung, die ich immer gefühlt habe, ein Ende zu setzen. Ich entdecke, daß ich die anderen Menschen unbewußt nachahme, langsam zum Echo ihrer Verhaltensweisen werde und lerne, so leicht wie sie Verbindungen einzugehen. Es fühlt sich so an, als ob ich die, die ich in Beziehungen bin, neu gestalte und dabei lerne, mehr «*in* der Welt» zu sein als von ihr getrennt... Langsam, undeutlich, tief in mir, spüre ich, daß jetzt neue Grundlagen entstehen und ich mir das zunutze machen möchte, was wie eine sehr kraftvolle und fruchtbare Zeit für Veränderungen scheint... Ich werde von einem Zitat von Gibran verfolgt:

> *Hinter diesem beladenen Selbst lebt mein freieres Selbst. Zu jung bin ich und zu heftig, um mein freieres Selbst zu sein. Doch wie soll ich zu meinem freieren Selbst werden, wenn ich nicht mein beladenes Selbst töte?*

Eine Lunation, die in Konjunktion zu einem Radix-Planeten oder -Winkel stattfindet, kennzeichnet einen sehr wichtigen Zeitpunkt, um einen Vorsatz zu fassen, der mit dem betreffenden Planeten, Zeichen und Haus in Verbindung steht, und einen Neuanfang hinsichtlich unseres Energie-Ausdrucks zu machen. Neumond in Konjunktion zur Sonne kann die Gelegenheit bieten, unseren Namen zu ändern, mit anderen Identitäten zu experimentieren und die Kraft zurückzugewinnen, die wir auf Väter, Ehemänner oder andere männliche Schlüsselfiguren in unserem Leben projiziert haben. Der Neumond in Konjunktion zum Mond gibt uns zum Beispiel die Gelegenheit, in eine befriedigendere Umgebung zu ziehen, ein Kind zu adoptieren oder eine neue Form zu entwickeln, um emotionale Bedürfnisse annehmen und zeigen zu können.

Während des Neumondes in Konjunktion zu Saturn könnten wir eine neue berufliche Laufbahn oder Arbeitsphase beginnen oder uns einer bedeutsamen und/oder langfristigen Unternehmung zuwenden. Mit Neumond in Konjunktion zu Neptun könnten wir Meditationsübungen beginnen. Wir können auch Mitgefühl und Begeisterung sichtbar zum Ausdruck bringen. Indem wir uns bewußt entscheiden, die Kraft des Neumondes nutzbar zu machen, während sie die Erde beeinflußt, werden wir fähig, bedeutende Neuanfänge in allen Lebensbereichen zu entwickeln.

Vollmond

Zum Vollmond stehen Sonne und Mond in Opposition zueinander, auf dem selben Grad einander gegenüberliegender Zeichen. Das Licht, das vom Mond reflektiert wird, ist stärker als zu jeder anderen Zeit, und die Anziehungskraft von Sonne und Mond auf die Erde ist am stärksten und entspricht der des Neumondes (obwohl die Anziehungskraft der Sonne und des Mondes jetzt in entgegengesetzte Richtungen läuft).

Bei Vollmond können wir eine innere Zerrissenheit erleben, die daher kommt, daß wir uns des Gefühls bewußt werden, von anderen Menschen getrennt zu sein und/oder zunehmend den Drang verspüren, Beziehungen einzugehen. Da der Vollmond zwischen zwei Zeichen und zwei Häusern des Horoskops eine Brücke schlägt, können wir eine Spannung spüren, die aus der Integration der entsprechenden Seiten in uns mit den betreffenden Lebensbereichen resultiert. Vielleicht sind wir auch durchdrungen von der Einsicht, welche Aufgabe wir bezüglich dieser Lebensbereiche haben, und erkennen, wie wir die unterschiedlichen Energien integrieren und harmonisieren könnten und welche Bedeutung diese Erfahrungsbereiche für uns bereithalten. Wir scheinen die Fähigkeit zu besitzen, über uns selbst hinauszugehen, uns aus einer objektiven Entfernung zu sehen und klar vergangene und laufende Muster zu durchschauen.

Wenn der Vollmond in Konjunktion mit einem Planeten steht, werden wir uns dieser planetarischen Energie natürlich bewußt und erkennen besonders deutlich, wie wir die Energie dieses Planeten im Verhältnis zu anderen Menschen ausdrücken.[1] Wir erkennen intuitiv sowohl die erfüllten als auch die unerfüllten Bedürfnisse dieses planetarischen Selbstes. Häufig projizieren wir die Energie nach außen, indem wir uns auf die Beziehung zu einem bestimmten Menschen oder einer bestimmten Tätigkeit konzentrieren, die durch diesen Planeten vertreten wird. Wir können zum Beispiel eine Entscheidung treffen, die wir zum kommenden Neumond ausführen, oder erleben die inneren oder äußeren Konsequenzen einer zum vorangegangenen Neumond begonnenen Handlung.

Deshalb kennzeichnet der Vollmond in Konjunktion mit einem Radix-Planeten (oder auch eine Opposition zu ihm, weil dann die Sonne in Konjunktion zum Radix-Planeten steht) eine sehr wichtige Zeit. Eine Gelegenheit, um darüber nachzudenken, wer wir im Lichte dieser planetarischen Energie und im Verhältnis zu anderen Menschen sind. Jetzt ist die Zeit, um zu meditieren, unser Leben einzuschätzen, Beziehungen zu klären und uns selbst den Raum zu geben, den wir brauchen, um offen zu bleiben für das Einfließen von Erkenntnis, die uns jetzt gerade zugänglich ist. Nun ist die Zeit, mit der Quelle der Inspiration in Berührung zu kommen und den Sinn und Zweck unseres Lebens auf diesem Planeten zu erkennen.

Weil der Vollmond auf unsere Emotionen und unseren Körper einen etwas beunruhigenden Einfluß ausübt, müssen wir uns durch Sport und ähnliche Betätigungen, die das Körperbewußtsein steigern, sowie durch angemessene Diät und ganz gewöhnliche Routinearbeiten erden. Der Vollmond kann zu Erfahrungen erleuchtender Einsicht oder schmerzhafter Entfremdung führen, kann uns mit der inneren Quelle und mit anderen Menschen in Kontakt bringen oder uns von ihnen und unserem Ursprung trennen. Je mehr wir im Körper und in der physischen Welt verwurzelt sind, desto wahrscheinlicher ist es, daß wir Erfahrungen machen, die uns nicht nur aufrütteln und inspirieren, sondern auch zu erfüllten und schöpferischen Tätigkeiten und Beziehungen führen können.

Eklipsen

Eklipsen treten bei Neu- und Vollmond auf, wenn der Mond zu seinem eigenen Knoten in Konjunktion steht. In den meisten Jahren erleben wir zwei Folgen von Sonnen- und Mondfinsternissen, und jede besteht aus einer solaren Eklipse (Neumond), gefolgt von einer lunaren Eklipse (Vollmond), 14 Tage später. Im Jahr 1982 traten die ekliptischen Zyklen im wesentlichen in den Zeichen Krebs und Steinbock auf und bewegten sich in den Jahren 1983-84 rückläufig in die Zeichen Zwillinge und Schütze.

Sowohl Sonnen- als auch Mondfinsternisse bringen eine Blockade des Lichtes mit sich, das von der Sonne oder dem Mond zur Erde gesandt wird, und können uns beeinflussen, indem sie tatsächlich das «Licht des Bewußtseins» blockieren und uns zwingen, uns intensiver mit den unterbewußten und den kollektiven Kräften auseinanderzusetzen. Das Wesen der Eklipsen gilt im allgemeinen als «uranisch», weil sie so oft von unerwarteten Ereignissen begleitet werden. Unter ihrem Einfluß öffnet sich vielleicht die «Büchse der Pandora», wodurch jene emotionalen und psychischen Facetten in uns, die wir schon lange unbeachtet gelassen haben, in unser Bewußtsein hereinbrechen und Aufmerksamkeit fordern; sei es auf direktem Wege durch die Konfrontation mit den eigenen inneren Dämonen und Engeln oder indirekt, in projizierter Form, durch die Konfrontation mit anderen Menschen und den äußeren Realitäten.

Häufig erleben wir eine «Generalreinigung» in dem Haus, in dem die Eklipse stattfindet — eine Zeit, in der wir Dinge beenden oder zu Ende führen, «unser Haus reinigen», vergangene Haltungen und Einstellungen verlieren und uns von Tätigkeiten oder Menschen befreien, die für uns wichtig waren. Es kann zu einer Krise kommen, die unsere volle Aufmerksamkeit erfordert. Ein mächtiger Eklipsen-Einfluß kann befreiend wirken, indem er uns zwingt, das loszulassen, was uns in der Vergangenheit hält. So können wir die sich in uns entfaltende Zukunft freier annehmen. In einer solchen Zeit können blitzartige Erkenntnisse und unerwartete Gelegenheiten, die in unser Leben treten, neue Möglichkeiten in unser Bewußtsein bringen.

Sonnen-Finsternisse wirken sich auf die Vitalität aus, indem sie die Energiezufuhr hinsichtlich des aktivierten Zeichens oder Hauses entweder erschöpfen oder steigern. Weil die Sonne, das «Licht des Bewußtseins», ausgelöscht wird, kann unsere Bewußtheit umwölkt und lückenhaft sein; wir können dann unser Leben nicht aus einer klaren und objektiven Perspektive betrachten oder kluge Entscheidungen treffen. Mond-Finsternisse haben einen unmittelbaren Einfluß auf unsere Emotionen und die irrationalen Kräfte in uns; so kann es sein, daß wir zu dieser Zeit an bestimmten Wesenszügen oder Erfahrungen festhalten, als ob wir unter dem Einfluß eines angegriffenen Mondes handeln und uns an ein Versorgungs- und Sicherheitsschema klammern, das sich uns entzieht.

Eklipsen in Feuer-Zeichen sorgen gewöhnlich für Herausforderungen, die sich sowohl auf emotionale und physische Energie als auch auf unser Tun beziehen. In Erd-Zeichen ist die materielle und physische Existenz betroffen. In Luft-Zeichen handelt es sich um die geistigen, zwischenmenschlichen und kommunikations-orientierten Bereiche des Lebens. In Wasser-Zeichen sind Gefühle betroffen, besonders hinsichtlich des Ursprungs unserer emotionalen Nahrung und Sicherheit. Sowohl das Zeichen der Eklipse als auch die Planeten, die den Grad der Eklipse in dem betreffenden Horoskop aspektieren (besonders durch Konjunktionen, Quadrate und Oppositionen innerhalb von 5 Grad), werden das Wesen der Eklipse beeinflussen. Ihre Plazierung im Horoskop und die Aspekte, die sie zu den Planeten bildet, wird natürlich die Art der Erfahrung beeinflussen.

Die Astrologen vertreten unterschiedliche Ansichten in der Auslegung der Zeitspanne, in der eine Eklipse uns beeinflußt. Sicherlich erleben wir ihre Auswirkungen einige Wochen, bevor sie stattfindet, aber stehen wir unter ihrem Einfluß:
— bis zum nächsten Neu- oder Vollmond?
— bis zur nächsten Sonnen- oder Mond-Eklipse, ungefähr sechs Monate später?
— für einen Zeitraum, der mit der Dauer der Eklipse an sich zusammenhängt, d.h. in einem Verhältnis von 1 Stunde = 1 Jahr für Sonnen-Eklipsen und 1 Stunde = 1 Monat für Mond-Eklipsen (zum Beispiel würde uns eine Mond-Eklipse, die 5 Stunden, 12 Minuten dauert, für 5 Monate und 12/60 Monate, also 5 Monate und 6 Tage, beeinträchtigen)?

Meine eigene Erfahrung bestätigt, daß die Zeit des stärksten Einflusses der Monat ist, der der Eklipse vorausgeht und daß wir, wenn die Eklipse in Konjunktion oder eng (innerhalb von 2 Grad) im Quadrat oder in Opposition zu einem Radix-Planeten steht, ihren unterschwelligen Einfluß bis zum nächsten Eklipsen-Zyklus spüren. Wenn während dieser Zeit ein laufender Planet (speziell Mars oder ein äußerer Planet) in Konjunktion zur Eklipse steht, wird deren Einfluß reaktiviert.

Wenn sich Eklipsen in Konjunktion zu Planeten (innerhalb von 2 Grad) befinden, ist ihr Einfluß auf uns am bedeutendsten. Quadrate und Oppositionen (innerhalb von 2 Grad) können Krisen herbeiführen, die unser Verhältnis zu uns selbst und zu anderen betreffen. Sextile und Trigone (innerhalb von 2 Grad) haben weniger Einfluß und erscheinen uns gewöhnlich recht wohltuend, indem sie Dimensionen des höheren Unterbewußtseins oder

Überbewußtsein eröffnen und Menschen oder Erfahrungen in unser Leben bringen, die dem Wesen nach hilfreich sind.

Wie können wir uns auf eine Finsternis vorbereiten, besonders auf eine, die in Konjunktion zu einem Radix-Planeten stattfindet? Zuerst einmal wenden wir uns der «Reinigung» jener Erfahrungsbereiche zu, die unter den Einfluß der Finsternis kommen werden. Wir können planen, das zu beenden, was beendet werden muß, ob wir nun ein konkretes Ende erfahren oder einfach offen dafür sind, Haltungen oder Gewohnheiten aufzugeben, die nicht länger zu unserem Wohlsein beitragen. Wahrscheinlich haben wir vor einer Mond-Finsternis den Wunsch, mehr Zeit und Raum für uns selbst zu schaffen, so daß wir uns wirksam mit inneren Prozessen auseinandersetzen können. Für gewöhnlich werden wir jedoch mehr von erdenden Fähigkeiten profitieren als von Aktivitäten, die zu einer inneren Erweiterung führen. (zum Beispiel Meditation), weil unsere Psyche emotional überladen sein kann und deshalb jede zusätzlich öffnende Erfahrung eventuell ins Gegenteil umschlägt. Ob nun solar oder lunar, eine Eklipse, die das Horoskop aspektiert, wird uns wahrscheinlich dazu zwingen, uns mit unvorhergesehenen Situationen auseinanderzusetzen. Die beste Vorbereitung ist deshalb, Raum zu schaffen, damit wir uns mit dem Unerwarteten auseinandersetzen können, ohne unnötige Verwüstung in einem zu starren oder überbesetzten Terminkalender anzurichten.

Doris Hebel, die viele hervorragende Workshops zum Thema Eklipsen geleitet hat, schlägt vor, an dem Tag einer Eklipse zu fasten. Sie empfiehlt, während der Woche einer Sonnenfinsternis Zitrusfrüchte zu essen oder andere Nahrung zu uns zu nehmen, die in der Sonne gewachsen ist, um die «Sonnen-Energie» zu steigern. In der Woche der Mondfinsternis sollten wir Wurzelgemüse essen oder andere Nahrung, die unter der Erde gewachsen ist, um die «Mond-Energie» zu verstärken.

Die Mondphasen-Tabellen

Wir finden diese Tabellen im Anhang. Es werden die Positionen der Neu- und Vollmonde und der Eklipsen im Tierkreis angegeben. Zweck dieser Tabellen ist es, uns auf einfache Weise zu ermöglichen, die Einwirkungen vorangegangener Lunationen auf Planeten, Winkel und Knoten zu untersuchen und uns auf die Wirkung zukünftiger Lunationen einzustellen. Am besten benutzen wir diese Tabellen, indem wir jede Lunation, die zu einem Planeten oder einem anderen astrologischen Faktor des Horoskops (Orbis 2 Grad) in Beziehung tritt, schriftlich festhalten. Vielleicht möchten wir jenen Lunationen besondere Aufmerksamkeit schenken, deren Konjunktion zu unseren Planeten während des nächsten Jahres stattfinden wird? Wir können dafür die Daten aus der Vergangenheit, die sich auf diese Planeten und Lunationen beziehen, in ein Studienblatt für die Vergangenheit und die kommenden

Konjunktionen in ein Studienblatt für die Zukunft übertragen. Der Leser sollte sich die nun folgenden Studienblätter des Buches fotokopieren und das Buch selbst unbeschrieben lassen.

Unser nächster Schritt ist, über unsere Vergangenheit nachzudenken und sie im Hinblick auf jene Zeiträume zu untersuchen, in denen Lunationen in Konjunktion zu einem bestimmten Planeten, Winkel oder Knoten eintraten. Was passierte da? Welche Erfahrungen wurden gemacht? Welche Saat wurde gelegt und was keimte? Welche Themata oder Muster wiederholen sich, während wir den Einfluß von sieben oder acht Lunationen auf einen bestimmten Teil unseres Horoskops untersuchen? Was können wir über die vorangegangenen Reaktionen dieses Planeten, Knotens oder Winkels auf solare/lunare Energien erfahren? Das Nachdenken über die Bedeutung des betreffenden Planeten oder des Hauses/der Häuser kann uns helfen, die wesentlichen Triebkräfte früherer Erfahrungen aufzudecken.

Versuchen wir Muster zu erkennen, die sich im Laufe der Zeit vor uns entfalten, dann werden wir uns auch jener Lunationen bewußt, die nahe des selben Grades im Tierkreis alle 9½ und alle 19 Jahre eintreten — zum Beispiel, wenn ein Neumond 9½ Jahre später nahe dem Grad eines Vollmondes stattfindet und häufig in seiner Bedeutung mit ihm in Verbindung steht oder wenn ein Neu- oder Vollmond sich alle 19 Jahre wiederholt. Ein weiteres interessantes Muster bezieht sich auf die Planeten im Horoskop, die 13-15 Grad voneinander entfernt stehen, besonders dann, wenn sie sich im selben Haus befinden. Da Neu- und Vollmonde ungefähr 14 Tage auseinanderliegen, erleben wir möglicherweise innerhalb des selben Monats zwei Lunationen in Konjunktion zu Planeten unseres Horoskops. Wenn beide Planeten im selben Haus stehen, sind die Angelegenheiten dieses Hauses während des gesamten Monats von höchster Bedeutung.

Nach Gebrauch der Studienblätter für die Vergangenheit mit dem Augenmerk auf einem Planeten, Winkel oder Knoten wenden wir unsere Aufmerksamkeit dem Studienblatt für die Zukunft zu, um uns auf kommende Lunationen vorzubereiten. Konzentrieren wir uns auf einen Neumond, dann können die Fragen auf den folgenden Seiten nützlich für uns sein. Das Ziel ist es natürlich zu erkennen, welche Alternativen zur Zeit des Neumondes offenstehen und uns in die Lage versetzen, die konstruktivsten Möglichkeiten zu nutzen. Später wollen wir die Konjunktionen zu jedem wichtigen Thema des Horoskops untersuchen und sogar den Einfluß anderer Aspekte, besonders des Quadrats und der Opposition. Diese Aspekte können uns einleuchtende Verhaltensmuster enthüllen, die es uns in Zukunft erleichtern, weise und befriedigende Entscheidungen zu treffen.

Studienblatt Vergangenheit: Neu- und Vollmond

Schreibe hier jede Konjunktion einer Lunation mit deinem Planeten, Winkel oder Knoten mit einem Orbis von 2 Grad (3 Grad für Winkel, wenn deine Geburtszeit bis auf ein paar Minuten ungenau sein könnte.) Kennzeichne deutlich Neumonde, Vollmonde und Eklipsen, unter Einbeziehung der zwei Wochen vor und der zwei Wochen nach jeder Lunation, und trage ein, woran du dich bezüglich früherer Erfahrungen mit Lunationen erinnern kannst. Halte auch jedes Muster fest, das in Erscheinung tritt.

Planet: Grad, Zeichen und Haus:

Aspekte:

Halbsummen:

	Datum	Grad	Orbis	Zeitraum	Notizen
1.					
2.					
3.					
4.					
5.					
6.					
7.					

Bemerkungen:

Studienblatt Zukunft: Nutzbarmachung der Kraft zukünftiger Lunationen

Neumond Datum:

Grad und Zeichen von Sonne und Mond:

Aspekte zu anderen Transiten (3 Grad Orbis):

Das beeinflußte Haus im Horoskop:

Aspekte zu deinem Horoskop (2 Grad Orbis):

Konjunktionen:

Was kannst du tun, um diese Energie stärker zu leben oder auszudrücken? Welchen Vorsatz könntest du für dich fassen, im Hinblick auf die Kanalisierung der Energie dieses Neumondes, unter Berücksichtigung der beeinflußten Planeten, Zeichen oder des Hauses?

Vollmond Datum:

Grad und Zeichen des Mondes: der Sonne:

Aspekte des Mondes zu anderen Transiten (3 Grad):

Das durch den Mond beeinflußte Haus: durch die Sonne:

Konjunktionen: Oppositionen:

Was kannst du tun, um dir dieser Energie besser bewußt zu werden für die Dauer ihres Einflusses auf das Haus und die Planeten, die aspektiert werden? Wie könntest du diese Energie in deinen Beziehungen, soweit sie mit diesem Lebensbereich verbunden sind, aufbauend einsetzen? Wie könntest du zwischen den zwei betroffenen Häusern eine Synthese herstellen? Welche neue Wirkung/Bedeutung würdest du hier gerne erleben?

(Fotokopieren empfohlen)

Fragen zu Neumond-Konjunktionen

Bevor wir die Erfahrung einer Konjunktion zwischen dem Neumond und einem Planeten, Winkel oder Knoten machen, sollten wir uns, um den größtmöglichen Nutzen aus dieser Lunation ziehen zu können, darauf vorbereiten. Folgende Fragen können uns dabei helfen, wobei jede Frage auf das Haus bezogen sein sollte, in dem die Neumond-Konjunktion stattfindet.

Neumond Konjunktion Sonne:
Wie könnte ich mehr ich selbst sein? Wie könnte ich mich selbst mehr als das Zentrum oder als den Lenker meines Lebens erfahren? Was könnte ich tun, um mein Selbstvertrauen zu stärken? Auf welche Weise könnte ich «glänzen»? (*Frauen:* Wie könnte ich, auch in meiner Beziehung zu Männern, das Zentrum meiner Welt bleiben, anstatt mich um einen Mann zu drehen und ihm zu erlauben, das männliche Prinzip für mich auszudrücken?)

Neumond Konjunktion Mond:
Was könnte ich tun, um meine emotionalen Bedürfnisse besser auszudrücken und zu befriedigen? Wie könnte ich andere emotional stärken oder selbst gestärkt werden? Was würde mir helfen, größere Festigkeit und Sicherheit zu erfahren? (*Männer:* Wie könnte ich Beziehungen fördern und meine feminine Energie selbst ausdrücken, anstatt eine Frau zu suchen, die das für mich tut?)

Neumond Konjunktion Merkur:
Was brauche ich, um mit diesem Bereich in Verbindung zu kommen? Welches Wissen könnte ich erwerben? Welche Gedanken soll ich mir zu diesem Erfahrungsgebiet machen? Wie könnte ich hier meine Bedürfnisse nach Vielfalt und Austausch befriedigen?

Neumond Konjunktion Venus:
Wie könnte ich in diesem Lebensbereich liebevolle Verhältnisse schaffen? Welche Werte muß ich erfüllen und ausdrücken? Wie könnte ich mein Bedürfnis nach Schönheit, Frieden und Ästhetik befriedigen? Auf welche Weise könnte ich eine tiefere Verbundenheit erfahren?

Neumond Konjunktion Mars:
Welchen Neubeginn möchte ich in diesem Bereich einleiten? Welche Tätigkeiten wären anregend? Welches Verlangen suche ich zu stillen? Auf welche Weise muß ich mich durchsetzen? Welches Risiko könnte ich auf mich nehmen?

Neumond Konjunktion Jupiter:
Wie könnte ich mein Verständnis oder meine sozialen Kontakte erweitern? Wie könnte ich mein Leben bereichern und mein Vertrauen sowie meinen Sinn für Wohlergehen vertiefen? Was möchte ich hier geben? Welche Glaubenssätze und welche Philosophien bestimmen meine Handlungen? Was sind meine Zukunftsziele hinsichtlich dieses Lebensgebietes?

Neumond Konjunktion Saturn:
Was muß ich hier vollenden? Welche Arbeit oder welche Verantwortungen könnte ich in Angriff nehmen? Welche Verpflichtungen bin ich bereit einzugehen? Wie könnte ich hier meine Stärke und Verläßlichkeit erfahren? Wie könnte ich Selbstdisziplin und Willen üben? Was muß ich tun, um diesen Lebensbereich zu stabilisieren und zu festigen?

Neumond Konjunktion Uranus:
Wie könnte ich diesen Erfahrungsbereich umgestalten, befreien oder verwandeln? Wie könnte ich riskieren, meiner Einmaligkeit und Ursprünglichkeit Ausdruck zu verleihen? Wie könnte ich mich alternativen Denk- und Lebensweisen öffnen? Was würde ich gerne ausprobieren? Wie könnte ich meine Freiheit und Unabhängigkeit intensiver erleben? Welchen Beitrag könnte ich für die Menschheit leisten?

Neumond Konjunktion Neptun:
Welche Ideale möchte ich hier realisieren? Auf welche Weise könnte ich mit meiner Quelle der Inspiration und des Glaubens in Kontakt kommen und sie ausdrücken? Wie könnte ich mitfühlend auf andere reagieren oder ihnen nützen? Wie könnte ich kreativ sein? Wie könnte ich meine Erfahrung vertiefen?

Neumond Konjunktion Pluto:
Mit welchen Angelegenheiten, die Leben und Tod betreffen, muß ich mich hier auseinandersetzen? Was muß hier ausgesondert werden? Wie könnte ich die Vergangenheit sterben lassen? Wie kann ich mich total auf dieses Lebensgebiet einlassen und meine Erfahrung vertiefen? Wie könnte ich meine Kraft schöpferisch ausdrücken und einen heilsamen Einfluß ausüben?

Neumond Konjunktion Aszendent (AC):
Wie kann ich das Verhältnis zu meinem Körper verbessern? Wer bin ich? Wer möchte ich sein? Wie kann ich das, was ich bin und was ich will, besser nach außen bringen? Wie möchte ich auf andere Menschen wirken?

Neumond Konjunktion Deszendenten (DC):
Welche Beziehungen sind wichtig für mich? Welche neuen Beziehungen möchte ich anknüpfen, und wie könnte ich das anstellen? Wie könnte ich Verbindungen zu anderen Menschen ausdehnen und vertiefen? Welche Vorzüge und Verhaltensweisen suche ich in meinem Partner?

Neumond Konjunktion Immum Coeli (IC):
Wie könnte ich meine Grundlagen festigen und größere Sicherheit in mir selbst entwickeln? Was könnte mir helfen, in meinem häuslichen und persönlichen Leben mehr Erfüllung zu finden? Welche Neuanfänge sind in diesem Lebensbereich notwendig? Wie könnte ich mit meinem Kern tiefer in Berührung kommen?

Neumond Konjunktion Medium Coeli (MC):
Was könnte ich für die Gesellschaft leisten? Welche öffentlichen oder beruflichen Unternehmungen könnte ich beginnen? Was könnte ich tun, um größere Befriedigung draußen in der Welt zu erfahren? Wie könnte ich mich als «total obenauf» erleben?

Neumond Konjunktion absteigender Mondknoten:
Wie könnte ich diese Phase der Inanspruchnahme durch vergangene Beziehungen und Tätigkeiten abschließen? Welche Fähigkeiten und Begabungen habe ich dabei entwickelt, und wie könnte ich diese für ein neues Ziel einsetzen, um mein Leben zu bereichern?

Neumond Konjunktion aufsteigender Mondknoten:
Welche Fähigkeiten, Begabungen und Verhaltensweisen könnte ich jetzt entwickeln und ausdrücken, um der zu werden, der ich sein könnte? Welchen Traum möchte ich hier verwirklichen? Welche Aufgabe möchte ich erfüllen, und wie könnte ich das erreichen? Wie könnte ich es ermöglichen, mit Gottes Hilfe und der Hilfe meiner Umwelt bewußter und mit neuer Energie zu leben?

Obwohl sich obige Fragen auf Neumond-Konjunktionen beziehen und uns bei der Entscheidung helfen, was bei Neumond zu beginnen oder zu verwirklichen wäre, könnten wir sie auch in Betracht ziehen, wenn der Vollmond in Konjunktion zu Planeten unseres Horoskops steht. Der Neumond ist eine Zeit des *Seins* und des *Handelns*, der Vollmond ist eine Zeit des *Nachdenkens* und der *Beziehung*. Auch wenn der Vollmond für uns weniger geeignet ist, eine neue Lebensphase anzufangen, als der Neumond, können wir von ihm profitieren. Wir sollten über unsere Schlüssel-Fragen hinsichtlich der zu dieser Zeit aspektierten Planeten und Häuser nachdenken. Einsichten und Entscheidungen, die zu Neumond gefunden werden, haben wahrscheinlich einen entscheidenden Einfluß auf das Verhalten und die Handlungen, die sich an den nachfolgenden Neumonden zeigen.

Diese Fragen können uns auch dann helfen, wenn eine Lunation andere Aspekte als Konjunktionen zu Radix-Planeten, Winkeln und Knoten bildet. Bei einer Konjunktion erleben wir natürlich eine bestimmte Energie und drücken sie aus; bei einem Quadrat erleben wir sie verstärkt und gewöhnlich im Konflikt zu einer anderen Seite in uns; bei Sextilen oder Trigonen haben wir leichten Zugang zu dieser Energie und sind von ihr erfüllt; in der Opposition geraten wir mit ihr aneinander, besonders im Verhältnis zu anderen Menschen. Dabei werden wir oft mit eigenen Projektionen konfrontiert, die dann, wie die planetarische Energie, als etwas erlebt wird, das von außerhalb «auf uns zukommt». Wie auch immer der Aspekt sein mag, die Energie oder das planetarische Selbst, mit dem wir es zu tun haben, bleibt gleich. Diese Kraft können wir nutzen, wenn wir den zunehmenden Einfluß in uns spüren und beschließen, in Übereinstimmun mit unseren Werten und Zielen über ihn zu verfügen.

Weitere Wirkungen von Lunationen

Häuser:
Neu- und Vollmonde, die keine engen Aspekte zu Radix-Planeten bilden, werden trotzdem jene Häuser beeinflussen, in denen sie stattfinden. Auch wenn diese Einflüsse nicht so bedeutsam sind wie Lunationen, die unsere Planeten aspektieren, weisen sie auf nutzbringende Zeiten für Neubeginn und erweiterte Wahrnehmung in den betreffenden Lebensbereichen hin.

Halbsummen:
Wenn der Neu- oder Vollmond innerhalb eines Grades einer direkten Halbsumme stattfindet, löst er den gemeinsamen Einfluß der betroffenen Planeten aus. (Zum Beispiel liegt die direkte Halbsumme zwischen Sonne 16 Grad 33 Minuten im Skorpion und Mond 14 Grad 13 Minuten im Steinbock — sowohl bei 15 Grad 23 Minuten in den Zwillingen als auch im Schützen.). Dieser Einfluß gewinnt besonders an Bedeutung, wenn die beiden Planeten im Geburtshoroskop einen Aspekt bilden, da dieser Aspekt dann aktiviert wird. Aber, Aspekt oder nicht, der Einfluß dieser Planeten wird durch die Lunation verstärkt. Wir werden Gelegenheit haben, ihre Kräfte zu erfahren, sie zu integrieren und zu kanalisieren.

Wenn zum Beispiel ein Neumond auf einer Mond/Neptun-Halbsumme stattfindet, können wir uns besonders verletzlich fühlen und über unsere Gefühle verwirrt sein. Vielleicht aber sind wir voller Inspiration und im Bewußtsein des Höheren Selbstes. Da uns bekannt ist, wann dieser Neumond eintritt, sollten wir uns Zeit gönnen, um zu meditieren, Musik zu hören oder uns kreativ auszudrücken. Dieser Neumond kann eine neue spirituelle oder kreative Phase einleiten.

Sabische Symbole:
Wer von uns leicht auf Bilder anspricht, möge entdecken, daß die Sabischen Symbole und Bilder, die mit den Graden des Neu- und Vollmondes assoziiert werden, zum Zeitpunkt der Lunation sowohl eine persönliche als auch eine universelle Bedeutung haben. Das Buch *«Astrologischer Tierkreis»* von Dane Rudhyar ist ein hervorragender Führer zu den Sabischen Symbolen.

Das Mondphasen-Horoskop:
Horoskope, die für die Zeit einer Lunation berechnet sind, enthüllen den Einfluß der Lunation auf die allgemeine Lage und auf eine bestimmte Situation. Aspekte, die durch die Sonne und den Mond zu den Planeten gebildet werden, besonders jene, die sich innerhalb von 3 Grad befinden, werden die Auswirkung der Lunation auf uns bestimmen. Zum Beispiel wird ein Neumond im engen Aspekt zum laufenden Saturn eine saturnische Wirkung auf uns haben, sogar dann, wenn er innerhalb unseres Horoskops mit einem so ungleichen Planeten wie Neptun in Konjunktion steht.

Der progressive Mondphasen-Zyklus:
Der progressive Lunations-Zyklus ist einer der wichtigsten und einflußreichsten Zyklen und führt uns hin zu einer individuellen, psychologischen und spirituellen Evolution. Im Verlauf des Lebens werden wir wahrscheinlich fünf bis sechs progressive Neu- und Vollmonde erleben. Jeder von ihnen wird einen Wendepunkt im Verhältnis zu uns selbst, zu anderen Menschen, zur Welt und zum Universum darstellen. Der progressive Neumond (progressive Sonne in Konjunktion zu progressivem Mond) bezeichnet einen Neuanfang, der oft unbewußt bleibt. Die folgenden 14 Jahre bis zum progressiven Vollmond (progressive Sonne in Opposition zu progressivem Mond) kennzeichnen eine Blütezeit unseres Lebens mit der Erfahrung von Belohnungen und Offenbarungen. Es kann aber auch eine Zeit der Entfremdung, der Trennung und der inneren Konflikte als Ergebnis unkluger Entscheidungen und Handlungen sein. Auch hier wird unsere Erfahrung dieser Schlüssel-Progression durch die Aspekte beeinflußt, die diese Lunationen zu Planeten, Häusern und Halbsummen bilden. Die Sabischen Symbole für die Grade dieser Mondphasen sind gewöhnlich äußerst bedeutungsvoll.

Sollten wir uns nicht dafür entscheiden, die nötige Zeit und Kraft zu investieren, um die Transite der Neu- und Vollmonde zu untersuchen, so könnten wir wenigstens damit beginnen, die immense Bedeutung der Lunations-Zyklen zu ergründen, indem wir sie mit den progressiven Neu- und Vollmonden in Verbindung bringen. Wir werden dann erstaunt sein zu entdecken, daß nicht einmal die Transite der äußeren Planeten eine so tiefe Auswirkung auf uns haben oder so präzise auf unsere bedeutsamsten Erfahrungen und Transformationen hinweisen.

Kapitel 4

Die Mondknoten: Unser Lebensziel

Der auf- und der absteigende Mondknoten

Die Achse der Mondknoten im Geburtshoroskop ist mindestens ebenso bedeutsam wie es jeder der Planeten ist. Von besonderer Bedeutung ist sie im Hinblick auf unsere psychische und spirituelle Entwicklung. Der absteigende Mondknoten weist auf Verhaltensmuster hin — sehr wahrscheinlich aus der frühen Kindheit und aus vergangenen Leben — , die zwanghaft und starr ablaufen und die sich häufig mit unserem Überleben und unserer Identität in Verbindung bringen lassen. Solche Muster können auch angeborene Talente und Stärken offenbaren, die wir immer wieder einsetzen. Andererseits weist der aufsteigende Mondknoten auf einen neuen Weg des Wachstums und des Ausdrucks hin, auf ein Lebens-Ziel oder auf Einstellungen und Verhaltensmuster, durch die wir mit den innersten Kraftquellen verbunden werden und uns für die Erfahrungen von Einssein, Einheit und Integration öffnen.

Die Mondknoten bilden eine Achse. Sie sind in der Beziehung zueinander wirksam und nicht nur als zwei getrennte und voneinander unabhängige Punkte im Weltraum zu betrachten. Die meisten von uns werden feststellen, daß wir hauptsächlich dann Nutzen aus ihnen ziehen, wenn wir die Kräfte des absteigenden Mondknotens unter Mitwirkung der Kräfte des aufsteigenden Mondknotens bewußt einsetzen, um den aufsteigenden Mondknoten voll zum Ausdruck zu bringen. Wie auch immer die Plazierung der Mondknoten in unserem Horoskop sein mag, wir stehen normalerweise der Notwendigkeit gegenüber, unsere Art des Seins, die aus dem absteigenden Mondknoten herrührt, zu überarbeiten, um den aufsteigenden Mondknoten zu erwecken, *und außerdem* beiden Knoten im harmonischen Verhältnis zueinander Ausdruck zu verleihen. Welche Bedeutung jede dieser drei Aufgaben hat, hängt vom jeweiligen Geburtshoroskop ab. Diejenigen unter uns, deren absteigender Mondknoten in Konjunktion zu einem oder mehreren Planeten steht, müssen die Probleme des absteigenden Mondknotens besonders konzentriert durcharbeiten, bevor sie den aufsteigenden Mondknoten ausdrücken und die Achse integrieren können. Diejenigen unter uns, deren aufsteigender Mondknoten in Konjunktion zu einem oder mehreren Planeten steht, können schon mit den Energien für ihre Lebensaufgabe im Einklang sein, müssen aber eher den positiven als den negativen Ausdruck des Zeichens und des betreffenden Hauses pflegen. Diejenigen unter uns mit einem Waage-Aszendenten (oder zuweilen einem Jungfrau- oder Skorpion-Aszendenten), mit den Zeichen in den Häusern, die mit den gegenüberliegenden Tierkreiszeichen in Zusammenhang stehen, wie zum Beispiel absteigender Mondknoten im Stier im 8. Haus und aufsteigender Mondknoten im Skorpion im 2. Haus, oder jene, die einen Mondknoten in Konjunktion zum Herrscher des gegenüberliegenden Mondknotens (zum Beispiel absteigender Mondknoten in der Waage und aufsteigender Mondknoten im Widder in Konjunktion zur Venus), sind eindeutig dabei, sich mit solchen Aufgaben zu befassen, die zu einer Anpassung von gegensätzlichen Energien führen.

Bevor wir beginnen, unsere Aufmerksamkeit völlig auf die Bedeutung der auf- und absteigenden Mondknoten und den Integrationsprozeß der Mondknotenachse zu lenken, wollen wir genau betrachten, was die Mondknoten aus astronomischer Sicht eigentlich sind. Zuerst einmal sind die Mondknoten jene Punkte im Weltraum, an denen der Mond die Ekliptik (Umlaufbahn der Erde um die Sonne) kreuzt. Der Mond läuft von der nördlichen zur südlichen Breite am Südknoten (absteigender Mondknoten) und von der südlichen zur nördlichen Breite am Nordknoten (aufsteigender Mondknoten); seine Breite beträgt 0 Grad, wenn er in Konjunktion zu einem seiner Knoten steht. Die Mondknoten sind rückläufig und bewegen sich, mit einer ungefähren Geschwindigkeit von 3 Minuten pro Tag, in 19 Monaten durch ein Zeichen und in 18½ Jahren durch den gesamten Tierkreis. Eigentlich bewegen sich die wahren Mondknoten vor und zurück, in erster Linie ist ihre Bewegung aber rückläufig. (Vergleichsweise können die in einigen Ephemeriden angegebenen ungefähren Positionen der mittleren Mondknoten bis zu 3 Grad von den wahren Mondknoten abweichen.) Wenn sich ein Mondknoten bei 0 Grad auf der Grenzlinie zwischen zwei Zeichen befindet, geht er aufgrund seiner rückläufigen Bewegung eindeutig in das vorhergehende Zeichen, und seine Bedeutung spiegelt sich in diesem Zeichen besser wider als in dem Zeichen, in dem er eigentlich plaziert ist. Zum Beispiel hat ein Mondknoten mit 0 Grad 10 Minuten in den Fischen seine Bedeutung sowohl in den Fischen als auch im Wassermann, wohingegen ein Mondknoten mit 29 Grad 40 Minuten im Wassermann seiner Bedeutung nach eindeutig dem Wassermann angehört. Es kommt zu Eklipsen (Finsternissen), wenn der Neu- oder Vollmond innerhalb von 10-12 Grad eines Mondknotens stattfindet. Deshalb haben Menschen, die am Tag einer Eklipse geboren wurden, wahrscheinlich sowohl ihre Sonne als auch ihren Mond in Konjunktion zu einem Mondknoten.

Im Geburtshoroskop weisen die Zeichen, in denen die Mondknoten stehen, darauf hin, *wie* wir der Mondknoten-Energie Ausdruck verleihen, und das Haus deutet an, *wo* wir diese Energien ausdrücken. Ein Faktor, der bei der Interpretation der Mondknoten häufig übersehen wird, ist die Position der Herrscher über die Mondknoten. Es handelt sich dabei um den Herrscher jenes Zeichens, in dem der Mondknoten steht. Der Herrscher weist durch sein Zeichen und Haus auf eine weitere Dimension des Lebens hin, die von der Energie der Mondknoten durchströmt wird oder werden kann. Wenn zum Beispiel jemand seinen aufsteigenden Mondknoten in der Waage im 5. Haus hat, könnte er in Beziehung zu Kindern Erfüllung finden, oder indem er sich künstlerischen oder kulturellen Beschäftigungen widmet. Steht dann noch die Venus, die Herrscherin der Waage, in den Fischen im 10. Haus, können Beschäftigungen oder Tätigkeiten dieser Art eine Karriere in der Kunst oder beruflichen Dienst an Kindern anzeigen. Wenn andererseits die Venus dieser Person in den Zwillingen steht, kann sie ihre ästhetischen, kreativen oder spielerischen Seiten physisch und emotional darstellen, indem sie Kontakt zu anderen Menschen schließt.

Weil wir uns häufig auf die Knotenpunkte als *Mondknoten* beziehen, vergessen wir, daß die *Planeten* auch Knotenpunkte haben und daß die *Mondknoten* eigentlich die Knotenpunkte des *Mondes* sind. Deshalb sind wir uns vielleicht nicht darüber im klaren, welche Bedeutung die Mondknoten in bezug auf den Mond haben. Wenn wir davon ausgehen, daß die Stellung des Mondes im Horoskop unsere Beziehung zur Mutter und die Quelle unserer inneren Kraft andeutet, dann können wir die Mondknoten als Hinweis darauf betrachten, wie wir auf einer höheren, umfassenderen Ebene «bemuttert» werden. Sie zeigen, wie wir auf die spirituellen und evolutionären Kräfte, die uns führen, eingestimmt werden. Sie zeigen, wie wir auf einer allumfassenden Ebene Stärkung und Unterstützung finden, indem wir Energien aufnehmen und verarbeiten, die über unser Leben und unseren Körper in Zeit und Raum hinausgehen. Der absteigende Mondknoten ist das Tor zur Vergangenheit und zu früheren Kraftquellen. Der aufsteigende Mondknoten ist das Tor zur Zukunft und zu Energien und Kräften, die in Erscheinung treten werden, um jenes Selbst stärken zu können, zu dem wir uns entwickeln.

Der absteigende Mondknoten

Die Position des absteigenden Mondknotens läßt jene Verhaltensweisen erkennen, mit denen wir am besten vertraut sind und die uns schon so zur Gewohnheit wurden, daß wir sie in der Regel auf eine zwanghafte, starre oder unangemessene Weise einsetzen. Wahrscheinlich haben wir den Ausdruck unseres absteigenden Mondknotens in vergangenen Leben ganz beachtlich entwickelt. In diesem Leben haben wir früh damit begonnen, dieser Seite von uns Ausdruck zu verleihen, um dadurch mit Streß besser fertig zu werden und um uns sicher zu fühlen. Wir klammern uns am absteigenden Mondknoten fest. Wir kehren zu geläufigen unbewußten Verhaltensweisen zurück, um auf diese Weise das innere Gleichgewicht wiederherzustellen und emotionale Sicherheit zu spüren. Sind wir müde, krank oder überlastet, erleben wir den absteigenden Mondknoten oft als einen Platz zum Ausruhen, als eine Zuflucht, als ein Mittel, uns zu stabilisieren und unsere Kräfte wieder zu stärken. Da der absteigende Mondknoten den wichtigsten Hinweis auf jene Qualitäten gibt, die wir aus vergangenen Leben in uns tragen, ist unser Identitätssinn wahrscheinlich tief mit seinem Ausdruck verknüpft. Der absteigende Mondknoten kann für uns das Überleben bedeuten. Aus diesem Grund fürchten wir uns davor, das entsprechende Verhalten loszulassen oder unsere Aufmerksamkeit davon abzuwenden. Weil wir diese Verhaltensweisen in vergangenen Leben so gründlich entwickelt haben, kann es auf außerordentliche Begabungen, Fähigkeiten und Stärken hinweisen, die wir manchmal als selbstverständlich hinnehmen, die uns aber zugleich als elementare Hilfsmittel dienen können, durch die wir zur Entwicklung unserer persönlichen Beziehungen und zur Welt im weiteren Sinne beitragen. Da unser Verhalten, soweit es vom absteigenden Mondknoten geprägt wird, für gewöhnlich unbewußt und starr funktioniert, kann es sein, daß wir diese Kräfte nicht mehr unter solchen Umständen einsetzen, wo sie uns und anderen nützen, sondern daß wir sie auch in ungeeigneten Situationen oder auf unangebrachte, übertriebene oder festgefahrene Weise ausdrücken.

Nehmen wir das Beispiel einer Frau, die ihren absteigenden Mondknoten in den Zwillingen im 2. Haus hat und ihren Lebensunterhalt durch Zeitarbeit in verschiedenen Jobs verdient. Ihr vielseitiges Können ist ihr dienlich, doch ist es belastend für sie, daß sie nur mit Mühe dazu imstande ist, eine Aufgabe zugunsten einer anderen aufzugeben. Tatsächlich kann der aufsteigende Mondknoten im Schützen im 8. Haus ihr von Nutzen sein, indem er in ihrem Leben Gelegenheiten zu finanziellen Gewinnen durch Investitionen, Erbschaften, Zuschüssen oder Geschenken bietet. Aber, durch das Konzept des 2. Hauses, an der Unabhängigkeit von fremder Hilfe festzuhalten, kann sie es ablehnen, von diesen Möglichkeiten Gebrauch zu machen. Auf diese Weise beraubt sie sich selbst der Freiheit und der neuen Gelegenheiten, die sich daraus ergeben könnten.

Häufig bringen wir die negativen Dimensionen vom Zeichen und Haus, in dem der absteigende Mondknoten plaziert ist, zum Ausdruck. Zumindest ebensooft wie die positiven Dimensionen, da es uns die Zwangsvorstellungen so schwierig machen, aus Erfahrungen zu lernen und neue und flexible Seinsweisen zu kultivieren. Es ist erstaunlich, daß wir trotz der Eigenschaften, die dem absteigenden Mondknoten entsprechen, immer noch an unseren Fähigkeiten zweifeln, die auf dieses Zeichen und Haus bezogen sind. Wir fühlen uns selten vollständig und werden so gut wie nie unseren Ansprüchen gerecht. Irgend etwas in uns drängt uns immer wieder, gleiche Verhaltensweisen ständig zu wiederholen. Auf diese Weise bemühen wir uns, die dort vermutete Quelle der Befriedigung zu finden. Doch gleichgültig wie intensiv wir dem absteigenden Mondknoten Ausdruck verleihen, es entzieht sich uns die Erfüllung. Unser Körper verlangt zum Beispiel nach Vitaminen und Mineralien, aber wir nehmen Nahrung ohne Nährwert zu uns. Vielleicht hat uns diese Nahrung in der Vergangenheit genährt, und wir nehmen deshalb an, daß sie auch in der Gegenwart für uns gut ist. Also essen wir noch mehr, unfähig zu verstehen, daß wir nicht größere Mengen der gleichen Nahrung brauchen, sondern vielmehr eine ganz andere Ernährungsweise.

In *«The Astrologer's Node Book»* bezieht sich Donna van Toen auf die «Ja-aber-Rationalisierungen», die uns am absteigenden Mondknoten festhalten lassen. Möglicherweise haben wir den absteigenden Mondknoten in der Jungfrau im 4. Haus und versuchen, die Sorge für die Familie mit dem Beginn einer Karriere zu verbinden. Durch den absteigenden Mondknoten neigen wir dazu, uns ständig all der häuslichen Aufgaben, die ungetan oder unvollkommen bleiben, bewußt zu sein. Indem wir uns vorrangig auf staubige Fensterbänke konzentrieren oder uns ständig um die Gesundheit unserer Kinder sorgen, fehlt die Zeit, um beruflich den Platz zu finden oder zu schaffen, der uns entspricht. Gleichgültig, wo wir den absteigenden Mondknoten haben, es wird immer unerledigte Aufgaben geben, es wird immer Arbeit auf uns warten. Akzeptieren wir diese Realität, «lassen los» und schenken unsere Aufmerksamkeit dem aufsteigenden Mondknoten statt uns durch die Intellektualisierungen des absteigenden Mondknotens davon abhalten zu lassen, weiterzugehen! Viele von uns definieren ihr Wachstum im Sinne ihres absteigenden Mondknotens, der in einem vergangenen Leben tatsächlich ein «Wachstumsanzeiger» gewesen sein kann. Aber statt das Wachstum zu ermöglichen, das wir wirklich brauchen, führt uns der absteigende Mondknoten meistens auf Wege, die zu Sackgassen werden, wenn wir uns für Scheuklappen entscheiden und nicht bereit sind, die Abzweigungen zu erforschen, die in andere Richtungen führen.

Der absteigende Mondknoten kann uns tatsächlich Anregungen und Standfestigkeit geben sowie Fähigkeiten, die von wirklichem Wert sind. Aber wenn wir zuviel Zeit darauf verwenden, aus der Perspektive des absteigenden Mondknotens her zu wirken, werden wir Ungleichgewicht, Zerstörung und Leid erfahren. Uns geht der Sinn und der emotionale Bezug verloren; wir verlieren den Kontakt zur inneren Quelle und erfahren sowohl Trennung von uns selbst als auch von anderen. Der absteigende Mondknoten gibt uns Grundlagen, aber wenn wir diesen Grundlagen zum Opfer fallen, wird unser Leben unbewußt, automatisch, unerfüllt und sinnlos. Wir hören auf zu wachsen.

Das Symbol des absteigenden Mondknotens erinnert an umgekehrte Kopfhörer; das Symbol des aufsteigenden Mondknotens an Kopfhörer, die richtig herum sind. Wenn wir uns nach innen wenden und die täglichen Entscheidungen treffen, in welche Richtung wir unsere Energie lenken wollen, sollten wir uns fragen: «Befinden sich meine Kopfhörer in der richtigen Position? Wem genau höre ich zu, wenn ich den kosmischen Kanal einstelle, der Stimme der Vergangenheit, meinem alten Selbst oder der Stimme der Zukunft, meinem neu emporsteigenden Potential?»

Der aufsteigende Mondknoten

Der aufsteigende Mondknoten ist der astrologische Hinweis auf unser Lebensziel, auf jene Fähigkeiten, die wir am meisten entwickeln müssen, um Zugang zu den Energien innerhalb und außerhalb von uns selbst zu gewinnen, die uns erfüllen und unser Wachstum fördern. Wenn wir dem aufsteigenden Mondknoten Ausdruck verleihen, ziehen wir Kräfte an, die größer sind als wir selbst. Wir berühren die innere Quelle; wir ziehen Menschen und Gelegenheiten an, die uns nützen. Der aufsteigende Mondknoten stärkt uns, indem er für Erfahrungen sorgt, die uns befriedigen, und die uns das Gefühl geben, ganz und vollständig zu sein. Sowohl unsere geistige als auch physische Gesundheit verbessert sich. Wenn wir in bestimmten Verhaltensmustern feststecken oder in Beziehungen und Situationen verwickelt sind, die uns nicht mehr entsprechen, kann ein Erwachen des aufsteigenden Mondknotens die Erfahrung und die Perspektive unserer Gefühle verlagern und vorher nicht wahrgenommenen Möglichkeiten erlauben, ans Licht zu treten. Der aufsteigende Mondknoten aktiviert Fähigkeiten, die seit Jahren in uns schliefen, weil unsere kosmischen Generatoren nicht angeschlossen und nicht in Betrieb waren.

Für viele von uns ist der aufsteigende Mondknoten auch der Schlüssel dafür, uns jener Träume bewußt zu werden, die wir nie verwirklicht haben. Höhepunkte, Momente der Freude und Fülle, in der Vergangenheit erlebt, können einen direkten Bezug zum Ausdruck des aufsteigenden Mondknotens haben, oder einen indirekten, weil wir uns zum ersten Mal auf Haltungen und Handlungen einließen, die vom aufsteigenden Mondknoten geprägt wurden. Während uns der absteigende Mondknoten zu Auflösung und Trennung führen kann, leitet uns der aufsteigende Mondknoten zu Erfahrungen von Verbundenheit und Einheit mit uns und anderen Menschen. Fühlen wir uns innerlich vollständig und mit unserem innersten Wesen verbunden, bekommen wir Kontakt zu dem innersten Wesen in anderen Menschen. Wir nähren uns durch die Erfahrungen von Einheit, und diese Nahrung setzt Energie frei, die uns auf allen Lebensgebieten stärken kann.

Dem aufsteigenden Mondknoten Ausdruck zu verleihen, ist meistens nicht einfach, wir müssen uns anstrengen! Weil Zeichen und Haus des aufsteigenden Mondknotens solche Eigenschaften und Lebensbereiche vertreten, die wir in früheren Leben nie wirklich umsetzten, fühlen wir uns meist wie Kleinkinder, die das Laufen lernen oder wie Schulanfänger, die zu lesen und schreiben versuchen. Wir verhalten uns zögernd und unsicher, während wir unsere neuen Muskeln entwickeln. Wir fürchten die Erfahrung des aufsteigenden Mondknotens, weil wir uns außer Kontrolle fühlen, fortgerissen oder gezwungen, uns von der gewohnheitsmäßigen Ausrichtung auf den absteigenden Mondknoten zu lösen, um dem aufsteigenden Mondknoten volle Aufmerksamkeit widmen zu können.

Uns wird durch Menschen geholfen, deren Planeten in Konjunktion zum aufsteigenden Mondknoten stehen, und durch Transite und Progressionen, die ebenfalls Konjunktionen bilden. Es hilft uns auch, wenn wir in unser Leben Aktivitäten und Situationen einbauen, die den Einsatz jener Energien in uns fordern, welche dem aufsteigenden Mondknoten entsprechen. Betrachten wir das Beispiel einer Professorin, die keine Schwierigkeiten hat, die Kräfte ihres aufsteigenden Mondknotens einzusetzen. Ihr aufsteigender Mondknoten ist in der Jungfrau, im 9. Haus; sie lehrt Literaturkritik an einer Universität und muß daher täglich Zugang zu den Fähigkeiten ihres aufsteigenden Mondknotens haben. Und nun betrachten wir einen Schauspieler, der den absteigenden Mondknoten im Löwen im 10. Haus hat. Er beschließt, mit einer Gruppe von Leuten zusammen in einem Haus zu wohnen und sich dem Gemeinschaftsleben und sozialen Reformen zu widmen. In solch einer Lebenssituation wird die Energie seines aufsteigenden Mondknotens im Wassermann im 4. Haus ständig bestärkt.

Viele Menschen, die ihr Lebensziel finden wollen, versuchen erfolglos, Karriere zu machen oder den Job zu finden, der absolute Befriedigung bringen wird. Sie erwarten, in ihrer Arbeit einen grundlegenden Beitrag für die Menschheit zu leisten. Der aufsteigende Mondknoten hat jedoch wenig mit der Berufswahl zu tun, es sei denn, er stünde im 6. oder 10. Haus oder in der Jungfrau oder im Steinbock. Das Lebensziel ist unser persönlicher Entwicklungsweg. Dieser Weg kann es nötig machen, daß wir einen Teil unserer Kräfte aus dem Arbeitsbereich zurückziehen und diese Energie stattdessen in unserem persönlichen Leben einsetzen, zum Beispiel dann, wenn sich der aufsteigende Mondknoten im 4. oder 12. Haus befindet.

Täglich müssen wir Entscheidungen in bezug auf unser Handeln treffen. Einige Entscheidungen sind weniger wichtig und haben geringe Rückwirkungen; andere sind bedeutsam und haben eine große Auswirkung auf den Rest unseres Lebens. Wenn Entscheidungen im Sinne des aufsteigenden Mondknotens getroffen werden,[2] ist es sehr viel wahrscheinlicher, daß sie sowohl uns als auch anderen dienlich sind, als wenn sie im Widerstreit liegen. Wenn wir Zitate sammeln und Affirmationen entwickeln, die den aufsteigenden Mondknoten ausdrücken (zum Beispiel: «Ich bin meine eigene Quelle der Kraft» bei Skorpion im 1. Haus), kann das eine Hilfe sein, uns auf unsere Lebensrichtung einzustimmen. Treffen wir Entscheidungen, sollten wir uns Fragen stellen, die unsere Wahlmöglichkeiten hinsichtlich der Anforderungen des aufsteigenden Mondknotens überprüfen. Haben wir den aufsteigenden Mondknoten im Widder, könnten wir fragen: «Reizt und motiviert mich diese Entscheidung? Ist es das, was *ich* wirklich tun will, abgesehen von den Bedürfnissen und Wünschen anderer Leute?» Wenn wir den aufsteigenden Mondknoten im Schützen haben, fragen wir: «Werde ich hier Sinn und Erfolg finden und die Freiheit, neue Möglichkeiten zu erforschen und meine eigenen Wahrheiten zu entdecken?» Diejenigen unter uns mit dem aufsteigenden Mondknoten in den Fischen möchten wissen: «Wird diese Entscheidung mein Mitgefühl wecken und meine Quellen der Inspiration öffnen?» Ein aufsteigender Mondknoten im Löwen kann uns zu der Frage führen: «Ist dies der Weg mit Herz?» Wie auch immer die Position unseres aufsteigenden Mondknotens sein mag, wir können Leitfragen und Affirmationen entwickeln, die eine Einstimmung auf die Richtung ermöglichen, die uns beleben wird, uns emotional nährt, bestärkt und hilft, unserem wahren Wesen Gestalt zu verleihen.

Die Integration der Mondknotenachse

Die Mondknotenachse bewirkt in unserer Psyche alchemistische Vorgänge, die uns befähigen, das Rohmaterial vergangener Leben und tief eingegrabenen Verhaltens in neue Energiequellen zu verwandeln. Wenn die auf- und absteigenden Mondknoten zusammenwirken, erfahren wir eine beständige Aktivierung von Energie, die unser Wachstum beschleunigt. Oft sind wir jedoch unfähig, uns dem quälenden Sog des absteigenden Mondknotens zu entziehen und finden es schwierig, das latente Potential des aufsteigenden Mondknotens zu erwecken oder unsere Fähigkeiten aus dem absteigenden Mondknoten auf ein Ziel zu lenken, das dem aufsteigenden Mondknoten entspricht.

Einige von uns schaffen sich, bewußt oder unbewußt, ein Leben, in dem beide Mondknoten wirken, aber ohne Bezug zueinander. Vielleicht haben wir den absteigenden Mondknoten in der Waage im 5. Haus, und den aufsteigenden Mondknoten im Widder im 11. Haus. Wir sorgen dann zum Beispiel am Tage für unsere Kinder und verbringen die Abende in einem Sportclub, den wir selbst organisiert haben. Beide Tätigkeiten sind wichtig für uns, und wir können beide Bereiche unseres Lebens leicht voneinander getrennt halten, indem wir einen Babysitter bezahlen, wenn wir für unsere Kinder nicht verfügbar sind. Eine andere Person könnte eine größere Befriedigung darin finden, einen Sportclub für Kinder und Erwachsene zu organisieren, um auf diese Weise gleichzeitig sowohl für die Kinder zu sorgen als auch körperlichen Aktivitäten nachzugehen. Oder nehmen wir das Beispiel einer Frau mit Sonne, Merkur und Neptun im Löwen im 10. Haus, mit dem absteigenden Mondknoten in der Jungfrau im 11. Haus, und dem aufsteigenden Mondknoten in Konjunktion zu Mars, in den Fischen im 5. Haus. Sie beschließt, ihren Lebensunterhalt mit zwei völlig unterschiedlichen Jobs zu verdienen: Sie hat eine Teilzeitbeschäftigung als Buchhalterin in einer Agentur für soziale Dienste und tritt als Jazztänzerin auf. Eine andere Frau, die ihre Jungfrau/Fische-Achse durch berufliche Tätigkeiten zum Ausdruck bringt, wird Klavierlehrerin. Dabei nutzt sie ihre Begabung für die Technik, ihre Sensibilität für Musik und ihre kreativen Fähigkeiten, indem sie Übungsstücke für ihre Schüler komponiert.

Versuchen wir, uns auf die Energien des aufsteigenden Mondknotens einzustimmen, ohne ihn vollkommen aktiviert zu haben, können wir entdecken, daß wir zwar den Lebensbereich des aufsteigenden Mondknotens leben, aber auf die Art und Weise, wie wir mit dem absteigenden Mondknoten umzugehen gelernt haben. Mit einem aufsteigenden Mondknoten in den Fischen benutzen wir den absteigenden Mondknoten in der Jungfrau, um präzise durchstrukturierte Meditationen festzulegen. Mit einem absteigenden Mondknoten in den Zwillingen und einem aufsteigenden Mondknoten im Schützen versuchen wir bald diese, bald jene Methode, um unser Selbst zu vervollkommnen. Wir belegen Kurse fünf verschiedener Wissensgebiete an einer örtlichen Universität, statt uns intensiv mit einem Fachgebiet auseinanderzusetzen. Mit dem absteigenden Mondknoten im Widder und dem aufsteigenden Mondknoten in der Waage heiraten wir möglicherweise einen Partner, der keine eigenen Interessen hat und der damit zufrieden ist, nur unsere Bedürfnisse zu erfüllen.

Wenn wir ausschließlich von der Ebene des absteigenden Mondknotens aus agieren, werden wir Beeinträchtigungen erfahren, die die negative Dimension des aufsteigenden Mondknotens andeuten, der unsere Aufmerksamkeit fordert. Arbeiten wir zu eifrig von der Ebene des absteigenden Mondknotens in der Jungfrau aus, so lehnen wir es ab, uns Zeit zur Entspannung zu nehmen oder unsere Fische-Inspiration zu erwecken. Dann können wir geistesabwesend oder vergeßlich werden oder uns zu maßlosem Trinken verführt fühlen, wenn der aufsteigende Mondknoten in den Fischen uns an seine Existenz erinnern möchte. Einige Menschen erfahren dramatische Veränderungen in ihrem Leben, wenn sie sich zunehmend frustriert und unzufrieden fühlen, nachdem sie lange Zeit von der Ebene ihres absteigenden Mondknotens her gewirkt haben. Diese Erfahrung kann dazu führen, daß sie sich vollkommen aus dem Lebensbereich des absteigenden Mondknotens zurückziehen und mit dem aufsteigenden Mondknoten einen neuen Anfang wagen. Jemand mit dem absteigenden Mondknoten in den Zwillingen im 7. Haus und dem aufsteigenden Mondknoten im Schützen im 1. Haus kann eine langwährende Ehegemeinschaft verlassen, um sich selbst zu entdecken. Einige Jahre später kann es wieder einen Wechsel geben, und die neugefundenen persönlichen Interessen werden für einen anderen Partner geopfert.

Wenn wir dieses Hin- und Herschwanken vermeiden möchten, müssen wir uns bewußt für einen Lebensstil entschließen, der den Bedürfnissen beider Mondknoten gerecht wird, damit nicht die eine Seite unseres Wesens für die andere geopfert werden muß. Wie können wir sowohl unseren Interessen nachgehen als auch eine Partnerschaft aufrechterhalten? Wie können wir, mit einer Mondknotenachse zwischen dem 4. und 10. Haus, ein erfülltes Familienleben mit einen Beruf *verbinden*? Je mehr die eine Seite unseres Lebens von der anderen getrennt ist, desto größer sind die Schwierigkeiten, die wir bei ihrer Integration erleben können. Zu Hause zu arbeiten ist natürlich eine mögliche Integration einer 4./10. Haus-Achse, während es zu unlösbaren Problemen führen könnte, wenn wir unseren Beruf als Stewardess einer Luftlinie ausüben möchten und gleichzeitig kleine Kinder aufzuziehen haben.

Eine Möglichkeit, um Methoden zu finden, die zur Integration einer gespaltenen Achse führen, ist, sich dessen bewußt zu werden, welche Bedürfnisse wir mit jedem unserer Mondknoten zu erfüllen suchen. Wir müssen uns von der Verhaftung lösen, die uns an bestimmte Strukturen bindet, welche einander zu widersprechen scheinen und die wir nie zu integrieren wußten. Sind wir fest entschlossen, Stewardess zu werden, und wünschen gleichzeitig, mit unserem neuen Ehemann sofort Kinder zu haben, können wir in ein unlösbares Dilemma kommen, es sei denn, der Ehemann toleriert bereitwillig unsere häufige Abwesenheit und übernimmt in dieser Zeit die volle Verantwortung für die Kindererziehung. Eine andere Möglichkeit wäre eine geregelte Dienstzeit bei täglichen Inlandsflügen im Pendelverkehr. Aber wenn dem Wunsch, Stewardess zu werden, lediglich das Bedürfnis nach Reisen zugrunde liegt, und wenn das Verlangen, sofort eine Familie zu gründen, vor allem der Wunsch nach einem Ausdruck brachliegender erzieherischer Qualitäten ist, hätten wir auch andere Möglichkeiten zur Verfügung. Sehen wir uns das Beispiel einer Frau und deren Mann an, die ein Sommerlager für Kinder in Österreich leiten, oder die ein «mobiles Geschäft» entwickeln, indem sie sich einen Anhänger kaufen und eine Familie gründen, während sie reisen und arbeiten. Um diese Möglichkeiten zur Integration zu entdecken, müssen wir zuerst einmal jede der gegensätzlichen Seiten der Mondknotenachse auswerten, um dem Wesen der Bedürfnisse auf die Spur zu kommen, die jede von ihnen zu erfüllen sucht. Danach können wir kreativ und klar alle Einfälle und Möglichkeiten festhalten, die es uns erlauben, beiden Bedürfnissen gerecht zu werden.

Die Integration der Mondknotenachse ist besonders für jene Menschen von Bedeutung, deren Horoskop eine der folgenden Voraussetzungen erfüllt:

— die Mondknoten befinden sich in Häusern, die ihrer natürlichen Plazierung gegenüberliegen (zum Beispiel aufsteigender Mondknoten im Widder im 7. Haus und absteigender Mondknoten in der Waage im 1. Haus);
— der absteigende Mondknoten in Konjunktion zum Herrscher des aufsteigenden Mondknotens oder der aufsteigende Mondknoten in Konjunktion zum Herrscher des absteigenden Mondknotens (zum Beispiel aufsteigender Mondknoten im Stier und absteigender Mondknoten im Skorpion in Konjunktion zu Venus, dem Herrscher von Stier).

Im ersten Fall müssen wir uns daran erinnern, daß Tierkreiszeichen auf die Energien hinweisen und Häuser auf die Lebensbereiche; wir drücken die Energie des Zeichens, in dem der Mondknoten steht, in dem Lebensbereich aus, der durch das Haus des Mondknotens angezeigt wird. Der aufsteigende

Mondknoten im Widder im 7. Haus ist nicht gleichbedeutend mit dem absteigenden Mondknoten in der Waage im 1. Haus. Noch ist der aufsteigende Mondknoten in der Waage im 1. Haus das gleiche wie der absteigende Mondknoten im Widder im 7. Haus. Beachte die folgenden Interpretationen:

Absteigender Mondknoten in der Waage im 1. Haus:
Die Tendenz, ein angenehmes Bild von sich selbst zu projizieren und sich über den Austausch mit anderen Menschen zu definieren.

Aufsteigender Mondknoten im Widder im 7. Haus:
Man soll lernen, in der Partnerschaft die Initiative zu ergreifen, um dadurch den eigenen Bedürfnissen gerecht zu werden, Anstoß zu Aktivitäten mit dem eigenen Partner zu geben und enge Beziehungen zu dynamischen und motivierten Menschen zu schaffen.

Absteigender Mondknoten im Widder im 7. Haus:
Die Tendenz, dem Partner die Initiative zu überlassen, Partner zu wählen, die heftig oder aggressiv sind, und sich selbst zugunsten der Bedürfnisse des Partners aufzuopfern.

Aufsteigender Mondknoten in der Waage im 1. Haus:
Das Ziel ist es, harmonischen Kontakt zu anderen Menschen herzustellen und auf ihre Bedürfnisse einzugehen sowie eine angenehme und gesellige Persönlichkeit zu entwickeln, die den eigenen Bedürfnissen nach Schönheit, Frieden, Objektivität und zwischenmenschlichen Beziehungen entspricht.

Steht der aufsteigende Mondknoten in Konjunktion zum Herrscher des absteigenden Mondknotens, können wir den aufsteigenden Mondknoten nicht zum Ausdruck bringen, ohne uns gleichzeitig auf Qualitäten einzustimmen, die sich auf das Zeichen des absteigenden Mondknotens beziehen, und die durch seinen Herrscher ausgedrückt werden. Wenn wir unseren aufsteigenden Mondknoten im Skorpion in Konjunktion zu Venus aktivieren, können wir das Bedürfnis nach Wärme und Sicherheit durch unseren absteigenden Mondknoten im Stier in uns tragen. Das gleiche ist der Fall, wenn der absteigende Mondknoten in Konjunktion zum Herrscher des aufsteigenden Mondknotens steht. Wir können dem absteigenden Mondknoten nicht Ausdruck verleihen, ohne Qualitäten anzuregen, die, wenn auch nur indirekt, in Beziehung zum aufsteigenden Mondknoten stehen. Mit dem absteigenden Mondknoten in den Fischen und dem aufsteigenden Mondknoten in der Jungfrau in Konjunktion zu Neptun wenden wir vielleicht unsere Aufmerksamkeit der detaillierten, analytischen Arbeit des aufsteigenden Mondknotens zu, während wir gleichzeitig aus unserem mitfühlenden eingebungsvollen Wesen schöpfen.

Lösen wir unsere Konzentration von den Bereichen des absteigenden Mondknotens, fürchten wir wahrscheinlich, uns völlig zu verlieren und nicht mehr auf die Hilfsquellen und Sicherheiten zurückgreifen zu können, die wir im Bereich des absteigenden Mondknotens entwickelt haben. Doch das ist normalerweise nicht der Fall, vor allem, wenn wir im Bereich des absteigenden Mondknotens gute Grundlagen geschaffen haben. In meinem Horoskop steht zum Beispiel der absteigende Mondknoten in der Jungfrau in Konjunktion sowohl zu Saturn im 9. Haus als auch in Konjunktion zur Sonne, Anfang Waage. Ich verbrachte in meinem Leben schon viele beschwerliche Stunden mit der Vorbereitung von Vortragsnotizen, wobei ich fürchtete, mich an nichts erinnern zu können, durcheinanderzugeraten oder nicht zu wissen, was ich sagen sollte, wenn ich nicht jeden Punkt geklärt und genau aufgeschrieben hätte. Darin zeigt sich die negative Dimension des Zeichens Fische. Mein absteigender Mondknoten erfordert, daß ich meine Reden gründlich vorbereite. Wenn ich aber vor einer Gruppe von Zuhörern unfähig bin, meinen absteigenden Mondknoten loszulassen und meinen Vortrag lieber vorlese, bietet er weit weniger Anregung als wenn ich meine Notizen nur als Gedächtnisstütze benutze und mir zutraue, frei zu reden und dabei weniger auf meine Jungfrau-Wesensart baue. Um jedoch das Fische-Vertrauen zu entwickeln und im entscheidenden Moment meine Intuition einsetzen zu können, muß ich zuerst die Grundlagen in der Jungfrau schaffen. Wenn meine Notizen erst einmal vollkommen gegliedert und vorbereitet sind, dienen sie mir nur als Rettungsanker, und ich bin nicht völlig von ihnen abhängig.

Sobald wir bereit sind, jene Aufgaben zu erkennen und zu erfüllen, die uns der aufsteigende Mondknoten stellt, können wir uns der vielen täglichen Situationen bewußt werden, in denen wir die Freiheit haben, uns entweder mit dem absteigenden Mondknoten zu befassen oder einen Weg zu finden, um den Mondknoten gemeinsam Ausdruck zu verleihen. Das zeigt ein anderes persönliches Beispiel: Als ich das erste Mal ein Seminar über die Mondknoten abhielt, wachte ich früh am Morgen auf, um die Vorbereitung unzähliger Arbeitsbögen für meine Studenten zu beenden. Die Zeit war begrenzt, und ich fühlte mich unter Druck, denn ich wollte jede Seite, die ich für wichtig hielt, vervollständigen und auch noch zum Lebensmittelladen im Ort gehen, um Getränke für die Mittagspause zu kaufen. Während ich von dem Laden zurück nach Hause ging, in meine Planung versunken, hörte ich in der Nähe das ängstliche Miauen einer Katze. Zu meiner Bestürzung sah ich hoch über mir in einem Baum eine Katze sitzen, die sich an den höchsten Ast klammerte und unfähig war, wieder herunterzukommen. In diesem Moment wurde mir klar, daß ich eine Wahl treffen mußte — wenn ich mir die Zeit nahm, die Katze aus meiner Nachbarschaft zu retten (aufsteigender Mondknoten in den Fischen im 3. Haus), konnte ich die «so wichtigen» Arbeitsbögen nicht vervollständigen, die ich gerade für meine Studenten vorbereitete (absteigender Mondknoten in der Jungfrau im 9. Haus). Aber was war nun wirklich wichtiger? Der Synchronizität der Ereignisse bewußt, konnte ich mich nur für den aufsteigenden Mondknoten entscheiden. Ich rettete die Katze, ließ die Arbeitsbögen unvollständig und hielt dann den Workshop. Dabei stellte sich heraus, daß die Arbeitsbögen gar nicht notwendig waren. Ich konnte die Katzengeschichte erzählen, was meine Studenten sicher mehr inspirierte als eine weitere analytische Aufgabe.

Täglich stehen wir vor der Wahl, uns für oder gegen den aufsteigenden Mondknoten zu entscheiden. Gehen wir den Weg des aufsteigenden Mondknotens und kommen Ängste in uns hoch, weil wir uns von dem vertrauten Bereich des absteigenden Mondknotens abwenden, entdecken wir in der Regel, daß uns die dort erworbenen Fähigkeiten noch immer zur Verfügung stehen. Doch sind sie uns selbst und anderen viel mehr von Nutzen, wenn sie durch die Wesensart des aufsteigenden Mondknotens geleitet werden.

Der folgende Arbeitsbogen für die Mondknoten gibt uns die Möglichkeit, Verhaltensmuster, die vom absteigenden Mondknoten geprägt sind, und die Möglichkeiten, die in unserem aufsteigenden Mondknoten liegen, besser zu erkennen. (Ein Arbeitsbogen ist als ausgefülltes Muster angeführt, um seinen Gebrauch zu erläutern.) Da wir häufig für einige der möglichen Bedeutungen des aufsteigenden Mondknotens blind sind, sollten wir einen objektiven Beobachter, zum Beispiel einen Mitstudenten der Astrologie, bitten, unseren Arbeitsbogen für den aufsteigenden Mondknoten zu vervollständigen. Auf diese Weise können wir auch jene Möglichkeiten erkennen, die nicht sofort für uns ersichtlich sind. Der Arbeitsbogen kann fotokopiert werden.

ARBEITSBOGEN
FÜR DEN AUFSTEIGENDEN MONDKNOTEN

Zeichen und Haus des aufst. Mondkn.:

Aspekte zum aufst. Mondkn.:

Herrscher des aufst. Mondkn., sein Zeichen und Haus:

Aspekte zum Herrscher des aufst. Mondkn.:

Schlüsselwörter für das Zeichen des aufst. Mondkn.:

Schlüsselwörter für das Haus des aufst. Mondkn.:

Schlüsselwörter für die Planeten in Konjunktion zum aufst. Mondkn. (wenn vorhanden):

Führe zehn oder mehr Bedeutungen für deinen aufst. Mondkn., bezogen auf Zeichen und Haus, an:

1. ....
2. ....
3. ....
4. ....
5. ....
6. ....
7. ....
8. ....
9. ....
10. ....
11. ....

Schlüsselwörter für das Haus, in dem der Herrscher des aufst. Mondkn. steht:

Gib fünf oder mehr Bedeutungen für den Herrscher des aufst. Mondkn., bezogen auf das entsprechende Haus, an:

1. ....
2. ....
3. ....
4. ....
5. ....
6. ....

ARBEITSBOGEN FÜR DEN ABSTEIGENDEN MONDKNOTEN

Zeichen und Haus
des abst. Mondkn.:

Aspekte
zum abst. Mondkn.:

Herrscher des abst. Mondkn.,
sein Zeichen und Haus:

Aspekte zum Herrscher
des abst. Mondkn.:

Schlüsselwörter für das Zeichen des abst. Mondkn.:

Schlüsselwörter für das Haus des abst. Mondkn.:

Schlüsselwörter für die Planeten
in Konjunktion zum abst. Mondkn.
(wenn vorhanden):

Führe zehn oder mehr Bedeutungen für deinen absteigenden Mondkn., bezogen auf Zeichen und Haus, an:

1. ....
2. ....
3. ....
4. ....
5. ....
6. ....
7. ....
8. ....
9. ....
10. ....
11. ....

Schlüsselwörter für das Haus, in dem der Herrscher des abst. Mondkn. steht:

Gib fünf oder mehr Bedeutungen für den Herrscher des abst. Mondkn., bezogen auf das entsprechende Haus, an:

1. ....
2. ....
3. ....
4. ....
5. ....
6. ....

MUSTER - ARBEITSBOGEN
FÜR DEN AUFSTEIGENDEN MONDKNOTEN

Zeichen und Haus
des aufst. Mondkn.:

Fische im 3. Haus

Aspekte
zum aufst. Mondkn.:

Opposition Saturn und Sonne,
Quadrat Aszendent

Herrscher des aufst. Mondkn.,
sein Zeichen und Haus:

Neptun in der Waage,
im 1o. Haus

Aspekte zum Herrscher
des aufst. Mondkn.:

Opposition Mond,
Quadrat Uranus
Sextil Pluto

Schlüsselwörter für das Zeichen des aufst. Mondkn.:

phantasievoll *schöpferisch*
feinfühlig *verbindend*
fließend *wässerig*

Schlüsselwörter für das Haus des aufst. Mondkn.:

unmittelbare Umgebung
Verwandte *Wahrnehmung*
Kommunikation *Schreiben*

Schlüsselwörter für die Planeten
in Konjunktion zum aufst. Mondkn.
(wenn vorhanden):

Keine Konjunktionen

Führe zehn oder mehr Bedeutungen für deinen aufst. Mondkn., bezogen auf Zeichen und Haus, an:

1. *Kurzreisen zu inspirativen Plätzen (auf dem Wasser), Wochenendausflüge*
2. *Fürsorgliche Beziehungen zu Geschwistern und Verwandten*
3. *Intuitive Kommunikation, phantasievolle Kommunikation*
4. *Schöpferisches Schreiben, freifließendes Schreiben*
5. *Musik in der täglichen Umgebung*
6. *Einfühlsamkeit und gebend im täglichen Umgang, tägliches Helfen*
7. *Mit der täglichen Routine mitfließend*
8. *Grundwissen/Studium/Praxis in den Künsten*
9. *Teilnahme an kulturellen Ereignissen (Konzerte, Theaterstücke, Museen, Filme)*
10. *Anwendung von spirituellem Wissen; Vertrauen in Intuition*
11. *Einfühlsamkeit/Bewußtheit gegenüber der unmittelbaren Umgebung*

Schlüsselwörter für das Haus, in dem der Herrscher des aufst. Mondkn. steht:

Öffentliches Ansehen
Beruf
berufliche Selbständigkeit
Anerkennung
Ruf
gesellschaftlicher Status
Arbeitgeber
Mutter oder Vater

Gib fünf oder mehr Bedeutungen für den Herrscher des aufst. Mondkn., bezogen auf das entsprechende Haus, an:

1. *Inspirativ, schöpferischer Beruf, Kunst oder schöpferisches Schreiben*
2. *Berufliche Selbständigkeit, durch innere Führung oder Höheres Selbst geleitet*
3. *Bedürfnis nach einem bedeutungsvollen beruflichen Beitrag zur Gesellschaft*
4. *Beruf in dem Bereich der sozialen Dienste, von schöpferischen/dienenden Fähigkeiten*
5. *Hohe Ideale in beruflichen Verpflichtungen*
6. ....

Aspekte, Synastrie und Transite

Aspekte zu den Mondknoten

Wenn ein Planet in Konjunktion zum absteigenden Mondknoten steht (innerhalb von ca. 5 Grad) und sich damit in Opposition zum aufsteigenden Mondknoten befindet, repräsentiert er wahrscheinlich eine Anlage, die wir in einem vergangenen oder zu Beginn dieses Lebens entwickelt haben. Wie der absteigende Mondknoten kennzeichnet dieser Planet eine angeborene Begabung, die aber auch automatisch, zwanghaft, starr und unangepaßt werden kann. Dieser Planet weist auf unterschwellige Eigenschaften oder ein inneres Selbst hin, daß uns oft beherrscht, obwohl sein Einfluß sich unserer Wahrnehmung entzieht. Wir identifizieren uns so stark mit der Funktion dieses Planeten, daß wir selten sehen, wie er wirkt. Sein verborgener Einfluß scheint ihm tatsächlich eine Bedeutung zu geben, die der des 12. Hauses ähnelt. Zum Beispiel kann Saturn in Konjunktion zum absteigenden Mondknoten ähnlich wie Saturn im 12. Haus wirken: Er weist sowohl auf allgegenwärtige Ängste und Beklemmungen hin, die den meisten unserer Handlungen zugrundeliegen, als auch auf eine tiefe Schicht emotionaler Zurückhaltung, die wir manchmal wie eine innere Wand erleben. Im Positiven deutet Saturn in Konjunktion zum absteigenden Mondknoten auf eine angeborene Fähigkeit zu harter Arbeit, auf Verantwortlichkeit und Einsatzbereitschaft hin. Der Mond in Konjunktion zum absteigenden Mondknoten kann auf tiefsitzende Abhängigkeiten hinweisen, aber auch auf die Fähigkeit, sich gerne um andere zu kümmern und Freude daran zu haben, selbst umsorgt zu werden. Gleichgültig, welche Planeten in Konjunktion zum absteigenden Mondknoten stehen, sie tendieren dazu, als Linsen zu funktionieren, durch die wir die Realität wahrnehmen. Ihre «Paßform» ist so genau und ihr Gebrauch so regelmäßig, daß wir gewöhnlich gar nicht wahrnehmen, daß wir sie «tragen».

Planeten, die in Konjunktion zum absteigenden Mondknoten stehen, müssen, wie der absteigende Mondknoten selbst, ins Bewußtsein gebracht und neu beurteilt werden. Bei diesem Prozeß helfen häufig therapeutische Erfahrungen, durch die frühere Erlebnisse und Haltungen hinsichtlich dieser Planeten erinnert und erneut durchgearbeitet werden, oder Reinkarnations-Rückführungen unter besonderer Berücksichtigung jener Erfahrungen, die an das Wesen dieser Planeten erinnern. Diejenigen unter uns, deren absteigender Mondknoten mit Planeten in Konjunktion steht, müssen oft einen großen Teil ihres Lebens damit verbringen, ihre Vergangenheit aufzuarbeiten. Doch muß die Neubewertung dessen, was war, unsere Befriedigung und Erfüllung nicht behindern, da die Tugenden und Stärken der Planeten an unserem absteigenden Mondknoten bereits verfügbar sind. Die größte Schwierigkeit liegt wahrscheinlich darin, rechtzeitig loszulasen und uns aus der Gewalt dieses Planeten zu befreien, während wir uns gleichzeitig den

Qualitäten des aufsteigenden Mondknotens zuwenden. Stehen mehrere Planeten zum absteigenden Mondknoten in Konjunktion, oder ist der absteigende Mondknoten Teil einer Konstellation, dann haben wir eine schwere Aufgabe. Der Hang, einem vom absteigenden Mondknoten geprägten Verhaltensmuster zu folgen, kann nicht nur eine bemerkenswerte Energie für den vollendeten Ausdruck auf diesem Lebensgebiet freisetzen, sondern auch unglaubliche Kräfte zur Überwindung dieser regressiven Neigung mobilisieren; er vermag dadurch in uns neue Wesenszüge zu erwecken.

In meinem eigenen Leben ist die Konstellation von Merkur/Venus/Saturn/absteigender Mondknoten und Sonne zusammen im 9. Haus, mit Saturn und der Sonne jeweils ungefähr vier Grad vom absteigenden Mondknoten entfernt, sowohl Fluch als auch Segen gewesen. Mein intellektuelles und philosophisches Streben zieht sich gleichbleibend durch mein ganzes Leben, wobei mir besonders daran liegt, den Sinn in meinen Erfahrungen zu entdecken und Erkenntnisse mit anderen zu teilen. Die angstbesetzte Saturn-Seite in mir hat mich jedoch häufig im Elfenbeinturm meines 9. Hauses zwischen Büchern und Schriften gefangen gehalten, und ich war dann unfähig und nicht bereit, mich in die weite Welt hinauszuwagen. Zwei Erfahrungen trugen vor allem dazu bei, daß ich die Fähigkeit entwickelte, meine Begabungen des 9. Hauses selbst zu nutzen statt von ihnen benutzt zu werden, und auch meinen aufsteigenden Mondknoten zu erwecken. Eine Erfahrung war die hilfreiche Beziehung zu einem Mann (beachte die Konjunktion zwischen meinem Saturn, dem absteigenden Mondknoten und meiner Sonne), dessen Konjunktion des aufsteigenden Mondknotens mit Neptun in der Jungfrau in Konjunktion zu meiner Saturn/absteigender-Mondknoten-Konjunktion stand. Das andere Erlebnis war der Tod meines Vaters, der eintrat, als Neptun (Herrscher meines aufsteigenden Mondknotens in den Fischen) das letzte Mal meinen Aszendenten überschritt. Wenn der absteigende Mondknoten sich in Konjunktion zu einem Planeten befindet, der für einen Elternteil steht (Mond, Sonne oder Saturn), kann die Bindung an diesen Elternteil oder die Identifikation mit ihm so tief verwurzelt sein (und meistens ebenso tief unbewußt), daß der Tod dieses Elternteils erfahren werden kann als der Tod des Selbstes, das man gekannt hat. Solch eine Erfahrung kann erschreckend und furchterregend wirken, weil wir uns plötzlich einer völligen Auflösung und Desintegration gegenübersehen; andererseits wirkt sie befreiend, weil uns endlich die Gelegenheit gegeben wird, jene Verhaltensmuster zu überschreiten, denen wir schon seit vielen Jahren oder sogar seit vielen Leben unterworfen waren.

Planeten, die mit dem aufsteigenden Mondknoten in Konjunktion stehen (innerhalb von 5 Grad), unterstützen unsere Fähigkeit zur Entwicklung jener Möglichkeiten, die dem aufsteigenden Mondknoten entsprechen. Solche Planeten werden die Bedeutung des aufsteigenden Mondknotens mit ihrer spezifischen Eigenart prägen, was sowohl positiv als auch negativ in Erscheinung treten wird. Planeten in Konjunktion zum aufsteigenden Mondknoten gewährleisten nicht, daß wir ihn konstruktiv nutzen werden. Möglicherweise gelingt es zu leicht, uns auf die oberflächlichsten Ebenen der in Frage kommenden Planeten, Zeichen und Häuser einzustimmen statt sich um ihren tieferen Sinn und Ausdruck zu bemühen. Ein aufsteigender Mondknoten in Konjunktion zu Venus im Stier kann uns dazu verleiten, auf Kosten der Liebe übertriebenen Wert auf physische Schönheit zu legen. Mit dem aufsteigenden Mondknoten in Konjunktion zu Pluto im Löwen können wir die Neigung entwickeln, heftige Gefühle und/oder Sexualität auszuleben, ohne Rücksicht darauf, ob solche Erfahrungen unserem allgemeinen Wohlbefinden zuträglich sind. Wenn der aufsteigende Mondknoten mit mehreren Planeten in Konjunktion steht oder sich innerhalb einer Konstellation befindet, bekommen wir für den Einsatz der vom aufsteigenden Mondknoten geprägten Energien noch zusätzliche Verstärkung aus dem Kosmos. Es bleiben jedoch noch andere Aufgaben zu erfüllen, zum Beispiel hinsichtlich der Aufarbeitung und des konstruktiven Ausdrucks des absteigenden Mondknotens oder auch die Integration beider Mondknoten. Und schließlich sollten wir auch herausfinden, wie wir die Planeten und Zeichen des aufsteigenden Mondknotens am besten zum Ausdruck bringen. Diejenigen unter uns mit Planeten in Konjunktion zum aufsteigenden Mondknoten sind begünstigt und laufen weniger Gefahr, in den tiefsitzenden Mustern der Vergangenheit steckenzubleiben. Tatsächlich liegt in solchen Planeten-Konjunktionen ein beträchtliches Potential, das uns hilft, innerhalb und außerhalb von uns Unterstützung und Stärkung zu finden, und das uns Gelegenheiten bietet, die uns erfüllen und unser Wachstum fördern.

Der Einfluß von Planeten, die zu unserer Mondknotenachse ein Trigon oder Sextil bilden (innerhalb von 3 Grad), scheint weniger machtvoll zu sein als der Einfluß einer Planeten-Konjunktion. Diese Planeten können uns aber dabei helfen, die Polaritäten der gegenüberliegenden Zeichen zu integrieren, indem sie uns zu Erfahrungen führen können, die bei der Lösung jener Probleme helfen, die aus der Opposition der Mondknoten herrühren. Manchmal können sie jedoch einen schädlichen Einfluß auf uns haben, weil Trigone die Neigung fördern, den Weg des geringsten Widerstandes zu gehen, den leichten, gewohnten Weg. Im Falle der Mondknotenachse führt der leichte, gewohnte Weg eher in die Richtung des absteigenden als zum aufsteigenden Mondknoten. Aufgrund solcher Trigone und Sextile kann uns die Motivation fehlen, die wir brauchen, um jene Fähigkeiten in uns zu wecken, die dem aufsteigenden Mondknoten entsprechen.

Quadrate zur Mondknotenachse können jedoch entweder bestärkend oder konfliktreich sein, indem sie eine Art von T-Quadrat-Muster schaffen, das uns von den eigentlichen Mondknoten weg- und zu dem betreffenden Planeten hinzieht. Solch ein Planet bezieht seine Energien sowohl von den vergangenen als auch von den zukünftigen Dimensionen der Mondknotenachse, mit all ihren karmischen Manifestationen. Durch diese Quadrate gewinnt er an Kraft, aber wie wir diese Macht und Stärke nutzen, ist eine Frage der persönlichen Erfahrung. Der Planet im Quadrat kann die Spannungen auf der Mondknotenachse noch zusätzlich verstärken, indem er die Erfahrungen des inneren Zwiespaltes steigert; er kann uns aber auch in dem Versuch unterstützen, sie zu lösen. Als Halbsumme zwischen den beiden Mondknoten kann er uns in Erfahrungen hineinführen, die uns bei der Überwindung unserer Mondknoten-Problematik helfen werden. Dieser Planet verdient besondere Aufmerksamkeit und kann oft im Hinblick auf Karma und Transformation als wichtigster Planet im Horoskop angesehen werden. Weil die Verbindung zwischen den Mondknoten die Achse des Wachstums und der Transformation ist, kann man aus evolutionärer Sicht die Quadrate zu den Mondknoten als weitaus nützlicher betrachten als Trigone und Sextile.

Einige wenige unter uns haben eine Art «Großes-Mondknotenkreuz». Dieses entsteht, wenn eine Planetenopposition im Quadrat zur Mondknotenachse steht, oder wenn die Mondknotenachse ein Quadrat zu den Achsen von Aszendent/Deszendent oder Medium Coeli/Immum Coeli bildet. In dieser Situation fühlen wir uns in vier Richtungen gezogen statt in zwei und können uns wirklich außerstande fühlen, mit uns selbst ins reine zu kommen und ein gewisses Maß an innerer Ausgeglichenheit zu erreichen. Doch die zusätzlichen Quadrate sorgen auch für verstärkte zusätzliche Motivation, und außerdem erweitert die ergänzende Opposition unser Bewußtsein. Die Energie, die in dieser Struktur enthalten ist, und die Eigenschaften der betreffenden Planeten oder Winkel können zu Verständnis und ganzheitlichem Handeln führen, das sinnvoll, wirksam und wachstumsfördernd ist.

In meinem Horoskop bildet die Aszendent/Deszendent-Achse ein enges Quadrat zur Mondknotenachse, und ich habe in meinem Leben öfter festgestellt, daß der Versuch, einen oder beide Mondknoten auszudrücken, meine Selbstdarstellung (Aszendent) und das Anknüpfen von Beziehungen (Deszendent) eher gestört als gefördert hat. Der Versuch, alle vier Bereiche meines Lebens zusammenzubringen, hat einen beträchtlichen Einsatz an Zeit, Energie und Wachsamkeit erfordert, doch hat er gelegentlich auch zu Erfahrungen tiefer Harmonie mit mir und mit anderen geführt sowie zu engen Verbindungen, zu Verständnis und veränderten Haltungen.

Synastrie: Mondknoten-Aspekte zwischen Horoskopen

Aspekte zu den Mondknoten zwischen Horoskopen wirken ähnlich wie Aspekte innerhalb eines einzelnen Horoskops. Wenn der Planet eines anderen Menschen in Konjunktion zu unserem absteigenden Mondknoten steht, wird der absteigende Mondknoten durch die besonderen Eigenschaften jenes Planeten beeinflußt und bestärkt. Solche Verbindungen werden häufig von einem tiefen Gefühl der Vertrautheit und Ungezwungenheit mit der betreffenden Person begleitet. Wir fühlen uns von Anfang an wie alte Freunde; wir werden voneinander angezogen und fühlen uns besonders wohl, wenn wir auf der Ebene des betreffenden Planeten und Zeichens miteinander umgehen. Vielleicht sind wir schon in vergangenen Leben zusammengewesen und innerlich seit langem verbunden. Wenn zum Beispiel unser absteigender Mondknoten im Löwen in Konjunktion zu Merkur im Löwen eines Freundes steht, sind die Kommunikations- und Gedankenprozesse auf einer Linie; gemeinsam sind wir in der Lage, Gedanken auf spielerische, spontane, schöpferische und vertrauliche Weise zu teilen.

Doch so natürlich uns Beziehungen zu Menschen erscheinen mögen, deren Planeten in Konjunktion zu unserem absteigenden Mondknoten stehen, auf lange Sicht behindern solche Beziehungen oft unser Wachstum. Denn der andere bestärkt trotz allem ständig die innere Einstellung, die ohnehin schon überentwickelt ist. Es gibt auch keine Garantie dafür, daß der andere seinen Planeten konstruktiv ausdrücken wird, daß er die positivsten Dimensionen unseres absteigenden Mondknotens anregt oder daß er uns tatsächlich helfen wird, die negativen Muster unseres absteigenden Mondknotens loszulassen. Tatsächlich wirft er uns wahrscheinlich immer wieder auf diese Lebensbereiche zurück und entfernt uns damit von den Aufgaben des aufsteigenden Mondknotens. Für kurze Zeit kann eine solche Beziehung erfreulich sein und ihre Berechtigung haben, und möglicherweise verschwindet dabei die innere Unsicherheit in bezug auf unseren absteigenden Mondknoten, da diese Seite in uns durch den anderen bestätigt wird. (Trotzdem kann es natürlich vorkommen, daß der Planet der anderen Person in deren Horoskop hart aspektiert wird und dieser andere dadurch sowohl mit sich selbst als auch im Bereich unseres absteigenden Mondknotens uneins ist.) Möglicherweise entwickeln wir mit der Zeit das Gefühl, daß wir von unserer eigenen Richtung weggezogen werden, daß Türen sich in uns schließen, und daß wir innerhalb der engen, zwanghaften Bereiche des absteigenden Mondknotens gefangen sind — und zwar auf Kosten anderer Seiten unserer Persönlichkeit und anderer Fähigkeiten in uns, die gefördert werden sollten. Konjunktionen mit dem absteigenden Mondknoten sind die verführerischsten Anzeichen für eine Langzeitbeziehung, bringen jedoch den geringsten Nutzen, wenn wir darauf abzielen, den aufsteigenden Mondknoten voll und ganz auszudrücken und unsere größeren Fähigkeiten zu erwecken.

Menschen, deren Planeten Trigone, Sextile oder Quadrate zu unserer Mondknotenachse bilden, beeinflussen uns. Trigone und Sextile ziehen uns häufig, wenn auch nicht immer, zum absteigenden Mondknoten zurück; Quadrate hingegen rufen alle Konflikte wach, für die die Mondknotenachse steht, während sie uns gleichzeitig dazu anregen, uns den betreffenden Problemen zu stellen und sie zu lösen. Bei allen Aspekten zwischen verschiedenen Horoskopen hängt viel von dem Wesen des fraglichen Planeten ab, wie stark er ist und ob die Person ihn konstruktiv oder destruktiv anwendet. Es sind viele Variationen möglich. Der Neptun einer Person im Aspekt zu unserem absteigenden Mondknoten in der Jungfrau kann uns tatsächlich helfen, einige der übermäßig analytischen und kritischen Zwänge der Jungfrau aufzulösen und den aufsteigenden Mondknoten in den Fischen zu erwecken. Wenn der aspektierende Planet dagegen Merkur ist, werden die Jungfrau-Eigenschaften noch verstärkt. Doch hat die Jungfrau viele Ausdrucksmöglichkeiten, und man kann unmöglich voraussagen, in welchem Ausmaß und auf welche Weise die Qualitäten unseres absteigenden Mondknotens durch den Einfluß der anderen Person verändert werden. Tatsächlich können einige Menschen unseren absteigenden Mondknoten mehr anregen als unseren aufsteigenden Mondknoten. Doch durch den Kontakt zu ihnen durchleben wir den Bereich des absteigenden Mondknotens noch einmal und befreien uns damit von den negativen Folgen dieser Problematik.

Trotz der unendlichen Vielfalt von Umständen und Aspektmöglichkeiten gibt es wahrscheinlich keinen besseren Hinweis auf Beziehungen als eine Konjunktion zwischen unserem aufsteigenden Mondknoten und dem Planeten eines anderen Menschen. Solch ein aspektierender Planet regt jedesmal, wenn er zum Ausdruck gebracht wird, die Energie unseres aufsteigenden Mondknotens an. Natürlich hängt vieles davon ab, wie der Planet in Erscheinung tritt; jemand, der seinen Mars im Widder auf aggressive und verletzende Weise ausdrückt, kann durch unseren aufsteigenden Mondknoten im Widder intensiven Ärger in uns hervorrufen. Vielleicht entschließen wir uns dann, nicht länger mit diesem Menschen zu verkehren. Dennoch können wir die Aktivierung erleben, die wir in seiner oder ihrer Gegenwart brauchen. Jemand, der in der depressiven, ablehnenden Seite Saturns in den Fischen gefangen ist, kann unseren aufsteigenden Mondknoten in den Fischen anregen, indem er uns beträchtlichem Schmerz und größerer Sehnsucht aussetzt. Doch eine solche emotionale Öffnung könnte dazu führen, daß wir uns der Quellen der Inspiration in unserem Fische-Bereich bewußt werden und Kreativität und Mitgefühl entwickeln.

Wahrscheinlich erfahren wir die Konjunktion von Planeten eines anderen Menschen mit unserem aufsteigenden Mondknoten meistens als positives Erlebnis, besonders dann, wenn es sich dabei um Sonne, Mond, Venus oder Jupiter handelt. Die Sonne hilft uns, die Energien unseres aufsteigenden Mondknotens vertrauensvoll umzusetzen; der Mond nährt und stärkt unseren aufsteigenden Mondknoten; Venus versorgt ihn mit Liebe; Jupiter unterstützt ihn und bringt ihn zur Entfaltung. Aus diesem Grunde weisen viele glückliche Ehen solche Planeten-Konjunktionen mit dem aufsteigenden Mondknoten auf. Auch die Person mit dem aspektierenden Planeten profitiert von einer derartigen Verbindung, denn wir versorgen den betreffenden Planeten unseres Partners durch unseren aufsteigenden Mondknoten mit einer Fülle lebensbejahender Energie.

Entgegengesetzte Mondknoten-Verbindungen

Es gibt noch eine andere Anordnung zwischen Horoskopen, die von bemerkenswerter karmischer und evolutionärer Bedeutung ist, nämlich dann, wenn sich die Mondknoten zweier Personen in den entgegengesetzten Zeichen befinden, also genau umgekehrt liegen. Von besonderer Bedeutung sind sie dann, wenn die Knoten innerhalb von 5 Grad in Opposition zueinander stehen. Als Beispiel einer solchen umgekehrten Mondknoten-Verbindung nehmen wir ein Horoskop mit dem aufsteigenden Mondknoten 2 Grad in den Zwillingen und einem absteigenden Mondknoten, 2 Grad im Schützen in Beziehung zu einem Horoskop mit dem absteigenden Mondknoten 2 Grad in den Zwillingen und dem aufsteigenden Mondknoten 2 Grad im Schützen. Menschen, deren Mondknoten seitenverkehrt zueinanderstehen, sind immer ungefähr 9 Jahre und 3 Monate älter oder jünger als der andere, oder sie haben einen Altersunterschied von 27¾, 46¼ oder 64¾ Jahren. Wenn es überhaupt irgendwelche Hinweise im Horoskop gibt, die eine Seelenverwandtschaft anzeigen, so kommen am ehesten die Konjunktionen des aufsteigenden Mondknotens mit einem Planeten und die Umkehrung der Mondknotenachse dafür in Frage. Eine solche «Seelen-Verbindung» zeigt jedoch nicht unbedingt die Möglichkeit einer Ehe oder Partnerschaft an, sie kann vielmehr die Form einer Beziehung zwischen Freund und Freund, Lehrer und Schüler, Eltern und Kind, Angestellter und Arbeitgeber oder so ziemlich jede andere Art von Verbindung annehmen.

Wenn zwei Menschen die Mondknoten innerhalb weniger Grade in der Umkehrung zueinander haben, dann repräsentiert der eine von Natur aus das, was der andere in sich entwickeln muß und umgekehrt. Indem wir instinktiv das Wesen unseres absteigenden Mondknotens ausdrücken, regen wir das Selbst dieses Menschen durch seinen aufsteigenden Mondknoten an, während die instinktive Haltung des anderen bei uns das gleiche bewirkt. Die bloße Anwesenheit dieses anderen Menschen setzt schon mächtige umwandelnde Energien in Bewegung, die auf beiden Seiten eine starke Wirkung zeigen.

Obwohl die Umkehrung der Mondknotenachse eine der dynamischsten und fruchtbarsten Verbindungen darstellt, die zwischen Horoskopen vorkommen können, hat auch sie ihre Nachteile. Der erste Nachteil ist, daß der andere vielleicht nicht als konstruktives Beispiel des jeweils betroffenen Zeichens dienen kann. Wir, mit dem aufsteigenden Mondknoten im Löwen, müssen lernen, unser Herz zu öffnen, uns persönlich und kreativ darzustellen und Vertrauen in unsere Individualität zu entwickeln. Dabei kann der absteigende Mondknoten im Löwen einer anderen Person gelegentlich eher die selbstgefälligen, bombastischen oder arroganten Seiten des Löwen anregen statt die warmen, spontanen und ich-bezogenen Löwe-Qualitäten hervorzurufen. Der zweite Nachteil zeigt sich oft dann, wenn zwei Menschen mit umgekehrter Mondknotenachse eine Beziehung eingegangen sind und begonnen haben, einander deutlich zu beeinflussen. Es kann dann zu einer Art «innerem Tauziehen» kommen, da jeder der beiden versucht, sich in die Richtung seines aufsteigenden Mondknotens zu bewegen, während er gleichzeitig das Gefühl hat, daß der andere ihn blockiert und seine Pläne durchkreuzt, indem er ihn immer wieder in die andere Richtung zurückdrängt. Haben wir zum Beispiel den aufsteigenden Mondknoten im Wassermann und den absteigenden Mondknoten im Löwen, finden wir Gefallen an der Gesellschaft einer Person, die ihren aufsteigenden Mondknoten im Löwen und ihren absteigenden Mondknoten im Wassermann hat und deren Mondknoten in Konjunktion zu unseren stehen. Der Grund dafür liegt darin, daß diese Person Objektivität und ein soziales, politisches, metaphysisches Bewußtsein besitzt und uns dadurch hilft, unsere Neigung zum emotionalen Verhaftetsein und zu innerer Unsicherheit zu überwinden, die das Erbe des absteigenden Mondknotens im Löwen ist. Vielleicht fühlt sich diese Person jedoch von unserer herzzentrierten und ausdrucksstarken Wesensart angezogen und versucht, in der wechselseitigen Beziehung vor allem jene Erlebnisse mit uns zu teilen, die eher die Löwe- als die Wassermann-Qualität vergrößern. Die Umkehrung der Mondknotenachse zwischen zwei Personen bietet jedoch trotz des «inneren Tauziehens» machtvolle Möglichkeiten, das Wachstumspotential in beiden Parteien zu aktivieren. Menschen, deren Mondknoten in umgekehrten Zeichen zu uns stehen, aber keinen Aspekt zu unseren Mondknoten bilden, können auch hilfreich für uns sein, wenn es darum geht, uns für die Energien des aufsteigenden Mondknotens wachzumachen; und Menschen, deren Mondknoten in umgekehrten Häusern zu uns stehen, können uns, unabhängig vom Zeichen, ebenfalls etwas über die Anpassung an das betreffende Haus lehren.

In meinem eigenen Leben habe ich die größte Erfüllung und das stärkste Wachstum in einer helfenden/lehrenden Langzeitbeziehung zu einem Mann erlebt, dessen Konjunktion zwischen dem absteigenden Mondknoten und dem Mond in den Fischen zu meinem aufsteigenden Mondknoten in Konjunktion stand und dessen Konjunktion zwischen aufsteigendem Mondknoten und Neptun in der Jungfrau eine Konjunktion zu meiner Konjunktion von Saturn/absteigender Mondknoten bildete. In diesem Beispiel treten gleichzeitig eine Umkehrung der Mondknotenachse, eine Konjunktion mit dem aufsteigenden und eine Konjunktion mit dem absteigenden Mondknoten in Erscheinung, und zwar mit all den positiven und negativen Faktoren, die jede dieser Konstellationen mit sich bringt. Ich sende auch ständig meinen Wunsch in das Universum, mir Menschen in mein Leben zu bringen, deren Planeten in Konjunktion zu meinem aufsteigenden Mondknoten stehen und deren Mondknoten umgekehrt zu meinen eigenen sind und bin erstaunt darüber, wie viele Menschen mit eben diesen Aspekten ich schon getroffen habe.[4] Jede dieser Beziehungen hat meine Entwicklung gefördert, auch wenn zwei davon, wegen der besonderen Ausdrucksweise des Planeten des anderen, in Konjunktion zu meinem aufsteigenden Mondknoten, schmerzlich kurz waren. Trotz dieser beiden schwierigen Erfahrungen bleibe ich davon überzeugt, daß Konjunktionen zum aufsteigenden Mondknoten und die Umkehrungen der Mondknoten zwischen Horoskopen eine Grundlage zum Aufbau von Beziehungen bilden, die uns anspornen, auf einem individuellen evolutionären Weg weiterzugehen. Ich glaube, daß wir durch das Suchen und Pflegen solcher Seelen-Verbindungen große Fortschritte machen können.

Transite, Progressionen und die Mondknoten

Unsere Mondknoten werden laufend durch Beziehungen und durch die sich entfaltenden Einflüsse von Transiten und Progressionen angeregt. Vier verschiedene Transit-Einflüsse verdienen unsere besondere Aufmerksamkeit, weil sie als Katalysatoren für unsere Mondknotenachse dienen können und uns zwingen, uns mit ungelösten Streitfragen aus der Vergangenheit und der sich anbahnenden neuen Entwicklung auseinanderzusetzen. Diese sind:

— laufende Planeten (auch Lunationen und progressive Planeten) im Aspekt zu den Mondknoten;
— auf- und absteigende Transit-Mondknoten im Aspekt zu unseren Planeten;
— Aspekte, die sich zwischen den Transit-Mondknoten und den Radix-Mondknoten ergeben;
— die täglichen Zyklen des Horoskops einschließlich des Aszendenten in Konjunktion zu den Mondknoten und zu den Transit-Mondknoten.

Wir wollen nacheinander jeden dieser Punkte genau betrachten.

Transite zu den Mondknoten

Wenn Planeten im Transit, progressive Planeten oder auch die Neu- und Vollmonde in Konjunktion zu unserem auf- oder absteigenden Mondknoten stehen, wird die Energie dieses Mondknotens durch den spezifischen Ausdruck des aspektierenden Planeten aktiviert. Ein Saturn-Transit kann Energie verstärken und sie konzentriert den Erfordernissen des betreffenden Mondknotens anpassen; der Neptun-Transit kann uns verwirren, sensibilisieren und inspirieren. Transite «innerer» Planeten und Lunationen stellen nur kurze Kontakte her, während Transite «äußerer» Planeten und alle Progressionen außer der des Mondes eine monate- oder jahrelange Wirkung auf die Mondknoten auslösen können. Die äußeren Planeten befinden sich gegenwärtig (seit 1984) alle zwischen Skorpion und Wassermann, was auf jene Menschen, deren Mondknoten in einem dieser Zeichen stehen, einen lang andauernden Einfluß ausübt, da viele machtvolle Transite eine Konjunktion zu einem ihrer Mondknoten bilden. Möglicherweise erfahren wir während eines längeren Zeitraumes Phasen der Vergangenheitsbewältigung oder auch die Entwicklung neuer Fähigkeiten. Es ist sogar nützlich, dem monatlichen Übergang des Mondes über unseren aufsteigenden Mondknoten Aufmerksamkeit zu widmen sowie den Konjunktionen mit Sonne, Merkur, Venus und Mars und den gelegentlichen Neu- und Vollmonden, die dort stattfinden. Die Erkenntnis, die Handlungen und die Gelegenheiten, die wir in dieser Zeit haben, können uns zu einer Lebensweise anregen, die besonders günstig und wohltuend für uns ist. Wenn wir uns in diesen Zeiten bewußt für Aktivitäten einsetzen, die dem aufsteigenden Mondknoten und dem betreffenden Transit-Planeten entsprechen, führt uns dies wahrscheinlich zu bemerkenswerten plötzlich auftauchenden Einsichten und zur inneren Ausrichtung auf unseren jeweiligen Entwicklungsweg.

Transite und Progressionen im Quadrat zu unserer Mondknotenachse werden durch die T-Quadrat-ähnliche Stellung der Planeten, die sie schaffen, verstärkt. Als Planeten im Brennpunkt nehmen sie sowohl die konfliktreiche als auch die motivierende Energie der Mondknoten-Opposition auf. Gleichzeitig schaffen sie Erlebnisse, die belebend wirken, für Höhepunkte sorgen und uns anspornen, unsere Mondknoten-Problematik zu lösen. Indirekt können die Mondknoten durch Transite ihrer Herrscher über Planeten und Winkel beeinflußt werden. Wenn wir den aufsteigenden Mondknoten im Wassermann haben, kann uns der Transit von Uranus über unseren Aszendenten dabei helfen, uns auf die Wassermann-Energien einzustimmen. Steht der absteigende Mondknoten im Wassermann, kann ein solcher Transit auf indirekte Weise die Probleme aktivieren, die wir durch den absteigenden Mondknoten im Wassermann haben.

Mondknoten im Transit

Wenn Mondknoten-Transite die Häuser im Horoskop wechseln, lenken sie unsere Aufmerksamkeit auf neue Wachstumsmöglichkeiten, die sich in dem Haus bieten, in dem der Transit des aufsteigenden Mondknotens steht; sie warnen uns auch vor Erfahrungen von Zwanghaftigkeit und/oder vor Zerfall in dem Haus des absteigenden Mondknoten-Transits. Wenn der Transit des absteigenden Mondknotens in Konjunktion zu einem Planeten steht, zieht uns das häufig in ein regressives, ungelöstes Verhalten zurück, das sich auf den jeweiligen Planeten bezieht, damit wir den Ausdruck dieser planetarischen Energie neu überprüfen und aufarbeiten. Steht der Transit des aufsteigenden Mondknotens in Konjunktion zu einem Planeten, kann er uns zuerst mit den negativen Energien bombardieren, die mit diesem Planeten verbunden sind. Aber meistens findet eine solche Läuterung deshalb statt, damit wir uns von den Schlacken befreien und auf das höchste Potential dieses Planeten ausrichten können. Der Transit des aufsteigenden Mondknotens in Konjunktion zu Pluto im Krebs kann uns in Erfahrungen von Machtlosigkeit oder emotionalem Aufruhr führen, bevor er heilende und selbstbestärkende Kräfte erweckt. Ein Transit des aufsteigenden Mondknotens in Konjunktion zu Uranus im Stier kann einen dramatischen finanziellen Umsturz zur Folge haben, bevor er uns inspiriert, uns unabhängig und intuitiv auf ein neues Projekt einzulassen. Die Mondknoten-Transite im Quadrat zu einem Radix-Planeten schaffen eine T-Quadrat-ähnliche Stellung zu diesem Planeten, indem sie ihn von der intensiven Energie der Mondknoten-Konflikte und -Möglichkeiten durchströmen lassen, so daß der Radix-Planet in der Tat als durchschlagend wirkende Kraft für Veränderung und Integration eingesetzt werden kann.

Aspekte zwischen Radix-Mondknoten und Mondknoten-Transiten

Aspekte, die die Transite der Mondknoten zu den Radix-Mondknoten bilden, sind mindestens ebenso bedeutungsvoll wie die Aspekte zwischen Planeten im Transit und den Mondknoten bzw. Mondknoten-Transiten und Planeten. Besonders wichtig ist die Mondknoten-Wiederkehr, die alle 18½ Jahre stattfindet, die Mondknoten-Umkehrung, die etwa alle 18½ Jahre stattfindet, und das Mondknoten-Quadrat (die Mondknoten-Transite stehen im Quadrat zu den Radix-Mondknoten), das alle 9¼ Jahre stattfindet.

Wenn wir ungefähr 18½ Jahre, 37 Jahre und zwei Monate, 55¾ Jahre und 74½ Jahre alt sind, stehen die Mondknoten-Transite zu unseren Radix-Mondknoten in Konjunktion. Dadurch werden Erfahrungen angezogen, deren Bedeutung direkt mit unserer Mondknotenachse in Verbindung steht, und die uns gewöhnlich Möglichkeiten bieten, die sich auf den Ausdruck des absteigenden Mondknotens, die Entwicklung des aufsteigenden Mondknotens und die Integration beider Polaritäten beziehen. Wenn wir ungefähr 9¼, 27¾, 46½ und 65 Jahre alt sind, bildet der Transit des aufsteigenden Mondknotens eine Konjunktion zu unserem absteigenden Radix-Mondknoten, und der Transit des absteigenden Mondknotens bildet eine Konjunktion zu unserem aufsteigenden Radix-Mondknoten. Diese Mondknoten-Umkehr ist besonders wichtig, weil sie Einsichten, Erfahrungen und Beziehungen einleitet, die uns Gelegenheit bieten können, das Mondknoten-Dilemma zu lösen und den auf- und absteigenden Mondknoten harmonisch miteinander zu verbinden. Alle 9¼ Jahre, zwischen der Mondknoten-Wiederkehr und der Mondknoten-Umkehrung, stehen die Transite der Mondknoten im Quadrat zu unserer Mondknotenachse, wodurch Probleme mit den beiden Mondknoten oft verstärkt auftauchen. Manchmal eröffnet sich uns auch ein Weg, wie wir einige der Konflikte lösen oder transzendieren können. Wenn die Mondknoten einander aspektieren (oder auch, wenn Planeten die Mondknoten aspektieren), können wir oft eine innere Verlagerung vom Verhaltensmuster des absteigenden Mondknotens zu jenem des aufsteigenden Mondknotens oder umgekehrt, erfahren, oder wir entdecken Möglichkeiten zur Integration der Mondknotenachse, die wir vorher nicht wahrgenommen haben.

Wenn die Mondknoten sich selbst aspektieren und wenn Transite oder Progressionen in Konjunktion zum aufsteigenden Mondknoten stattfinden, können entscheidende Durchbrüche eintreten. Besonders dann, wenn wir uns bewußt auf Erfahrungen einlassen, die das Auftreten solcher Durchbrüche begünstigen können. In meinem eigenen Leben fand ein solcher Durchbruch während einer Mondknoten-Umkehrung statt. Nachdem ich einige Jahre lang das Gefühl hatte, zu sehr den analytischen Qualitäten meines absteigenden Mondknotens in der Jungfrau verhaftet zu sein, und außerdem in einer Langzeitbeziehung zu einem Mann steckte, dessen Horoskop ein T-Quadrat zu seinem Mond in Konjunktion zu meinem absteigenden Mondknoten und meinem Saturn aufwies, nahm ich an einer einwöchigen Autorenkonferenz teil. Dort traf ich eine Kinderbuchautorin, die eine Sonne/Venus-Konjunktion zu meinem aufsteigenden Mondknoten in den Fischen im 3. Haus hatte. Angesteckt durch ihre Inspiration, verbrachte ich die ganze Woche damit, einen Fantasie-Roman für Kinder zu schreiben, der auch eine Allegorie des Abenteuers meines eigenen Lebens war. Die Möglichkeiten, die sich während jener Woche auftaten, verwandelten mich so grundlegend, daß ich die Beziehung, in der ich mich befand, beendete und eine vollkommen neue Phase des Schreibens und Lehrens begann, die mindestens soviel von meiner Fische-Wesensart ausdrückte wie von meinen intellektuellen Jungfrau-Fähigkeiten.

Auch bei meinen Studenten und Klienten habe ich bemerkenswerte Durchbrüche miterlebt. Da sie sich der wichtigen Mondknoten-Transite bewußt waren, trafen sie die richtigen Entscheidungen, die es ermöglichten, daß sie in ihrem Leben äußerst günstige Gelegenheiten wahrnehmen konnten. Betrachten wir das Beispiel einer Frau mit Venus in Konjunktion zum absteigenden Mondknoten im Krebs im 3. Haus und dem aufsteigenden Mondknoten im Steinbock im 9. Haus. Sie arbeitete tagsüber als Kosmetikerin und befaßte sich am Abend mit esoterischen Studien. Unzufrieden mit dem oberflächlichen Gerede der Kunden in ihrem Schönheitssalon, wo ihre Seele doch nach den Zielen des 9. Hauses strebte, überprüfte sie nochmals ihre beruflichen Möglichkeiten, als sich der Mond ihrem aufsteigenden Mondknoten im 9. Haus näherte. Im Bewußtsein dieser Progression entschloß sie sich, einen Monat in einer spirituellen Gemeinschaft zu verbringen, um dort ihren Studien nachzugehen. Danach kehrte sie mit der Neuigkeit zurück, daß sie dort am Ort einen Schönheitssalon entdeckt habe, der zu verkaufen sei. Sie kaufte ihn und zog an einen Ort, wo sie als Kosmetikerin mit Kunden arbeitete, die esoterische Studenten waren. Indem sie die Aspekte ihres aufsteigenden Mondknotens ausnutzte, zog sie eine Situation an, die deutlich das Bedürfnis sowohl ihres auf- als auch ihres absteigenden Mondknotens erfüllte.

Tägliche Zyklen und die Mondknoten

Abgesehen von den direkten Aspekten zwischen Transiten oder Progressionen und unserem Geburtshoroskop können wir uns das umwandelnde Potential der Mondknotenachse auch dadurch nutzbar machen, daß wir uns jener Tageszeiten bewußt werden, zu denen die einzelnen Mondknoten-Muster ausgelöst werden und die Energie der Mondknoten-Transite aktiviert wird. Wenn der tägliche Aszendent, der innerhalb von 24 Stunden einmal durch alle 12 Zeichen läuft, die Position unseres absteigenden Mondknotens kreuzt, stellen wir uns instinktiv auf die Energie des absteigenden Mondknotens ein. Dies ist der ideale Zeitpunkt, sich auf sichere, stärkende Verhaltensweisen zurückzuziehen und sie zu unserem Vorteil arbeiten zu lassen; es könnte auch eine hervorragende Zeit sein, um sich auf Regressionen in vergangene Leben einzulassen oder auf eine therapeutische Erfahrung, die auf den Zugang zu Inhalten aus der Vergangenheit und deren Aufarbeitung abzielt. Wenn der laufende Aszendent die Position unseres aufsteigenden Mondknotens kreuzt, stellen wir uns instinktiv auf die Energien des aufsteigenden Mondknotens ein. Dies ist die ideale Zeit, um bewußt eine Pause in der täglichen Routine einzulegen und innerlich aufzutanken, indem wir uns auf die Ziele unseres aufsteigenden Mondknotens einstellen. Diejenigen unter uns, die den aufsteigenden Mondknoten in den Zwillingen im 11. Haus haben, könnten zum Telefon greifen und mit einem Freund sprechen; diejenigen unter uns, deren aufsteigender Mondknoten in der Jungfrau im 4. Haus steht, könnten sich zu einer ordnenden Tätigkeit im Haushalt entschließen wie dem Saubermachen. Mit dem aufsteigenden Mondknoten in den Fischen empfiehlt sich die Anwendung von Musik und Meditation, um uns zu beruhigen und unseren Geist zu erwecken. Der aufsteigende Mondknoten im Löwen bietet sich für persönliche, spontane oder kreative Selbstdarstellung an.

Vielleicht noch bemerkenswerter als die Zeit, wenn der tägliche Aszendent die Positionen unserer Mondknoten kreuzt, sind die Zeiten, in denen der laufende Aszendent sich in Konjunktion zur Position der Mondknoten-Transite befindet, weil diese Zeitpunkte jeden in unserer Umgebung betreffen. Jeder Mensch reagiert täglich etwa für fünf bis zehn Minuten auf den absteigenden Mondknoten und zwölf Stunden später ebenso auf den aufsteigenden Mondknoten. Je klarer wir diese Zeiten des aufsteigenden Mondknotens wahrnehmen, desto bewußter können wir die lebendigen, umwandelnden Energien und Möglichkeiten wahrnehmen, die während dieser kurzen Zeitspanne für Erfahrungen als Individuum und in der Gruppe zur Verfügung stehen. Stellen wir uns eine Gruppenmeditation vor, die stattfindet, wenn der tägliche Fische-Aszendent in Konjunktion zum aufsteigenden Mondknoten in den Fischen steht. Oder welche Möglichkeiten hätte zum Beispiel eine Gruppe, Geld zu verdienen, sobald die Position des aufsteigenden Mondknoten-Transits im Stier von dem laufenden Stier-Aszendenten gekreuzt wird. Oder aber die Gruppenkreativität, die aktiviert werden kann, wenn der tägliche Löwe-Aszendent mit dem Transit des aufsteigenden Mondknotens im Löwen zusammentrifft. Diese Zeitspannen für die aufsteigenden Mondknoten sind jeden Tag nur kurz, aber es sind Zeiten spiritueller Kraft, durch die Möglichkeiten für Wachstum, Heilung und Integration auf einer persönlichen, sozialen und planetarischen Ebene gefördert werden.

Die Mondknotenachse in den Zeichen

Anstatt die Mondknoten einzeln nach Zeichen und Haus zu interpretieren, was jeder Astrologie-Student tun könnte, der die Bedeutung der Zeichen und Häuser kennt, schlage ich vor, daß wir uns eher auf die Bedeutung der Mondknoten-Zeichen in ihrer Polarität konzentrieren und auf die Lektionen, die hinsichtlich der Integration der gegenüberliegenden Zeichen zu lernen sind.[5] Das Kapitel für Oppositionen in *«Planetary Aspects, From Conflict to Cooperation»*[6] enthält Interpretationen der negativen und positiven Dimensionen der gegenüberliegenden Zeichen; dieses Material gilt auch für die Mondknotenachse. Die nachfolgenden Interpretationen sind Erweiterungen dieser frühen Arbeit über die Integration von Polaritäten, jedoch unter besonderer Bezugnahme auf die Mondknotenachse.

Widder/Waage-Mondknoten-Lektionen

Lektion 1: Nur wenn wir über uns selbst verfügen, können wir einem anderen Menschen ganz begegnen, ohne uns zu verlieren. Nur dadurch, daß wir unsere Wünsche, Gefühle und Bedürfnisse genau kennen und in der Lage sind, sie zu erfüllen, können wir Beziehungen eingehen, in denen nicht versucht wird, aus zwei halben Menschen einen ganzen zu konstruieren, sondern wo zwei ganze Menschen eine Verbindung eingehen, die sie beide einschließt und über sie hinausführt. Nur wenn wir unsere wahren Wünsche und Bedürfnisse kennen und selbst die Verantwortung für ihren Ausdruck und ihre Befriedigung übernehmen, können wir uns wirklich auf die wahren Wünsche und Bedürfnisse anderer einstellen und ihnen in konstruktiver Weise entgegenkommen. Dem äußeren Anschein nach mögen wir anderen nicht immer gefallen, aber es ist wahrscheinlich, daß wir zumindest jene Seiten an ihnen bestätigen, die mit echter emotionaler Stärkung, Integration und Wachstum verbunden sind. Wir können dabei nicht immer die Liebe und Anerkennung ihres persönlichen Selbstes erwerben, aber wir gewinnen sicherlich die Zuneigung ihres Höheres Selbst.

Lektion 2: Im Einklang mit uns selbst zu sein bedeutet auch Einklang mit anderen, weil innerhalb der tiefsten Bereiche unserer Subjektivität Objektivität und kollektives Bewußtsein herrschen. Während wir mit dieser Dimension von uns in Berührung kommen, die auch ein Bindeglied zu anderen ist, fangen wir an, das «Ich», das das «Wir» miteinschließt, zu entwickeln. Die Bedürfnisse und Gefühle von anderen erscheinen uns ebenso gültig und wichtig wie unsere eigenen. Ausgehend von dem «Ich», das das «Wir» miteinschließt, werden wir fähig, ein «Wir, das das Ich miteinschließt» aufzubauen, nämlich eine Partnerschaft, die die Bedürfnisse jedes Individuums achtet und befriedigt. Unsere Erwartung und Philosophie geht von dem Leitsatz aus: «Ich gewinne, wenn du gewinnst», statt daß wir eine «Ich gewinne, wenn du verlierst» oder «Du gewinnst, wenn ich verliere»-Haltung einnehmen. Dadurch lernen wir, uns mit anderen auf Mittel und Wege zu einigen, wie jeder seine grundlegenden Wünsche erfüllen kann, ohne die Beziehung zu gefährden. Während wir uns sowohl um das Wohlergehen unseres Partners als auch um unser eigenes Wohlbefinden kümmern, werden wir entdecken, daß der andere, der sich anerkannt und respektiert fühlt, ebenfalls versucht, auf unsere Bedürfnisse einzugehen, um unsere Wünsche zu erfüllen. Statt uns zu verlieren, um den anderen zu gewinnen oder uns zu gewinnen auf Kosten des anderen, sind wir immer besser dazu imstande, Selbstverwirklichung und Erfüllung innerhalb des Spielraumes einer Beziehung zu finden.

Lektion 3: Wenn wir bereit sind, mit uns und anderen Konflikte zu erleben, während wir als Ziel den Frieden im Bewußtsein behalten, werden wir fähig, sowohl im Einklang mit uns selbst zu leben als auch eine harmonische Beziehung zu schaffen, die lebendig und dynamisch ist. Vermeiden wir Konflikte, um nach außen den Frieden zu wahren, wird das Leben einem stehenden Gewässer gleichen, ohne wirklichen Kontakt zu uns und anderen. Andererseits opfern wir wirkliche Verbundenheit, wenn wir dauernd Streit verursachen. Jener Friede, der fähig ist, sich Konflikten zu stellen und sie zu überwinden — wie der Friede des Ozeans nach einem Sturm, beruhigend und doch mit den Wogen der Entwicklung und des Gefühls mitschwingend —, kann auch in Augenblicken von Ärger und Streß nicht verloren werden. Er ist lebendig, vital, anziehend und bleibend.

Lektion 4: Wenn unser Handeln den Bedürfnissen und Gefühlen anderer Menschen entspricht und auch Alternativen in Betracht gezogen werden, wenn wir uns Raum zum Nachdenken über unsere wesentlichsten Wünsche und die Wünsche anderer zugestehen, dann werden wir uns wahrscheinlich ein ausgewogenes und hilfreiches Handeln angewöhnen, das uns eher erfüllt statt uns von anderen trennt oder uns zur Frustration führt. Unser Widder-

Wesen findet durch die Einbeziehung von Waage seine größte Befriedigung. Ebenso kommt die Einbeziehung von Widder unserem Waage-Wesen zugute. Wenn wir, unter Berücksichtigung der verschiedenen Möglichkeiten und Gesichtspunkte, stets der Verpflichtung zum Handeln nachkommen, sind wir fähig, die Spannung abzubauen, die im Kampf um die verschiedenen Alternativen liegt, und Gleichgewicht und Harmonie wiederherzustellen — auch wenn dieses Handeln mit dem Risiko verbunden ist, eine falsche Entscheidung zu treffen oder andere zu verärgern.

Widder/Waage-Mondknotenachse

Ich wurde dazu erzogen, so zu sein, wie andere mich haben wollten, damit sie mich gern haben könnten und sich durch meine Gegenwart nicht belästigt fühlten. Als ich anfing, ich selbst zu sein, fühlte ich, daß ich mehr zu geben hatte. — Liv Ullman

Sich selbst zu geben, hat keine Bedeutung, solange man sich selbst nicht besitzt. Du kannst nur geben, was du hast.

— Albert Camus

Einander zu begegnen, ohne sich selbst dabei zu verlieren, ist eine der schwierigsten Aufgaben der Welt, und die meisten von uns bewegen sich abwechselnd zwischen verschiedenen Formen des Nicht-Begegnens hin und her.

— Merle Shain

Es gibt eine Beziehung, die immer für dich da sein wird: deine Beziehung zu dir selbst.

— Kenneth Wydro

Verstrickt in die Fäden von einem Dutzend Möglichkeiten, unfähig, einen Weg auszuwählen, wenn sich so viele Wege kreuzen, sitze ich seit Stunden hier an diesem Rastplatz, untersuche und bewerte jede Wahlmöglichkeit und suche nach dem winzigsten Hinweis, der mir die perfekte Wahl ermöglichen würde... Aber wenn ich nicht in der Lage bin, diesen Hinweis zu finden, wenn die Antworten unbekannt oder unerreichbar sind und eine Frage von einer anderen abhängt, die wiederum von der ersten abhängig ist, dann weiß ich, daß ich an dieser Kreuzung bewegungslos liegenbleiben werde.

Zwar nicht deshalb, weil ich keinen Hinweis erhalte, sondern weil ich nicht bereit bin, die Energie aufzubringen, um zu wählen und meine Wahl auszuführen... Die Quelle der Bedeutung liegt nicht in der richtigen Entscheidung, sondern darin, sich einer Tat, einer Person, einem Weg zu widmen. Kein Weg offenbart uns sein Ende am Anfang. Eine Pumpe muß eingeschaltet werden, eine Frucht braucht Zeit zum Reifen, und ich, ein Bergsteiger, der innere Gipfel erklimmt, muß einem Weg bis zum Ende folgen, um zu entdecken, daß der Schweiß und die Anstrengung des Kletterns jeder beliebigen Entscheidung größeren Wert verleihen kann als der Versuch, über Tage, Monate und Jahre hindurch die perfekte Wahl zu treffen.

— Tracy Marks (aus einem unveröffentlichten Manuskript, «A Passing of Clouds»)

Widder/Waage-Themen

Beziehung zwischen dem «Ich» und «Du»

Widder/Waage-Polaritäten

Subjektivität	*Objektivität*
Handlung	*Überlegung*
Konflikt	*Harmonie*

Widder/Waage-Schlüsselwörter

den Mut haben zu lieben — aktive Partnerschaft — lebendiger und dynamischer Frieden — ausgewogenes und kooperatives Handeln — überlegendes Handeln — Unabhängigkeit in Beziehungen

Stier/Skorpion-Mondknoten-Lektionen

Lektion 1: Je mehr wir uns selbst besitzen und je besser wir für uns sorgen, desto weniger müssen wir andere besitzen und desto weniger erwarten wir von anderen, daß sie uns versorgen. Andere Menschen vermögen die Leere in unserem Selbstwert nicht auszufüllen; sie können uns nicht dafür entschädigen, daß wir unfähig sind, uns selbst zu respektieren, zu schätzen und zu unterstützen. Dadurch, daß wir wissen, was wir einzusetzen und zu geben haben, und indem wir eigene Mittel schätzen und benutzen, können wir unsere persönliche Kraft in Beziehungen zum Ausdruck bringen, statt zu fordern, daß andere uns bestärken.

Während wir Selbstwertgefühl und Unabhängigkeit entwickeln, werden wir bodenständiger und fähig, in der physischen Welt wirksamer zu handeln. Sobald wir unsere wahren Werte bestimmen und danach leben, wird es uns möglich, unsere Kraft dafür einzusetzen, anderen zu helfen statt sie zu kontrollieren oder zu manipulieren, damit sie unsere Bedürfnisse befriedigen. Sobald wir beginnen, uns selbst zu besitzen und in uns zu ruhen, werden wir fähiger, uns emotional und sexuell hinzugeben; dann brauchen wir nicht zu fürchten, uns völlig in der Intensität des Verschmelzens zu verlieren. Zugleich ermöglicht die Entwicklung innerer Sicherheit, auch das äußerste Risiko einzugehen, nämlich uns selbst zu verlieren und vergangene Muster und Verhaltensweisen sterben zu lassen, indem wir uns auf die Erfahrung der tiefsten Ebenen der Transformation einlassen.

Lektion 2: Durch die Integration der Körperlichkeit/Sinnlichkeit des Stiers und der Sexualität/Leidenschaft des Skorpions beginnen wir, eine allumfassende Sexualität zu erleben, die körperliche Erfüllung mit sich bringt und zugleich unsere Werte bestätigt. Sexuelle Erfahrungen bestärken und erhalten unseren Selbstrespekt und den Respekt für andere, während sie uns gleichzeitig ermöglichen, uns ganz hinzugeben und vollkommene emotionale, spirituelle und physische Befriedigung zu erfahren.

Lektion 3: Die Leidenschaft und Intensität von Skorpion muß nicht zu Zügellosigkeit oder frustrierender Selbstverleugnung führen. Sie kann kanalisiert und genutzt werden, wenn wir uns praktischem Handeln widmen und uns um unsere Talente und den physischen Körper kümmern. Energie, die sich für uns und andere destruktiv auswirken könnte, kann konstruktiv werden, wenn sie für physische Aufgaben und Erfahrungen eingesetzt wird; so kann sie aufbauen statt zerstören. Die Fähigkeit, unsere Wunschnatur zu transformieren, zu sublimieren und zu kanalisieren, kann sowohl das Selbstwertgefühl und die innere Unabhängigkeit stärken als auch zu fundierten Leistungen in der Welt führen.

Lektion 4: Unsere Werte, die durch den Stier verkörpert werden, müssen mit dem Bewußtsein dessen verbunden sein, was wirklich lebenswichtig ist. Das kann Skorpion uns vermitteln. Skorpion stimmt uns ein auf das, wodurch wir uns lebendig fühlen und was in unserem tiefsten Inneren eine Resonanz hervorruft. Wenn wir uns mit den tieferen Kräften unseres Seins verbinden, können wir tiefere und gehaltvollere Befriedigung finden und erleben. Indem wir unsere wahren und wirklichen Werte erkennen, werden wir fähig,

Unwichtiges auszumerzen und uns an das Wesentliche zu halten; der Stier hat die Kraft, an etwas festzuhalten. Wenn er erst einmal die grundlegende Erkenntnis über den Skorpion und dessen Fähigkeiten zum Loslassen und zur Auflösung gewonnen hat, kann er uns in die Lage versetzen, uns selbst treu zu bleiben und an unseren höchsten Werten festzuhalten. Dadurch wird es auch möglich, Verpflichtungen nachzukommen, die darin liegen, unseren Fähigkeiten im Leben eine konkrete physische Form zu geben.

Stier/Skorpion-Mondknotenachse

Ich nenne jeden Menschen neurotisch, der sein Potential benutzt, um andere zu manipulieren statt selbst erwachsen zu werden. Er übernimmt die Kontrolle, wird machtsüchtig und mobilisiert Freunde und Angehörige dort, wo er selbst unfähig ist, seine eigenen Mittel einzusetzen.

— Fritz Perls

Mut heißt die Kraft, das Bekannte und Sichere ***loszulassen****.*

— Rollo May

Ich möchte, daß du dein Verständnis und deine Neigungen genau betrachtest, so wie du es mit zwei Gästen in deinem Haus tätest. Sicherlich erwiesest du nicht einem Gast vor dem anderen die Ehre; denn er, der des einen mehr gedenkt, verliert die Liebe und das Vertrauen von beiden.

— Kahlil Gibran

Stier/Skorpion-Themen

persönliches Verlangen — innere Kraft — Sinnlichkeit und Sexualität — Geld und persönliche Mittel — Einsatz eigener und fremder Mittel — persönlicher Wille

Stier/Skorpion-Polaritäten

Stabilität	*Intensität*
Ansammlung	*Auflösung*
Genußsucht	*Selbstverleugnung*
Festhalten	*Loslassen*

Stier/Skorpion-Schlüsselwörter

Selbstbeherrschung — transformierte Begierde — konstruktiver Wille — stabile Intensität — geerdete Leidenschaft — persönliche und schöpferische Kraft

Zwilling/Schütze-Mondknoten-Lektionen

Lektion 1: Unsere Lebensphilosophie, unser Glaubenssystem und unsere Absicht erhalten konkrete Bedeutung, wenn wir sie in den täglichen Interaktionen bewußt und aktiv anwenden, und zwar durch unsere Kommunikation, unser Verhalten und unsere Tätigkeiten. Leben wir gemäß unserer Überzeugung, statt sie nur zu predigen, dann ist es uns möglich, sie zu überprüfen und zu verfeinern, um schließlich ein umsetzungsfähiges Glaubenssystem und eine Lebensphilosophie zu entwickeln, die Streß und Veränderungen standhalten.

Lektion 2: Unsere Erkenntnis und den Sinn für Bedeutung können wir über den gegenwärtigen Moment hinaus ausdehnen, wenn wir uns unserer einzigartigen Wirkung bewußt bleiben und unsere Zukunftsvisionen und Ziele im Auge behalten. Indem wir tun und ausdrücken, was für uns sinnvoll ist und dabei eine verbindende Perspektive beibehalten, werden wir tiefe Erfüllung im täglichen Handeln erleben als auch die Menschen um uns herum aufrichten und inspirieren.

Vielfältigkeit und Einheit können Seite an Seite existieren. Wir können Abwechslung und Anregung haben, die unsere Kräfte eher vereinen statt sie zu zerstreuen, wenn wir mit einem übergeordneten Sinn für Bedeutung und Zweckmäßigkeit verbunden bleiben und solche Entscheidungen treffen, die durchweg diesen Sinn widerspiegeln. Ganz gleich, ob unser Ziel Liebe, Fürsorge, Gegenseitigkeit/Ergänzung, Selbst-Respekt oder die Integration von Körper, Geist und Seele ist — wir haben die Wahl und können uns auf verschiedene Erfahrungen in allen Lebensbereichen einlassen, die unser Bedürfnis nach Abwechslung, Freiheit und Neuartigkeit befriedigen und uns gleichzeitig befähigen, in Richtung unserer Ziele voranzugehen.

Lektion 3: Erstreben wir Wissen nur um des Wissens willen, können wir sicher interessante Einzelheiten ansammeln, die jedoch weder an unserer Lebensqualität etwas ändern noch in Übereinstimmung mit einem Ziel stehen, an das wir glauben. Wissen kann sowohl destruktiven als auch konstruktiven Absichten dienen. Wenn wir Philosophie um der Philosophie willen studieren, verlieben wir uns vielleicht in die Bedeutung, die wir entdecken, ohne fähig zu sein, diese Bedeutung den täglichen Interaktionen zugrundezulegen. Die Folge ist dann, daß wir zwar unser Bewußtsein erweitern, uns das Leben jedoch öde und sinnlos erscheint.

Wir müssen uns das Verhältnis zwischen Mittel und Zweck vergegenwärtigen, müssen uns fragen: Welchem Zweck dient unsere Suche nach Wissen und Verständnis? Wie könnten wir von diesem Wissen und Verständnis Gebrauch machen, um die Lebensqualität für uns und andere zu verbessern?

Lektion 4: Suchen wir das, was fehlt, ständig außerhalb von uns, werden wir ewig Suchende bleiben und niemals erfahren, was es heißt zu finden. Wenn wir uns nicht erlauben innezuhalten und vollkommen im Hier und Jetzt zu leben, das heißt zu *finden*, dann wird unsere Suche, der wir uns verpflichtet haben, nie zu Ende sein. Was wir suchen, liegt nicht in der Ferne oder in der Zukunft, sondern kann vielmehr im gegenwärtigen Erfahrungsbereich existieren. Nur wenn wir uns darum bemühen, die Bedeutung des gegenwärtigen Augenblicks zu entdecken und zu leben, können wir die Qualität unseres jetzigen Lebens verbessern, werden zu Suchenden, die auch finden.

Zwillinge/Schütze-Mondknotenachse

Wir hatten die Erfahrung, aber verstanden den Sinn nicht. — Anne Morrow Lindbergh

Manchmal erkennen wir, daß das, was wir gerade wie wahnsinnig woanders suchen, das Pferd sein könnte, das wir schon die ganze Zeit geritten haben.
— Harvey Cox

Wir haben wirklich zahllose Möglichkeiten, und wenn wir sie nicht der Führung unserer persönlichen Richtschnur unterwerfen, werden sie sich wahrscheinlich wie Dämonen aufführen... statt wie die engelhaften Träger der Lebensfülle. — Maurice Friedman

Ich bemühe mich darum, meine Wünsche den Tatsachen anzupassen und nicht zu versuchen, die Tatsachen mit meinen Wünschen in Einklang zu bringen.
— Thomas Huxley

Viele Male wollte ich mit dem Reden aufhören und herausfinden, was ich wirklich glaubte.
— Walter Lippman

Wir werden unseren Entdeckerdrang niemals aufgeben. Am Ende aller Entdeckungen werden wir wieder

am Ausgangspunkt unserer Reise ankommen, um diesen Ort zum ersten Male kennenzulernen.

— T.S. Eliot

Ein Weg, auf dem ich versuche, mich davon abzuhalten, irgendein Ziel zu erreichen, ist der Versuch, alles zu sein, alles zu tun, alles aufzunehmen. Doch mein Körper und Geist sind zu, wenn ich all die Kekse auf einem Teller esse, alle meine Freunde besuche, jedes Buch lese, das mich interessiert und alles, was ich weiß, in einem Kapitel unterbringe, das ich schreibe... Nun versuche ich, das Rohmaterial meines Lebens auf einer Waage der Bedeutung abzuwiegen, um meine Prioritäten zu setzen und das Ende der Liste abzuschneiden; etwa so, wie der Herausgeber einer Zeitung einen Artikel kürzt, mit dem Wissen, daß das, was dabei verlorengeht, nicht so wichtig ist wie das, was schon ausgedrückt wurde... Ich brauche Zeit, um den vollen Sinn dessen zu erfahren, was in meinem Leben bedeutungsvoll ist; ich brauche Raum in mir, um Gefühle und Einsichten aufnehmen zu können. Denn das, was ich in mir sammle, soll nicht ein vielfarbiges Spektrum von Ideen und Emotionen sein, das schließlich auf die Eintönigkeit eines sich wie verrückt drehenden Farbrades hinausläuft, sondern eher einige wenige Farbtöne, die dafür aber reich an Wert und Intensität sind.

— Tracy Marks aus «*A Passing of Clouds*»

Zwillinge/Schütze-Themen

Freiheit — nach etwas greifen — Erweiterung — Interaktion mit anderen — Lernen und Kommunikation — geistige Anregung

Zwillinge/Schütze-Polaritäten

Wissen	*Verständnis*
Logik	*Intuition*
Mittel	*Zweck*
Vielfalt	*Einheit*
Gegenwart	*Zukunft*
Hier und Jetzt	*Irgendwo, Irgendwann*

Zwillinge/Schütze-Schlüsselwörter

vielseitiger Zweck — bedeutungsvolle Verschiedenheit — Verbreitung von Weisheit — planvolle Interaktionen — praktische Weisheit — erweiterte Gegenwart — inspirierte Gedankengänge

Krebs/Steinbock-Mondknoten-Lektionen

Lektion 1: Werden durch die Stärke und Unabhängigkeit des Steinbocks Bedürfnisse verleugnet und Gefühle unterdrückt, führt das zu emotionalen Entbehrungen, was wiederum zu zwanghaft übersteigerten Versuchen führen kann, ehrgeizige Bestrebungen zu erfüllen und Anerkennung zu gewinnen. Nur wenn wir uns erlauben, unsere wahren Bedürfnisse zu erfahren, können wir darauf hoffen, ihnen gerecht zu werden; nur dadurch, daß wir unsere Gefühle erleben, können wir emotionale Befriedigung gewinnen. Wenn wir es zulassen, verletzlich und bedürftig zu sein, zu fühlen, für andere zu sorgen und umsorgt zu werden, können wir die innere Stärke entdecken, die in unserer Verletzlichkeit liegt. So, wie Steinbock-Mauern einen weichen Krebs-Verputz haben, errichtet der Steinbock starke Fundamente innnerhalb der Krebs-Sanftheit.

Lektion 2: Sobald wir unser Leben selbst in die Hand nehmen und bereit sind, die Verantwortung für uns selbst zu tragen, sehen wir uns einer wichtigen Aufgabe gegenüber; wir müssen auf alle Forderungen und Ansprüche gegen unsere Eltern oder Ersatz-Eltern verzichten und stattdessen lernen, für uns selbst zu sorgen. Während wir die Kunst der emotionalen Selbstbestärkung und Selbsterziehung entwickeln und lernen, für die Gefühle und Bedürfnisse des Kindes in uns zu sorgen, werden wir fähig, die Bedürfnisse anderer Menschen aus wahrer Verantwortlichkeit und in Anbetracht ihrer Besonderheit zu erfüllen statt das Geben als indirektes Mittel zur Befriedigung unserer eigenen Bedürfnisse zu benutzen und Abhängigkeit zu schaffen.

Lektion 3: So, wie wir lernen müssen, uns selbst zu helfen, wenn keine äußere Unterstützung zur Verfügung steht, müssen wir auch lernen, emotionale Stärkung außerhalb unserer selbst zu suchen, wann und wo sie tatsächlich vorhanden ist, anstatt uns an Menschen und Erfahrungen zu hängen, die uns schwächen. Versuchen wir, aus einem leeren Brunnen zu trinken, können wir nur durstig und voller Wünsche bleiben; wir müssen uns von den leeren Brunnen abwenden, um die Brunnen zu entdecken, die voll sind.

Während wir lernen, uns selbst emotional zu stärken, müssen wir Liebe und Fürsorge von Verlangen und Sehnsucht unterscheiden. Menschen, die uns hungrig und emotional unterernährt zurücklassen, sind keine stärkenden

Menschen; ihre Brunnen sind leer. Ihre Herzen sind aus Stein, und wir können kein Wasser aus einem Stein quetschen. Jene Menschen, die wissen, wie man liebt, wie man gibt, wie man stärkt, rufen in uns kein Verlangen und keine Sehnsucht hervor. Nachdem wir in ihrer Gegenwart gewesen sind, fühlen wir uns warm, gut versorgt und satt.

Lektion 4: Die Disziplin des Steinbocks, seine Kontrolle und sein Bewußtsein für Grenzen kann uns helfen, die Krebs-Gefühle effektiv zu kanalisieren und den Bedürfnissen des Krebses gerecht zu werden. Statt emotionale Bedürfnisse zu unterdrücken oder in ihnen zu schwelgen, können wir lernen, in die tiefsten Gefühle hineinzugehen und ein inneres Kontrollsystem zu entwickeln, das uns führt. Wie eine Pflanze muß das Krebs-Kind in uns sowohl gewässert als auch zurechtgestutzt, gefüttert und diszipliniert werden. Wenn nötig, muß es in Schranken gehalten und beschnitten werden, so daß es gesund und stark werden kann. Die Grenzen des Steinbocks ermöglichen es uns auch, das hegende und pflegende Potential des Krebses zu sichern und ihm konstruktiv Gestalt zu verleihen. Nur wenn wir unsere eigenen Grenzen abstecken und Schranken setzen, können wir in angemessener Weise, zum richtigen Zeitpunkt, solchen Menschen etwas geben, die uns nicht erschöpfen, können unsere Fähigkeit erhalten, das zu geben, was wirklich zählt.

Lektion 5: Krebs-Bedürfnisse nach Wärme, Familie und Fürsorge stehen nicht notwendigerweise im Widerspruch zu gesellschaftlichem Streben und Ehrgeiz. Wir können uns beruflichen Zielen verschreiben, die persönliche Gefühle und Bedürfnisse berücksichtigen. Indem wir eine «Familie» von Berufskollegen «gründen», mit denen wir sowohl Wärme austauschen und emotionale Sicherheit erleben können sowie auf einer sorgenden, gefühlvollen Ebene zur breiteren Öffentlichkeit einen Bezug herstellen, können wir nicht nur emotionale Erfüllung im Arbeitsleben schaffen, sondern auch die Chancen für beruflichen Erfolg vergrößern.

Krebs/Steinbock-Mondknotenachse

Totaler Einsatz für die Familie und für die Karriere ist möglich, aber ermüdend.

— Muriel Fox

Wenn du nicht vorsichtig bist, wirst du anfangen dazuzugehören.

— Anonym

Ihre Liebe ist … zu angespannt, oder zu lässig

— Louise Bogan

Zu lernen, wie du andere veranlaßt, dir zu vertrauen, ist der beste Schutz, den es gibt. Und es wird dich sicherer machen als jede Rüstung, die du finden kannst.

— Merle Shain

Jeder, der sich in der Lage befindet, für andere verantwortlich zu sorgen, ist der korrumpierenden Verführung ausgesetzt, die mit der Macht kommt. Sogar die liebevollste Fürsorge wird bald auf subtile Weise verwandelt. Anstatt dem von uns Abhängigen das zu geben, worum er bittet, drängen wir ihm als «Wohltäter» etwas auf, von dem wir glauben, daß er es haben sollte.

— Scheldon Kopp

Mein Raum ist wie ein bißchen Juni,
warm und mit geschlossenen Vorhängen, Falte an Falte;
doch irgendwo, wie ein heimatloses Kind,
weint mein Herz in der Kälte.

— Sara Teasdale

Krebs/Steinbock-Themen

Schutz/beschützen — Sicherheit — Rückzug — sich zurücknehmen — Grundlagenbildung — Grenzziehung — für andere sorgen — Unterstützung von anderen — Selbständigkeit

Krebs/Steinbock-Polaritäten

Kind	*Eltern*
Privatleben	*Berufsleben*
Abhängigkeit	*Selbständigkeit*
emotionale Hingabe	*emotionale Kontrolle*
liebevolle Pflege	*Disziplin*
Anteilnahme	*Distanz*
Empfindsamkeit	*Gefühlslosigkeit*

Krebs/Steinbock-Schlüsselwörter

erziehende Disziplin — emotionale Kraft — Stärke trotz Verwundbarkeit — Selbst-Fürsorge — Wärme verströmen — Wärme kontrollieren — emotional stärkende Verpflichtung — stabilisierte Emotionen — empfindsame Stärke

Löwe/Wassermann-Mondknoten-Lektionen

Lektion 1: Wenn wir mit unserem Herzen verbunden sind, ruht das Ego auf einer Grundlage, die uns nicht auf Kosten anderer Menschen Sicherheit bietet, sondern die vielmehr unsere Liebesfähigkeit fördert. Wenn wir durch das innere Licht erleuchtet sind, strahlen wir eine Wärme aus, die die Menschen in unserer Umgebung umfängt und miteinbezieht und es ihnen wie uns ermöglicht zu leuchten.

Je mehr es uns möglich ist, innerhalb der größeren Energien in uns und um uns herum zu ruhen und uns mit der ganzen Welt verbunden zu fühlen, desto besser können wir aus einem persönlichen Willen heraus handeln, der im Einklang zum kollektiven Unbewußten und zur gesamten Menschheit steht. Das Ziel muß es nicht sein, unser Ego ohne Rücksicht auf das Wohlergehen anderer zu befriedigen. Oder, auf der anderen Seite, unser Ego durch Selbstaufopferung zu überwinden und zu verlieren. Stattdessen können wir unsere Identität öffnen und erweitern, so daß wir uns der ganzen Welt bewußt sind, mit ihr im Einklang stehen, von ihr nehmen und zu ihr etwas beitragen.

Lektion 2: Wollen wir unsere humanitäre Einstellung wirksam ausdrücken, reicht es nicht aus, uns fortschrittlichen Unternehmungen zu widmen, sondern wir müssen schon unser Herz der Menschheit gegenüber öffnen. Wir sollten unsere Ideale leben, indem wir die Fähigkeit entwickeln, ihnen persönlich Gestalt zu verleihen, sei es innerhalb unserer Freundschaften, als Gruppenmitglied oder bei politischen und sozialen Diensttätigkeiten, anstatt erfolglos zu versuchen, gewaltsame Veränderungen in anderen Menschen und in der Gesellschaft herbeizuführen, ohne selbst bereit zu sein, uns zu öffnen und zu verändern. Die Mittel und der Zweck stehen in Beziehung zueinander; wenn wir selbst die Liebesenergie ausstrahlen, die wir in der Welt um uns herum zu sehen wünschen, ist es weitaus wahrscheinlicher, daß wir einen entscheidenden und konstruktiven Einfluß haben als wenn wir aus einer distanzierten oder überheblichen Haltung heraus versuchen, anderen ein Verhalten aufzuzwingen, das wir selbst nicht zeigen können.

Lektion 3: Anstatt in unserer eigenen Welt isoliert zu sein oder aber einer Gruppe anzugehören und uns selbst in diesem größeren Ganzen zu verlieren (oder die Gruppe einfach zu benutzen, um unserem Ego Auftrieb zu geben), können wir uns einen Weg suchen, der sowohl individuelle als auch Gruppenbedürfnisse befriedigt. Was sind unsere persönlichen Wünsche? Was sind die Bedürfnisse und Wünsche der ganzen Gruppe? Wo sind die Schnittpunkte, an denen wir als Individuen mit der Gruppe zusammentreffen? Wenn wir versuchen, unsere Energie zu entdecken und sie auf diese Schnittpunkte hinlenken, um dort zu leben, werden wir fähig, persönliche Erfüllung zu erleben, während wir aktiv an der ganzen Gruppe beteiligt sind und unseren Beitrag leisten.

Wo könnten sich für uns die Individualität des Löwen und das Gruppenbewußtsein des Wassermanns kreuzen? Wir müssen herausfinden, auf welche Weise wir einen persönlichen kreativen Beitrag zur Gesellschaft leisten können, wie unser Selbstausdruck zum Nutzen des größeren Ganzen eingesetzt werden kann und welche Möglichkeiten wir haben, unsere Führungsqualitäten auszuleben. Während wir die legitimen Bedürfnisse des Egos nach größerer Leistungsfähigkeit und Anerkennung stillen, können wir uns gleichzeitig einem Ziel hingeben, das für andere von Nutzen ist.

Löwe/Wassermann-Mondknotenachse

Ich erhebe mich am Morgen, hin- und hergerissen zwischen dem Verlangen, die Welt zu verbessern oder zu erretten, und dem Wunsch, mich ihrer zu erfreuen und sie zu genießen.

— E.B. White

Wahre Gleichheit kann nur das Recht bedeuten, einzigartig kreativ zu sein.

— Milton Erickson

Das Zentrum der Stärke in uns selbst zu finden ist auf lange Sicht der beste Beitrag, den wir unseren Mitmenschen leisten können.

— Rollo May

Nach sorgfältiger Meditation und tiefem Nachdenken über die verschiedenen schönen Projekte, die gerade gezeigt worden sind, stelle ich fest, daß in keinem der erörterten Pläne zur Verbesserung der Welt ein Körnchen gesunden Menschenverstandes enthalten ist, außer in meinem eigenen.

— Thomas Love Peacock

Emanzipiere dich! … Kein anderer wird dies für dich tun, weil es niemand für dich tun kann.

— Henry Miller

Ich gehörte nicht zu der Gruppe in der Pickney Avenue. Ein Jahr lang lebte ich bei ihnen, und doch verließ ich den Abendbrottisch früh und las in meinem Zimmer, wenn sie unten Parties feierten. Was ist nur los mit mir, fragte ich mich zähneknirschend? Warum muß ich mich fernhalten? Warum kann ich ihre Gesellschaft nicht genießen? Warum bin ich das schwarze Schaf, der einsame Adler, der Schmetterling mit einem Flügel? … Jetzt, Jahre später, schaue ich ungläubig auf den Schmerz jenes Jahres zurück, in dem ich das Gefühl hatte, daß es falsch war, mich nicht anzupassen. Es war aber tatsächlich etwas ***falsch****, und zwar, daß ich die falsche Gemeinschaft gewählt hatte. An dem Tag, als ich beschloß, lieber das strahlende Gelb und Rot meines gesunden Flügels stolz zur Schau zu tragen statt mit dem Stummel meines gebrochenen Flügels den Räubern in meiner Nähe zu drohen, stolperte ich über neue Freunde. Und sie hießen mich willkommen, die anderen Schmetterlinge mit einem Flügel… Da wurde mir klar, daß ich nicht überall dazugehören und dennoch mir selbst gehören könnte.*

— Tracy Marks, aus «*A Passing of Clouds*»

Löwe/Wassermann-Themen

Entdeckung gegenseitiger Abhängigkeit — Individualität und Kreativität — Ausdruck von Idealismus — liebevoller Einsatz des Willens

Löwe/Wassermann-Polaritäten

Herz	*Geist*
persönlicher Wille	*universeller Wille*
das Selbst	*das Kollektiv*
persönliche Liebe	*universelle Liebe*

Löwe/Wassermann-Schlüsselwörter

liebevolle humanitäre Einstellung — inspirierte Reformen — soziales Vertrauen — herzliche Freundschaft — persönliche Wahrheit — kreativer Beitrag

Jungfrau/Fische-Mondknoten-Lektionen

Lektion 1: Eine wichtige Lektion der Jungfrau/Fische-Achse betrifft die Fähigkeiten, die praktischen Seiten der täglichen Aufgaben und Arbeiten mit Eingebung und Vorstellungskraft zu erfüllen. Wir müssen uns eine Berufsaufgabe schaffen, in der wir einen Dienst leisten, der für uns und andere sinnvoll ist, durch den wir unsere Ideale leben und persönliche Vision manifestieren. Wir können unsere Vorstellungskraft einsetzen, um bisher unerkannte Möglichkeiten für Wachstum, Erfüllung und Dienst in der täglichen Routine wahrzunehmen und solche Tätigkeiten zu versuchen, die wir gerne ausführen möchten, oder um Fachkenntnisse aufzufrischen, die wir einzusetzen hoffen. Wir können uns dem Bau einer Brücke zwischen unserer Spiritualität und unserer physischen Realität widmen, indem wir nach Möglichkeiten suchen, Mitgefühl und Idealismus in den täglichen Aufgaben und Interaktionen greifbarer auszudrücken.

Lektion 2: Mitleid ohne Unterscheidungsvermögen läßt uns erschöpft und ärgerlich zurück; die kritische Unterscheidung der Jungfrau ohne das Einfühlungsvermögen und die Fürsorge der Fische führt zu emotionaler Unzufriedenheit und verleitet uns häufig zu bedeutungsloser Kleinarbeit. Wir müssen unterscheidendes Mitgefühl und Sensibilität entwickeln, müssen lernen, wie, wann und wem wir etwas geben können (bzw. wie, wann und von wem wir etwas annehmen sollen), um zu verhindern, daß unsere Brunnen austrocknen, und um unsere Fähigkeiten zur Liebe und zum Dienst an anderen zu erhalten.

Lektion 3: Das Unterscheidungsvermögen der Jungfrau beinhaltet die Bestätigung und Erhaltung dessen, was uns von anderen unterscheidet, das Einfühlungsvermögen der Fische bringt das Erleben von Einheit und Offenheit mit sich. Durch die Integration von Jungfrau und Fische wird es uns möglich, im Gleichgewicht zwischen Offenheit und Verschlossenheit, zwischen Vereinigung und Abgrenzung zu leben. Wie Blumen müssen wir uns schließen, um auszuruhen und innerlich aufzutanken, damit wir uns in der Zukunft wieder öffnen können. Sobald wir mit dem Prozeß des Öffnens und Schließens vertrauter sind, werden wir die Fähigkeit entwickeln, in uns selbst eine Einheit zu erleben, die durchaus in der Lage ist, die Getrenntheit in einer Beziehung zu ertragen. Wir können eine Getrenntheit in uns pflegen, die uns ermöglicht, Offenheit zu erfahren, ohne uns in anderen zu verlieren.

Lektion 4: Gefangen zwischen Jungfrau-Perfektionismus und Fische-Idealismus, können wir Schwierigkeiten haben, unsere «schwarzen Flecken» anzunehmen. Wir müssen uns erlauben, «vollkommen unvollkommen» zu sein. Richten wir das Fische-Mitgefühl und die Jungfrau-Ausrichtung zur Selbstverbesserung auf uns, so werden wir entdecken, daß wir und andere Menschen nur durch konstruktive liebevolle Kritik und durch ein Annehmen unser selbst Grenzen überschreiten können.

Zuerst müssen wir uns selbst heilen, wenn wir die Fähigkeit, andere zu heilen, entwickeln und bewahren wollen. Wir müssen einen ganzheitlichen Zugang zum Heilen entwickeln, der beinhaltet, daß wir die Beziehung zwischen Geist, Gefühlen und Körper wahrnehmen. Wir können zur Heilung des Körpers positives Denken und Visualisierung einsetzen, während wir ihn mit liebevoller Fürsorge pflegen, die uns helfen wird, unsere Energien zu läutern und unseren Geist zu klären und zu inspirieren.

Jungfrau/Fische-Mondknotenachse

Wo Liebe fehlt, wird Arbeit zum Ersatz. Wo Arbeit fehlt, wird Liebe ein Beruhigungsmittel.

— Alice Lyttens

Glaube nicht, daß in der Abgeschlossenheit eines Klosters der Weg zur Vollkommenheit liegt. Wenn du vor der Welt fliehst, stürzt du vielleicht vom Himmel auf die Erde nieder, wogegen es mir, indem ich zwischen den weltlichen Dingen bleibe, möglich sein wird, mein Herz sicher zum Himmel zu erheben.

— Coluccio Salutati

Eine lebendige Frau zu sein erfordert mehr als deine Transzendenz, bedarf der inneren Unversehrtheit, die nicht im Bereich des anderen verlorengehen wird.

— Mary Black Crouch

Ein kleiner, genauer Plan kann eine ganze Welt enthalten. Deine Aufgabe ist es, das Wesentliche herauszuziehen und das Wort zu bestimmen, das einen Menschen überdauern, ihn trösten und ihm Kraft geben wird.

— May Sarton

Wenn ich in meiner Vorstellung ein Bild von mir schaffe, das mich zeigt, so wie ich gerne sein möchte, und mich immer wieder darauf konzentriere, gebe ich mir selbst die Kraft, diese Vision umzusetzen. Die Reinheit meiner Absicht und die klaren Vorstellungen rufen eine psychische Intensität hervor, die mir hilft, die Realität zu manifestieren, die ich projiziert habe.

Aber manchmal steht das Muster, das ich mir vorgestellt habe, im Widerspruch zu dem Muster meines Lebens; die Fäden kreuzen sich in seltsamen Winkeln; das Bild ist schief; ich webe einen Wandteppich, der, wenn er vollendet und ausgestellt ist, nicht der Vorstellung entspricht, die sich unterschwellig in mir entfaltet hat.

Ich weiß nicht, was ich am meisten wünsche oder brauche, wenn ich zu weben anfange; möglicherweise starre ich nur auf die Strukturen, die meinem bewußten Geist bekannt sind und die auf früheren Kenntnissen oder Erfahrungen beruhen. Ich kann mir keine Möglichkeit vorstellen, die ich vorher nie gesehen habe.

Wie wichtig es dann ist, jene Möglichkeiten zu wählen, die in meinem innersten Kern eine Resonanz hervorrufen, die mir durch Träume oder durch intuitive Eingebungen offenbart werden und von jener seltenen, aber unmißverständliche Gewißheit begleitet werden, die allen Zweifeln standhält! Und wenn sich jene Visionen manifestieren und sich als falsch erweisen, kann auch das ein Teil des Musters sein, und das unvollständige Schauspiel einer Szene wird vielleicht in der nächsten Szene, auf dem nächsten Wandteppich, gelöst.

Tracy Marks, aus «*A Passing of Clouds*»

Jungfrau/Fische-Themen

Beziehung zwischen Geist und Körper — Dienst — introvertiert und zurückgezogen — Perfektionismus und Idealismus — Demut, Bescheidenheit und Unterordnung — Reinheit

Jungfrau/Fische-Polaritäten

Körper	*Geist*
Erde	*Himmel*
Teil	*Ganzes*
Getrenntheit	*Einheit*
Analyse	*Synthese*

Jungfrau/Fische-Schlüsselwörter

unterscheidendes Mitgefühl — angewandte Vorstellungskraft — fließende Organisation — unentbehrliche Hilfe — entspanntes Helfen — geerdete Spiritualität — realistischer Glaube — Selbstverbesserung — kontrollierte Offenheit — ganzheitliche Arbeit — praktischer Idealismus — inspirierte Leistungsfähigkeit — liebevolle Kritik

Teil 2

Die Transite der äußeren Planeten

Kapitel 5

Transite: Der nächste Schritt auf dem Weg zu unserer Bestimmung

Um die Einflüsse von Uranus, Neptun und Pluto ganz zu verstehen und um zu wissen, wie wir auf ihre Transite eingehen können, brauchen wir zuerst das Verständnis dafür, was Transite im Sinne unserer eigenen Entwicklung bedeuten. Wir benötigen den Transiten und Planeten gegenüber eine positive Einstellung, damit es uns leichter fällt, die Veränderungen in unserem Leben vorzunehmen, die sie erfordern.

Vielleicht ist unsere Haltung Transiten gegenüber negativ, sobald sie das Horoskop aspektieren, auch wenn unsere Einstellung zur Astrologie positiv ist und sogar dann, wenn wir zumindest intellektuell an den freien Willen glauben. Weil die Transite der äußeren Planeten, besonders die Konjunktionen, Quadrate und Oppositionen, häufig schmerzhaft sind, kann unsere Fähigkeit, mit ihnen umzugehen und sie zu unserem Vorteil zu nutzen, davon abhängig sein, wie eng wir mit dem höchsten Selbst bzw. mit der Seele verbunden sind. Dieser Kontakt hilft uns, einen Glauben zu entwickeln und aufrechtzuerhalten, der stark genug ist, uns durch besonders schwierige Zeiten zu führen. Sind wir im Einklang mit unserem Höheren Selbst, sei es durch Meditation, Gebet, schöpferischen Ausdruck oder einfach, indem unsere Lebensweise liebevoll und offen ist, werden wir uns weniger mit Wünschen und Strukturen identifizieren und uns mehr auf die innere Führung verlassen.

Stehen wir in Verbindung mit dem inneren Licht und wird dies unsere wichtigste Verbindung und grundlegende Sicherheitsquelle, so ist es uns eher möglich, die Transite als Botschaften des Universums willkommen zu heißen. Sie führen uns voran, zum nächsten Schritt auf dem Weg zu unserer Bestimmung, auch wenn wir fürchten, die schönen Dinge des Lebens zu verlieren und unsere bewußten Ziele nicht erreichen zu können. Wir stellen dann keine Fragen, wie zum Beispiel: «Wer bin ich?» oder: «Was wird mir passieren?», als ob wir unveränderliche Wesen wären, die zeitlich an ihr Geburtshoroskop gebunden und der Gnade der Planeten ausgeliefert sind. Sondern eher: Was ist der nächste Schritt in meiner Entwicklung? Wie kann ich mein Geburtshoroskop verwirklichen und es transzendieren? Welche Lektion habe ich jetzt zu lernen im Hinblick auf die Integration der Energien von Transiten mit den aspektierten Zeichen und Häusern? Welche Veränderungen in meiner Haltung und in meinem Handeln muß ich vornehmen, um diese Energie möglichst vorteilhaft auszudrücken? Wie kann ich es ermöglichen, daß die Transite mich durch das nächste Stadium meiner Evolution führen?

Diese Fragen zu stellen und eigene Antworten zu finden erfordert die Bereitschaft, für unsere innere Einstellung und Handlungen die Verantwortung zu übernehmen. Solange wir wegen eines bestimmten Einflusses Katastrophen erwarten, werden wir auf eine Weise handeln, die Katastrophen herausfordert. Solange wir glauben, daß wir uns bei einem Transit nur passiv verhalten können, werden wir wahrscheinlich eher die disharmonischen Energien der äußeren Planeten anziehen. Wenn Pluto in Konjunktion zum Mond im 2. Haus steht und wir weiterhin unserer bisherigen Neigung folgen, viel Geld auszugeben und Besitz anzusammeln, können wir durch ein unvorhergesehenes Ereignis gezwungen werden, auf einen Teil dieses Besitzes zu verzichten, zum Beispiel infolge eines Einbruchs in unser Zuhause. Wenn wir jedoch die plutonische Energie erkennen und ihr Aufmerksamkeit widmen, entscheiden wir uns vielleicht dafür, einigen Besitz loszuwerden, indem wir all das aufgeben, was wir nicht wirklich brauchen. Haben wir uns erst einmal an einen planetarischen Einfluß angepaßt, wird er zu einem Freund und Helfer.

Teilhard de Chardin sagte einmal: *«Ich muß mich immer wieder verändern, um ich selbst zu bleiben.»* Er sagt uns, daß wir auf der innersten Ebene akzeptieren müssen, daß wir ein fortwährender Prozeß sind, und keine Wesen, die sich nicht verändern. Wir werden zu dem, was wir sind, durch die Bereitschaft, uns weiter zu entfalten und zu verändern. Nur durch diese Bereitschaft auf innerster Ebene werden wir fähig, unsere gegenwärtige und vergangene Identität (oder die jetzigen oder früheren Umstände) loszulassen, sofern es die äußeren Planeten erfordern. Nur dann können wir das Unbekannte, das über uns waltet, annehmen, so beängstigend es zuerst auch sein mag. Die Fähigkeit zum Loslassen dessen, was für uns in der Vergangenheit wichtig war, ist schwer zu entwickeln, solange wir keine klare Vorstellung von den zukünftigen Erfahrungen und schöpferischen Möglichkeiten haben. Diese Schwierigkeiten werden durch eine Betonung von fixen Zeichen, Erd- oder Wasserzeichen im Horoskop noch verstärkt. Das bedeutet, daß wir, über dem Abgrund zwischen zwei verschiedenen Lebensweisen hängend, mit unserer Angst konfrontiert werden. Es bedeutet, fähig zu sein, durch diese Angst hindurchzugehen und Vertrauen zu entwickeln. Und es bedeutet schließlich, bereit zu sein, Schmerz und Verlust zu erleben und jene Erfahrung von einer weitreichenden Perspektive aus zu betrachten, die sich mehr mit unserem allgemeinen Wachstum und Wohlergehen auseinandersetzt als mit der momentanen Bequemlichkeit und dem Vergnügen. Wenn wir uns Veränderung widersetzen und versuchen, uns an vergangene oder gegenwärtige Erfahrung zu klammern, werden die äußeren Planeten am bedrohlichsten, nicht aber, wenn wir ihren Einfluß annehmen und uns bewußt dafür entscheiden, ihre Lehren in die Praxis umzusetzen.

Transite und Gefühle

Einen Transit der äußeren Planeten willkommen zu heißen bedeutet, daß wir bereit sind, seine Energien zu verinnerlichen, sobald er sich nähert, anstatt darauf zu warten, daß sich diese Energien äußerlich in unserem Leben manifestieren. Das heißt, wir müssen die subtilen Veränderungen in Gefühlen und Einstellungen erkennen und ihnen Aufmerksamkeit schenken. Wir können das tun, indem wir unsere Anlagen fördern und üben, etwa wie ein Künstler sich übt, die Feinheiten eines Gemäldes zu erfassen, die einem oberflächlichen Betrachter nicht erkennbar sind. Wir vergessen einfach häufig, daß die Planeten nicht nur außerhalb von uns existieren, sondern daß wir ihre Kräfte in uns tragen. Da die Ionosphäre, die die von den Planeten übermittelten Elektronen absorbiert, fast die gleiche Schwingungsfrequenz wie der menschliche Körper hat, beeinflussen kosmische Energien beständig unsere Zellen und werden ein Teil von uns. Nur wenn wir bereit sind, die Unsicherheit, den Schmerz oder die Verwirrung ganz zu erleben, die vielleicht die ersten Anzeichen für den Transit eines äußeren Planeten sind, können wir anfangen zu erfahren, was er uns zu lehren versucht. Wir müssen uns jedoch der Kälte des Unbekannten öffnen, sie in uns aufnehmen und ihr erlauben, uns zu verändern. Dann können wir auch den bestmöglichen Handlungsverlauf festlegen. Haben wir erst einmal die anfängliche Orientierungslosigkeit durchgestanden, kann sogar der schwierigste Transit zu einem tieferen Frieden und größerer Weisheit führen.

Ich lege die Betonung darauf, die Transite zu *fühlen*, weil viele von uns, aus Angst vor unbequemen Gefühlen, sich in den Kopf flüchten und zu intellektualisieren beginnen. Sofort versuchen wir herauszufinden, was astrologisch passiert, oder wir fangen an, uns negative Affirmationen zu geben wie: «Das ist schrecklich», oder: «Das halte ich nicht aus!», oder: «Ich verliere die Kontrolle!», «Ich werde etwas Schreckliches tun!», oder aber: «Ich werde diese Verwirrung, dieses Problem für den Rest meines Lebens nicht los!» Solche negativen Affirmationen deprimieren; außerdem verleiten sie uns dazu, vor der eigentlichen Erfahrung davonzulaufen. Es ist in Ordnung, die Erfahrung zu formulieren. Das kann uns dabei helfen, Ordnung in der Unordnung zu schaffen, und zu erkennen, wo wir entsprechende Veränderungen vornehmen müssen. Wenn wir uns jedoch nicht ganz auf die Gefühlserfahrung einlassen, bevor wir zu verbalisieren beginnen, und wenn wir den Gefühlen nicht erlauben, durch uns zu fließen und uns zu verändern, werden wir wahrscheinlich niemals wissen, welche Wohltat der Transit dieses äußeren Planeten für uns bereithält. Das bedeutet, daß wir Gefühle nicht zu schnell interpretieren oder sie gleich mit bestimmten Strukturen oder Beziehungen in Verbindung bringen dürfen, indem wir einfach annehmen, daß die betreffende Struktur oder Beziehung die Quelle von Verwirrung und Leiden ist. Die Erfahrung spielt sich in uns ab. Aber wir können sie zu leicht nach außen projizieren und glauben, daß sie gänzlich das Ergebnis eines äußeren Umstandes ist. Wir müssen bereit sein, unsere Gefühle wirklich zu *fühlen*, müssen eine Weile mit ihnen sein und ihnen ihre eigene Zeit gewähren, uns ihre Lehren zu offenbaren.

Ein persönliches Beispiel: Vor einigen Jahren, als Neptun ein Quadrat zu meiner Venus bildete, während Saturn in Konjunktion zu ihr stand, fühlte ich mich besonders unglücklich in engen, persönlichen Beziehungen. Ich versteckte mich für mehrere Monate, um zu schreiben, und erlebte zeitweilig große Einsamkeit. Als ich endlich aufgehört hatte, mich mit negativen Affirmationen zu deprimieren und zuließ, die Leere und den Schmerz in mir zu fühlen, fing ich an, im Geiste Bilder von Wüsten und Kakteen zu sehen. Ich begann mir vorzustellen, selbst ein Kaktus in der Wüste zu sein, der in der Lage ist, mit wenig auszukommen. In dieser Situation begann ich über die Opposition von Krebs und Steinbock zu schreiben; über die Schwierigkeit, andere zu nähren, wenn wir uns selbst unterernährt fühlen. Indem ich total in meine Erfahrung hineinging, wurde mir zutiefst bewußt, warum mein Vater niemals in der Lage gewesen war, mir das zu geben, was ich mir wünschte, wie er zu einem Gefangenen seiner eigenen Venus/Saturn-Konjunktion in den Fischen geworden war. Ich war von einem solchen Mitgefühl für ihn erfüllt, daß ich ihn anrief und wir eines der ersten wirklich liebevollen Gespräche miteinander hatten. Dieses Sich-Öffnen, sowohl durch Saturn als auch durch Neptun ausgelöst, blieb so stark, daß ich, ohne es selbst zu bemerken, anfing, nach einer bestimmten Person in meinem Leben zu suchen, an der ich diese Gefühle festmachen konnte. Doch als ich begann, meine Gefühle von Schmerz und Liebe durch mich hindurchfließen zu lassen, statt sie mit einer Person zu verknüpfen, vermied ich die Venus/Neptun-Falle romantischer Fantasie und Selbsttäuschung. Ich entdeckte, daß diese Gefühle alle meine Beziehungen und Tätigkeiten bereichern und jede Seite meines Lebens emporheben konnten und daß besonders zu jener Zeit mein Schreiben durch Inspiration beeinflußt und zu neuen Höhen geführt wurde.

Sobald wir uns erlauben, während des Transits eines äußeren Planeten Gefühle voll zu erleben, und zulassen, daß sie durch uns hindurchfließen, sich vielleicht auch in Tränen oder Wut äußern, werden wir dahin geführt, größeren Frieden in uns zu finden. Dann fangen wir an, nicht unseren Kopf, sondern unser Herz oder unser Zentrum als Richtschnur zu nehmen, eine Orientierung, die uns helfen kann, den Transit, den wir erfahren, zu verstehen und ihm schöpferisch Gestalt zu verleihen. Manchmal erhalten wir monatelang keine Orientierungshilfe. In diesem Fall ist unser Glaube wichtig, weil er uns darauf vertrauen läßt, daß jede Erfahrung einen Zweck hat, ein wichtiger Schritt in unserer Entwicklung ist. Auch wenn wir ihre Bedeutung jetzt nicht verstehen, werden wir in der Zukunft davon profitieren. Wir könnten uns dann fragen: Was kann ich möglicherweise durch diese Erfahrung gewinnen?, oder: Welcher Teil von mir will diese Erfahrung, diese Verwirrung, diese Spannung, diesen Tumult oder die Veränderungen in meinem Leben, die daraus jetzt und in der Zukunft resultieren? Zuerst mögen wir daran zweifeln, ob wir wirklich den Wunsch haben, einige dieser Erfahrungen unter dem Einfluß eines Transits von einem äußeren Planeten zu machen. Aber wenn wir uns selbst ganz genau betrachten, können wir feststellen, daß wir auf einer bestimmten Ebene genau jene Veränderungen wollen, die wir gerade durchmachen. Manchmal entdecken wir später, daß es nicht der plötzliche Aufruhr war, den wir wollten, wohl aber die Veränderungen, die aus der neuen Lebensweise hervorgehen, und die ein solcher Aufruhr erst möglich macht.

Ein anderes persönliches Beispiel: Einmal, während ein Transit-Planet in Opposition zu meinem Jupiter im 2. Haus und im Quadrat zu meinem Mars stand, wurde mein Auto gewaltsam zerstört. Da ich sowohl mit der Versicherung als auch mit meinem Mechaniker Probleme hatte, bekam ich praktisch kein Geld dafür. Das bedeutete, ich konnte kein neues Auto kaufen, meine täglichen Besorgungen nicht machen, ja nicht einmal reisen, um meine Freunde zu besuchen. Als ich endlich aufhörte, mich gegen das Universum aufzulehnen, und mich fragte, welcher Teil von mir diese Erfahrung wollte und was ich dadurch gewann, wurde ich mir einer Reihe positiver Konsequenzen bewußt: dringend benötigte körperliche Bewegung, neue Freunde, die ich beim Spazierengehen traf, meine Zeit so zu organisieren, daß ich Besorgungen auf einen Tag in der Woche legte, Zeit für mich alleine zu haben, um Arbeiten auszuführen, die dringend getan werden mußten, usw. Auch wenn ich über die Methode, die das Universum wählte, um mir diese positiven Konsequenzen zu ermöglichen, noch immer nicht besonders glücklich bin, sehe ich ein, daß sie wichtig waren. Ich kann mich jetzt mehr mit diesen Folgeerscheinungen identifizieren, die ich eigentlich wollte, die ich aber nicht in mein Leben eingebaut hätte, wenn mein Auto nicht zerstört worden wäre.

Was uns die äußeren Planeten lehren wollen, drücken die Rolling Stones so aus: *Wir bekommen nicht immer das, was wir wollen, aber immer das, was wir brauchen.* Zumindest bekommen wir nicht immer das, was wir bewußt wollen oder verstehen, aber, um es noch einmal zu sagen, ein Teil von uns, der sich außerhalb unserer Wahrnehmung befindet, will entweder die Erfahrung, die wir machen, *oder* ihre Konsequenz. Je besser wir auf die Energie des laufenden Planeten eingestimmt sind, während sie in uns schwingt, desto besser wird es uns möglich sein, Bedingungen zu schaffen, die diese Energie ausdrücken statt unbewußt Umstände in unser Leben zu rufen, die uns zwingen, uns neu auszurichten und uns mit dieser planetarischen Kraft auseinanderzusetzen. Es ist besonders dann schwierig, mit dem Transit eines äußeren Planeten umzugehen, wenn unser Wissen von uns selbst zu begrenzt ist und unsere Persönlichkeit die schöpferischen Möglichkeiten dieser planetarischen Energie aus ihrem Bewußtsein und ihrem Leben ausschließt. Ein Transit ist eine Botschaft, die uns auffordert, die Persönlichkeit mit dem Höheren Selbst in Einklang zu bringen, indem wir diese Energie erfahren und sie wieder in unser Bewußtsein eingliedern, und auch, indem wir sie aktiv in der Welt ausdrücken.

Die konstruktive Nutzung der Transite

Während eines Transits der äußeren Planeten ist nicht nur unsere Einstellung oder unser Verhalten, sondern auch unser Handeln von Wichtigkeit. Wir müssen bereit sein, Einstellungen zu berichtigen und Erfahrungen zu akzeptieren. Ebenso müssen wir bereit sein, unser Verhalten oder Handeln zu verändern und solche Veränderungen in unserem Leben voranzutreiben, die den planetarischen Energien und den Lehren, die sie ausdrücken, gerecht werden. Wenn wir nicht wollen, daß das Universum unser Haus niederbrennt, Autos zerstört oder Ehegatten bzw. Liebhaber mit anderen Menschen ins Bett schickt, um damit Aufmerksamkeit für das zu wecken, was passiert, müssen wir uns selbst motivieren, aktiv den Transit zu leben. Wir müssen uns auf die Energie des Transits einstimmen, sobald er anfängt, sich zu nähern, und Wege finden, die dieser Energie konstruktiv Ausdruck verleihen.

Zuerst einmal sollten wir Raum in unserem Leben schaffen, um die Energie völlig zu erleben und uns gefühlsmäßig zu öffnen. Vielleicht wollen wir uns dann intellektuell orientieren und verstehen, wie der Planet im Transit, der auch die Bedeutung seiner Stellung in Zeichen und Haus des Geburtshoroskops mit sich trägt, sich mit dem Planeten verbindet, den er aspektiert; wobei er nicht nur das Haus dieses Planeten, sondern auch das Haus, das dieser regiert, beeinflußt. Wenn wir astrologische Schriften lesen, um Transite zu verstehen, sollten wir nicht nur über das Quadrat nachlesen, wenn es ein Quadrat ist, das wir erleben, sondern uns auch über Konjunktionen, Trigone und Sextile zwischen diesen beiden Planeten informieren, ihre Bedeutung für uns bestimmen und versuchen, diese beiden Energien zu integrieren. Wenn wir lediglich die Bedeutung der Quadrate zwischen ihnen ermitteln, konzentrieren wir uns möglicherweise nur auf ihre negative Manifestation und können unser Bewußtsein nicht bis zur Wahrnehmung ihrer positiven Ausdrucksformen ausdehnen. Ein Quadrat kann die positiven Bedeutungen eines Trigons oder Sextils haben und die *zusätzliche* Motivation, die ein 90-Grad-Winkel gibt, wenn wir uns die Möglichkeiten, die wir zu schaffen wünschen, vorstellen und sie aktiv ins Leben rufen.

Ein weiteres persönliches Beispiel: Als Neptun begann, ein Quadrat zu meinem Merkur in der Jungfrau zu bilden, unterliefen mir das erste Mal Fehler in der Berechnung von Horoskopen. Als ich mich schließlich auf die neptunische Energie einstellte, wurde mir klar, daß es für mich nicht die rechte Zeit war, umfangreiche Detailarbeiten durchzuführen. So begann ich, einen Computerservice in Anspruch zu nehmen. Da meine kreativen und spirituellen Energien erwachten, begann ich, in meinem Unterricht Rollenspiel-, Dialog- und Visualisierungstechniken einzusetzen. Zu der Zeit stand der laufende Neptun in meinem 12. Haus. Als ich mich mehr auf seine Energien eingestimmt hatte, wurde ich dazu angeregt, mein Buch über das 12. Haus und außerdem noch ein inspiratives Märchen zu schreiben. Nachdem ich angefangen hatte, dem Neptun/Merkur-Transit bewußt Ausdruck zu verleihen, bereitete es mir keine Schwierigkeiten mehr, mit Neptun umzugehen.

Abgesehen von der Notwendigkeit, die Energie eines Transit-Planeten mit der des Radix-Planeten zu verbinden, müssen wir die Energien der äußeren Planeten im täglichen Leben realitätsbezogen einsetzen, damit wir uns von ihnen nicht überwältigt fühlen und handlungsunfähig werden. In diesem Zusammenhang gibt es zwei Erfahrungen, die wir vermeiden wollen: Das Erlebnis, von kosmischen Energien überwältigt zu werden, wodurch sich unser Ego unbedeutend, klein und häßlich fühlt. Oder das Ego wird dünkelhaft und aufgeblasen, wenn wir durch diese höchst kraftvollen Energien zu der Überzeugung gelangen, daß wir die Botschafter Gottes oder die Retter der Menschheit sind. Wenn der Planet, der aspektiert wird, ein persönlicher Planet ist, sucht er sich einen eigenen Ausdruck; der äußere Planet muß jedoch in Übereinstimmung zu dem jeweiligen persönlichen Planeten, den er aspektiert, hinab in das tägliche Leben gebracht werden. Wenn es sich um Merkur handelt, gehen wir mental vor und verbinden uns mit dieser Energie. Wenn es Venus ist, können wir durch sie unsere Werte neu definieren und unsere Beziehungen bereichern. Wir können diese Energie auch erden, indem wir sie in Form ihrer niedrigeren Oktave weiterleiten, nämlich Pluto durch Mars, Neptun durch Venus, Uranus durch Merkur, je nachdem, wo diese Planeten im Horoskop stehen. Der Zustrom kosmischer Energie, der mit den Transiten der äußeren Planeten einhergeht, soll in unser Lebensgewebe integriert werden und nicht getrennt von ihm existieren.

Während des Einflusses von Transiten der äußeren Planeten, besonders durch Konjunktionen, Quadrate und Oppositionen, sehen wir uns einer Reihe von Fragen gegenüber. Zum Beispiel: Reicht es, innere Einstellungen zu ändern? Müssen wir auch im äußeren Leben größere Veränderungen vornehmen? Und falls es so ist, sind dann die Strukturen und Beziehungen flexibel genug, um solche Veränderungen hinzunehmen? Sind sie fähig, eine neue Art des Seins in sich aufzunehmen, ohne auseinanderzubrechen? Oder müssen wir einige dieser Strukturen und/oder Beziehungen beiseite schieben oder verwerfen, um den Kontext, in dem wir leben, bedeutend zu verändern? Auf diese Fragen gibt es keine feststehenden Antworten; viel hängt von den individuellen Umständen zur Zeit des Transits ab. Es kann gut sein, daß wir während eines rückläufigen Transits die Aufgaben erkennen, die er uns aufgibt und die notwendigen Veränderungen dann vornehmen, wenn der exakte Transit wieder stattfindet.

Wenn Uranus, Neptun und Pluto machtvolle Aspekte zu den Radix-Planeten bilden, können wir daraus den größten Nutzen ziehen, wenn wir inneren Erfahrungen gegenüber offen bleiben, ohne jedoch ihren Einfluß passiv und hilflos zu erdulden. Außerdem müssen wir den positivsten Kräften dieser Transite in Verbindung mit dem aspektierten Planeten aktiv Ausdruck verleihen. Wir sollten jedoch nicht voreilig handeln, so daß wir uns nicht auf diese Energien einstellen können und dadurch verhindern, daß unsere weiteren Handlungen den größtmöglichen Nutzen bringen. Die Reaktion auf den Transit eines äußeren Planeten sollte deshalb eine aktive Offenheit oder aktive Anteilnahme sein. Wir können sowohl in einer Yin- als auch in einer Yang-Weise auf ihn eingehen, indem wir einerseits empfänglich und gleichzeitig kreativ sind. Wir nehmen uns die Freiheit, uns auf diesen Transit einzustellen, unsere Gefühle zu erleben und ihnen zu gestatten, durch uns hindurchzufließen. Andererseits können wir positive Kanäle bestimmen, durch die diese Transite ausgedrückt werden. Dann können wir uns wieder auf die innere Führung einstimmen und anschließend die Energien des Transits aktiv ausdrücken, dann wiederum auf die innere Führung lauschen und dabei den nächsten Schritt entdecken, der von uns gefordert wird. Mit den Worten von Virginia Satir müssen wir «ein lebendiges Mobile» werden, indem wir es zulassen, daß uns die Winde der Veränderung vor sich hertreiben und wir uns, indem wir versuchen, das Gleichgewicht zu halten, auf jeden Wind, der noch kommt, vorbereiten.

Je tiefer wir uns auf unsere intuitiven Eingebungen einstimmen, desto weniger brauchen wir den Kopf, um astrologische Einflüsse zu entdecken und zu interpretieren. Sobald wir uns der Energien, die in uns wirken, direkt bewußt werden, fällt es uns leichter, angemessen und weise auf sie zu reagieren. Betrachten wir zum Beispiel eine Frau, die sich entschlossen hat, das erste Mal seit Jahren wieder einen Urlaub zu nehmen und für sechs Wochen nach Indien zu reisen. Ohne astrologische Kenntnisse buchte sie ihren Flug, nicht nur genau zur Stunde einer Neumondkonjunktion zu ihrem Mars, im 9. Haus im Schützen, sondern auch in der Woche, die einer Konjunktion des laufenden Jupiters mit dem Radix-Mars voranging. Für sie kann das Studium der Astrologie von geringem Nutzen sein, weil sie sich schon im Kontakt zu ihren tieferen Energien befindet. Die Entscheidungen, die diese Frau trifft, spiegeln häufig das Bewußtsein planetarischer Zyklen wider und die Lehren, die sie aus ihnen ziehen kann.

Transformation und die Transite äußerer Planeten

Die fünf äußeren Planeten von Jupiter bis zu Pluto sind Führer, die, während sie außerhalb von uns reisen, in uns eine Resonanz hervorrufen und uns helfen, unseren Weg zu entdecken und ihm zu folgen. Uranus, Neptun und Pluto beeinflussen alle persönlichen, überpersönlichen und zwischenmenschlichen Muster und strukturieren sie neu. Wenn wir astrologische Schriften lesen, bringen wir oft Uranus mit Veränderung und Freiheit, Neptun mit Inspiration und Erleuchtung und Pluto mit Transformation und Regeneration in Verbindung, ohne uns dessen bewußt zu sein, daß alle drei Planeten sich mit jedem dieser Prozesse befassen. Sie unterscheiden sich in erster Linie durch die Art der Energie, die sie benutzen, um diese Erfahrungen hervorzurufen.

Diese drei transpersonalen Planeten haben ihre Umlaufbahn jenseits von Saturn und wurden erst während der vergangenen zwei Jahrhunderte entdeckt, nachdem viele Jahrhunderte hindurch das saturn-gebundene Bewußtsein die Menschheit beeinflußte. Daher hängen ihre individuellen Auswirkungen auf uns bis zu einem gewissen Maß davon ab, wie weit wir die Bedingungen des Saturn angenommen haben und wie wir mit seiner Rückkehr umgegangen sind. Haben wir auf unser Erwachsensein Anspruch erhoben? Sind wir in der Lage, uns selbst Grenzen zu setzen, uns selbst zu unterstützen und Verpflichtungen und Verantwortungen auf uns zu nehmen? Sind wir in der Realität verwurzelt, bereit und fähig, uns den Forderungen der Gesellschaft anzupassen? Es ist von entscheidender Bedeutung, daß wir mit Saturn und mit den inneren und äußeren Strukturen, die wir entwickeln, Frieden schließen, wenn wir gegenüber Uranus, Neptun und Pluto offen werden wollen, ohne durch ihre machtvollen Energien hinweggefegt zu werden. Von besonderer Bedeutung ist die Fähigkeit, saturnische Furcht zu erleben und zu transzendieren, da alte Begrenzungen, Strukturen und Sicherheitsgrundlagen durch die Planeten jenseits von Saturn herausgefordert werden.

Gegenwärtig werden wir alle von dem, wie ich es nenne, «Termiten-Zyklus» der drei äußeren Planeten beeinflußt. Das wird durch Neptun und Uranus im Steinbock und Pluto im Skorpion charakterisiert. Innerhalb weniger Jahre, in einer relativ kurzen Zeitspanne, zerfrißt Neptun die unbrauchbar gewordenen Strukturen des Hauses, durch das er läuft, dann reißt Uranus die Mauern ein und befreit die Bewohner. Schließlich vervollständigt Pluto die Zerstörung, säubert alles von den Überresten und beginnt auf neuen Grundlagen wiederaufzubauen. Gleichzeitig läßt uns Neptun einen flüchtigen Blick auf eine Vision erhaschen und stimmt uns darauf ein, Uranus setzt die Energie frei, die uns befähigt, die Vision umzusetzen, und Pluto stellt uns die Energie zum Handeln auf der physischen Ebene zur Verfügung. Uranus, Neptun und Pluto können helfen, uns besser auf das Höhere Selbst einzustellen. Dadurch können wir die Botschaften des Universums besser empfangen und die innere Freiheit erfahren, die daraus resultiert, daß wir unsere innere Führung wahrnehmen, ihr folgen und mit den universellen Energien zusammenarbeiten. Durch den Einfluß dieser drei Planeten können wir neue Möglichkeiten entdecken, die uns befähigen, die Vergangenheit loszulassen, verwandelt zu werden und kreative und spirituelle Talente zu erwecken und zu nutzen. Dadurch werden wir im wesentlichen zu dem, was unseren innewohnenden Möglichkeiten entspricht, und entfalten das höchste Potential des Geburtshoroskops.

Die Interpretation von Transiten

Viele von uns fürchten sich vor einem nahenden Transit, besonders vor den Transiten von Saturn, Uranus, Neptun und Pluto, wenn sie zu unseren Radix-Planeten Konjunktionen, Quadrate oder Oppositionen bilden. Wir lesen Interpretationen dieser Transite, die häufig einen negativen Unterton haben, und fürchten das Schlimmste. Wir warten hilflos auf den nächsten Transit, der «zuschlägt», und fragen uns, ob wir hinterher die Bruchstücke von uns und unserem Leben wieder zusammensetzen müssen.

Astrologisches Wissen kann die Furcht sogar vergrößern, besonders dann, wenn wir der Veränderung Widerstand leisten und an gegenwärtigen Umständen, Hoffnungen und Träumen festhalten. Astrologisches Wissen kann uns aber auch die nötigen Erkenntnisse bringen, um unseren Entfaltungsprozeß in Verbindung mit den Transiten zu verstehen. Die Astrologie kann uns motivieren, uns auf diese Entfaltung vorzubereiten, indem wir die schöpferischen Dimensionen der bevorstehenden Transite aktiv umsetzen.

Um den größten Nutzen aus dem Einfluß von Transiten zu ziehen, müssen wir nicht nur bereit sein, uns für Veränderungen zu öffnen, sondern müssen auch:

— mit dem Geburtshoroskop tief vertraut werden;
— lernen, wie man Transite interpretiert, die das Horoskop beeinflussen;
— in der Lage sein, aus vergangenen Transiten zu lernen;
— gegenüber zukünftigen Transiten bewußt bleiben;
— uns selbst Raum geben, um die Transite zu erleben und zu verstehen, die im Moment und in der nahen Zukunft geschehen;
— jeden Transit nutzen, indem wir mit seinen Kräften bewußt zusammenarbeiten und ihm im täglichen Leben angemessene Form verleihen.

Wenden wir nun unsere Aufmerksamkeit einigen wichtigen Punkten zu, die uns helfen können, Transite zu interpretieren, und die in astrologischen Schriften häufig nicht enthalten sind. Obwohl die folgenden Punkte auf alle Transite anwendbar sind, beziehen sie sich hier speziell auf die von Jupiter, Saturn, Uranus, Neptun und Pluto. Sie haben einen bedeutsameren und länger anhaltenden Einfluß auf unser Leben als die inneren Planeten.

Die Entfaltung des Geburtshoroskops

Viele Astrologen glauben, daß Transite auf äußere Ereignisse und Progressionen auf psychische Erfahrungen hinweisen. Diese Einstellung setzt eine Trennung zwischen innerem und äußerem Leben voraus, die es aber nicht gibt, da sich beide Aspekte des Lebens ständig gegenseitig beeinflussen. Transite, mehr noch als Progressionen, werden häufig auf einer äußeren Ebene erfahren, bevor wir sie auch in uns wahrnehmen können. Sind wir aber mit der Seele tief verbunden, können wir Transite und Progressionen schon in uns erfahren, während sie sich nähern und bis zu einem gewissen Grad die Art und Weise wählen, in der sie sich äußerlich in unserem Leben manifestieren sollen. Dann werden wir den Transit-Planeten als eine Seite von uns erleben, die jetzt unsere Aufmerksamkeit fordert, die von uns anerkannt und in die Struktur unseres Lebens integriert werden will.

Gerade weil wir keine festgelegten Wesenheiten sind, sondern fortwährend in Veränderung oder in ständigen Prozessen begriffen, sind die Energien des Geburtshoroskops immer in Bewegung. Sie entfalten sich in Übereinstimmung mit den Planeten, während diese durch das Sonnensystem wandern. Der Transit-Saturn kann nicht völlig vom Radix-Saturn getrennt werden. Sobald der laufende Saturn Planeten im Horoskop aspektiert, trägt er auch alle Prägungen seiner Radix-Stellung (Zeichen, Haus und Aspekte) mit sich. Die Plazierung im Geburtshoroskop ist die eigentliche Grundlage, von der aus sich das Zeichen und das Haus, das er durchläuft, sowie die Aspekte, die er dabei bildet, entfalten werden. Wenn der Radix-Saturn im 7. Haus steht, wird der laufende Saturn in Konjunktion zum MC, sowohl die Inhalte des 7. als auch des 10. Hauses in sich tragen. Beispielsweise sind wir zu dieser Zeit als Berater tätig und arbeiten jeweils nur mit einem Klienten oder gründen eine berufliche Partnerschaft, oder wir kämpfen mit dem Ende einer Liebesbeziehung, die wir mit unserem Chef oder mit jemandem eingegangen sind, der in unserem Beruf oder im öffentlichen Leben wichtig ist.

Wenn ein äußerer Planet im Geburtshoroskop stark angegriffen ist, kann ein Transit schwierig sein, auch wenn es sich dabei um ein Trigon oder ein Sextil handelt. Wir werden gezwungen, jene Probleme zu konfrontieren, die durch die Stellung des betreffenden Planeten im Geburtshoroskop angezeigt werden. Wenn Jupiter im Horoskop in erster Linie Quadrate und Oppositionen bildet, zeigt er sich vielleicht nicht, wie erwartet, als kosmischer Wohltäter, jedenfalls nicht, bevor wir sein Geburtsdilemma gelöst haben. Äußere Planeten, die im Horoskop in erster Linie Trigone und Sextile bilden, sind möglicherweise leicht zu integrieren, wenn sie durch einen Transit Konjunktionen, Trigone und Sextile bilden. Doch wenn wir niemals mit Quadraten oder Oppositionen zu diesen äußeren Planeten zu kämpfen hatten, dann können die laufenden Quadrate oder Oppositionen unser Gleichgewicht empfindlich stören, weil wir keine früheren Erfahrungen haben, mit den beunruhigenden Manifestationen dieser planetarischen Kräfte umzugehen.

Transite zu Radix-Planeten

Wenn ein Transit-Planet einen unserer Radix-Planeten aspektiert, wird sein Einfluß sich nicht nur auf das Wesen des Radix-Planeten, sein Zeichen und Haus beziehen, sondern auch auf seine Radix-Aspekte. Steht der laufende Uranus zum Mond im 8. Haus im Skorpion in Konjunktion, und wir fragen uns das erste Mal, ob wir bisexuell sind, kann die Leichtigkeit oder Schwierigkeit dieser Erfahrung von den Aspekten abhängen, die der Radix-Mond bildet. Befindet sich der Mond im Quadrat zu einer Mars/Venus-Konjunktion im 5. Haus im Löwen? Dann mögen wir tatsächlich mit Problemen kämpfen, die sich auf unsere Sexualität beziehen, sobald wir versuchen, Beziehungen zu finden, die uns einen freien Ausdruck unserer selbst erlauben und die sowohl emotional als auch sexuell erfüllend sind. Steht der Radix-Mond in einem großen Wasser-Trigon zur Venus im 12. Haus in den Fischen und zum Mars im 4. Haus im Krebs, dann leben wir möglicherweise mit mehreren Freunden des eigenen Geschlechts zusammen und unterstützen uns gegenseitig sowohl physisch als auch emotional, massieren einander und nehmen einander häufig in den Arm, ohne die sexuelle Identität immer wieder in Frage stellen zu müssen.

Häuser, die durch den aspektierten Planeten regiert werden

Aspektiert ein Transit-Planet einen Radix-Planeten, werden sowohl das Haus/die Häuser, die von diesem Planeten regiert werden als auch das Haus, in dem er steht, durch den Transit beeinflußt, besonders dann, wenn in dem Haus keine anderen Planeten stehen. Die Möglichkeiten, die durch den Transit gegeben sind und die Konflikte, die durch ihn lebendig werden, können Auswirkungen auf drei oder mehr Häuser im Geburtshoroskop haben. Wenn der Radix-Neptun im 12. Haus steht und der Transit-Neptun jetzt durch das 3. Haus läuft, dazu eine Opposition zu Venus im 9. Haus bildet und beispielsweise die Schule, auf die wir gehen, Gefahr läuft, ihre staatliche Anerkennung zu verlieren, dann können auch die Angelegenheiten des 2. Hauses, durch den Stier regiert, und die Angelegenheiten des 7. Hauses, durch die Waage regiert, unter Spannung stehen. Zum Beispiel, während wir versuchen, uns darüber Klarheit zu verschaffen, ob wir mit dem Studium weitermachen können: Sollten wir planen, den Abschluß auf jeden Fall zu machen und die nächsten Semestergebühren zahlen? Sollten wir mit der Arbeit in einer Uni-Bibliothek weitermachen, wo wir das Geld für den Lebensunterhalt verdienen? Was ist mit der Beziehung zu einem Mann, der den

Abschluß an der Universität macht und danach in sein Bundesland zurückkehren wird? In all diesen Fällen erleben wir die Oppositionen, die das 12., 3., 9., 2. und 7. Haus beeinflussen. Wir müssen uns damit auseinandersetzen, wie wir am besten mit der Verwirrung und Ungewißheit in diesen Lebensbereichen umgehen.

Aktivierung der Radix-Aspekte

Wenn ein Transit-Planet einen Radix-Planeten aspektiert und beide auch im Geburtshoroskop im Aspekt zueinander stehen, dann wird der Transit-Planet den Radix-Aspekt zwischen diesen beiden Planeten aktivieren, da er neue Möglichkeiten aufzeigt. Ob sie nun leicht oder schwierig sind, es geht darum, diese beiden Energien zu integrieren. Zwei Planeten, im Geburtshoroskop im Quadrat oder in Opposition zueinander, können harmonischer zusammenwirken, wenn einer der Planeten durch den Transit zu der Radix-Position des anderen in Konjunktion, im Sextil oder im Trigon steht. Wenn wir Uranus im Quadrat zu Mars im Geburtshoroskop haben und wir uns mit dem Problem der sexuellen Freiheit abmühen, oder wenn wir von einer Sache zur anderen flattern, ohne uns die Chance zu geben, irgend etwas Wesentliches zu erreichen, können wir Wege entdecken, diese Probleme zu lösen, wenn der laufende Uranus eine Konjunktion, ein Sextil oder Trigon zum Radix-Mars bildet. Die neuen Möglichkeiten, die uns gezeigt werden, sind normalerweise auf die Hausposition des laufenden Planeten bezogen.

Konjunktionen durch Transite

Wenn ein Transit-Planet in Konjunktion zu einem Radix-Planeten steht, wird der Ausdruck dieses Planeten in Übereinstimmung mit diesem Transit verwandelt. Durch Jupiter wird sich unsere Kraft ausdehnen und durch Saturn einschränken. Durch Uranus wird sie stark stimuliert oder befreit, durch Neptun übersensibilisiert und durch Pluto intensiviert. Wenn wir dem Radix-Planeten erlauben, die Energie des laufenden Planeten zu absorbieren und zu kanalisieren, entdecken wir neue Ausdrucksformen und Mittel, die Bedürfnisse dieses Planeten zu erfüllen. Im Verlaufe eines Lebens kann sich jeder unserer Radix-Planeten die Lehren einverleiben, die er durch die Konjunktion mit drei, vier oder fünf äußeren Planeten erhalten hat. Wenn wir Venus in der Waage haben und innerhalb kurzer Zeit erleben, wie Pluto, Jupiter und Saturn zu ihr eine Konjunktion bilden, können wir einen Intensivkurs in menschlichen Beziehungen durchmachen. Wir finden vielleicht heraus, wie wir den Verlust einer Liebe bewältigen können, was es bedeutet, eine Verpflichtung einzugehen, und wie wir mit einer quälenden Beziehung fertig werden. Oder wir entdecken, wie wir ein erfülltes Sexualleben haben können, wie wir neue Menschen erreichen und großzügig von uns selbst geben können. Wenn wir die Lektionen jedes Transits gründlich lernen, wird uns die Venus in der Waage befriedigendere Beziehungen in der Zukunft möglich machen.

Trigone und Sextile durch Transite

Transite, die im Trigon oder Sextil zu Radix-Planeten stehen, werden oft nicht bewußt erlebt. Gewöhnlich müssen wir entscheiden, ob wir den jeweiligen Aspekt auch ausdrücken wollen, um den Zustrom an Energie, die verfügbar ist, zu entdecken, und um die neuen Möglichkeiten, die sich bieten, herauszufinden. Die Plazierung des laufenden Planeten durch das Zeichen und Haus wird anzeigen, wie wir die Energie des Radix-Planeten am besten freisetzen können. Zum Beispiel kann ein Jupiter-Transit im 11. Haus, der im Trigon zu unserer Stier-Sonne im 7. Haus steht, darauf hinweisen, daß wir durch die Teilnahme an Gruppen, die sich mit pädagogischen oder philosophischen Fragen beschäftigen, Menschen treffen, mit denen wir befriedigende, enge Beziehungen eingehen können.

Quadrate und Oppositionen

Ein Transit-Planet im Quadrat zu einem Radix-Planeten kann Konflikte im Ausdruck dieses Planeten hervorrufen, indem er uns zwingt, in Übereinstimmung mit dem Transit-Planet und seiner Hausposition neue Ausdrucksmöglichkeiten zu entwickeln. Der laufende Saturn im 6. Haus, im Quadrat zu Venus in den Zwillingen im 3. Haus, fordert von uns, daß wir uns mehr auf berufliche Verantwortung konzentrieren und nicht so viel Zeit im Gedankenaustausch mit Kollegen verbringen. Daraus können wir lernen, die sozialen Bedürfnisse der Venus in den Zwillingen dadurch zu befriedigen, daß wir an Arbeitstagen häufiger Verabredungen zum Mittagessen treffen oder an Abendkursen teilnehmen, wo wir die verschiedensten Leute treffen und kennenlernen können.

Ein Transit-Planet in Opposition zu einem Radix-Planeten kann uns zwingen, den Transit-Planeten in unsere Beziehungen zu integrieren. Zum Beispiel kann der laufende Pluto im 10. Haus in Opposition zum Radix-Mond im 4. Haus in uns das Gefühl auslösen, von unserem Chef überfordert zu werden. Das kann zu Unstimmigkeiten führen, weil dieser Chef so viel unserer Freizeit beansprucht, daß unser Privatleben beeinträchtigt wird. Dies zwingt uns, einen Weg zu finden, die Befriedigung emotionaler Bedürfnisse und die Erfahrung persönlicher Macht während der Arbeit und auch zu Hause möglich zu machen. Wenn ein Transit in Opposition zu einem Radix-Planeten steht, erleben wir häufig einen anderen Menschen als hemmend oder fühlen uns irgendwie durch äußere Umstände behindert; haben wir erst einmal den laufenden Planeten und seine Hausposition als einen Teil von uns selbst verinnerlicht, können wir anfangen, ihn in den Ausdruck des aspektierten Radix-Planeten zu integrieren. Im obigen Beispiel müssen wir uns über unsere Beziehung zur Arbeit klar werden, die von tiefer Bedeutung ist und auch auf andere Menschen Auswirkungen hat; möglicherweise müssen wir den Pluto und den Mond integrieren, indem wir einen wirksamen Ausdruck für eigene intensive Gefühle und Ziele finden.

Konjunktionen innerer Planeten

Konjunktionen innerer Planeten oder ihre dominierende Stellung in einem Zeichen oder Haus können mindestens die Auswirkung eines Transits von äußeren Planeten haben. Besonders dann, wenn sie durch äußere Planeten, die an der Konjunktion beteiligt sind, verstärkt werden. Wenn sich zum Beispiel Sonne, Venus, Merkur, Mars und Uranus im Transit in den letzten Graden von Skorpion befinden, können wir davon ausgehen, daß ihre Hausposition und die Aspekte, die sie zum Geburtshoroskop bilden, während dieser Zeit stark aktiviert werden. Wir können entweder auf die Freisetzung von Skorpion-Energie reagieren, sobald sie sich manifestiert, oder sie nutzbar machen, bevor sie sich manifestiert. Dann können wir weitreichende Veränderungen in diesen Lebensbereichen vornehmen.

Bekannte und weniger bekannte Transite

Transite, deren Bedeutung sich auf Radix-Planeten und -Aspekte beziehen, können uns sehr bekannt vorkommen, weil sie das Potential des Geburtshoroskops aktivieren. Wenn wir Neptun im 9. Haus haben und einen Neptun-Transit in Konjunktion zu unserem Jupiter erleben, stellen wir wahrscheinlich fest, daß wir mit der Energie dieses Transits sehr vertraut sind, auch wenn er sich in einem Haus manifestiert, das, zumindest im Geburtshoroskop, nicht von Neptun beeinflußt wird. Im Gegensatz dazu können sich Transite, die keinen Bezug zur Stellung der Planeten im Geburtshoroskop haben oder sich beträchtlich davon unterscheiden, etwas fremd anfühlen, auch wenn sie uns auf Verhaltensweisen und Erfahrungen aufmerksam machen, von denen wir nicht wußten, daß sie möglich sind. Zum Beispiel wird unser Saturn im Stier durch einen Uranus-Transit herausgefordert, der in das 2. Haus eintritt. Dann können wir aber durch ihn lernen, daß kalkulierte finanzielle Risiken zur richtigen Zeit den Sinn für Sicherheit stärken können. Oder unsere Venus/Uranus-Konjunktion in den Zwillingen kann sich mit einem Saturn-Transit abmühen, der über den Deszendenten läuft. Möglicherweise entdecken wir jedoch, daß Freiheit und Anregung in einer Beziehung auch dann möglich sind, wenn wir uns binden und uns innerhalb klar definierter Grenzen bewegen.

Transite und Progressionen

Transite werden dann besonders machtvoll sein, wenn sie zeitlich mit einer ihnen verwandten Progression zusammenfallen. Ein Uranus-Transit, der in Opposition zu unserem Mond im 10. Haus steht, während die progressive Sonne in Konjunktion zu Uranus steht, wird einen weit bedeutenderen Effekt haben als ein Transit oder eine Progression, der oder die alleine wirken. Diese Konstellation wird uns ganz klar zur Befreiung von alten Mustern führen und uns befähigen, ein lebensfähigeres Verhalten zu schaffen, das unsere emotionalen Bedürfnisse befriedigt und auf die Bedürfnisse der Menschen um uns herum eingeht. Während eines solchen Transits können wir uns dafür entscheiden, die Sicherheit unseres Heims aufzugeben, um eigene berufliche Ziele zu verfolgen.

Ein «Doppeleffekt-Transit»

Gelegentlich werden wir einen «Doppeleffekt-Transit erleben», d.h., wenn der laufende Pluto zum Radix-Saturn ein Quadrat bildet und gleichzeitig der laufende Saturn zum Radix-Pluto im Quadrat steht. Diese «kombinierten Transite» besagen, daß wir die Einflüsse von Saturn und Pluto integrieren müssen, und zwar sowohl im Hinblick auf ihre Stellung im Geburtshoroskop als auch durch ihre Transit-Stellung. Wir könnten dies tun, indem wir uns völlig unserer Arbeit oder unseren saturnischen Verpflichtungen widmen oder indem wir einer Situation klar ein Ende setzen, deren Bedeutung einem der Häuser entspricht, die von Saturn und Pluto beeinflußt werden, und uns damit erlauben, den «Tod» eines Lebensabschnittes zu erleben.

Zwei Transite über einen Planeten

Wenn zwei Transit-Planeten einen Radix-Planeten gleichzeitig aspektieren, kann der eine Transit helfen, die Probleme zu lösen, die durch den anderen geschaffen werden. Wenn der laufende Saturn in Konjunktion zu unserem Mond steht, während der laufende Neptun zu ihm ein Quadrat bildet, können wir erfahren, daß Musik oder Meditation die emotionalen Hemmungen Saturns auflösen und uns helfen, unseren Selbstausdruck fließender zu gestalten. Gleichzeitig kann uns Saturn davor bewahren, von der süchtigmachenden oder übersensiblen Manifestation eines Neptun/Mond-Quadrats gefangen zu werden, während wir uns Projekten oder Aufgaben zuwenden, an denen wir emotional beteiligt sind oder durch die wir einige unserer Mond-Bedürfnisse befriedigen.

Transite und Mehrfach-Aspekte

Transite sind besonders dann wichtig, wenn sie gleichzeitig mehrere Aspekte zum Geburtshoroskop oder Mehrfach-Aspekte bilden, die nicht im Geburtshoroskop existieren. Ein Quadrat zu einem großen Radix-Trigon kann dieses große Trigon aktivieren und uns anspornen, unsere physischen, intellektuellen, praktischen und emotionalen Energien in einer neuen Weise einzusetzen. Ein Trigon zu einem großen Kreuz oder T-Quadrat kann uns neue Ausdrucksmöglichkeiten eröffnen, die uns helfen, die Konflikte von Quadraten und Oppositionen zu überwinden. Eine Opposition zu dem Planeten, der die Halbsumme zu einem Yod oder T-Quadrat bildet, kann eine Krise provozieren, die uns hilft, den Ausdruck dieses Planeten zu verändern und in einer Weise zu wirken, die integrierter und gezielter ist. Transit-Aspekte zu einer Radix-Konstellation, in der mehrere Planeten zusammenstehen, können uns anspornen, die konzentrierte Kraft dieser Konstellation auch auf andere Bereiche des Horoskops anzuwenden, anstatt den Schwerpunkt allein auf das Haus zu legen, in dem sie stattfindet.[7] Wenn Transite ein Radix-Trigon zu einem großen Trigon erweitern bzw. ein Quadrat oder eine Opposition im Geburtshoroshop durch einen Transit zu einem T-Quadrat wird, werden diese Aspekte fast wie eine Radix-Konstellation wirken, wobei der Transit-Planet die aktivierende Kraft vermittelt. Dies gilt ebenso, wenn ein Transit zu einem Sextil im Geburtshoroskop ein Yod bildet oder wenn mehrere Transit-Planeten hintereinander eine Mehrfach-Konjunktion im Geburtshoroskop überqueren.

Transite, die die Häuser wechseln

Wenn ein Transit-Planet ein Haus im Geburtshoroskop verläßt und in ein anderes hineingeht, wird dies zuerst meistens gar nicht bemerkt, weil er sich so langsam bewegt. Sein Einfluß ist jedoch bedeutend, weil er den Beginn einer neuen Phase in unserem Leben anzeigt, die sich auf die Energiemanifestation dieses Planeten bezieht. Das, was wir im vorangegangenen Haus gelernt haben, müssen wir jetzt in dem Haus anwenden, in das der Transit-Planet eintritt. Haben wir erst einmal Uranus sieben Jahre lang im 1. Haus erlebt, müssen wir jetzt der neugewonnenen Identität erlauben, sich durch die Art und Weise, wie wir unser Geld verdienen bzw. ausgeben, ganz individuell auszudrücken oder unsere physischen, emotionalen oder intellektuellen Mittel anders zu gebrauchen. Wir werden allerdings Uranus im 2. Haus erst dann ganz erfahren, wenn er seinen ersten Aspekt zu einem Radix-Planeten bildet.

Transite, die über den Aszendenten oder die Himmelsmitte gehen, sind normalerweise äußerst machtvoll. Sie zeigen Phasen an, in denen wir beginnen müssen, die Energien äußerlich zu manifestieren, die vorher innen oder hauptsächlich auf einer emotionalen oder mentalen Ebene gewirkt haben. Die unbewußte Beeinflussung durch einen Planeten, der sich im 12. Haus befindet, wird in unser Bewußtsein dringen, wenn er den Aszendenten überquert; er muß in die Erfahrung unserer Identität, unseres physischen Körpers und in unsere Art, uns in der Welt darzustellen, integriert werden. Das Wissen, das wir erworben haben, das Glaubenssystem, das wir entwickelt haben und auch die neuen Erfahrungsbereiche, die wir während des Transits durch unser 9. Haus kennenlernten, müssen wir in öffentliche Aktivitäten oder in das Berufsleben einbringen.

Transite, die stationär werden

Ein Transit, der während einer Konjunktion zu einem Radix-Planeten zum Stillstand kommt (ein Grad Orbis), hat den machtvollsten Einfluß, den wir erleben können, vergleichbar mit dem Einfluß einer Progression, die vorübergehend stationär wird. Er ist wenigstens fünf Mal stärker als der Transit, der sich mit normaler Geschwindigkeit bewegt. Sogar Merkur, Venus oder Mars werden intensiv auf uns einwirken, wenn sie nahe eines Radix-Planeten in ihrem Transit stationär werden. Gleichgültig, welcher stationäre Planet uns aspektiert, er wird unser Bewußtsein wahrscheinlich solange beherrschen, bis er wenigstens ein Grad von dem Radix-Planeten entfernt ist. Während er uns seine Lektionen einhämmert, wird er uns dazu zwingen, innezuhalten und zu klären, wie wir seine Kräfte einsetzen. Eine solche Erfahrung kann sehr schwierig sein, besonders dann, wenn dieser Planet viele Quadrate oder Oppositionen hat. Doch können die Auswirkungen des stationären Planeten stark genug sein, um notwendige Veränderungen einzuleiten, deren Bedeutung sich auf den betreffenden Planeten und das Haus, das er aspektiert, bezieht. Stationäre Planeten, sowohl Quadrate und Oppositionen als auch Trigone und Sextile, die im Aspekt zu Radix-Planeten stehen, werden gründlicher auf uns einwirken als normale Transite. Sie weisen auf Phasen hin, während denen wir die beiden Planeten, die an diesem Aspekt beteiligt sind, miteinander verbinden müssen. Saturn, der in seinem Transit in Konjunktion zu Venus stationär wird, kann uns dazu zwingen, uns für eine Weile von allen sozialen Interaktionen zurückzuziehen, damit wir uns auf uns selbst besinnen, und unsere Werte neu definieren. Der laufende Saturn, der im Trigon zu Venus stationär wird, kann den gleichen Einfluß haben, aber ohne die Gefühle von Einsamkeit und Selbstzweifel, mit denen wir uns vielleicht während einer Konjunktion auseinandersetzen müssen.

Neumond

Ein Neumond in Konjunktion mit einem Radix-Planeten oder Radix-Winkel (Orbis 2 Grad) kann auf einen Neubeginn hinweisen, der mit diesem Planeten oder Winkel zu tun hat. Das kann die Erholung von einer Krankheit sein, wenn der Neumond in Konjunktion zu unserem Aszendenten steht und den physischen Körper beeinflußt. Das kann ebenso eine Lohnerhöhung sein, wenn er in Konjunktion zum Jupiter im 2. Haus steht. Weist der aspektierte Planet oder Winkel im Geburtshoroskop viele Quadrate oder Oppositionen auf, kann die neue Lebensphase, die durch den Neumond eingeleitet wird, erfordern, daß wir uns erst einmal mit den Herausforderungen dieser Quadrate und Oppositionen auseinandersetzen müssen. Ein Neumond, der sich im Trigon, Sextil, Quadrat oder in Opposition zu einem Radix-Planeten befindet, wird uns auch beeinflussen, jedoch nicht so stark wie bei einer Konjunktion.

Eklipsen (Finsternisse)

Sonnen- und Mondfinsternisse können in bezug auf aspektierte Radix-Planeten oder -Winkel Krisen herbeiführen, besonders wenn es sich um Konjunktionen, Quadrate oder Oppositionen handelt. Möglicherweise fühlen wir uns so, als hätten wir die bewußte Kontrolle über den Radix-Planeten verloren und seien den unbewußten Prozessen oder unerwarteten äußeren Umständen, die unsere Aufmerksamkeit fordern, ausgeliefert. Wenn eine Finsternis in Konjunktion, in Opposition oder im Quadrat zu einem Radix-Planeten stattfindet, sollten wir uns die Freiheit nehmen, uns mit den irrationalen und unvorhersehbaren Ereignissen, die auftreten können, zu befassen und nicht von uns selbst erwarten, daß wir diesen Planeten auf übliche Weise ausdrücken. Durch Trigone oder Sextile können Finsternisse reizvolle Möglichkeiten in unser Leben bringen, Möglichkeiten, deren Bedeutung dem aspektierten Planeten zugeordnet sind. Sie können auch das Unterbewußtsein aktivieren und Kreativität oder intuitive Einsicht erwecken. Eine Eklipse, die in Konjunktion zum Merkur im 11. Haus stattfindet, kann zeitlich mit der Auflösung einer Gruppe, zu der wir gehören, zusammentreffen, wodurch wir andere Wege suchen müssen, um den Bedürfnissen des 11. Hauses gerecht zu werden. Eine Eklipse im 7. Haus im Trigon zu Merkur kann mit dem plötzlichen Beginn einer neuen Freundschaft einhergehen, die nach einer gewissen Zeit vielleicht sogar zur Ehe führt. Finsternisse haben einen uranischen Einfluß und wirken in einem Orbis von 3 Grad. Normalerweise spüren wir sie wenigstens fünf Tage vor und nach ihrem Auftreten und nochmals, wenn ein Transit-Planet, insbesondere Mars, gradgenau über die Position läuft, auf der die Finsternis stattfand.

Unaspektierte Planeten und Transite

Unaspektierte Planeten sind in unsere Lebensstruktur schwer zu integrieren und können in einer Weise wirken, die alles oder nichts bedeutet. Wenn der Merkur nicht aspektiert ist (durch Hauptaspekte), haben wir vielleicht

Schwierigkeiten, mit Menschen in Kontakt zu kommen. Möglicherweise schwanken wir zwischen stillem Rückzug in uns selbst und zwanghaftem Reden, ohne Rücksicht auf die Reaktion der anderen Leute. Ein Transit im Quadrat oder in Opposition zu einem unaspektierten Planeten kann uns zwingen, uns mit den Problemen dieses Planeten auseinanderzusetzen und nach Lösungen zu suchen. Ein laufender Planet im Trigon oder Sextil kann uns eine einfache Lösung zeigen, eine Lösung, die wir auch anwenden können, wenn der Transit vorüber ist. Steht der laufende Neptun im 1. Haus im Trigon zum Merkur im 9. Haus, können wir den beruhigenden Effekt der Meditation entdecken, der dem nicht aspektierten Merkur hilft, flüssiger zu kommunizieren.

Transite und Halbsummen

Weil das Geburtshoroskop Dutzende von Halbsummen enthält und wir den Überblick verlieren können, wenn wir zu viele Details in Betracht ziehen, wollen wir die Halbsummen einfach nicht beachten. Bestimmte Halbsummen sind jedoch Kraftpunkte, die auf Transite beinahe so reagieren, als ob sie Planeten wären. Eine Aufstellung unserer direkten Halbsummen, in der Reihenfolge der Tierkreiszeichen (wie das bei einigen Computer-Horoskopen der Fall ist [8]) ermöglicht es uns, Transite über bedeutende Halbsummen leicht zu beobachten.

Welchen Halbsummen sollten wir uns zuwenden? Erstens müssen wir darauf achten, ob es in unserem Horoskop einen Planeten gibt, der die genaue Halbsumme zwischen zwei anderen Planeten bildet; so, wie die Position der Sonne 26 Grad in der Jungfrau eine Halbsumme zwischen Merkur 23 Grad im Löwen und Mars 29 Grad in der Waage bildet. Ein Transit, beispielsweise Saturn in Konjunktion zur Sonne, wird in diesem Fall den Kanal zwischen Merkur und Mars aktivieren, und kann uns durch Motivation und Disziplinierung dabei helfen, eine immer wieder aufgeschobene Doktorarbeit zu schreiben oder uns anderweitig für ein Merkur/Mars-Projekt einzusetzen.

Zweitens sollten wir die Halbsummen aller Aspekte unseres Horoskops kennen, besonders die der genauen Quadrate und Oppositionen. Transite, die über diese Halbsummen laufen, werden diese Quadrate und Oppositionen aktivieren und uns helfen, ihre Konflikte zu lösen. Ein Jupiter-Transit, der im 5. Haus über die Halbsumme unseres exakten Venus/Pluto-Quadrats läuft, kann uns sogar eine erfüllende Liebesromanze bringen, eine Romanze, die nicht so qualvoll und emotional erschöpfend ist wie es die vorangegangenen Erfahrungen mit dem Venus/Pluto-Quadrat gewesen sein mögen.

Drittens können wir jenen Transiten Aufmerksamkeit schenken, die Halbsummen von Planeten aspektieren, die im Geburtshoroskop nicht durch

Aspekte miteinander verbunden sind. Solche Transite können uns ermöglichen, die Energien der beiden Radix-Planeten im Einklang mit den Transit-Planeten zu verbinden. Der laufende Uranus im 1. Haus im Transit über die Halbsumme zwischen dem Radix-Mars und -Neptun kann uns unerwartet in die Freuden des Ausdruckstanzes oder andere neptunische physische Aktivitäten einführen wie Tai Chi oder Schlittschuhlaufen.

Es ist keine schwierige Aufgabe, den wichtigsten Halbsummen mit Aufmerksamkeit zu begegnen. Wir brauchen nur hin und wieder die Aufstellung der Halbsummen in der Reihenfolge der Tierkreiszeichen zu prüfen, um herauszufinden, welchen nahegelegenen oder weiter entfernten Halbsummen sich die äußeren Planeten nähern (in dem Merkur/Mars-Beispiel ist 26 Grad Jungfrau näherliegend und 26 Grad Fische weiter entfernt). Gibt es im Horoskop einen Punkt, der mit mehreren Halbsummen in Verbindung steht, z.B. zwischen Mond/Mars *und* Saturn/Uranus *und* Merkur/Venus, werden alle diese Planeten bei einem Transit über den entsprechenden Grad aktiviert. Wenn uns so viel Energie zur Verfügung steht, sollten wir uns darauf vorbereiten, sie produktiv einzusetzen.

Transite, die kleinere Aspekte bilden

Nur wenige von uns haben die Zeit oder Geduld, sich mit den weniger bedeutenden Aspekten zu beschäftigen, die durch Transite zu Radix-Planeten in Beziehung treten. Oft sind solche kleineren Aspekte nicht so bezeichnend, obwohl das durch einen Transit eines äußeren Planeten gebildete Halb-Quadrat oder Anderthalbquadrat unsere Aufmerksamkeit verdient. Jeder durch einen stationären Planeten gebildete kleinere Aspekt hat eine Wirkung auf uns. Quintile, die uns in einer einmaligen Weise helfen, die Synthese verschiedener Kräfte auf einer höheren Bewußtseinsebene zu erreichen, sind es auch wert, beachtet zu werden, vor allem, wenn sie unaspektierte oder heftig angegriffene Radix-Planeten aktivieren. Ein Pluto-Transit im 10. Haus im Quintil zu unserem angegriffenen Mars im 12. Haus kann die Energie und Motivation freisetzen, die wir brauchen, um aus dem Schutz des 12. Hauses hinauszutreten und uns aktiv in öffentlichen Bereichen auszudrücken. Dadurch stärken wir unser Vertrauen in die Fähigkeit, uns offen zu behaupten.

Wir können den Prozeß zur Bestimmung kleinerer Aspekte vereinfachen, indem wir in unserer Tabelle der Halbsummen, die in der Reihenfolge der Tierkreiszeichen angeordnet sind, jene Grade festhalten, die solche merkwürdigen Aspekte wie zum Beispiel Halbquadrate und Quintile zu unseren Radix-Planeten bilden. Dann brauchen wir nur noch die Grade der Transite der äußeren Planeten zu suchen, um herauszufinden, welche Halbsummen und welche kleineren Aspekte ausgelöst werden.

Wie wir Transite der äußeren Planeten erfahren

Jetzt, nachdem wir viele Einflüsse von Transiten auf die Radix-Planeten betrachtet haben, liegt die Frage nahe, wie wir wohl einen Transit erleben könnten? Wann werden wir seine Wirkung am stärksten spüren? Wie lange wird er uns beeinflussen? Was passiert, wenn ein Transit einen Aspekt drei Mal bildet, weil er rückläufig ist? Oder sogar fünf Mal, wenn er beständig über ein- und denselben Grad vor- und zurückläuft? Also betrachten wir jetzt einmal den gesamten Prozeß eines Transits, angefangen bei seiner ersten Annäherung bis hin zu der abnehmenden Phase seines letzten Aspekts. Weil es schier unmöglich ist, hier die Einflüsse aller Transite zu beschreiben, ist die folgende Darstellung allgemein gehalten und bezieht sich hauptsächlich auf Konjunktionen, Quadrate und Oppositionen von Saturn, Uranus, Neptun und Pluto.

Wahrscheinlich werden wir die Energie eines Transits erstmals am Rande unseres Bewußtseins wahrnehmen, wenn er drei Grad von einer Konjunktion mit einem Radix-Planeten entfernt steht bzw. ab zwei Grad, wenn er ein Quadrat oder eine Opposition bildet. Trigone und Sextile sind uns gewöhnlich weniger bewußt und werden meist erst wahrgenommen, wenn der Aspekt bis auf ein Grad genau ist.

Wenn ein Transit-Planet sich auf eine Konjunktion, ein Quadrat oder eine Opposition zubewegt, kann uns seine Energie zuerst fremd erscheinen. Plötzlich sind wir gezwungen, diesen Planeten in uns selbst oder in der Welt um uns herum zu erleben. Wenn wir bereits zu dieser Zeit anfangen, ihn in unsere Erfahrungen miteinzubeziehen, seiner Energie dem aspektierten Planeten entsprechend Ausdruck verleihen und damit beginnen, die Konflikte zu lösen, die besonders durch Quadrate und Oppositionen hervorgerufen werden, dann können wir zu dem Zeitpunkt, wo der Transit exakt wird, unseren Frieden mit ihm gemacht haben. Wir können, besonders im Falle einer Konjunktion, mit dem Transit-Planeten verschmelzen, wenn wir uns vollkommen mit seiner Energie auseinandergesetzt und sie in uns aufgenommen haben. Haben wir uns nicht mit ihm geeinigt, kann die Woche des genauen Aspekts eine Krise, die durch diesen Planeten hervorgerufen wurde, auf ihren Höhepunkt treiben. Dann sind wir gezwungen, wenigstens vorübergehend Mittel und Wege zu finden, mit ihm umzugehen.

Die meisten Transite schwächen sich ab, wenn der genaue Aspekt erst einmal fällig ist, auch wenn der Einfluß Saturns oft noch um einen Grad über den exakten Aspekt hinaus erhalten bleibt. Die Lehren und Möglichkeiten, die durch den Transit geweckt wurden, können dann noch einmal an den Rand unseres Bewußtseins zurückkehren, um schließlich im Hintergrund zu verschwinden, es sei denn, daß der Transit rückläufig wird und sich noch einmal dem gleichen Grad nähert.

Der Einfluß der Rückläufigkeit wird davon abhänig sein, wie wir den direkten Aspekt behandelt haben. Vielleicht sind wir uns der rückläufigen Energie überhaupt nicht bewußt und fühlen uns nur hinsichtlich ihres Ausdrucks irgendwie blockiert. Möglicherweise erleben wir mehr die inneren als die äußeren Dimensionen des laufenden Planeten. Während eines rückläufigen Uranus können wir innere Spannung und Rastlosigkeit erfahren, psychische Blockierungen und übermäßige Selbstkontrolle, wenn Saturn rückläufig ist.[9] Wenn die durch den exakten Transit gestellten Aufgaben nicht gelöst worden sind, dann können wir — und sollten es auch tatsächlich tun — diese Aufgaben überprüfen und festlegen, wie wir uns bei einem weiteren direkten Aspekt in der Zukunft verhalten könnten. Auch wenn wir mit dem ersten Transit erfolgreich zurechtgekommen sind, müssen wir wohl diese Erfahrung neu bewerten, in dem Bewußtsein, daß der bevorstehende direkte Transit neue Lektionen bereithält und unvorhergesehene Möglichkeiten bieten wird.

Die Zeit nach einem rückläufigen Transit kann wieder eine Phase sein, in der uns seine Thematik nur am Rande berührt oder vorübergehend aufgeschoben ist, besonders dann, wenn der Transit-Planet sich viele Grade über den genauen Aspekt hinausbewegt. Ändert der Transit jedoch die Richtung und nähert sich wieder dem Radix-Planeten an, werden wir seine Energien als sehr stark erleben. Auch wenn wir für die beiden ersten Transite sehr empfänglich waren, können uns die Herausforderungen überraschen, denen wir uns gegenübersehen werden, falls wir jetzt nicht gewillt oder in der Lage sind, uns auf die Energien des Transits einzustellen und sie gemäß ihrem Einfluß im Horoskop aktiv einzusetzen. Jetzt ist die Zeit, während der wir genau das bekommen können, was wir in bezug auf diesen Aspekt verdienen. Unser Nachdenken, unsere Vorbereitung und unser angemessenes Handeln können jetzt ihren Lohn erhalten oder uns wenigstens ermöglichen, die Energien, die wir gerade erfahren, zu kanalisieren. Passivität und der Mangel an Verständnis, Voraussicht und Motivation im Umgang mit diesem Transit können in beträchtliche Schwierigkeiten münden und unerwartete Probleme in unser Leben tragen, für deren Handhabung wir uns nicht gerüstet fühlen. Wenn wir uns nicht auf die Transite vor ihrer Zeit einstellen, über sie nachdenken und sie gemäß des aspektierten Planeten, des Zeichens und des Hauses äußerlich zum Ausdruck bringen, können wir wenig durch sie lernen. Unsere Energie ist dann wahrscheinlich blockiert in dem Kampf gegen die herbeigeführten Krisen, denen wir uns lieber widersetzen als sie zu lösen. Oder wir können die Möglichkeiten für unser Wachstum verpassen, die das Universum bereithält, besonders dann, wenn es sich um einen Jupiter-Transit handelt.

Gelegentlich wird ein Transit von Uranus, Neptun und Pluto erneut rückläufig und bildet noch einen weiteren rückläufigen Aspekt und dann wieder einen direkten Aspekt zu unserem Radix-Planeten. Möglicherweise wird er sogar innerhalb eines Grades zu dem exakten Aspekt stationär und hämmert uns seine Lektionen ein. Wieder und wieder werden wir dann gezwungen sein, die Energie des laufenden Planeten mit dem Radix-Planeten zu verbinden. Wenn wir lediglich darauf warten herauszufinden, was uns geschehen wird, wird jedes Quadrat und jede Opposition neue Krisen hervorbringen, und jedes Trigon und Sextil kann eine verpaßte Gelegenheit sein. Warum sollten wir uns denn wie Opfer verhalten, die der Gnade von Transiten ausgeliefert sind, wenn wir deren Energie in unser Leben miteinbeziehen, ihre Aufgaben lernen und uns vorwärts bewegen können, um das Verständnis anzuwenden, das wir für viele Bereiche unseres Lebens gewonnen haben?

Das Wachstum, das wir während eines Transits erfahren, und die Weisheit, die wir durch diese Erfahrungen gewinnen, offenbaren sich oft erst nach vielen Jahren. Nur wenn wir einen gewissen Weitblick pflegen, können wir verstehen, wie die Aspekte in einem Transit-Zyklus in einer Wechselbeziehung zueinander stehen, und wie unsere Erfahrung mit einem Aspekt den nächsten Aspekt beeinflußt. Das, was wir während der Konjunktion eines laufenden Planeten mit einem Radix-Planeten in uns selbst aufgenommen haben, kann schöpferisch umgesetzt werden, wenn das nächste Sextil zwischen diesen beiden Planeten stattfindet. Wenn wir das Sextil einfallsreich nutzen, wird uns das helfen, uns mit dem Quadrat auseinanderzusetzen. Die Integration des Quadrats kann zu fließendem Ausdruck führen, worauf bei dem folgenden Trigon viele neue Möglichkeiten auftauchen können. Was wir durch das Trigon lernen, kann uns die Synthese der betreffenden Planeten in der Opposition ermöglichen und unser Bewußtsein so erweitern, daß neue Möglichkeiten miteinbezogen werden können. Der Zyklus geht weiter, bis wir wieder die Konjunktion erreichen (mit allen, außer den drei äußeren Planeten) und die Integration zweier planetarischer Energien erleben. Diese Integration kann ganz oder teilweise erfolgt sein; sie kann den negativsten Ausdruck der beiden in Frage kommenden Planeten mit sich bringen oder ihren positivsten. Das hängt ganz davon ab, welches Verständnis wir in der Vergangenheit und in der Gegenwart entwickelt haben. Außerdem spielt es eine Rolle, inwieweit wir die uns verfügbare Energie durch unsere Radix-Planeten und durch die Kanäle, die durch den Transit-Aspekt eröffnet und aktiviert worden sind, angewendet haben.

Die Vorbereitung auf Transite

Transite sind Botschaften des Universums, die uns dazu führen, die Anlagen und Möglichkeiten des Geburtshoroskops zu entfalten. Dazu müssen wir die Energien, die uns jederzeit zur Verfügung stehen, entdecken und nutzbar machen. Sehen wir den Transiten erwartungsvoll entgegen, damit sie unsere Wünsche und Träume erfüllen, oder warten wir ängstlich auf sie und fürchten uns vor den Krisen, die sie plötzlich heraufbeschwören werden, dann ist es sehr unwahrscheinlich, daß wir einen Nutzen aus ihnen ziehen. Wenn wir einen Transit erleben und nicht über seine Lektionen nachdenken, sind wir auf den nächsten Transit dieses Planeten nicht vorbereitet. Wir haben dann kein Verständnis für seine Kräfte entwickelt bzw. unsere Einsichten nicht im täglichen Leben angewandt. Aus vergangenen Transiten können wir lernen und die Energien aktueller Transite kanalisieren. Wir können uns auf einen Transit in der unmittelbaren Zukunft vorbereiten und im gegenwärtigen Moment weise Entscheidungen treffen, indem wir den Transiten gegenüber, die uns in der ferneren Zukunft beeinflussen werden, und den dann von ihnen aktivierten Planeten, Zeichen und Häusern gegenüber bewußt bleiben. Wir können bei unserem eigenen kosmischen Drama sowohl die Leitung übernehmen als auch Schauspieler und Zuschauer sein.

Aus der Vergangenheit lernen

Jupiter-Transite wiederholen sich ca. alle 12 Jahre; Saturn-Transite ca. alle 29 Jahre. Mit diesen äußeren Planeten können wir in die Vergangenheit zurücksehen und versuchen, uns zu erinnern, was wir erlebten, als ein bestimmter Transit das letzte Mal stattfand. Was passierte da? Welchen Schwierigkeiten sahen wir uns gegenüber? Welchen Nutzen zogen wir aus ihm? Wie benutzten wir die Energie des Transits in bezug auf das Haus, das er durchquerte, und in bezug auf den Planeten, den er aspektierte? Was hätten wir anders machen können? Was können wir aus dieser Erfahrung lernen, um konstruktiver auf den Transit eingehen zu können, wenn er wieder stattfindet?

Sogar wenn wir nie einen speziellen Saturn-Transit erlebt haben oder sehr jung waren, als der laufende Saturn das letzte Mal einen spezifischen Aspekt gebildet hat, können wir einige der letzten Male bestimmen, als Saturn einen Planeten durch Konjunktion, Sextil, Quadrat, Trigon oder Opposition aspektierte, und diese Erfahrung überprüfen. Wenn Saturn jetzt ein zunehmendes Quadrat zu Mars bildet, was können wir uns von dem abnehmenden Quadrat vor 14 Jahren in Erinnerung rufen? Wenn der laufende Saturn in Opposition zu Jupiter steht, wie war unsere Erfahrung der vorherigen Konjunktion oder sogar des letzten Trigons? Mit Uranus, Neptun und Pluto haben wir bisher wahrscheinlich jeweils nur ein paar Aspekte zu anderen Planeten erlebt, doch können sogar diese wenigen Aspekte uns zeigen, ob und wie wir die Kräfte des Transits und des Radix-Planeten integriert haben.

Während eines Transits wird der Energiestrom aktiviert, der die beiden Planeten miteinander verbindet. Egal, welchen Aspekt sie bilden, diese Planeten wirken in Beziehung zueinander. Unser Ziel ist es, den vorteilhaftesten Weg zu finden, um diese beiden Energien zu integrieren und sie in Übereinstimmung mit dem aspektierten Zeichen und Haus zum Ausdruck zu bringen. Blicken wir auf ihre vorangegangene Konjunktion zurück, können wir unsere Reaktion auf die Verbindung dieser Kräfte in einem speziellen Zeichen und Haus entdecken. Vergangene Sextile und Trigone können auf Möglichkeiten hinweisen, die uns geboten wurden (ob wir sie nun nutzten oder nicht), um den Ausdruck zweier Zeichen und Häuser durch den Kanal der beiden Planeten zu integrieren. Vergangene Quadrate geben Aufschluß über Perioden unseres Lebens, in denen wir diese beiden Planeten erlebt haben, und lassen erkennen, welche Zeichen und Häuser sie im Widerstreit zueinander beeinflußt haben. Sie zeigen uns auch, wo wir neue Wege entwickeln mußten, um die Probleme, denen wir gegenüberstanden, zu lösen. Vergangene Oppositionen können auf Zeiten hinweisen, in denen wir einen dieser Planeten in bezug auf sein Zeichen und Haus nach außen projiziert haben. Wir erfuhren ihn dann als äußeren Umstand, der im Gegensatz zu eigenen Bedürfnissen und Wünschen stand, die wiederum durch den anderen Planeten, sein Zeichen und Haus vertreten wurden. Während einer Opposition fühlten wir uns möglicherweise durch die Spannung der gegensätzlichen Pole innerlich zerrissen, vielleicht haben wir auch unser Bewußtsein so weit ausgedehnt, daß wir uns schließlich die Projektion eingestehen konnten und einen Weg zur Verbindung dieser beiden Kräfte entdeckt haben.

Betrachten wir das Beispiel einer Frau mit Mars im Widder im 2. Haus, die demnächst eine Opposition durch den laufenden Saturn zu erwarten hat, der in ihr 8. Haus, Anfang Waage, eintritt. Im Geburtshoroskop befindet sich Saturn an der Spitze des 6. Hauses. Sie ist zu jung, um sich an den Einfluß der letzten Saturn-Opposition zu Mars zu erinnern, aber sie erinnert sich an einige vorangegangene Saturn/Mars-Transite. Als der laufende Saturn im Widder in Konjunktion zu ihrem Mars stand, arbeitete sie sich gerade durch ihre Schule und setzte ihre physischen Kräfte (Mars im Widder) in ihrem Job, einer Sportgruppe für Frauen, ein. Sowohl die Arbeit als auch die Schule waren kraftraubend und ihr Einkommen mehr als gering, aber sie war in der Lage, das zu tun, was ihr Mars im Widder tun wollte — sich selbst zu erhalten, ihre Studien zu vollenden und Arbeitserfahrung zu gewinnen, die ihr in der Zukunft zustatten kommen würde. Als Saturn fünf Jahre später in den Zwillingen im 4. Haus im Sextil zu ihrem Mars stand, war sie jung verheiratet und lebte und arbeitete mit ihrem Mann auf dem Bauernhof seiner Familie. Auch wenn sie ein wenig abgeschieden wohnten, genoß sie die körperliche Arbeit und schätzte die Stabilität in ihrem Leben. Ihre langen Arbeitstage im Freien waren auch finanziell einträglich.

Als der laufende Saturn im Krebs in ihrem 5. Haus ein Quadrat zu ihrem Mars bildete, lebte und arbeitete sie in einem Heim für behinderte Kinder. Ihre Arbeit wurde schlecht bezahlt und ließ ihr wenig Freizeit, aber sie fühlte sich für das Wohlergehen der Kinder verantwortlich und hatte sich verpflichtet, ihnen zu helfen. Da sie sich gerade von einer schmerzhaften Scheidung erholte, legte sie keinen Wert auf gesellschaftliches Leben. Als dann Saturn das erste Mal im Quadrat zu ihrem Mars stand, kam ihr Vorgesetzter ins Krankenhaus, und sie übernahm die Verwaltung und die Aufsicht über den täglichen Ablauf. Während des rückläufigen Transits fühlte sie sich von Frustrationen überwältigt, weil die Situation nicht ihren eigenen finanziellen und emotionalen Bedürfnissen entsprach. Sie gab während des exakten Transits den Job für eine ähnliche Position auf, die besser bezahlt wurde und ihr mehr Freizeit ließ.

Als der laufende Saturn im Löwen im 6. Haus ein Trigon zu ihrem Mars bildete, begann der neue Job, der während der ersten zwei Jahre enttäuschend gewesen war, sich als vorteilhaft zu erweisen. Durch die Arbeit mit behinderten Kindern, denen sie half, ihre Körper zu kräftigen und ihre Beweglichkeit zu aktivieren, wurde ihre Geduld belohnt. Das Einkommen war jetzt regelmäßig und wirklich ausreichend, um ihren Bedürfnissen gerecht zu werden. Außerdem entwickelte sich eine enge Freundschaft zu einer älteren Frau, mit der sie zusammenarbeitete, und deren unermüdliche Unterstützung ihr Selbstwertgefühl und ihre Motivation verstärkte.

Zu dem Zeitpunkt, als sie mich aufsuchte, trat Saturn in die Waage ein und stand in Opposition zu ihrem Mars. Sie war wieder verheiratet und mühte sich, mit den Problemen zurechtzukommen, die aus dem drohenden Konkurs der Firma ihres Mannes resultierten. Auch war sie arbeitslos, hatte ein sechs Monate altes Baby und bemühte sich intensiv darum, eine Kindertagesstätte für die ortsansässigen Mütter zu organisieren — ein Projekt, das ihr wichtig war. Es würde jedoch während der nächsten Jahre weder ihr noch ihrem Mann ein Einkommen sichern. Was hatte sie aus ihren vorausgegangenen Transiten gelernt, das ihr helfen konnte, mit diesen Problemen fertigzuwerden?

Während der letzten Monate hatte diese Frau ihrem Mann dürftige kaufmännische Kenntnisse vorgeworfen und ihm die Schuld an den Problemen gegeben, denen sie sich jetzt gegenübersah. Da sie jedoch ihrem Wesen nach unabhängig ist, war sie immer in der Lage, sich selbst zu erhalten und Arbeitsmöglichkeiten zu finden, die mit ihren Interessen übereinstimmten. Während all ihrer Saturn/Mars-Transite war sie bereit, lange Arbeitszeiten auf sich zu nehmen und wenn nötig mit wenig Geld auszukommen. Als sie ihre früheren Erfahrungen bewertete, entdeckte sie, daß der Teil von ihr, der in Beziehung zu ihrem Widder-Mars im 2. Haus steht, es bisher vorzog, eigenes Geld zu verdienen und in den Herausforderungen eines anspruchsvollen Jobs und körperlicher Arbeit eine Entwicklungsmöglichkeit fand. Mit dem laufenden Saturn im 8. Haus wäre es nicht ratsam, übermäßige finanzielle Risiken einzugehen, wie es die Gründung einer Kindertagesstätte mit sich brächte. Stattdessen könnte sie langsam anfangen, eine Teilzeit-Kinderbetreuung ins Leben zu rufen, während sie gleichzeitig in einem Job arbeitete, der sie finanziell sichern würde. Warum sollte sie ihrem Mann die Schuld daran geben, daß er nicht in der Lage war, sie zu unterstützen oder ihre neue Unternehmung zu finanzieren? Sie selbst hatte doch die Stärke, irgendwann mit ihren Plänen Erfolg zu haben. Vorausgesetzt, sie würde auf den Saturn-Transit hören und auf die Zeit vertrauen, während sie sich in Geduld faßte und bereit war, sich mit den Einschränkungen, denen sie sich jetzt gegenübersah, auseinanderzusetzen und sie zu akzeptieren. Wenn sie die Verantwortung für ihre finanzielle Lage übernahm und sich eventuell nach Arbeit in einer Kindertagesstätte umsah, die ihr ein Einkommen ermöglichte *und* Erfahrungen brächte, die ihr in der Zukunft helfen könnten, könnte sie, wenn der laufende Saturn in ihr 10. Haus eintritt und ein Trigon zum Mars im 2. Haus bildet, vielleicht eine eigene Kindertagestätte eröffnen.

Anwendung in der Gegenwart und Vorbereitung auf die Zukunft

Welche äußeren Planeten aspektieren derzeit unser Horoskop? Welche Aspekte werden sie während der nächsten sechs Monate bilden? Zu dem Zeitpunkt, wo der Transit etwa 3 Grad von dem genauen Aspekt entfernt ist, spüren wir wahrscheinlich seine Annäherung, und es kann nützlich sein, uns darüber Gedanken zu machen, wie wir seinen Kräften Ausdruck verleihen könnten.

Unser Ziel sollte es sein, erst einmal die Kräfte des Transits und des Radix-Planeten zu erfahren, und zwar entsprechend ihrer Stellung in den betroffenen Zeichen und Häusern. Als nächstes müssen wir wirksame Wege finden, um die verschiedenen Bedeutungen miteinander zu verbinden. Ob der Aspekt nun eine Konjunktion, ein Sextil, ein Quadrat, ein Trigon oder eine Opposition ist, wir werden versuchen, die beteiligten Planeten, Zeichen und Häuser zu integrieren.

Nehmen wir das Beispiel eines 38jährigen Mannes, dessen Radix-Merkur sich auf 24 Grad in der Waage im 11. Haus befindet, zu dem der laufende Pluto bald eine Konjunktion bilden wird. Der Radix-Pluto steht an der Spitze des 9. Hauses, im Sextil sowohl zu Mars im 10. als auch zu Uranus im 7. Haus. Pluto ist Herrscher des 12. Hauses. Sein Radix-Merkur (Herrscher der Himmelsmitte und des Deszendenten) steht im Quadrat zu Jupiter im Krebs im 8. Haus und bildet ein Trigon zum Mond, Ende Wassermann, im 3. Haus. Als Pluto zuerst eine Konjunktion zum Radix-Merkur einging, stand sein progressiver Mond in Konjunktion zu seinem Jupiter, und der progressive Mars näherte sich seiner Sonne/Neptun-Konjunktion, während der Uranus-Transit außerdem noch ein Sextil zu dieser Konjunktion bildete. Der laufende Jupiter und Saturn bewegten sich vor und zurück über den Radix-Mars im 10. Haus.

Dieser Mann war ein «Single» und hatte sechs Jahre lang als Berater in einer Institution zur Behandlung von Alkoholkranken gearbeitet, obwohl er wegen der Methoden, die dort angewandt wurden, frustriert war. Er hatte zahlreiche Ideen, den Alkoholismus anders zu behandeln, Ideen, die er laufend weiterentwickelte (Jupiter Quadrat Merkur), er war jedoch nicht in der Lage, sie durchzuführen (Sonne/Neptun/Mars). An der Universität hatte er

Soziologie studiert und später als Sozialarbeiter gearbeitet. Seit der Pluto-Transit in sein 11. Haus eingetreten war, befaßte er sich mehr und mehr mit den sozio-kulturellen Ursachen des Alkoholismus und der Beziehung zwischen wirtschaftlichen und sozialen Problemen. Vor kurzem hatte er erwogen, einer linksorientierten Organisation beizutreten. Er hatte viele Freunde, war aber jetzt häufig unzufrieden mit der oberflächlichen Kommunikation, die er früher genießen konnte. Es störte ihn, daß seine Freunde so wenig Interesse an psychologischen und sozialen Fragen hatten. Auch beunruhigte ihn seine Unfähigkeit, feste Beziehungen zu Frauen einzugehen.

Gehen wir in der Zeit zurück und nehmen wir an, daß Pluto jetzt bald in Konjunktion zum Radix-Merkur steht. Wie könnte er sich auf diesen Transit vorbereiten und ihm begegnen? Er könnte versuchen, seine Freundschaften zu vertiefen, indem er sich auf einer mehr persönlichen Ebene daran beteiligte. Er könnte sich aus Freundschaften zurückziehen, die ihm nichts mehr bedeuten, und Beziehungen zu solchen Leuten eingehen, mit denen er eine Verbindung «aus dem Bauch» heraus erlebte. Er könnte sich mit psychologischen, politischen und sozialen Themen, die ihn ernsthaft interessieren, intensiver befassen und sich aktiv an einer politischen Gruppe beteiligen, mit deren Werten und Veränderungsvorschlägen er übereinstimmt.

Er könnte eine Psychotherapie oder eine spezielle Gruppentherapie beginnen, um seine eigenen innerpersönlichen Konflikte noch weiter zu erforschen. Unter dem Einfluß von Pluto würde er am meisten von einer sehr intensiven Therapieform profitieren, einer Therapie, die mehr das befreiende Loslassen von Gefühlen fördert, anstatt lediglich deren Ausdruck im Verbalen zu unterstützen. Er könnte sich mit der Entwicklung seiner Kommunikationsfähigkeit befassen, indem er schriebe oder sich Gruppenaktivitäten widmete, so daß er in der Arbeit und in seinem politischen, sozialen und persönlichen Leben mehrere Hilfsquellen hätte, auf die er sich stützen könnte.

Er könnte seine Ziele noch einmal ernsthaft überdenken. Während der laufende Uranus sich seinem Aszendenten nähert und der progressive Mars sich auf eine Konjunktion mit Sonne und Neptun zubewegt, könnte er seine Ziele in bezug auf seine Arbeit oder sein soziales Engagement neu formulieren. Er könnte seine eigenen Methoden zur Behandlung von Alkoholismus zum Einsatz bringen oder einen Beruf finden, in dem er seine Erfahrungen und seine Talente besser einsetzen könnte, wodurch er einen größeren Beitrag zur Gesellschaft leisten würde.

Die Betrachtung der fernen Zukunft

Viele von uns werden durch die laufenden Transite zu sehr in Anspruch genommen und ziehen selten die Ephemeriden zu Rate, um herauszufinden, was uns in der Zukunft, über ein Jahr hinaus, beeinflussen wird. Wenn wir jedoch wissen, welche Transite unsere Radix-Planeten während der nächsten

Jahre aspektieren, kann uns diese Kenntnis helfen, in der Gegenwart Entscheidungen zu treffen. Wenn wir uns jener Transite bewußt werden, die uns schon zehn Jahre, bevor sie stattfinden, beeinflussen können, erkennen wir die Richtung, in die unsere Entwicklung läuft. Es reicht aus, wenn wir die Hauspositionen der fünf äußeren Planeten bestimmen und sowohl die Hauptaspekte festhalten, die durch Uranus, Neptun und Pluto während der nächsten Dekade zu unserem Geburtshoroskop in Beziehung treten als auch die Konjunktionen, Quadrate und Oppositionen von Saturn und die Konjunktionen von Jupiter. Das allein kann uns schon helfen, jene Bereiche unseres Horoskops herauszufinden, auf denen die Betonung liegt, und die wichtigen Lektionen zu erkennen, die wir lernen sollen. Um ein vollständiges Bild über den Einfluß der Planeten zu bekommen, könnten wir auch noch die wichtigsten Progressionen feststellten. Nehmen wir einmal an, daß wir den Aszendenten Ende Widder haben und daß Jupiter bald in Konjunktion zu unserer Venus im 9. Haus stehen wird, gefolgt von Saturn, der eine Konjunktion zu unserem Mond im Skorpion im 7. Haus eingehen wird. Wir sind vielleicht gegenwärtig von unserer bevorstehenden Hochzeit in Anspruch genommen und glauben ernsthaft daran, daß die Beziehung zu unserem Ehemann für den Rest des Lebens am wichtigsten sein wird. Wenn wir aber unsere Himmelsmitte im Steinbock genau betrachten und dabei feststellen, daß die überwiegende Anzahl der Planeten, die während der späten 80er und frühen 90er Jahre durch den Steinbock gehen, könnten wir erkennen, daß sich unsere Aufmerksamkeit wahrscheinlich mehr auf das öffentliche Leben oder auf das Berufsleben verlagern wird. Diese Erkenntnis mag uns im Moment wenig bedeuten, aber schon Mitte der achtziger Jahre erwägen wir vielleicht, wieder zu studieren, um eine neue Berufslaufbahn vorzubereiten. Möglicherweise entscheiden wir uns dafür, den Vorteil dieser 10.-Haus-Betonung voll auszunutzen, in dem Bewußtsein, daß wir die Grundlagen für den Erfolg vor der Zeit schaffen können. Auf diese Weise wird der Lohn, den wir in der Zukunft erhalten, viel größer sein.

Betrachten wir ein anderes Beispiel, das 1980 stattfand. Einer Frau mit einem Jungfrau-Aszendenten und Mond und Neptun im 1. Haus wurde die Gelegenheit angeboten, ein Haus in ihrer bevorzugten Wohngegend zu kaufen. Die laufenden Planeten Jupiter und Mars standen gerade vor kurzem in Konjunktion zu ihrem Aszendenten und regten ihr Bedürfnis nach neuen Erfahrungen an. Inzwischen steht der progressive Mond im Schützen, in ihrem 4. Haus, im Quadrat zum Radix-Mond, und sie erhielt die Information, daß ihre Wohnung demnächst in eine teure Eigentumswohnung umgewandelt werden sollte. Obwohl sie schon immer gerne ein eigenes Haus haben wollte, hatte sie doch nie daran gedacht, eines zu kaufen. Teilweise auch deshalb, weil sie ihr Geld gespart hatte, um eine Musikhochschule zu besuchen, und dort im nächsten Jahr anfangen wollte. Außerdem führte sie einen intensiven Briefwechsel mit einem Freund, der in einem anderen Bundesstaat lebte und der sich gerade von seiner Frau scheiden ließ. Er war Lehrer in der Stadt, in der er lebte und hatte sich verpflichtet, während der Sommermonate an einem Feriencamp in Europa mitzuwirken. Seit sie ihn vor einem Monat besucht hatte und beide ein Liebespaar geworden waren, dachte sie öfter darüber nach, ob eine Langzeitbeziehung zwischen ihnen wohl möglich wäre. Sie würde sehr gerne heiraten, ist aber nicht sicher, ob sie sich überhaupt festlegen will, indem sie all ihr Geld in ein Haus investiert, das fast 1000 Meilen von diesem Mann entfernt liegt. Allerdings machte ihr die Freundin, die dieses Haus verkaufen wollte, ein äußerst günstiges Angebot, bevor sie es einem Immobilienmakler überließ.

Was sollte sie tun? Wenn sie nur von dem gegenwärtigen Einfluß Jupiters in Konjunktion zu Mars und von ihrem progressiven Mond im 4. Haus ausginge, könnte sie sich für die Investition entscheiden. Aber was würde dann aus ihrem Interesse an dieser Beziehung, ihrem Wunsch zu heiraten und ihren Plänen, die Musikhochschule zu besuchen? Wird der Besitz dieses Hauses während der kommenden Jahre für sie wichtig sein? Wie könnte die genaue Betrachtung von zukünftigen Transiten und Progressionen, ungeachtet des gegenwärtigen Einflusses, ihr helfen, eine weise Entscheidung zu treffen? Welche Transite und Progressionen werden ihr Horoskop während der frühen achtziger Jahre aspektieren?

Zuerst einmal werden Jupiter und Saturn in neun Monaten eine Konjunktion zu ihrem Neptun im 1. Haus (Herrscher ihres leeren 7. Hauses) eingehen. Könnte dieser Transit ihr Interesse für Musik anregen? Könnte er die Beziehung zu ihrem neuen Geliebten beeinflussen oder eine weitere wichtige Beziehung in ihr Leben bringen? In einem Jahr wird ihr progressiver Mond das 5. Haus erreicht haben und in Konjunktion zu ihrer Venus stehen, die die Spitze des 9. Hauses im Stier beherrscht und in ihrem Horoskop harmonisch aspektiert ist. Sechs Monate später wird der laufende Neptun eine Konjunktion zu ihrer Venus eingehen. Sind das nicht günstige Voraussetzungen sowohl für den Besuch der Musikhochschule als auch für die Liebe? In zwei Jahren wird der laufende Uranus in Konjunktion zu ihrem IC stehen und in das 4. Haus eintreten. Ist es wahrscheinlich, daß sie dann ein stabiles Leben zuhause möchte? Könnte dieser Transit auf einen bedeutenden Umzug hinweisen? Würde sie das Haus, wenn sie es gekauft hätte, möglicherweise zu dieser Zeit wieder verkaufen? Könnte sie dann, mit ihrem Geliebten oder zukünftigen Ehemann, neun Monate im Jahr in den USA und drei Monate in London leben?

Auch wenn sie nicht die Zukunft voraussagen kann, wird diese Frau wahrscheinlich entdecken, daß sie durch die genaue Betrachtung der Transite und Progressionen, die während der kommenden Jahre auf sie wirken werden, eine weise Entscheidung treffen kann. Sie wird sich nicht mit der Verpflichtung und den Ausgaben für ein neues Haus belasten.

Dieses Beispiel einer Frau, die wegen eines Hauskaufs eine Entscheidung trifft, zeigt, wie es uns helfen kann, die Transite zu kennen, die uns während der kommenden Jahre beeinflussen werden. Machen wir uns auch die Transite klar, die in den kommenden zehn oder zwanzig Jahren auf uns einwirken werden, können wir einen Überblick über unser Leben gewinnen und ein klares Gefühl für unsere Lebensrichtung erlangen. Wir können die Lektionen, die wir lernen sollen, erkennen, und sehen auch, auf welche Weise wir lernen sollen. Wenn wir eine Weile Vorausschau betreiben, erkennen wir die Gegenwart als den dynamischen Moment, der sich aus unseren Erfahrungen in der Vergangenheit entwickelt hat und uns Möglichkeiten zeigt, mit denen wir die Zukunft gestalten können. Auf diese Weise beginnen wir, mit den Transiten zusammenzuarbeiten und entdecken, was für uns am besten ist. Wir dürfen uns jedoch nicht zu sehr von der Vergangenheit oder der Zukunft in Anspruch nehmen lassen, denn unser vordringliches Ziel beim Studium der Transite sollte es sein, die Fähigkeit zu erlangen, jeden dynamischen Moment der Gegenwart zu erfassen. Wir müssen lernen, die Energie der laufenden Planeten und der Radix-Planeten völlig zu erleben und diese Kräfte, so gut wir können, in Aktivitäten, Beziehungen und unseren Lebensstil einfließen zu lassen. Das wird uns ermöglichen, die Harmonie in uns selbst zu verwirklichen, und sie mit anderen Menschen, mit der Gesellschaft als Ganzem und mit dem Universum zu teilen.

Die richtige Fragestellung

Jetzt, wo wir gesehen haben, wie wir aus der Vergangenheit lernen könnten, uns auf laufende Transite vorzubereiten und Transite in der ferneren Zukunft zu betrachten, müssen wir anfangen, unser Wissen anzuwenden. Von all den Transiten sind uns wahrscheinlich diejenigen am wichtigsten, die gerade jetzt auf uns einwirken. Wir wollen hier innehalten und jeden Transit einschätzen, nicht indem wir versuchen, ihn zu interpretieren, sondern indem wir herausfinden, wie wir mit seinen Kräften zusammenarbeiten können.

Auf den folgenden Seiten sind eine Reihe von Fragen aufgelistet, die wir uns selbst stellen können, wenn wir über unsere Jupiter-, Saturn-, Uranus-, Neptun- und Pluto-Transite nachdenken. Nicht alle Fragen mögen im Moment für uns relevant sein. Das hängt von den jeweiligen Planeten, Zeichen und Häusern ab, die an dem speziellen Transit beteiligt sind, außerdem von den Aspekten, die gebildet werden. Die Fragen können aber eine Orientierungshilfe dafür sein, wie wir die Energie des Transits kanalisieren und sie mit dem Radix-Planeten, dem Zeichen und dem Haus, in Einklang bringen können.

Während wir die Fragen beantworten, die uns im Moment betreffen, müssen wir sowohl die Radix-Position des betreffenden Planeten und die Position seines Transits feststellen als auch das Haus oder die Häuser, die von diesem Radix-Planeten beherrscht werden sowie seine Position im Geburtshoroskop (Zeichen, Haus und Aspekte) in Betracht ziehen. Sogar wenn wir den Einfluß des Transit-Planeten verstehen, werden wir nicht in der Lage sein, eine Integration mit dem Radix-Planeten durchzuführen, solange wir nicht herausgefunden haben, wie seine Energie ausgedrückt werden kann — und zwar mit all den Möglichkeiten, die seine Radix-Stellung bietet.

Fangen wir also damit an, einen Transit auszuwählen, der gerade auf uns einwirkt, und denken wir über die Ausdrucksmöglichkeiten des aspektierten Planeten nach. Dann wenden wir uns den entsprechenden Fragen zu und prüfen, wie dieser Transit wirkungsvoller genutzt werden könnte. Sicher sind wir nicht in der Lage, jede dieser Fragen umfassend zu beantworten bzw. jede Antwort, die wir finden, auch umzusetzen. Aber wir können wenigstens, mit den Worten von Rainer Maria Rilke,

> *...geduldig all dem gegenüber sein, das (in unseren Herzen) ungelöst ist, und versuchen, die Fragen als Fragen zu lieben, wie verschlossene Räume, wie Bücher, die in einer für uns unverständlichen Sprache geschrieben sind... Das Ziel ist, alles zu leben. Lebe die Fragen heute. Vielleicht werden wir Schritt für Schritt, ohne es zu bemerken, eines fernen Tages in die Antworten hineinleben.*

JUPITER-TRANSITE

1. *Wie kann ich mich über alte Grenzen hinausbewegen, die auf diesen Planeten und das Haus bezogen sind, ohne zu weit zu gehen? Wie kann ich neue Erfahrungen machen? Was wird mir helfen, die Möglichkeiten, die sich hier zeigen, zu entdecken und ihren Vorteil zu nutzen?*

2. *Wie kann ich in diesem Lebensbereich freier agieren? Was muß ich tun, um mir den Raum zu geben, den ich brauche, um mehr Handlungsfreiheit zu erfahren?*

3. *Wie kann ich Reisen in die Erfahrung dieses Planeten und Hauses miteinbeziehen? Was wird mir helfen, mich neuen Menschen und Orten gegenüber zu öffnen?*

4. *Wie kann ich diesen Lebensbereich besser genießen, ohne meine Pflichten zu vernachlässigen? Wie kann ich meine positive Energie und meinen Enthusiasmus vermehren? Meinen inneren Reichtum erfahren?*

5. *Wie kann ich mich hier verbessern? Was kann ich «Großartiges» leisten, ohne zu übertreiben?*

6. *Wodurch werde ich fähig, vertrauensvoller zu handeln, während ich den aspektierten Planeten und das Haus zum Ausdruck bringe? Wie kann ich*

wachsen und meine eigenen Hilfsquellen erweitern?

7. *Welche Überzeugungen habe ich im Zusammenhang mit dem Ausdruck des betreffenden Planeten und des betreffenden Hauses? Wie kann ich ihn offener gestalten und erweitern, um neue Möglichkeiten miteinzubeziehen, ohne unpraktisch zu werden?*

8. *Wie kann ich hier mein Verständnis vertiefen und meine Erfahrungen verinnerlichen? Was versuche ich in diesem Lebensbereich zu lernen? Wie kann ich mich mit meiner eigenen Quelle der Weisheit verbinden? Wie kann ich das, was ich verstanden habe, im Alltag besser umsetzen?*

9. *Was habe ich in diesem Lebensbereich zu geben? Wie kann ich mein Wohlwollen zum Ausdruck bringen und meinen Erfahrungsschatz teilen? Auf welche Weise kann ich andere Menschen lehren, sie führen oder ihnen helfen? Wie kann ich mehr zu einer Führungspersönlichkeit, einem Manager oder Gönner werden?*

10. *Wie kann ich hier meinen Erfahrungen größere Bedeutung geben? Wie kann ich meinem Lebensziel durch diesen Lebensbereich Ausdruck verleihen und es erfüllen?*

11. *Was suche ich hier? Was könnte ich finden? Möchte ich es wirklich finden? Wie könnte ich es finden? Wie könnte ich meine Suche genießen?*

12. *Welche Zukunftspläne habe ich in bezug auf diesen Planeten und dieses Haus? Wie kann ich meine zukünftigen Möglichkeiten in diesem Lebensbereich besser berücksichtigen und mich darauf vorbereiten?*

13. *Wie kann ich andere Alternativen erforschen statt die Angelegenheiten des aspektierten Planeten sowie sein Zeichen und Haus als gegeben hinzunehmen oder die Bedürfnisse der anderen Planeten, Zeichen und Häuser zu vernachlässigen?*

SATURN-TRANSITE

1. *Wie kann ich die Angelegenheiten, die sich auf diesen Planeten, dieses Zeichen und dieses Haus beziehen, organisieren und zusammenfassen? Welche umsetzbaren Strukturen kann ich hier schaffen?*

2. *Wie kann ich unerledigte Angelegenheiten klären oder dieses Haus auf andere Weise «aufräumen»? Wie kann ich die Aufgaben aus der Vergangenheit zu Ende bringen? Welche Strukturen oder Verpflichtungen muß ich hier aufgeben? Was muß ich loslassen, um meinen Selbstrespekt zurückzugewinnen und nach meinen eigenen Maßstäben leben zu können? Wie gehe ich mit diesem Verlust um? Welchen Gewinn kann ich in der Zukunft erwarten, wenn ich jetzt bereit bin, Verlust und Verzicht hinzunehmen?*

3. *Welche Schwerpunkte habe ich gesetzt? Wie kann ich meine Aufmerksamkeit begrenzen, um mich auf diese Prioritäten zu konzentrieren, ohne mich selbst übermäßig zu beschränken? Welche Einschränkungen sind vernünftig?*

4. *Welche Arbeit muß hier geleistet werden? Welche Verpflichtung muß ich hier einhalten? Welche Aufgaben erfordern meine Aufmerksamkeit und Energie? Wie kann ich mich disziplinieren, um sie zu vollenden? Wie kann ich in einer praktischen, zuverlässigen und ausdauernden Weise tätig sein?*

5. *Was bin ich imstande im Zusammenhang mit diesem Planeten, Zeichen und Haus zu erreichen? Was will ich erreichen? Lohnt es den Aufwand an Zeit und Kraft? Wie kann ich sowohl während des Tuns als auch im Endergebnis Befriedigung finden?*

6. *Welche Grundlagen muß ich hier schaffen? Wie kann ich sie solide gestalten? Wie kann ich meine Geduld über einen längeren Zeitraum aufrecht erhalten? Welchen zukünftigen Nutzen kann ich von den Grundlagen, die ich jetzt schaffe, erwarten?*

7. *Mit welchen Hindernissen muß ich mich in diesem Lebensbereich auseinandersetzen und sie überwinden? Welche konkreten Gegebenheiten muß ich anerkennen? Wie kann ich mich erfolgreich mit äußeren Widerständen und inneren Hemmschwellen auseinandersetzen?*

8. *Wie kann ich hier vorsichtig und realistisch zugleich sein? Wie kann ich meine Angst konstruktiv einsetzen, damit sie mich eher vor unklugen Handlungen bewahrt statt mich zu lähmen und zu versklaven?*

9. *Wie kann ich in diesem Lebensbereich stärker und unabhängiger werden? Wie kann ich meine Selbstachtung und mein Selbstwertgefühl vergrößern?*

10. *Welche Aufgaben muß ich in Verbindung mit diesem Planeten, Zeichen und Haus lösen? Wie kann ich mich eher auf das konzentrieren, was ich lerne, gewinne und entwickle statt auf die Schwierigkeiten, denen ich mich gegenübersehe?*

11. *Wie kann ich die von Saturn geforderte Selbstkontrolle, Disziplin und Verantwortlichkeit üben, während ich gleichzeitig die Bedürfnisse anderer Planeten in meinem Horoskop befriedigen und ein ausgewogenes und gleichmäßiges Leben führe?*

URANUS-TRANSITE

1. *Von welchen Verhaltensweisen oder Strukturen in meinem Leben muß ich mich, in Verbindung mit dem aspektierten Planeten und Haus, befreien? Welche Verhaltensweisen müssen wiedererweckt oder erneuert und welche müssen aufgegeben werden? Welche stimmen mit meinen inneren Gesetzen überein, welche stehen im Gegensatz dazu? Ist es möglich, diese Verhaltensweisen und Strukturen zu verändern? Wie kann ich sie verändern? Wie kann ich sie loslassen?*

2. *Durch welche neuen Verhaltensweisen, Muster oder Strukturen möchte ich die alten ersetzen? Welche Erneuerungen möchte ich vornehmen? Wie kann ich alternative Ausdrucksformen dieses Planeten und Hauses entdecken und erforschen? Welche neuen, ungewöhnlichen oder progressiven Richtungen sprechen mich an? Wie könnte ich mit dem Neuen experimentieren? Welche Risiken bin ich bereit einzugehen? Sind sie es wert, eingegangen zu werden?*

3. *Wie kann ich hier meine besonderen Talente entdecken und meine Individualität zur Geltung bringen? Wie kann ich meine Originalität und meine Erfindungsgabe zum Ausdruck bringen?*

4. *Auf welche Weise kann ich, in Verbindung mit dem aspektierten Planeten und Haus, unabhängiger vorgehen? Was muß ich tun, um hier mehr Freiheit zu erleben? Wie kann ich freier und unabhängiger vorgehen und mir gleichzeitig der gegenseitigen Abhängigkeit zwischen mir und den Menschen in meiner Umgebung sowie der ganzen Menschheit bewußt bleiben?*

5. *Wie kann ich, im Zusammenwirken mit diesem Planeten und diesem Haus, in Verbindung mit meiner Intuition kommen? Wie kann ich mir der universellen Gesetze, die sich hier manifestieren, besser bewußt werden? Wie kann ich mein astrologisches und psychologisches Verständnis in diesem Lebensbereich anwenden?*

6. *Was muß ich tun, um hier mein Bedürfnis nach ständiger Anregung zu befriedigen, ohne unnötige Unruhe in meinem Leben zu schaffen? Wie kann ich mir den Raum geben, den ich brauche, um die Richtung zu ändern, und um neuen Möglichkeiten gegenüber offen zu bleiben?*

7. *Wie kann ich mich auf plötzliche und unerwartete Umstände vorbereiten, die auf diesen Planeten und dieses Haus bezogen sind, sei es, daß ich sie vorsätzlich schaffe oder daß sie ohne meine bewußte Entscheidung eintreten? Wie gehe ich mit dem Unerwarteten um? Wie lebe ich mit der Unsicherheit in diesem Lebensbereich?*

8. *Wie kann ich meinen Uranus-Transit, in Verbindung mit dem Planeten und Haus, das er aspektiert, wirksam erfahren und kreativ umsetzen, während ich auch die Bedürfnisse der anderen Planeten in meinem Horoskop in Betracht ziehe? Wie kann ich es vermeiden, Veränderungen einzuführen, die zu allen anderen Seiten von mir im Widerspruch stehen? Wie kann ich Uranus am besten zu meinem Vorteil nutzen, während ich gleichmäßig arbeite und meinen inneren Werten, Zielen und Idealen gemäß lebe?*

NEPTUN-TRANSITE

1. *Wie kann ich mit den Angelegenheiten des aspektierten Planeten, des Zeichens und des Hauses leben, wenn alles unsicher und in der Schwebe ist? Wie kann ich hier mit der Verwirrung zurechtkommen?*

2. *Wie kann ich Raum in diesem Lebensbereich schaffen, um die Überreste der Vergangenheit zu beseitigen und innere Ruhe zu erfahren? Wie kann ich mir weniger abverlangen, während Neptun meinen Radix-Planeten aufarbeitet und ihm dadurch ermöglicht, in Zukunft sinnvoller zu wirken? Wie kann ich mir erlauben, in die Erfahrungen größerer Erfüllung abzuschweifen, ohne vom Kurs abzukommen oder Verpflichtungen zu vernachlässigen? Wie kann ich hier fließender werden?*

3. *Wie kann ich mich davor bewahren, in diesem Lebensbereich hilflos oder abhängig zu werden? Was muß ich tun, um fester in mir zu ruhen und mit meinem inneren Licht in Berührung zu kommen? Wie können Meditation, spirituelle Studien oder andere Quellen göttlicher Weisheit wie das I-Ging mir helfen, hier Klarheit zu gewinnen?*

4. *Wie kann ich kreativer sein, meine Vorstellungskraft und meine Eingebungen in bezug auf diesen Planeten und dieses Haus aktiv einsetzen? Welche darstellenden Künste könnte ich im Zusammenhang mit diesem Lebensbereich erfahren und schätzen?*

5. *Wie können mir meine Träume und Fantasien helfen, hier größere Erfüllung zu finden? Wie kann ich aus meinen Fantasien lernen oder meine Vorstellungen benutzen, um positive Bilder zu schaffen, die auf den Planeten, das Zeichen und das Haus bezogen sind? Was muß ich tun, um meine Fantasien und Träume in eine praktische Form zu bringen?*

6. *Wie kann ich meinen Gefühlen diesem Planeten, Zeichen und Haus gegenüber offener werden? Wie kann ich mit meiner Übersensibilität umgehen und mich davor schützen, die negativen Gefühle anderer in mich aufzunehmen?*

7. *Wie kann ich mein Mitgefühl zum Ausdruck bringen? Was habe ich hier zu geben, und wie kann ich es geben, ohne Abhängigkeit zu unterstützen oder ein Märtyrer zu werden? Welche Dienste kann ich anderen anbieten?*

8. *Wie kann ich verhindern, daß ich mir hier etwas vormache oder daß ich in einer Traumwelt lebe? Wie kann meine innere Führung die Verbindung mit der Realität aufrechterhalten? Wie kann ich meinen Glauben bewahren, wenn mir meine Illusionen genommen und meine Ideale herausgefordert werden?*

9. *Wie kann ich mich auf meine Ideale einstimmen und fähiger werden, sie zu leben? Wie kann ich dem Göttlichen in mir Ausdruck verleihen?*

10. *Wie kann ich hier das Bedürfnis nach «höheren» Erfahrungen erfüllen und für Erleuchtung offen bleiben? Wie kann mein Ausdruck dieses Planeten, Zeichens und Hauses inspirierter und bedeutungsvoller werden? Wie kann ich meine Einheit mit der Menschheit und dem Universum im Hinblick auf diesen Lebensbereich erfahren? Wie kann ich es ermöglichen, daß die heilenden Kräfte des Universums mich mit Licht erfüllen und durch die Zeit des Transits geleiten?*

PLUTO-TRANSITE

1. *Wie kann ich mich ganz in die Angelegenheiten des aspektierten Planeten, Zeichens und Hauses einbringen? Wie kann ich den unerschöpflichen Energievorrat, der mir jetzt in diesem Lebensbereich zur Verfügung steht, anzapfen und kanalisieren?*

2. *Wie kann ich mit den Erfahrungen in meinem Innersten in Kontakt bleiben? Was muß ich tun, um diesem Planeten, Zeichen und Haus aus meinem tiefsten Wesen heraus Ausdruck zu verleihen? Wie kann ich mir dessen bewußt werden, was hier für mich wesentlich ist?*

3. *Wie kann ich die Vergangenheit in diesem Lebensbereich «sterben» lassen und alles auslöschen, was unwesentlich ist? Wie kann ich mit der Zerstörung des Alten umgehen, wenn eine solche Zerstörung notwendig ist? Wie kann es mir gelingen, nur das zu zerstören, was der Zerstörung bedarf, während ich die Erschaffung des Neuen möglich mache?*

4. *Wie kann ich unter die Oberfläche tauchen und meine Erfahrungen hier vertiefen? Wie kann ich meine Wahrnehmung in diesem Lebensbereich erhöhen und sie zu meinem und dem Wohle anderer Menschen einsetzen? Welche therapeutischen Übungen werden mir ermöglichen, die tiefen Erfahrungen zu machen, die ich hier suche?*

5. *Wie kann mein Bedürfnis nach Intensität hier mein Leben eher verbessern statt übertriebenen Aufruhr zu schaffen? Welche Art von Intensität will ich erleben? Wie kann ich mein Bedürfnis nach einer «totalen Erfahrung» befriedigen?*

6. *Wie kann ich die Giftstoffe, die sich bezogen auf den Planeten, das Zeichen und Haus möglicherweise in mir angesammelt haben, auf konstruktive Weise freisetzen? Wie kann ich meine Gefühle von Eifersucht, Gier und Wut oder mein unerfülltes Verlangen umwandeln?*

7. *Wie kann ich mich in diesem Lebensbereich regenerieren? Wie kann ich mich in Übereinstimmung mit diesem Planeten, dem Haus oder dem Zeichen erneuern oder wieder aufbauen? Wie kann ich mich lebendiger fühlen?*

8. *Wie kann ich in diesem Lebensbereich erfinderischer werden? Welche eigenen Talente und Hilfsmittel stehen mir hier zur Verfügung? Wie kann ich mit den Mitteln anderer wirkungsvoller arbeiten?*

9. *Wie kann ich meine persönliche Macht hier erleben statt sie auf andere auszuüben oder mich machtlos zu fühlen? Wie kann ich meine Macht einsetzen, andere zu verändern, zu heilen oder zu regenerieren? In welcher Weise kann ich hier einen konstruktiven und bedeutenden Eindruck auf andere machen, indem ich meine Macht zum Ausdruck bringe?*

10. *Wie kann ich in diesem Lebensbereich einen Beitrag zur Gesellschaft leisten? Für welche Reformen oder Aktivitäten von sozialer oder politischer Bedeutung könnte ich mich einsetzen? Wie kann ich meine Macht und meinen Erfindungsreichtum benutzen, um die Mißstände in der Gesellschaft zu bekämpfen und Reformen einzuführen, die lebendig und weitreichend sind?*

11. *Wie kann ich die Tiefe meines Wesens mit den Angelegenheiten des aspektierten Planeten, Zeichens und Hauses verbinden, ohne meine anderen Planeten, Zeichen und Häuser zu vernachlässigen? Wie kann ich meine Pluto-Erfahrung in die anderen Lebensbereiche integrieren?*

Saturn/Uranus und Saturn/Neptun

Im Jahre 1988 standen Saturn und Uranus drei Mal in Konjunktion zueinander. Sie fanden alle im Schützen, zwischen 27 Grad 49 Minuten und 29 Grad 57 Minuten, statt. Im Jahre 1989 werden Saturn und Neptun ebenfalls drei Mal im Steinbock in Konjunktion zueinander stehen, zwischen 10 Grad 22

Minuten und 11 Grad 55 Minuten. Betrachten wir die Transite äußerer Planeten, so denken wir in der Regel an ihre Auswirkung auf die Gesellschaft und wissen nicht, wie wir sie zu unserem Geburtshoroskop in Beziehung setzen können. Doch was geschieht, wenn die Kraft einer Konjunktion der äußeren Planeten durch Konjunktion, Quadrat oder Opposition einen Radix-Planeten aktiviert? Was passiert, wenn seine Energie bereits in die Verbindung zu einem unserer Planeten fließt, etwa durch den Aspekt eines Trigons oder eines Sextils? Wie können wir diese Energie nutzen? Welche Auswirkung kann sie auf unser persönliches Leben haben?

Es ist klar, daß der Einfluß der Konjunktion davon abhängt, welcher Planet aspektiert wird, in welchem Zeichen und Haus er im Geburtshoroskop steht und welche Aspekte er bildet. Es ist unmöglich, alle denkbaren Einflüsse in einem Buch oder gar in einem Kapitel zu behandeln. Aber wir können den erwähnten Konjunktionen wenigstens dadurch näherkommen, daß wir verstehen, wie wir eine konstruktive Verbindung der Energien dieser beiden durch eine Konjunktion verbundenen Planeten herstellen können. Haben wir erst einmal verstanden, wie sie zusammenwirken, können wir leichter bestimmen, wie diese Energie in den aspektierten Planeten, in sein Zeichen und Haus geleitet werden könnte.

Das, was wir beim Versuch, die Energien zweier Planeten miteinander zu verbinden, lernen, kann auch dann angewendet werden, wenn diese Energien durch Aspekte in unserem Geburtshoroskop auftauchen. Haben wir beispielsweise ein Saturn/Uranus-Quadrat im Geburtshoroskop, kann uns die Saturn/Uranus-Konjunktion etwas über die Integration von Saturn und Uranus lehren. Steht eine Radix-Konjunktion im Quadrat zu einem Radix-Planeten, so wird die Transit-Wiederkehr dieser Konjunktion wahrscheinlich all die Probleme berühren, die wir im Zusammenhang mit der Radix-Konjunktion noch haben. Der Zeitraum der Konjunktion bietet die beste Gelegenheit, um hier unsere Schwierigkeiten zu überwinden. Sogar wenn im Geburtshoroskop zwei äußere Planeten nicht miteinander im Widerstreit liegen und ihre Konjunktion keine Radix-Planeten aspektiert, kann uns das Verständnis für ihr Zusammenwirken nützlich sein. Dieses Verständnis können wir auf den Einfluß der Transite anwenden — wenn der laufende Uranus im Aspekt zum Radix-Saturn steht oder der laufende Saturn den Radix-Uranus aspektiert. Ebenso ist es auf Aspekte des laufenden Saturn zum Radix-Neptun oder Aspekte des laufenden Neptun zum Radix-Saturn anwendbar. Abgesehen von Transiten können wir auch Schwierigkeiten erleben, die nicht durch Aspekte angezeigt werden, sondern durch die Position im Geburtshoroskop. Wenn beispielsweise Saturn im 11. oder 12. Haus steht (den Häusern, die von Saturn oder Neptun beherrscht werden) oder Uranus im 10. oder 12. Haus (den Häusern, die von Saturn oder Neptun beherrscht werden) oder Neptun im 10. oder 11. Haus (den Häusern, die von Saturn oder Uranus beherrscht werden). Wenn wir in einer Konjunktion der äußeren Planeten deren konstruktiven Ausdruck erkennen, kann uns das bei der Integration der verschiedenen, nicht miteinander in Beziehung stehenden Seiten unseres Horoskops helfen.

Wir wollen sowohl die negativen als auch positiven Möglichkeiten der Saturn/Uranus- und Saturn/Neptun-Kombinationen in Augenschein nehmen, so daß wir uns auf die Schwierigkeiten, die sie uns bescheren mögen, vorbereiten können und eine Vision schaffen, die wir verwirklichen wollen.

Saturn/Uranus

Der gemeinsame Einfluß von Saturn/Uranus oder der Saturn/Uranus-Konjunktion wirkt sich vielleicht erst einmal ungünstig aus, wie die folgenden Beispiele zeigen:

a. Wir fürchten die Veränderung oder sträuben uns dagegen, während wir an alten Strukturen und Beziehungen festhalten, trotz wiederholter Fehlschläge, die uns auffordern, uns für neue Möglichkeiten zu öffnen.
b. Wir versuchen in der Enttäuschung über die vorhandenen Strukturen und Bindungen blindlings aus allem auszubrechen, was uns zurückhält, und dabei sowohl die Dinge in unserem Leben zu zerstören, die uns von Nutzen sind als auch jene, die uns schaden.
c. Wir erleben uns selbst als jemanden, der gewaltsam die Freiheit anderer Menschen beschneidet oder Situationen anzieht, in denen unser Bedürfnis nach Freiheit durch andere behindert wird.
d. Wir bleiben in der Spannung zwischen Individualität und Konformität, zwischen Freiheit und Bindung, gefangen, unfähig, uns für eine Richtung einzusetzen oder gar die beiden Polaritäten zu integrieren.
e. In unserer Angst hemmen wir den Ausdruck unserer Intuition, unserer Originalität oder unseres sozialen Idealismus.
f. Wir werden eigensinnig und machthungrig und handeln deshalb in einer diktatorischen und/oder unerbittlichen Weise sowohl in unserer Arbeit als auch in Gruppen, Organisationen und bei anderen Gelegenheiten.
g. Wir erfahren Entfremdung oder Trennung von Gruppen, Institutionen oder der ganzen Gesellschaft.

Saturn und Uranus sind beide die Herrscher von Wassermann und als solche vielleicht die wahren Verkünder des Wassermann-Zeitalters. Wenn wir erst einmal die Möglichkeiten erkennen, die ihre Energien uns sowohl auf einer persönlichen als auch auf der sozialen Ebene bringen können, können wir sicher einige oder alle der folgenden Möglichkeiten annehmen und umsetzen:

a. *Wir überwinden Angst:* Der Einklang mit Uranus kann uns helfen, die Ängste zu überwinden, die uns gelähmt und blockiert haben. Wir können uns für unvorhergesehene Möglichkeiten öffnen, die bisher hinter verschlossenen Türen lagen.

b. *Wir befreien uns aus alten Strukturen und gestalten sie neu:* Jetzt ist der Zeitpunkt gekommen, um in unserer Arbeit, in unseren Beziehungen und in anderen wichtigen Verbindungen eine neue, umwandelnde Kraft freizusetzen. Durch unsere Bereitschaft, etwas zu riskieren, zu experimentieren und Dinge zu verändern, können wir die Widerstände auf unserem Weg überwinden und jene Bereiche, in denen wir keine Befriedigung mehr finden, zu neuem Leben erwecken. Vielleicht entdecken wir dann, daß die Strukturen, mit denen wir gelebt haben, flexibler sind als wir ursprünglich dachten, und daß es uns möglich ist, auch innerhalb der selbstgewählten Begrenzungen unabhängig zu wirken.

c. *Durch Verpflichtungen gewinnen wir Freiheit:* Wenn wir die richtige Person, Aufgabe, Gruppe oder den richtigen Beruf finden, kann das tatsächlich Energien freisetzen, so daß unsere Tätigkeiten wirkungsvoller sind und uns mehr Erfüllung geben. Sobald wir unsere Prioritäten und Ziele gefunden haben und uns ihnen widmen, verwirklichen wir neue Möglichkeiten in uns selbst. Solche Hinwendung kann uns von den «Du-sollst-Mustern» befreien, die wir in der Vergangenheit verinnerlicht haben, und uns befähigen, innere Kontrolle sowie Selbstdisziplin und Unabhängigkeit zu entwickeln.

d. *Wir widmen uns der eigenen Befreiung:* Der Einfluß von Saturn auf Uranus kann uns dazu bringen, uns ausschließlich auf die Erweckung unseres wahren Wesens zu konzentrieren, indem wir die Gesetze im Innersten des Seins entdecken und uns dafür entscheiden, auf eine selbstbestimmte Weise zu handeln, indem wir uns und unseren inneren Wertvorstellungen treu bleiben. Mit den Worten von Henry Miller: *Emanzipiere dich! Kein anderer wird dies für dich tun. Kein anderer kann dies für dich tun.*

e. *Wir entwickeln die inneren Grundlagen, um uns in einer sich ständig verändernden Welt zurechtzufinden:* Während wir unsere eigenen Grundlagen schaffen und immer unabhängiger von äußeren Strukturen werden, vergrößern wir nicht nur unsere Fähigkeit, Veränderungen einzuleiten, sondern wir lernen es auch, uns auf die unbekannten, unerwarteten und häufig äußerst beunruhigenden Veränderungen einzustellen, die bestimmte Umstände uns aufzwingen. In der sich rapide verändernden Gesellschaft ist diese Fähigkeit von allergrößter Wichtigkeit, wenn wir Meister unseres Geschickes werden wollen und nicht zu Opfern der Kräfte, die außerhalb von uns liegen.

f. *Wir beherrschen neue Denkmodelle und bringen neue Ideen in eine praktische Form:* Sobald sich unser Geist neuer Möglichkeiten bewußt wird, können wir uns entschließen, diese in der Realität zu verankern, indem wir unseren Ideen und Idealen Form verleihen. Das Aufblitzen uranischer Einsicht und Erfindungsgabe kann in konkrete Formen umgesetzt werden. Saturn hilft uns, den praktischen Gebrauch von Computern und technischen Erfindungen zu meistern, die den Beginn des Wassermann-Zeitalters charakterisieren. Wir können alte Systeme in einer neuen Weise einsetzen und neu erworbenes Wissen anwenden, um die Möglichkeiten des alten Systems neu zu beleben und auszuweiten. Wenn wir saturnische Disziplin anwenden und unsere Wahrheitssuche an der Wirklichkeit prüfen, kann uns das auch zur Entwicklung einer festen begrifflichen Grundlage für Astrologie, «New Age»-Philosophie, zeitgenössische Wissenschaft und politisches Denken führen.

g. *Wir finden und schaffen zwischen den Gesetzen unseres inneren Wesens und der Gesellschaft Berührungspunkte:* Saturn und Uranus gemeinsam können uns helfen, unseren Platz in der Gesellschaft wiederzufinden, neu zu definieren und unsere Zugehörigkeit auf eine Weise zum Ausdruck zu bringen, die es ermöglicht, unabhängig und doch in Verbindung zum größeren Ganzen zu wirken. Während wir nach dem Mittelweg zwischen Individualität und Anpassung suchen, können wir solche Aufgaben und Lebensstrukturen auswählen, die unsere Einzigartigkeit und Individualität zur Geltung bringen und es uns gleichzeitig ermöglichen, ein Teil der Gesellschaft zu sein und in ihr zu wirken.

h. *Wir widmen uns der gesellschaftlichen Veränderung:* Der Idealismus und die humanitäre Haltung von Uranus müssen in der Welt erprobt und angewendet werden, wenn sie eine reale Auswirkung auf die gesellschaftlichen Strukturen haben sollen. Unser eigener Sinn für soziale Verantwortung kann uns zur Arbeit in Gruppen und sozialen Institutionen führen, um bei den politischen, zwischenmenschlichen und Umwelt-Gegebenheiten, in denen wir leben, dauerhafte Veränderungen zustande bringen zu können.

Saturn/Uranus

Wieder und wieder befiehlt uns eine Stimme, die alten Geleise zu verlassen, Taschen und Gepäck zurückzulassen, die Autos zu wechseln, die Richtung zu ändern.

— Henry Miller

Das größte und nobelste Vergnügen, das wir in dieser Welt haben, ist die Entdeckung neuer Wahrheiten und als nächstes, alte Vorurteile abzuschütteln.

— Friedrich der Große

Ich fordere die allgemein anerkannten Grundsätze heraus.

— Bertrand Russell

Freiheit ist, dem Gesetz, das man sich selbst gegeben hat, zu gehorchen.

— Jean-Jacques Rousseau

Freiheit bedeutet die Wahl deiner Qual.

— Hepzibah Menuhin

Die Mitte in uns selbst zu finden, ist auf lange Sicht der beste Beitrag, den wir für unsere Mitmenschen leisten können.

— Rollo May

Furcht ist die atmosphärische Störung, die verhindert, daß ich meiner Intuition lauschen kann.

— Hugh Prather

Ein Mensch kann sogar innerhalb von Gefängnismauern frei sein. Der Körper kann mit Ketten gefesselt werden, der Geist niemals.

— Bertolt Brecht

Es ist leicht, in der Welt nach der Meinung der Welt zu leben; es ist leicht, in der Einsamkeit sich selbst zu leben; aber ein wahrer Mensch ist der, der mitten in der Menge in völliger Liebenswürdigkeit die Unabhängigkeit der Einsamkeit behält.

— Ralph Waldo Emerson

Ich glaube an den Individualismus ... bis zu dem Punkt, an dem der Individualist anfängt, auf Kosten der Gesellschaft zu leben.

— Franklin Roosevelt

Soll ich der Hüter meines Bruders sein?

— Genesis

Niemand ist eine Insel, ganz für sich allein.

— John Donne

Wir sind einsam, ja, aber innerhalb dieser Einsamkeit sind wir Brüder, die sich gegenseitig helfen, vorwärts zu kommen, ohne zu stolpern.

— Elie Wiesel

Er zog einen Kreis, der mich ausschloß — ein Ketzer, Rebell, keiner Achtung wert. Aber die Liebe und ich, wir wußten zu gewinnen: Wir zogen einen Kreis, und der nahm ihn nach innen.

— Edwin Markham

Der höchste Vertrag, den wir mit unseren Mitmenschen schließen können, lautet: Wir wollen immer Wahrheit zwischen uns herrschen lassen.

— Ralph Waldo Emerson

Dies ist die einzig wahre Freude im Leben, daß dein Wesen für ein Ziel benutzt wird, das du selbst als ein hohes anerkennst ... anstatt dich zu beklagen, daß die Welt sich nicht dir widmen will, um dich glücklich zu machen.

— George Bernhard Shaw

Diejenigen, die erwarten, die Früchte der Freiheit zu ernten, müssen sich mannhaft der schweren Arbeit unterziehen, für sie einzutreten.

— Thomas Jefferson

Ich stelle die Bedürfnisse unserer Gesellschaft über mein eigenes Streben.

— Ralph Nader

Ich bin auf der Welt, um die Welt zu verändern.

— Muriel Rukeyser

Es ist eine Tatsache, daß Veränderungen geschehen. Sie müssen kommen. Du mußt deinen Teil dazu beitragen, daß sie eintreten.

— John Hersey

Saturn/Neptun

Der gemeinsame Einfluß des laufenden Saturn und des laufenden Neptun hat ebenfalls positive und negative Seiten. Die Konjunktion dieser beiden Planeten ab 1989 im Steinbock, aber auch die Verbindungen von Saturn und Neptun innerhalb unseres Horoskops, können dazu führen, daß wir auf eines oder mehrere der folgenden Probleme stoßen:

a. Wir fühlen uns erschöpft, desinteressiert und unfähig, uns um die Angelegenheiten des aspektierten Planeten, des betroffenen Zeichens und Hauses zu kümmern.

b. Wir vermeiden es, uns mit der gegebenen Realität auseinanderzusetzen, weil wir uns mit der Verantwortung abmühen, diesen Kräften einen normalen Ausdruck zu verleihen, und uns durch sie überfordert fühlen. Dadurch flüchten wir zu leicht in Fantasien, die praktisch unmöglich umzusetzen sind und/oder unsere Fähigkeit zu weit übersteigen, als daß sie im Moment zu verwirklichen wären.
c. Wir schwanken zwischen Phasen der Inspiration und der Entmutigung, zwischen Aufrechterhaltung und Vermeidung von Anstrengung, während wir eine unbestimmte Angst, Ernüchterung oder Hoffnungslosigkeit verspüren, die uns davon abhält, Befriedigung in diesem Lebensbereich zu finden und uns weder den Ursprung des Problems noch eine Lösungsmöglichkeit finden läßt.
d. Unser Versuch, dieser planetarischen Energie Ausdruck zu verleihen, bleibt erfolglos, weil wir ambivalent sind und unsere Ziele nicht klar definieren können. Wir haben unzureichende Informationen, um eine klare Entscheidung zu treffen oder Verpflichtungen durchzuziehen. Möglicherweise sind die Leute, auf die es ankommt, ebenfalls verwirrt und nicht in der Lage, sich festzulegen.
e. Wir ziehen uns in uns selbst zurück, unfähig, die Kräfte des in Frage kommenden Planeten nach außen zu richten. Wenn wir allein sind, geben wir Selbstzweifeln, Selbstmitleid, Passivität, Paranoia sowie quälenden Gefühlen nach, brauchen mehr Schlaf oder nehmen mehr Alkohol, Drogen oder Medikamente zu uns als sonst.
f. In Beziehungen reagieren wir überempfindlich auf Zurückweisung, und wir zweifeln an unserer Fähigkeit, geben zu können. Wir wechseln zwischen der Erfahrung neptunischer Abhängigkeit und Passivität und ihrem Gegenteil, der Selbstaufopferung, hin und her, oder wir ziehen es vor, uns von der Außenwelt abzuschließen, um mit der Verwirrung und dem Durcheinander in unserer Seele in Ruhe gelassen zu werden.
g. Wir sehnen uns nach tieferen Kontakten mit anderen Menschen, nach Romantik, Zärtlichkeit oder Seelenbegegnungen, sind aber nicht bereit, die erforderliche Energie zu investieren oder uns mit der härteren Realität menschlicher Kontakte auseinanderzusetzen. Das führt dazu, daß wir unseren gesellschaftlichen Rahmen begrenzen oder Beziehungen zu Menschen pflegen, die in gewisser Weise unnahbar sind.
h. Wir lassen uns in der Arbeit ziellos treiben, sind festgelegt auf unbefriedigende Aufgaben oder jagen von einem Projekt zum anderen und sehnen uns nach Veränderung, ohne zu wissen, was wir eigentlich wollen, ohne innere Bereitschaft, eine neue Richtung einzuschlagen.
i. Unsere materiellen Angelegenheiten sind ungeregelt, unser Bankkonto weist einen unkontrollierbaren Schwund auf, so daß wir uns gezwungen sehen, die Aufwendungen für einige Dinge einzuschränken, die uns in der Vergangenheit wichtig waren. Wir fühlen uns unsicher und der

Fähigkeit beraubt, Geld zu verdienen und es zu verwalten und sind den wirtschaftlichen Problemen unserer Gesellschaft gegenüber hilflos.

j. Wir fühlen uns in spiritueller, kreativer, emotionaler oder sexueller Hinsicht blockiert und nicht in der Lage, aus dem Brunnen der Kraft zu schöpfen, der uns in der Vergangenheit erhalten hat.

k. Schließlich könnten wir erleben, daß sich die Strukturen unseres Lebens und die Grundlagen unserer Identität langsam auflösen. Das läßt eine zermürbende Leere zurück, die ihre verborgenen inneren Möglichkeiten für neue Strukturen und Grundlagen, für neue Tätigkeiten, Beziehungen oder neue Quellen für emotionale Nahrung noch nicht offenbart hat.

Der kombinierte Einfluß von Saturn und Neptun auf einen oder mehrere unserer Planeten oder ihr gegenseitiger Einfluß durch einen Transit kann wie oben beschrieben auf uns einwirken, aber wir müssen deshalb nicht die Opfer von Verwirrung, Depression oder Unzulänglichkeit bleiben. Zusammen können diese Planeten die Grundlagen und die Inspiration für Zufriedenheit und Erfolge in der Zukunft schaffen. Aber um aus ihnen Nutzen ziehen zu können, müssen wir bereit sein, aus Erfahrung zu lernen und den unbewußten Kräften in uns erlauben, ins Bewußtsein zu treten und eine konstruktive Veränderung hervorzubringen. Wie reagieren wir nun am besten auf den Saturn/Neptun-Einfluß?

a. *Wir bleiben uns der eigenen Begrenzungen feinfühlig bewußt*: Jetzt ist der Zeitpunkt gekommen, locker und ungezwungen mit uns selbst umzugehen und damit aufzuhören, uns wegen des durch Neptun gerade aspektierten Planeten sowie das Zeichen und Haus unter Druck zu setzen. Bewußt mögen wir einen Mangel an Energie oder Motivation verspüren, aber unbewußt stellt sich unsere Kraft wieder ein und bereitet sich darauf vor, unsere zukünftige Richtung aufzuzeigen. Wir müssen dieser inneren Weisheit vertrauen und in unserem Leben Raum für sie schaffen, damit sie sich festigen und langsam in unser Bewußtsein dringen kann.

b. *Wir erlauben uns, in neue Strukturen hineinzugleiten:* Die Prioritäten, Verpflichtungen und Strukturen der Vergangenheit mögen für uns nicht länger brauchbar sein. Aber jetzt ist noch nicht der richtige Zeitpunkt, um auszubrechen und von ganzem Herzen neue Prioritäten zu setzen. Da wir den nächsten Schritt noch nicht klar erkennen, müssen wir uns ein wenig treiben lassen, während wir der Stimme unserer Intuition oder Inspiration folgen und darauf vertrauen, daß sie uns zu neuen sinnvollen Quellen führt. Wenn wir uns entspannen und den Eingebungen unseres Unterbewußtseins folgen, vernachlässigen wir vielleicht Menschen, Tätigkeiten oder Verhaltensweisen aus der Vergangenheit, aber diese Vernachlässigung kann uns zu der Entdeckung führen, daß diese Seiten unseres Lebens nicht wirklich aufbauend oder wesentlich für uns sind und zurückgelassen, geändert oder einfach neu bewertet werden sollten. Die Seiten des Lebens, die uns weiterhin anziehen oder gerade beginnen, unsere Aufmerksamkeit zu erregen, sind wahrscheinlich gehaltvoller und lohnender. Nur wenn wir Strukturen lockern, können wir zur gegebenen Zeit in neue Strukturen und Verpflichtungen hineingleiten, die uns mehr bereichern als jene der Vergangenheit.

c. *Wir beseelen alte Strukturen neu:* Wenn wir uns erlauben, mit dem emotionalen Wandel in uns in Berührung zu bleiben, ohne zu urteilen und ohne Druck auszuüben, können wir spüren, wie sich unser Herz öffnet. Das führt zu einer Freisetzung kreativer oder spiritueller Energie, die das innere Licht wieder zum Leuchten bringt und sogar die unfruchtbarsten Aspekte unseres Lebens anregt. Selbst völlig unrealistische Fantasien, Anfälle von Überempfindlichkeit, wirre Reaktionen auf Aktivitäten und Menschen um uns herum können Türen zu höheren Ebenen sein. Statt beunruhigende Gefühle zu vermeiden, können wir ihr Freiwerden fördern und sie kanalisieren, indem wir sie mit ruhigen Musikabenden, mit Meditation oder mit anregender Literatur nähren und unterstützen. Kümmern wir uns derart um unsere emotionale Natur, können wir fähig werden, das Gefühl von Einsamkeit zu überwinden. Die Fülle, die wir in uns zu erleben beginnen, kann in andere Bereiche des Lebens überfließen, unsere Arbeit mit neuem Sinn erfüllen und die Romantik einer kreativen oder spirituellen Verbindung wiedererwecken, die wir in unseren Beziehungen vielleicht einmal hatten. Die Bereitschaft, saturnische Entbehrungen, Ängste und Beklemmungen zu erfahren und zu konfrontieren, kann das neptunische Mitgefühl und die Inspiration erwecken, während die Offenheit für neptunische Empfindsamkeit uns für die saturnischen Verpflichtungen stärken und festigen kann.

d. *Wir geben unserer Inspiration Form:* Auch wenn wir unfähig sind, uns über einen längeren Zeitraum auf ein Projekt oder eine Person zu konzentrieren, können wir uns in kurzen Kraftanstrengungen dafür einsetzen, kreative oder spirituelle Eingebungen umzusetzen. Neptun kann eine Flut von vorher unbewußten Gefühlen freisetzen, die uns tatsächlich überwältigen können, es sei denn, Saturn sorgt für einen Kanal. Jetzt ist die Zeit, um das Gedicht fertig zu schreiben, das wir einmal angefangen haben, unserer Traurigkeit Gestalt zu geben, indem wir unser Lieblingspräludium von Chopin spielen, zuzulassen, daß Meditation unser Leben durchdringt und Frieden in die tägliche Routine bringt statt getrennt von ihr zu existieren.

e. *Wir beobachten unsere Fantasien, überprüfen sie auf ihren Gehalt und lenken sie:* Wenn wir jetzt oft über zukünftige Tätigkeiten oder Beziehungen fantasieren, können wir durch Beobachtung dieser Vorgänge aus unseren Tagträumen lernen. Unsere Fantasien sind der Schlüssel zu dem, was uns fehlt, was in unserem Leben unerfüllt ist; sie können uns zu anderen Handlungsabläufen führen — die bestimmt nicht so aufregend sind wie jene, die die Fantasie hervorbringt, aber trotzdem besser als das, was wir im Moment haben können. Wenn die Vorstellungskraft ungehindert neue Möglichkeiten und Unmöglichkeiten erforschen will, brauchen wir nicht zu fürchten, daß dies unseren Halt in der Realität bedroht, wenn wir, während wir fantasieren, die Haltung eines Beobachters beibehalten und anschließend die Gebiete, in die wir uns vorgewagt haben, überprüfen. Wünsche und Bedürfnisse, die wir in der Realität nicht befriedigen können, finden vielleicht in unseren Fantasien Anerkennung und Erfüllung und werden so erfahren, vorausgesetzt, wir erkennen sie klar als Fantasien und lassen nicht zu, daß sie in Beziehungen und Aktivitäten eindringen und dort ein unkontrollierbares Durcheinander schaffen. Schließlich kann uns die Erkenntnis der unerfüllten Wünsche und Bedürfnisse dabei helfen, konstruktive Denkmuster — realistische Fantasien — zu schaffen, die in Verbindung mit zukünftigen Zielen stehen. Fantasien, die wir im Geiste noch einmal durchspielen können, während wir anfangen, sie im Leben umzusetzen.

f. *Wir klären unsere Werte und Ideale und erneuern unseren Glauben:* Was ist wirklich wichtig für uns? Welche Werte und Ideale müssen wir leben, um geistigen Frieden zu erlangen? Wie können wir unsere begrenzte Energie, Zeit und finanziellen Mittel am besten einsetzen, um unsere Lebensqualität zu verbessern? Höchstwahrscheinlich stellen wir unter Saturn und Neptun unsere Prioritäten in Frage, unterminieren den Glauben an uns selbst, an andere Menschen oder an das Göttliche oder lassen es zu, daß die wahren und richtigen Fundamente unserer Existenz durch vage Gefühle von Hoffnungslosigkeit und Verzweiflung zerfressen werden. Dieses «In-Frage-Stellen» kann aber auch ein konstruktiver Prozeß sein. Es muß nicht notwendigerweise zur Ablehnung all dessen führen, was dem Leben Sinn und Bedeutung gab. Vielleicht sind wir enttäuscht und desillusioniert. Aber der Verlust von Illusionen kann uns klarmachen, wo wir vom rechten Weg abgekommen sind, und uns helfen, jene Bereiche der Realität zu entdecken, deren Eingliederung in unser Glaubens- oder Wertsystem wir bisher versäumt haben. Jetzt ist der Zeitpunkt gekommen, die inneren Grundlagen wieder aufzubauen, indem wir das Verhältnis zu uns und zum Kosmos neu strukturieren. Saturn und Neptun helfen uns gemeinsam, die Mitte zu finden, zwischen Idealismus und Realisation, zwischen der Fähigkeit, zu warten und zu vertrauen.

g. *Wir bringen unsere Spiritualität konkret zum Ausdruck:* Sind wir erst einmal geerdet angesichts der Grenzen in uns und um uns herum, haben wir unseren Glauben und Idealismus neu strukturiert, dann können wir anfangen, die neugewonnene Spiritualität zu festigen, indem wir sie in die Tat umsetzen. Welchen Wert haben Ideale, wenn wir sie nicht leben? Welchen Nutzen haben Meditationen, wenn wir nicht unser Herz öffnen und den Mitmenschen gegenüber großmütig sind? Anstatt über die politischen, wirtschaftlichen und zwischenmenschlichen Krisen und die Umweltprobleme der achtziger Jahren zu verzweifeln, können wir erkennen, daß wir gebraucht werden. Wir können uns fragen, wie wir dem Planeten Erde dienen können, und uns mit neptunischer Inspiration und saturnischem Einsatz der Manifestation unserer Ideale widmen.

8. *Wir definieren unsere Beziehungsfähigkeit neu:* Wenn wir auf die Menschen um uns herum jetzt überempfindlich reagieren, wenn wir an unseren Beziehungen zweifeln und dazu neigen, uns in uns selbst zurückzuziehen, dann müssen wir mit unserer Empfindsamkeit behutsam umgehen und im Umgang mit anderen nicht allzuviel von uns fordern. Jetzt kann unser Bedürfnis nach Beziehungen neu definiert und geklärt werden. Fehlt uns die Energie, um neue Kontakte aufzubauen, können wir die Kraft, die wir noch für die Gesellschaft übrig haben, dafür einsetzen, bestehende Verbindungen neu zu bewerten und zu reaktivieren. Ist unser Wahrnehmungsvermögen in bezug auf Menschen vernebelt, und wir machen uns etwas vor über Möglichkeiten, die vielleicht gar nicht existieren, dann sollten wir uns wenigstens dieser Unklarheit bewußt werden. Bis wir geklärt haben, was uns fehlt und was wir wollen, sollten wir vermeiden, neue Bindungen einzugehen. Die Nähe, von der wir träumen, und die im Moment völlig unerreichbar zu sein scheint, kann Wirklichkeit werden, sobald wir einmal klar definiert haben, was wir suchen und was wir geben wollen und können. Aber wie können wir, im derzeitigen Kontext unseres Lebens, einige dieser Sehnsüchte befriedigen, wenn unsere Sensibilität gerade auf dem Höhepunkt ist und wir kaum Kraft für gesellschaftliche Kontakte übrig haben? Wie können wir die existierenden Beziehungen neu beleben? Wie können wir verhindern, daß wir über Schwierigkeiten verzweifeln, die wir mit dem Geben und Nehmen in der Liebe haben? Diese Fragen muß jeder für sich beantworten. Auch wenn dies zu der Erkenntnis führt, daß wir mit den falschen Leuten zusammen sind, müssen wir die einsame, aber notwendige Zeit des Wartens weiter aushalten, die uns stärkt und uns auf zukünftige Beziehungen vorbereitet, die größere Erfüllung bringen werden.
9. *Wir teilen Verwirrung, Illusionen und Unentschlossenheit mit anderen:* Wenn wir das Gefühl haben, jetzt ständig verwirrende Signale auszusenden, uns in einem Moment vollkommen zu öffnen, um uns im nächsten total zu verschließen, sollten wir zumindest dieses Verhalten erklären. Wenn wir diese Erlebnisse in Worte fassen, ist das nicht nur eine Bitte um Verständnis an andere, es kann uns helfen, Sensibilität und Mitgefühl auszudrücken, während wir über unsere Beschränkungen und Grenzen sprechen. Die Fähigkeit, Verwirrung mit anderen zu teilen, etwas von uns zu geben und uns gleichzeitig zu behaupten, kann uns nicht nur auf die höhere Ebene neptunischer Kommunion führen, sondern auch in die

Zuverlässigkeit und Beständigkeit saturnischer Beziehungen, die Belastungen aushalten und imstande sind, sich trotz der inneren und äußeren Schwankungen unseres täglichen Lebens immer wieder aufzubauen.

Saturn/Neptun

Bilder

Auf Sand gebaut — langsame Musik — endlose Labyrinthe — nebelverhangene Berge — Barrierenriff — heiliger Berg — verstopfter Abfluß — Klostermauern — gefrorene Rohrleitungen — heiliger Baum — Wasserfilter — Himmelsschiff — verlassene Stätten der Seele — Oase in der Wüste — innere Festung — Seelengebilde — Unterwasserdamm — Grundlagen der Seele — Schellfisch — Traumspender — Trauerweide

Impressionen

Wir laufen uns die Füße wund nach einer Vision, die es nicht gibt... Die Teiche, in die wir durch den feinen Bodennebel eintauchen, spritzen auf und werden zu einem Strahl aus Sternen, die im Aufblitzen vergehen... Und falls wir im Raum auf Lichtungen treffen, dienen sie nur dazu, einen weiteren Nebel zu enthüllen.

— Joseph Macleod

Trostlose Träume jagen mich aus dem Schlaf; weinend erwache ich; wachend weine ich, weine ich!

— Edna St. Vincent Millay

Dein Schmerz zerbricht die Schale, die dein Verständnis umschließt.

— Kahlil Gibran

Du sprichst von Leiden, Abwendung, Rückzug... Nimm dieses Leiden in Kauf, denn jedes echte Leid kann uns vor der Unwirklichkeit bewahren. Wahrer Schmerz ist menschlich und macht uns offener.

— Anaïs Nin

Es ist nicht physische Einsamkeit, die uns wirklich von anderen Menschen trennt, nicht physische, sondern spirituelle Isolation. Es ist weder die einsame Insel noch die steinige Wildnis. Es ist die Einöde im Herzen, durch die man verloren und als Fremder wandert. Wenn man die Verbindung mit sich selbst verloren hat, dann kann man auch zu anderen keine Verbindung aufnehmen.

— Anne Morrow Lindbergh

Zu wissen, wie man das Vertrauen anderer gewinnen kann, ist der beste Schutz, den es gibt. Und er wird dir mehr Sicherheit geben als jede Rüstung, die du finden kannst.

— Merle Shain

Laß es zu, daß dein Glaube bewegt und aufgewühlt wird, wenn auch nur durch einen Traum, durch ein flüchtiges Wort, durch eine Hoffnungslosigkeit, in der du noch etwas Hoffnung hast.

— Marion Strobel

Zuerst Lieblosigkeit, dann Erstarrung, dann das Loslassen.

— Emily Dickinson

Die Realität jedoch hat eine Schiebetür.

— Ralph Waldo Emerson

«Das ist ernst», sagt Puh. «Ich muß einen Fluchtweg haben.»

— A.A. Milne

Ich habe entdeckt, daß es ein Muster gibt, größer und schöner, als es unsere Kurzsichtigkeit weben könnte.

— Julia Seaton

Die einzigen Grenzen sind, wie immer, jene des Vorstellungsvermögens.

— James Broughton

In Träumen beginnt die Verantwortlichkeit.

— W.B. Yeats

Ich bin tatsächlich ein praktischer Träumer. Meine Träume sind kein luftiges Nichts. Ich möchte sie in die Wirklichkeit umsetzen.

— Gandhi

Wenn es einen Glauben gibt, der Berge versetzen kann, ist es der Glaube an deine eigene Macht.

— Maria Ebner von Eschenbach

Hast du Luftschlösser gebaut, ist deine Arbeit nicht verloren; sie sind da, wo sie sein sollten. Jetzt setze Fundamente darunter.

— Henry David Thoreau

Kapitel 6

Neptun: Wie wir durch kosmische Gewässer schwimmen können

Neptun ist ein Planet der Transformation, dessen Energien schwer faßbar und subtil sind. Sobald er im Transit über Planeten unseres Horoskops läuft, löst er Einstellungen und Verhaltensmuster aus, die der Vergangenheit angehören; er bringt auch unser Mitgefühl, unsere Empfänglichkeit, unsere Kreativität, unsere Spiritualität und unseren Idealismus zum Erwachen. Von seiner Geburtsposition aus wirkt Neptun nicht nur auf das Haus, in dem er steht, sondern auch auf Planeten, die er aspektiert, und auf die Häuser, die zu den Fischen in Beziehung stehen. Durch den Transit dehnt er seinen Einfluß auf andere Planeten und Häuser aus und berührt schließlich alle Seiten der Persönlichkeit und alle Lebensbereiche mit seinen verwirrenden, aber auch erleuchtenden Kräften.

Neptunische Bewußtseinszustände

Wir wollen beginnen, Neptun zu verstehen, indem wir verschiedene Bereiche oder Bewußtseinszustände ausfindig machen, die den neptunischen Einfluß verkörpern und im Zusammenhang mit ihm auftreten.

Im ersten Zustand legt Neptun das Wahrnehmungsvermögen lahm. Wir sind zwar wach, fühlen uns aber, als wären wir im Halbschlaf oder in einem Nebel, kaum unserer Gedanken und Handlungen bewußt. In diesem Zustand geschieht es leicht, daß wir «ausrasten», Dinge vergessen und das Zeitgefühl verlieren. Wir können uns wie unter Drogen fühlen, unfähig, ganz wach und aufmerksam zu sein.

Auch der zweite Zustand ist ein Zustand des Halbschlafs, jedoch mit einer klaren geistigen Wahrnehmung. Es handelt sich dabei um den Grenzbereich zwischen zwei Welten, den wir unmittelbar vor oder nach dem Schlaf erleben, wenn das Ego dabei ist, in den neptunischen Traumzustand einzutauchen oder wieder aus ihm emporzusteigen. Wir haben kein Bewußtsein von uns selbst, aber die visionäre Sicht ist scharf. Wir erleben Bilder und Einsichten, die wir in unser Bewußtsein nehmen können oder auch nicht.

Ein dritter neptunischer Zustand ist der Fantasie- und Tagtraumzustand, in dem wir wiederum das Bewußtsein für uns selbst verlieren, obwohl die Wahrnehmung lebhaft ist; geistige Bilder können uns wenigstens ebenso real erscheinen wie die Welt um uns herum. Dies kann ein Zustand totaler Aufnahmefähigkeit sein, in dem wir die Bilder, die wir empfangen, nicht kontrollieren. Er kann teilweise von unserem Verstand gelenkt werden, wenn wir wollen, daß sich bestimmte Fantasien entfalten und daß wir aktiv am inneren Prozeß teilhaben.

Ein vierter Zustand ist der Traumzustand, in dem wir keine Wahrnehmung oder kein Bewußtsein von uns selbst besitzen und das Ego völlig in astralen Regionen verschwindet. Obwohl bildliche Vorstellungen lebhaft sein können, treten sie nicht unbedingt in unser Bewußtsein. Themen, die wiederholt in Träumen auftreten, stehen oft zu den Planeten in Beziehung, die von Neptun aspektiert werden, sei es im Geburtshoroskop oder durch Transit. Außerdem können sich die Themen auch auf jene Planeten beziehen, die im Geburtshoroskop im 12. Haus stehen oder die durch das 12. Haus laufen.

Ein fünfter neptunischer Zustand ist der meditative Zustand, die tiefe Entspannung, die auch Alphazustand genannt wird. In ihm ist das Bewußtsein, zumindest während der Meditation, nach innen gerichtet und beobachtet innere Prozesse. Weil wir konzentriert sind, ist unsere Wahrnehmung klar — wir identifizieren uns mit dem Beobachter in uns und sind trotzdem in der Lage wahrzunehmen, was in uns vorgeht.

Im sechsten Zustand sind wir im Bereich der übersinnlichen Wahrnehmungen. Obwohl wir uns vielleicht gar nicht auf innere Erfahrungen konzentrieren, sind wir für sie empfänglich und erhalten Bilder und Eindrücke, die sich auf andere Menschen oder auf eigene zukünftige Umstände beziehen.

Ein Bereich, der an der Grenze des Meditativen und des Übersinnlichen liegt, ist der siebte Zustand, in dem wir mit dem Zentrum unseres Wesens verbunden sind. Hier erleben wir das, was ich «den Laut inmitten der Stille» nenne, die Stimme der inneren Führung. In diesem Zustand *wissen* wir, daß unser Höheres Selbst uns führt; wenn wir uns fragen, ob wir der richtigen Stimme lauschen oder uns etwas vormachen (uns beispielsweise auf unser Verlangen oder auf Angst einstimmen), dann werden wir wahrscheinlich zu unserem Zentrum, der göttlichen Quelle in uns, keinen Kontakt bekommen.

Ein achter Zustand, der durch Alkohol oder Drogen hervorgerufen wird, erscheint wie viele der anderen neptunischen Zustände, aber weil er künstlich herbeigeführt wird, setzt er häufig etwas von der negativen Energie in unserer Psyche frei und bringt unterdrückte Elemente aus dem Unterbewußtsein zum Vorschein, noch bevor wir in der Lage sind, sie zu verarbeiten. Dieser neptunische Bewußtseinszustand ist mit Halluzinationen verbunden, weil die Fähigkeit, zwischen Fantasie und Wirklichkeit zu unterscheiden, gestört ist.

Ein neunter Zustand ist die kreative Inspiration, die der Meditation ähnlich ist, weil wir uns auch hier konzentrieren, diesmal jedoch auf ein Zentrum, das außerhalb von uns selbst liegt. Unsere Erkenntnisse werden in eine bestimmte Form gebracht, indem wir den neptunischen Astralbereich durch die Linse des Bewußtseins nach außen projizieren und ihn so auf eine äußere Form übertragen. Sowohl in diesem Zustand als auch im Zustand der Meditation fühlen wir uns möglicherweise wie in Trance. Das Ego wird tiefer in das Unterbewußtsein hineingezogen, um später mit einer erhöhten Klarheit des Bewußtseins daraus hervorzugehen.

Ein zehnter neptunischer Zustand ist jener, in dem sich «unser Herz öffnet». In diesem Zustand können sich die Schmerzen und tiefen Empfindungen aus der Vergangenheit über uns ergießen, aber wir verspüren auch sehr viel Liebe und Mitgefühl für die Menschen in unserem Leben und für die Menschheit insgesamt. Neptun ist die höhere Oktave der Venus; da Neptun die Sensibilität erhöht, werden wir fähig, unser Verlangen und unsere Bedürfnisse zu transzendieren und aus der göttlichen Quelle heraus zu lieben, die in jedem von uns ist.

Der elfte und letzte neptunische Zustand ist die mystische Erfahrung oder das kosmische Bewußtsein, ein glückseliger Zustand, in dem wir inneren Frieden und Einssein mit uns selbst und dem Universum erfahren. Wir transzendieren uns selbst; das Ego verschmilzt mit dem Geist oder dem Selbst in uns und erhält einen Zustrom an heilender und verjüngender kosmischer Energie. Selbst ein kurzer Aufenthalt in diesem Zustand kann unsere Spiritualität erwecken und für gewisse Zeit das Bewußtsein für die innere Welt und die Welt um uns herum erhöhen. Um fähig zu werden, dieses kosmische Bewußtsein für mehr als nur einige Augenblicke oder Stunden aufrechtzuerhalten, müssen wir Erleuchtung erfahren. Sie ist das Ziel vieler östlicher Religionen, wie zum Beispiel das des Zen-Buddhismus.

All diese Bewußtseinszustände sind deutlich miteinander verwandt. Sobald wir fähiger werden, neptunische Energie zu durchleben und zu lenken, können wir lernen, von einem neptunischen Bereich in den anderen zu schwimmen, statt steckenzubleiben und wie verrückt im Wasser zu zappeln, in dem Versuch, uns von Verwirrung, Schmerzen und unwillkommenen Fantasien zu befreien.

Die Bewältigung neptunischer Verwirrung

Wir wollen einige dieser Zustände näher betrachten. Beginnen wir mit dem verwirrten umnebelten Zustand, in dem wir wenig Energie zur Verfügung haben. Dabei fühlen wir uns vielleicht ohne Verbindung zu uns selbst und zu anderen, unfähig, Entscheidungen zu treffen oder entschlossen zu handeln, weil alles formlos und ungewiß erscheint. Als Folge dieser Verwirrung sind wir uns unklar darüber, wie wir uns in dem Lebensbereich ausdrücken können, der durch die Häuser, die von Neptun beeinflußt werden, angezeigt wird. Vielleicht fühlen wir uns wie in einem Nebel, wenn wir den Planeten Ausdruck verleihen, zu denen er durch einen Radix-Aspekt oder einen Transit in Konjunktion steht bzw. ein Quadrat oder eine Opposition bildet. Am leichtesten können wir mit den verwirrenden neptunischen Transiten fertigwerden, wenn wir begreifen, daß wir hinsichtlich des aspektierten Planeten nur mit einem kleinen Teil unserer Energie arbeiten. Unsere bewußte Energie scheint in das Unterbewußtsein einzusickern, während unbewußte Energie gleichzeitig langsam in das Bewußtsein eindringt und Verhaltensmuster aus der Vergangenheit auflöst. Für gewisse Zeit werden wir wahrscheinlich nicht in der Lage sein, klar und produktiv in der alten Weise zu funktionieren, in der wir es gewohnt waren, dem Planeten Ausdruck zu verleihen. Durch Neptun schwindet der alte Ausdruck. Dieser Planet zieht ihm Energie ab und setzt sie dafür ein, im Unterbewußtsein neue Ausdrucksmöglichkeiten vorzubereiten. Dieser Teil von uns wird wahrhaftig in der Quelle des Unbewußten gebadet und gönnt sich eine tiefe Ruhepause, damit er in der Zukunft, vollkommen erfrischt und erfüllt von neuer Inspiration, hervorsprudeln kann.

So, wie es in vielen Schöpfungsmythen geschildert wurde, als alles, was ursprünglich existierte, bevor die Erde entstand und die Geburt der Menschheit begann, ein namenloses, undifferenziertes Chaos war, so reisen wir in das Urchaos, um höhere Dimensionen von uns selbst zu gebären. Da dies Zeit zur Reifung braucht, dürfen wir nicht allzuviel von den Planeten und den Häusern erwarten, die durch Neptun während dieses Transits beeinflußt werden; wir dürfen uns nicht unter Druck setzen oder verlangen, so zu funktionieren, wie wir es in der Vergangenheit gewohnt waren. Stattdessen müssen wir dem Unterbewußtsein vertrauen und ihm Zeit geben, sich auf das nächste Stadium unserer Entwicklung vorzubereiten. Pflegen wir die Fähigkeit, in Zwiespalt und Verwirrung zu leben, während wichtige Lebensfragen ungeklärt bleiben und keine klaren Antworten verfügbar sind. Wir müssen vollständig begreifen, daß wir in einer Zeit des Übergangs leben und Ferien auf einer Insel inmitten neptunischer Gewässer verbringen. Währenddessen wird unsere Energie neu verwertet und auf eine zukünftige Periode größerer Erfüllung vorbereitet, im Hinblick auf den Ausdruck des Planeten, des Zeichens und des Hauses, die Neptun gerade beeinflußt.

Wir können jedoch anfangen, uns aus dem verwirrenden Labyrinth der Psyche hinauszutasten, indem wir mit dem Teil von uns in Berührung kommen, der den Nebel oder die Verwirrung, die Gedankenleere oder Handlungsunfähigkeit will. Auf irgendeiner Ebene wollen wir nicht auf eine klare und gerade Weise denken, handeln oder fühlen oder weiterhin nach alten Mustern funktionieren. Die vorangegangene Erfahrung dieses Planeten, Zeichens und Hauses ist für uns nicht länger von Bedeutung; wir ziehen es vor, sie auszulöschen, während wir darauf warten, daß sich neue Möglichkeiten in unserem Bewußtsein entfalten.

Ein Faktor, der zu der inneren Verwirrung beitragen kann, ist die seelische Übersensibilität, die unter Neptun beträchtlich sein kann. Häufig fühlen wir uns von der Energie, die wir von anderen Menschen absorbieren, überwältigt. Wenn Neptun unseren Merkur aspektiert, können wir die Gedanken anderer aufnehmen; beim Mond sind es ihre Gefühle und Bedürfnisse; beim Saturn ihre Angst; beim Mars ihr Ärger oder ihr Verlangen. Wir können Schwierigkeiten haben, zwischen unseren und den Gefühlen der anderen zu unterscheiden. Aus diesem Grund brauchen wir jeden Tag Zeit für Meditation oder Entspannung, in der wir uns innerlich in einen ruhigen Raum zurückziehen, um uns wieder zu regenerieren. Wasser unterstützt den inneren Reinigungsprozeß — sei es durch Duschen oder Baden oder indem wir einige Zeit am Meer oder an einem See verbringen. Beruhigende Musik ist auch zu empfehlen.

Wenn Neptun eine physische Dimension des Horoskops beeinflußt wie zum Beispiel den Aszendenten, den Herrscher des Aszendenten oder Mars, leiden wir wahrscheinlich unter Müdigkeit oder an mangelnder physischer Energie. Es kann sein, daß wir nur dann in der Lage sind, körperlich zu regenerieren, wenn wir uns zuerst von dem emotionalen Schlamm reinigen, den wir im täglichen Leben angesammelt haben. Ebenso ist es wichtig, den Körper zu pflegen und Blockierungen zu beseitigen. Unser Geist umwölkt sich, wenn wir aufgrund physischer Blockierungen zuviel Zeit in geistigen Bereichen verbringen. Massagen sind besonders hilfreich, um uns von körperlichen Spannungen zu befreien. Sobald der Körper beginnt, sich zu öffnen, sind wir besser in der Lage, mit dem planlosen geistigen Umherschweifen aufzuhören und vollkommener und zufriedener im höheren Sein zu ruhen.

Neptun hilft uns loszulassen

Neptun fordert uns zu einer «Reise in das Nichts» auf, die allgemein auch als Erfahrung, «abzuheben», bekannt ist. Wenn wir nicht ausruhen wollen von der physischen, geistigen und emotionalen Inanspruchnahme, die der Alltag mit sich bringt, kann Neptun unsere Aufmerksamkeit stehlen und uns dazu verleiten, Tagträumen nachzuhängen; wo wir aufmerksam sein müßten, geistesabwesend zu werden oder süchtig nach Drogen, Tabak oder Alkohol. Wir müssen sicherstellen, daß wir genügend Möglichkeiten haben, uns von Gedanken und konzentriertem Verhalten freizumachen, und daß wir dem Verstand und den Gefühlen zugestehen, sich in ihrem eigenen Tempo «abzuspulen». Fernzusehen oder ins Kino zu gehen kann entspannend sein. Möglicherweise finden wir aber mehr Erfüllung, wenn wir uns spontan der Musik oder anderen kreativen Tätigkeiten widmen. Selbst so einfache Beschäftigungen wie Teppichknüpfen oder Stricken werden nicht nur Neptun befriedigen, sondern auch produktive Ergebnisse hervorbringen, die das Ego davon abhalten, unsere Untätigkeit zu kritisieren.

Viele von uns kommen wahrscheinlich in Versuchung, die neptunische Verwirrung zu bekämpfen, während wir darum ringen, größere Klarheit zu gewinnen und eine sichere Grundlage zu finden. Vielleicht zappeln und planschen wir in den Gewässern emotionaler Verwirrung und geraten schließlich in Panik, weil wir fürchten, in dem Strudel, den wir dabei schaffen, unterzugehen. Viel lieber möchten wir uns einfach zurücklegen und treiben lassen, besänftigt und unterstützt von den neptunischen Gewässern, ohne zu versuchen, wieder festen Boden unter die Füße zu bekommen. Allmählich wird uns dann klar, daß wir es sogar genießen können, in diesen Gewässern zu schwimmen, ohne gleich zu versuchen, ein bestimmtes Ziel zu erreichen. Wenn wir dies tun, vertrauen wir uns auch den Gezeiten an, die uns an Land tragen werden — möglicherweise an eine andere Küste als an die, die wir suchten, aber an die Küste, die wir wahrhaftig zu finden bestimmt waren.

Diejenigen unter uns, die bisher immer zielorientiert lebten, verlieren vielleicht vollkommen die Orientierung. Neptun besitzt die Tendenz, unsere Ziele und die Sicht von der Zukunft zu verdunkeln, er bringt uns das «Hier-und-Jetzt» zu Bewußtsein und hält uns darin fest. Tatsächlich können wir Richtung und Ziel für einige Zeit verlieren. Stattdessen entdecken wir ein neues Ziel, eine neue Richtung. Dabei bekommt das Gehen des Weges eine größere Bedeutung als das Ankommen am Ziel. Wie ein Strom, der sich in unzähligen Wasserläufen ins Meer ergießt, können auch wir unsere Aufmerksamkeit neuen Möglichkeiten, die in der Gegenwart liegen, zufließen lassen. Gleichzeitig können wir fortfahren, in Richtung des Ziele fortzuschreiten, obwohl wir erheblich mehr Zeit brauchen werden, um sie zu erreichen. Unter Neptun können wir beides, zielgerichtet handeln und uns an der Strömung orientieren.

Wenn sich Neptun mehr auf den Verstand als auf die Gefühle auswirkt und wir in einem geistigen Nebel leben, können wir beginnen, diesen Nebel zu vertreiben. Dies gelingt uns nicht dadurch, daß wir die Augen anstrengen, um die Umrisse in der Ferne auszumachen, sondern eher dadurch, daß wir uns dem Nebel aussetzen und durch Meditation oder Fantasiereisen tiefer in ihn hineingehen. Wir könnten uns sogar vorstellen, selbst ein Nebel zu sein, unklar und formlos, sich in alle Richtungen ausdehnend, alle Dinge durchdringend, bis die Sonne durch uns hindurchscheint und wir in der Klarheit ihres Lichtes dahinschmelzen. Ein anderer Weg, diesen Nebel zu vertreiben, ist, einfach zu beobachten, wie er uns umgibt, still dazusitzen und unseren inneren Prozessen Aufmerksamkeit zu schenken. Sollten Bilder heraufkommen, können wir anfangen, Bewußtsein und Unterbewußtsein aufeinander einzustimmen, indem wir uns an diesen Bildern beteiligen, mit ihnen im Geiste spielen, mit ihnen sprechen oder sie verwandeln. Wenn wir Anteil nehmen und uns emotional darauf einlassen, wird uns der Nebel nicht länger überwältigen und niederdrücken. Sobald wir in ihn eintreten und in ihm handeln, beginnen wir, die Nebelschleier zu zerteilen, bis sie schließlich in der Ferne verwehen.

Uns gelegentlich vorzustellen, wie wir in einem wirklichen Nebel überleben könnten, kann uns beim Umgang mit Neptun helfen. Es ist unwahrscheinlich, daß uns der Nebel die Sicht nimmt, wenn wir uns über ihn erheben oder uns dicht am Boden halten. Wahrscheinlich werden wir im Nebel gut vorankommen, wenn wir uns nicht nur auf das Sehvermögen verlassen, sondern auch die anderen Sinne zu Hilfe nehmen. Gehör-, Geruchs- und Tastsinn werden uns Botschaften übermitteln, die uns führen werden.

Wenn wir durch Bilder keinen Zugang zum Umgang mit Neptun bekommen und wir immer noch in einem Labyrinth kreisender Gedanken herumirren, uns selbst immer wieder mit «ja,-aber»-Einschränkungen und nicht zu beantwortenden Fragen verwirren, können wir aus uns heraustreten und den Prozeß der Verwirrung betrachten. Haben wir uns erst einmal von dem Unruhestifter in uns getrennt und sind uns der Absurdität seiner geistigen Machenschaften bewußt geworden, können neue Einsichten das Bewußtsein überfluten und beginnen, das innere Chaos zu überwinden. Manchmal reicht es schon, die Umgebung oder die Menschen, zu denen wir eine Beziehung haben, für kurze Zeit zu verlassen. Wir können eine kurze Reise unternehmen oder uns neuen Tätigkeiten zuwenden, um aus dem «ewigen Kreislauf» auszubrechen. Es kann sein, daß es innerhalb des Systems, in dem wir gelebt haben, keine Antworten gibt; vielleicht haben wir nur wieder alte Möbel in einem alten Zimmer hin- und hergerückt, während wir eigentlich neue Möbel kaufen und in ein neues Zimmer umziehen sollten, um eine andere Lebensweise zu erfahren. Unter Umständen müssen wir die Brillengläser wechseln, durch die wir die Realität sehen. Beim Optiker schauen wir durch verschiedene Linsen, bis wir die gefunden haben, die uns hundertprozentige Sicht gewähren. Gleichgültig, wie sehr wir uns auch anstrengen, die Buchstaben durch die falsche Linse zu erkennen, es gelingt uns nicht. Um die richtigen Gläser finden zu können, müssen wir erst die alte Brille abnehmen und damit eine noch verschwommenere Sicht riskieren, bevor wir zu größerer Klarheit kommen.

Die Untersuchung neptunischer Nebel

Neptun kann in der Tat sehr frustrierend sein, kann uns unbeweglich machen und sogar Angst einjagen. Der Realitätsbegriff kann ins Wanken geraten. Wir fühlen uns wie gelähmt und sind unfähig, Entscheidungen zu treffen oder geradeheraus zu handeln. Neptun kann uns für wirkliche Gefühle und Bedürfnisse blind machen und in inneren Dramen gefangen halten, die nirgendwo hinführen, und die wenig mit den wirklichen Umständen zu tun haben. Wir wollen deshalb einige Möglichkeiten betrachten, die Erleuchtung bringen können und uns befähigen, die verwirrenden neptunischen Erfahrungen zu transzendieren oder Frieden mit ihnen zu schließen.

— *Wir mühen uns mit den falschen Problemen ab oder stellen die falschen Fragen.* Dadurch ist es uns niemals möglich, die richtigen Antworten zu erhalten. Vielleicht wünschen wir gar nicht das, was wir gerne glauben, sondern etwas ganz anderes, das wir aus diesem oder jenem Grunde nicht herausfinden oder erleben wollen. Möglicherweise betrachten wir eine unbefriedigende Arbeit als Ursache für unser Unglücklichsein und fühlen uns, als ob wir innerlich im Kreis laufen würden, wenn wir, um Erfolg zu haben, einen neuen Weg einschlagen. Der wahre Grund der Unzufriedenheit kann jedoch darin zu suchen sein, daß uns der Kontakt zu unseren Gefühlen fehlt oder es an emotionaler Verbundenheit mit dem Partner mangelt.

— *Wir sind nicht bereit, eine Veränderung vorzunehmen, weil die Zeit dafür noch nicht reif ist.* Wir sind noch nicht zu dem geworden, der wir werden müssen, um in einem bestimmten Lebensbereich weiter voranzukommen.

— *Wir wollen den Ausweg aus unserem Dilemma nicht sehen.* Erstens, eine Lösung zu sehen, könnte bedeuten, etwas unternehmen zu müssen, was wir zu diesem Zeitpunkt noch nicht können oder wollen. Zweitens, könnte der bewußte Verstand die Richtung, in die wir uns entwickeln, nicht gutheißen, und deshalb jeden Versuch, sie umzusetzen, vereiteln. Zum Beispiel sind wir nicht dazu bereit, eine Trennung vom Ehemann in Betracht zu ziehen, weil uns das Alleinsein zu bedrohlich erscheint. Wenn er jedoch für eine Woche auf Geschäftsreise geht, können wir entdecken, daß die Einsamkeit auch ihre Vorteile hat und sind dann eher in der Lage, die Trennung als eine Lösung anzusehen, mit der man leben kann. Wenn wir eine Trennung in Erwägung ziehen würden, bevor wir uns mit dem Alleinsein vertraut gemacht haben, könnten wir so von Angst überwältigt werden, daß wir lieber unseren Ehemann auf seiner Reise begleiten würden als uns in seiner Abwesenheit mit uns selbst zu beschäftigen.

— *Wir wollen nicht klar sehen, weil das Sehen schmerzhaft sein kann.* Es könnte bedeuten, daß wir unseren unbewußten Beitrag zu einer unhaltbaren Situation eingestehen müssen. Es könnte ebenso heißen, daß wir uns der inneren Leere oder dem Mangel an Liebe in unserer Ehe stellen müssen. Es könnte Träume und Illusionen zerstören. Haben wir erst einmal das Licht gesehen, dann erkennen wir die Dunkelheit, in der wir gelebt haben, als das, was sie ist. Dann ist es nicht länger möglich, uns mit einem Leben zu begnügen, das ärmer ist als das, was das Licht uns zeigte. Wenn eine Kerze nur für einen Moment aufflackert und in unsere dunkle Ecke leuchtet, dann aber wieder verlischt, und wir nicht wissen, wie wir die Kerze am Brennen halten können, um der Dunkelheit zu entkommen, kann die Erfahrung des Lichtes unerträglich schmerzhaft sein. Haben wir erst einmal ein anderes Leben kennengelernt, erscheint das Leben, wie wir es jetzt führen, vielleicht leer und sinnlos. Es kann uns daher manchmal lieber sein, nicht in das Licht zu sehen.

— *Wir verändern unser jetziges Leben nicht, sondern ziehen es vor, unseren Geist durch Fantasien wieder aufzuwecken.* In Träumen kann uns der Traummann begegnen, ohne ungewollten Kummer in die gegenwärtige Realität zu bringen. Wenn wir gerade Mühe haben, die Heizölrechnung für Januar zu bezahlen und in einer kalten Wohnung sitzen, kann die Vorstellung eines Urlaubs in der Karibik inspirierender sein als die tatsächliche Reise mit all ihren unvorhergesehenen Aufgaben und Hindernissen. Sobald wir wissen, daß wir die Fantasie der Realität vorziehen, müssen wir uns nicht mehr damit abkämpfen, diese Art von Träumen zu verwirklichen.

— *Unsere Unentschiedenheit und Lähmung resultiert daraus, daß wir auf absolute Sicherheit und ideale Umstände bestehen; beides ist unmöglich.* Neptun ist ein Planet göttlicher Unzufriedenheit; er schickt uns Bilder von Perfektion und Harmonie, die es in der Realität nicht gibt. Wenn wir darauf bestehen, uns nur auf den idealen Beruf oder mit dem idealen Partner einzulassen, kann uns das dazu verleiten, überhaupt keine Bindungen einzugehen und das Leben ohne die Erfahrung echter Befriedigung zu verbringen, die uns die Bindung an unvollkommene Menschen und unvollkommene Berufe geben kann.

Wenn wir durch Neptun verwirrt sind, möchten wir wahrscheinlich wissen, wie und warum wir diese Verwirrung gewählt haben. Was wollen wir nicht sehen? Womit wollen wir uns nicht auseinandersetzen? Was haben wir schon immer gewußt, wollen es uns aber nicht eingestehen? Wie machen wir uns etwas vor? Was würden wir sehen, könnten wir den Ausweg erkennen? Wenn wir die Antworten hätten, wie würden sie lauten? Was fühlen und wünschen wir wirklich? Was wollen wir wirklich? Wovor fürchten wir uns, und auf welche Weise hält uns Furcht davon ab, unseren Weg wahrzunehmen und ihm zu folgen? Die Beantwortung der Fragen auf dem Arbeitsbogen (ab Seite 206) kann uns damit in Berührung bringen, wie und warum wir für uns Verwirrung schaffen und auf welche Weise wir sie überwinden können, wenn die Zeit reif ist.

Manchmal bietet sich für die Lösung von Problemen ein einfaches Motto an: Geh' mit der Klarheit. Die Angelegenheit, in die wir verwickelt sind, kann im Moment unlösbar sein. Je mehr wir uns auf sie konzentrieren, desto mehr werden wir uns in sie verstricken. Aber andere Lebensbereiche können verheißungsvoll sein und Erfüllung versprechen — und führen uns vielleicht tatsächlich zu einem Seinszustand, in dem wir fähig sind, das Grundproblem zu lösen. Haben wir zum Beispiel nur deshalb noch keinen neuen Job gefunden, weil wir nicht bereit sind, Kompromisse zu schließen, und das zu akzeptieren, was zur Verfügung steht? Wenn wir die Angelegenheit einmal auf sich beruhen lassen und unsere Aufmerksamkeit dem gesellschaftlichen Leben zuwenden, treffen wir in entspannter psychischer Verfassung vielleicht einen erfolgreichen Geschäftsmann, der von unseren gesellschaftlichen Fähigkeiten beeindruckt ist und uns einen Job anbietet, der erfolgversprechender ist als alles, was uns bisher geboten wurde. Wir ließen also die Angelegenheit, die uns so sehr beschäftigte, ruhen und folgten unseren natürlichen Neigungen; die Folge war, daß wir offener wurden und genau die Energie anzogen, die wir brauchten.

Es gibt jedoch bestimmte Umstände, wo wir das Thema nicht einfach eine Zeitlang beiseite lassen können. Die Realität stellt Forderungen an uns. Unser Chef wird mit seiner Entscheidung über ein bevorstehendes Projekt nicht solange warten, bis Neptun seinen Transit über die Sonne beendet hat. Wir müssen uns jetzt entschließen, ob wir im nächsten Herbst auf die Universität gehen wollen, da in zwei Wochen Anmeldeschluß ist. In einer Situation wie dieser ist es am besten, unsere Wahl in dem Bewußtsein zu treffen, daß wir uns in dem Einflußbereich eines Transits befinden und unsere Entscheidungen nur Übergangslösungen sein können und unter Umständen noch einmal überprüft werden müssen. Sehen wir uns das Beispiel eines Mannes an, dem eine neue hochdotierte Stellung am anderen Ende des Landes angeboten wurde; gerade in dem Sommer, als seine Zwillingstöchter noch ein Jahr bis zum College-Abschluß hatten, und nur ein paar Monate, nachdem er sein Traumhaus gekauft und renoviert hatte. Neptun lief über seinen Steinbock-Mond am IC, und Neptun regiert auch sein 10. Haus. Sollte er sein Traumhaus verkaufen, seine Frau und die Töchter drängen, ein neues Leben in einer unbekannten Stadt anzufangen? Da er wußte, daß es viele unvorhergesehene Veränderungen geben könnte, und daß er Zeit haben müßte, um all das herauszufinden, ließ er seine Töchter bei Freunden, vermietete sein Haus und nahm sich zusammen mit seiner Frau vorübergehend eine Wohnung in der neuen Stadt. Dort stellte er bald fest, daß sein vielversprechender neuer Job seinen Erwartungen überhaupt nicht entsprach. Wie schwierig wären seine Lebensumstände jetzt gewesen, hätte er für eine zweifelhafte Chance sein bisheriges Leben vollständig aufgegeben und seine Familie beträchtlichen Veränderungen ausgesetzt.

ARBEITSBOGEN NEPTUN: DIE BEWÄLTIGUNG NEPTUNISCHER VERWIRRUNG

Die Position Neptuns

Zeichen: Haus:

das/die von ihm regierte(n) Haus/ Häuser:

Aspekte:

Hausposition des Transit-Neptun: Aspekte durch Transite:

1. Beschreibe die Art deiner Verwirrung, wie du sie erlebst und welchen Lebensbereich sie beeinflußt!
Welches Problem erscheint dir unlösbar?

2. Ist dies das tatsächliche Problem, und wenn nicht, welches ist es dann? Von welcher Konfrontation hält dich die Beschäftigung mit diesem Problem ab? Wärst du nicht verwirrt, was wäre dann?

3. Was läßt dich an deiner Verwirrung festhalten? Welche Affirmationen gibst du dir, die dich darin verharren lassen?

4. Was versuchst du, nicht zu sehen? Was weißt du, willst es dir aber nicht völlig eingestehen? Was fürchtest du, über dich und andere herauszufinden? Vor welcher Einsicht schützt Neptun dich?

5. Was würde passieren, wenn du den Ausweg aus deinem Dilemma sähest? Wenn du die Antwort hättest, wie würde sie lauten? Was müßtest du dann konfrontieren?

6. Suchst du nach absoluter Sicherheit, nach Perfektion oder Magie, die nicht existieren, oder nach einer Lösung, die ein geringes Risiko, wenig Anstrengung oder wenig Verantwortung erfordert? Kannst du nicht mit weniger zufrieden sein, brauchst du das alles? Was würde es für dich bedeuten, deine unrealistischen Erwartungen loszulassen?

7. Welche Fantasie, welcher Traum hindert dich daran, in diesem Lebensbereich deinen Entschluß auszuführen? Wie unrealistisch ist sie/er? Was müßtest du konfrontieren, wenn du sie/ihn losließest oder verwirklichen wolltest?

8. Welche wirklich positiven, inspirierenden und erfüllenden Erfahrungen hast du in diesem Lebensbereich gemacht, die dir jetzt fehlen? Wie kannst du mehr von diesen Erfahrungen finden und schaffen?

9. Was glaubst du zu wollen? Willst du *wirklich* das, was du glaubst zu wollen? Was *willst* du wirklich?

Arbeitsbogen Neptun, Fortsetzung

10. Was ist dein wahrer Traum, und wie hinderst du dich selbst daran, ihn zu durchleben oder umzusetzen? Wie kannst du die negativen Affirmationen: «Es ist unmöglich», und: «Ich kann das nicht» loslassen und dir selbst die Erfahrung und die Erforschung deiner wirklichen Möglichkeiten erlauben?

11. Welche unbewußten Überzeugungen beeinflussen und blockieren dich in deiner Verwirrung? Wie könntest du sie aufdecken? Was hältst du für selbstverständlich, das vielleicht überprüft werden müßte?

12. Was genau hält dich in deiner gegenwärtigen Situation fest oder bindet dich an sie? Was hast du davon, verwirrt zu bleiben oder unbeweglich zu sein? Möchtest du wirklich eine Veränderung oder würdest du lieber an den Vorteilen deiner gegenwärtigen Situation festhalten? Wie könntest du einige Vorteile aufrechterhalten und dennoch weitergehen?

13. Was müßte geschehen, damit du in diesem Lebensbereich zu einer Entscheidung kommen könntest? Was müßtest du tun oder werden, um aus deiner Verwirrung herauszukommen? Was ist dein erster Schritt?

14. Zu welchen Gefühlen bekennst du dich nicht oder kannst sie nicht ausdrücken? Welche ungeweinten Tränen bilden Schleier der Verwirrung? Wie könntest du blockierte Gefühle spüren und gefahrlos freisetzen, um die Klarheit, die du verloren hast, wiederzufinden?

15. Was ist für dich wirklich wichtig, und wie könntest du dein Leben vereinfachen, damit es mehr deinem wahren Wesen entspricht? Was müßtest du loslassen, um mit Neptun zu sein und dadurch eine höhere Seins-Qualität zu erfahren statt die Zahl deiner Aktivitäten zu erhöhen?

16. Wo ist die Klarheit? Welche Lebensbereiche sind jetzt sinnvoll und erfüllend? Welche Erfahrung könntest du machen, wenn du deine Aufmerksamkeit von der Verwirrung abwenden und dich mehr der Klarheit und der Erfüllung widmen würdest?

17. Was wartet im Hintergrund deines Bewußtseins und versucht, in dein Leben zu dringen? In welche Richtung würden deine Energien ohne bewußtes Eingreifen, ohne Einmischung von Angst und Besorgnis, ganz natürlich fließen? Was nimmst du intuitiv als den nächsten Schritt in deiner Entwicklung wahr?

18. Wie kannst du deine Lebensumstände verändern, damit sich neue Energien und Erfahrungen einstellen oder neue Perspektiven sichtbar werden? Vielleicht kannst du auf diese Weise deine Verwirrung überwinden oder in einen Seinszustand treten, in dem sie keine Bedeutung mehr hat? Welche Erfahrungen werden dir helfen, dich aus alten Begrenzungen zu befreien und eine neue Entwicklung zu ermöglichen?

19. Welche positiven Affirmationen mußt du dir geben, um deine Verwirrung zu überwinden, deine Klarheit, deine Inspiration und dein Vertrauen zu vergrößern?

Auf die innere Führung hören

Neptun hilft uns kaum, die äußere Realität und konkrete Themen zu bewältigen; er ist mehr damit beschäftigt, unser Selbst und die Quellen der Inspiration zu erwecken. Eine der positiven Auswirkungen der Verwirrung, die wir erfahren, ist, daß sie uns motivieren kann, mit dem Zentrum unseres Wesens in Kontakt zu kommen und die Möglichkeiten der Intuition und der inneren Führung zu entdecken. Weil wir uns so leicht in den Windungen des inneren Labyrinths verlieren, müssen wir tiefer und tiefer nach innen gehen, um das Zentrum zu erreichen. Wie in einem Nebel, der in Bodennähe dünner wird, werden auch wir erleben, wie die Sicht klarer wird, je mehr wir uns dem inneren Zentrum oder den Grundlagen des Seins nähern. Der Versuch, uns durch Meditation oder kreative Aktivität zu zentrieren, kann helfen, den Nebel zu lichten und auf die innere Führung zu hören. Unsere innere Stimme jedoch kann zeitweise schweigen oder uns raten, einfach zu warten und den Erfordernissen des Augenblicks zu entsprechen statt in der gegebenen Situation eine Lösung erzwingen zu wollen. Wenn diese Stimme nicht spricht, können wir wenigstens der Stille im Zentrum unseres Wesens lauschen, die unter dem Lärm der vielen inneren Stimmen herrscht. Alle Versuche, Bewußtes und Unbewußtes zu vereinen, indem wir uns dem inneren Zentrum zuwenden, werden einen Neptun-Transit erträglicher machen, weil sie verhindern, übereilte und törichte Entscheidungen zu treffen. Sie werden uns auch davor bewahren, uns etwas vorzumachen oder von negativen Bildern, Gedanken und Emotionen überwältigt zu werden. Wollen wir lernen, uns auf die innere Stimme einzustellen und ihrer Führung zu vertrauen, kann es auch hilfreich sein, das I-Ging oder das Tarot zu Rate zu ziehen. Dabei sollten wir bei der Auslegung lieber der eigenen Intuition vertrauen statt uns vollständig auf die Interpretation eines Autors zu verlassen.

Es braucht Zeit und Übung, bis wir die Stimme in unserem Zentrum von der Vielzahl der peripheren Stimmen unterscheiden können. Hören wir sie und gehorchen ihr nicht, wird sie das nächste Mal, wenn wir versuchen, auf sie zu hören, schwieriger wahrzunehmen sein. Wenn wir sie nicht achten und nicht mit Respekt behandeln, wenn sie den Eingebungen des rationalen Verstandes widerspricht, wird sie immer unzugänglicher werden. Wir können nur dann die innere Stimme hören und ihr vertrauen, wenn wir bereit sind, ihr den Vorrang vor dem Geplapper all der anderen nebensächlichen inneren Stimmen zu geben. Jedesmal, wenn wir sie hören und ihr folgen, werden wir deutlicher auf sie eingestimmt. Wenn die innere Führung zu uns spricht, fühlen wir uns ruhig und friedvoll; unsere Energie ist still und klar. Wissen wir, wie sie sich anfühlt oder anhört,[10] sind wir auch in der Lage zu unterscheiden, ob die Führung, die wir erhalten, eher aus unserer Angst, unserem Verlangen oder einer anderen Manifestation des Egos stammt statt von unserem Höheren Selbst.

Eine wichtige Lehre, die wir während eines Neptun-Transits als Folge des sich vertiefenden Einklangs erhalten, ist die Unterscheidung zwischen Wesen und Form. Unser Festhalten an Formen und Strukturen kann solange Leid bringen, bis wir lernen, sie loszulassen. Konzentrieren wir unsere Liebe auf eine bestimmte Person, um nur von ihr geliebt zu werden, oder sind wir darauf fixiert, eine ganz spezielle Anstellung zu bekommen, dann sind wir ständig unzufrieden. Wenn wir uns jedoch mit dem Verlangen verbinden, unser Herz zu öffnen und uns der Liebe an sich verpflichten, ziehen wir einen anderen und passenderen Partner an; können wir für uns selbst die wesentlichen Qualitäten definieren, die wir im Arbeitsleben ausdrücken möchten, werden wir Arbeitsmöglichkeiten entdecken, an die wir vorher nicht gedacht haben, die aber unseren wahren Bedürfnissen entsprechen.

In Workshops, in denen es um Beziehungen geht, rege ich oft eine Übung an, in der die Aufgabe gestellt wird, eine Figur aus Papier zu fertigen, die uns selbst darstellt. Diese Figur muß dann mit der Figur einer anderen Person in Beziehung gesetzt werden, um daraus eine gemeinsame Gestalt zu schaffen. Einige Leute verändern ihr Papiergebilde, während sie versuchen, es an die Figur ihres Partners anzupassen; andere tun dies nicht. Diejenigen, die ihre Figur noch einmal falten, schneiden oder reißen, um eine vollkommene Einheit zu schaffen, handeln von einer dieser beiden unterschiedlichen Perspektiven aus — Identifikation mit dem Papier selbst oder Identifikation mit der speziellen Form, die sie geschaffen haben. Diejenigen, die sich mit dem Papier identifizieren, können ihre Form beträchtlich verändern, ohne einen Identitätsverlust zu erleben; diejenigen, die mit der Form identifiziert sind, haben weniger Freiheit und erleben jede Veränderung als einen Kompromiß und als Bedrohung ihres Selbst. Eine der Lektionen, die wir aus dieser Übung, aber auch aus einem Neptun-Transit, lernen können, ist die Entdeckung des innersten Wesens, dem wir verpflichtet sind. Das erfordert das Loslassen von Formen, Strukturen, Identitäten und Bindungen, die uns daran hindern zu werden, wer wir wirklich sind.

Neptun und kreativer Ausdruck

Wir sind viel weniger starr und kontrolliert als bisher angenommen, wenn wir «wir selbst» sind. Werden wir uns bewußt, wer wir wirklich sind, kann die Folge davon sein, daß wir den Kontakt zu unserem inneren Kind wiederherstellen müssen; zu der Verspieltheit und Kreativität, die dieser Teil von uns besitzt. Ein wirkungsvolles Mittel, um die Kräfte eines Neptun-Transits zu zentrieren und weiterzuleiten, ist der mit Neptun verbundene kreative Ausdruck in Musik, Tanz, Fotografie und Poesie sowie das Erleben der eher himmlischen Bereiche Neptuns. Projizieren wir «astrale Erfahrungen» durch kreativen Selbstausdruck nach außen, wird es äußerst vorteilhaft sein zuzulassen, daß Neptun die Form offenbart, die unsere Kreativität erfordert, anstatt zu versuchen, uns zur Anpassung an vorbestimmte Muster zu zwingen. Neptunische Kreativität entsteht aus dem Kontakt zu Gefühlen und durch die Bereitschaft, mit der Inspiration zu fließen. Perfektion ist irrelevant. Stattdessen leben wir völlig in der Gegenwart, unserer selbst nicht bewußt, frei von Regeln und Vorschriften, die die Spontaneität oder den individuellen Selbstausdruck blockieren könnten. Wir sind offen, empfänglich, vertrauensvoll und bereit, vorurteilslos mit dem zu spielen, was auch immer aus uns emporsteigt, ohne Möglichkeiten zu zerstören, bevor sie eine Chance gehabt haben, sich zu entwickeln oder zu einer noch spannenderen und originelleren Ausdrucksart zu führen. Wir sind bereit, Chaos zu durchleben und zu tolerieren. Später, nachdem wir der Vorstellungskraft freien Lauf gelassen haben, können wir es Saturn, und vielleicht auch Merkur und Pluto, gestatten, die geschaffene Form zu vervollkommnen. Wenn wir ihnen jedoch schon am Anfang erlauben, uns übermäßig zurückzuhalten, hindern wir uns selbst daran, jemals unser kreatives Potential zu entdecken.

Welche Methode uns in unsere Mitte führt oder welcher kreative Ausdruck uns entspricht, kann am besten durch die Hausposition Neptuns und anhand der Aspekte bestimmt werden, die er im Geburtshoroskop aufweist und die er durch Transite bildet. Ein Aspekt mit Mars kann uns zu kreativem Tanz oder Tai Chi führen; ein Aspekt mit Venus zu Musik oder Kunst; ein Aspekt mit Merkur zu Meditation oder fantasievollem Schreiben. Steht Neptun im 11. Haus, kann er uns auffordern, diesen Fähigkeiten im Rahmen kreativer oder spiritueller Gruppen nachzukommen; ist er im 9. Haus, können wir unsere Erfahrungen durch Studien, durch Beschäftigung mit dem I-Ging oder durch Reisen sammeln; steht Neptun im 6. Haus, können wir unseren kreativen oder spirituellen Ausdruck in den Arbeitsalltag miteinbeziehen oder uns mit geistigem oder spirituellem Heilen beschäftigen.

Ein Neptun-Transit ist auch die beste Zeit, um das, was andere kreativ hervorgebracht haben, zu würdigen — zu lesen (vorzugsweise Poesie und fantastische Literatur), Filme anzusehen und besonders Musik zu hören. Musik hilft uns nicht nur, von unseren Gefühlen durchströmt zu werden und ihre Spannung freizusetzen, sie kann auch Vorstellungskraft und Spiritualität erwecken, indem sie uns dazu inspiriert, das Licht und die Liebe, die wir in uns spüren, aktiv im Leben auszudrücken.

Traum- und Fantasiearbeit

Abgesehen von kreativen und spirituellen Ausdrucksformen ist ein Neptun-Transit auch eine hervorragende Gelegenheit, um mit Träumen und Fantasien zu arbeiten. Häufig werden sich diese Träume auf den aspektierten Planeten oder das Haus beziehen, vielleicht auch auf Planeten im 12. Haus. Wir können uns im Erinnern der Träume üben, indem wir uns vor dem Einschlafen darauf programmieren, und sie, sobald wir aufwachen, noch einmal durchspielen und aufschreiben, damit ihre Bruchstücke nicht aus unserem Bewußtsein entschwinden, bevor wir sie verstehen können. Wir können uns auch einer Reihe von Techniken bedienen, um ihre Bedeutung herauszufinden, wie:

— freie Assoziation durch das Traumbild oder die Traumszene;
— Zwiesprache mit den Symbolen oder Menschen in unseren Träumen;
— wir identifizieren uns mit einem Bild oder einer Person in dem Traum und teilen dem inneren Beobachter mit, was wir als Trauminhalt darstellen und welche Führung wir zu geben haben;
— den Traum bewußt weiterführen, während wir wach sind.

Auch wenn Bücher über Traumdeutung hilfreich sein können, sind eigene Interpretationen wahrscheinlich sinnvoller für uns. Träume spiegeln eher die unbewußten Prozesse wider als Vernunft-Denken und können eine Quelle der Weisheit und Führung darstellen, wenn wir nur bereit sind, sie ganz zu durchleben — die Gefühle zu spüren, die sie hervorrufen, mit ihren Bildern zu spielen und schöpferisch in ihr Szenarium einzutauchen statt ihre Bedeutung zu intellektualisieren.

Unter dem Einfluß eines Neptun-Transits können wir unseren Tagträumen Raum geben statt uns ständig abzumühen, das Bewußtsein aufrechtzuerhalten. Beobachten wir diese Tagträume, entdecken wir, was in unserem Leben fehlt, oder welche Richtung wir demnächst einschlagen könnten, da Tagträume die Tendenz haben, das auszugleichen, was in unserer Realität zu kurz kommt. Wenn der laufende Neptun mit der Venus in Konjunktion steht oder sich im 5. oder 7. Haus befindet, sind wir besonders anfällig für romantische Fantasien, die eine ganz bestimmte Person betreffen. In diesem Fall müssen wir uns tiefer mit der Liebe und Inspiration in uns selbst verbinden und sie auch ausdrücken, um nicht übermäßig auf diese Person zu projizieren und damit Leid und Enttäuschung hervorzurufen. Da Fantasien während eines Neptun-Transits besonders lebendig sind, könnten wir in der Vorstellung auch einen Menschen oder einen Umstand erschaffen, um den sich dann die Tagträume drehen, damit wirkliche Beziehungen und Erfahrungen nicht durch den Einfluß zu starker Fantasien verwirrt werden. Eine der neptunischen Lektionen hat damit zu tun, die Fantasie von der Realität zu trennen und trotzdem die Vorstellungskraft zu benutzen, um die Realität zu bereichern. Wenn wir uns dafür entscheiden, unsere Fantasie bewußt in einer Weise einzusetzen, die das Alltagsleben nicht stört, und wenn wir unsere Wahrnehmungen zusammen mit Menschen überprüfen, denen wir vertrauen, wird Neptun in unseren Beziehungen und in unserem Tun wahrscheinlich keine Verwirrung anrichten.

Neptun ist der Planet des metaphysischen Geistes und des nicht-linearen Denkens, der Planet, der uns befähigt, unsere Erfahrungen zu bereichern und die Kreativität zu steigern, indem wir Analogien erkennen und die Möglichkeiten der kreativen Vorstellungswelt ergründen. Auch wenn wir normalerweise nicht auf innere Bilder eingestellt sind, können Neptun-Transite die Begrenzungen des rationalen Verstandes auflösen und uns befähigen, die Fantasiegebilde in uns zu beobachten und sogar zu lenken. Es kann die Vorstellungskraft anregen und einen Reichtum an bedeutungsvollen Bildern hervorbringen, besonders wenn wir Märchen, Fantasiegeschichten und Poesie lesen, Musik hören oder freie Assoziationen in unser Tagebuch schreiben. Befassen wir uns mit der Therapie nach C. G. Jung, der Psychosynthese, oder wenden wir Techniken wie «Silva-Mind-Control» an, kann uns das helfen, die Kräfte Neptuns zu unserem Vorteil zu nutzen statt uns überwältigt zu fühlen, wenn unsere Vorstellungen ins Bewußtsein dringen.

Eingebung und aktive Imagination

Unter dem Einfluß von Neptun können wir unsere Aufmerksamkeit den metaphysischen Bildern zuwenden, die auf natürliche Weise in unserer Seele auftreten, und die oft als Eingebungen bezeichnet werden. Wir können auch die Techniken der aktiven Imagination oder Fantasiereisen benutzen, um geistige Bilder zu kontrollieren und zu leiten. Wollen wir uns auf Eingebungen einstellen, müssen wir uns als erstes erlauben, vollkommen entspannt und frei von innerlichem Geplapper zu sein, das unsere Vision stört. Sind die Augen geschlossen, ist der Geist ruhig, und tauchen keine Bilder auf, könnten wir uns vorstellen, daß ein Fahrstuhl uns hinab in die Tiefe unseres Wesens bringt. Dann beobachten wir, was vor uns liegt, wenn sich die Fahrstuhltür öffnet. Die an dem inneren Auge vorbeiziehenden Bilder dürfen wir nicht versuchen zu interpretieren oder zu verbalisieren. Wollen wir echten Nutzen aus der Erforschung des inneren Lebens ziehen, müssen wir die auftauchenden Bilder beobachten, ganz durchleben und uns der Gefühle, die sie hervorrufen, bewußt bleiben. Wir können aber auch eine aktivere Rolle übernehmen, indem wir bewußt alle Sinne in diese Erfahrung miteinbeziehen. Wir können uns innerlich bewegen und die Bilder und Szenen aus unterschiedlichen Perspektiven betrachten, sie bewußt verändern, mit ihnen sprechen und sie fragen, was sie bedeuten und uns lehren wollen. Wir können auch in die Szene eintreten und mit den Bildern spielen. Oder, wenn wir in den Zustand der Eingebung kommen, könnten wir das Unterbewußtsein bitten, uns Bilder zu schicken, die helfen, die Lösung für einige Probleme zu finden.

Visualisierungstechniken beinhalten meistens eine Kombination aus Eingebung und Vorstellung. Wir könnten uns eine Situation vorstellen, die mit Neptuns Einfluß im Horoskop in Beziehung steht. Hat das innere Auge sie erst einmal wahrgenommen, könnten wir abwarten, wie sich die Situation aus sich selbst heraus entwickelt. Viele psychologische Richtungen, wie zum Beispiel die Psychosynthese, die sich der Techniken aktiver Imagination bedienen, empfehlen, die Reise nach innen mit den folgenden Vorstellung zu beginnen:

1. am Strand entlang laufen, das Kommen und Gehen des Wassers und die kleinen Wellen, die im Sand ihre Spuren hinterlassen, beobachten;
2. ein See oder ein Ozean sein, dessen Wellen schäumen und der sich nach und nach beruhigt;
3. unter Wasser schwimmen und die Tiere, die Pflanzen und Mineralien, die dort zu Hause sind, kennenlernen;
4. über eine sonnenüberflutete Wiese laufen;
5. auf einen hohen Berg steigen und den Gipfel erreichen;
6. ein Baum sein und das Licht, die Dunkelheit, den Wind, das Wetter und das Vorüberziehen der Zeit erleben;
7. ein Spiegel sein, der dem Unterbewußtsein zugewandt ist und uns selbst widerspiegelt;
8. eine Hütte in einem Wald betreten und auf einen weisen Mann oder eine weise Frau treffen, ihnen Fragen stellen, die uns beunruhigen und ihren Antworten lauschen;
9. eine Hütte im Wald betreten und auf unsere «Teilpersönlichkeiten» oder «Masken» zu treffen — auf den Säugling in uns, die Prinzessin oder den Penner — und sie fragen, wer sie sind, was sie wollen, was sie brauchen und was sie uns zu lehren haben.

Wir könnten den Prozeß der psychologischen Integration auch fördern, indem wir die Aufmerksamkeit auf solche Bilder wie eine Blume oder einen Diamanten lenken oder uns ein Mandala vorstellen, das für uns von besonderer Bedeutung ist.

Abgesehen von den allgemeingültigen Bildern verdienen die persönlichen Bilder, jene, die häufig in Träumen oder Fantasien während des Sprechens und Schreibens auftauchen, eine weitere Untersuchung. Wir könnten uns sogar Bilder vorstellen, die auf den Sabischen Symbolen für die Schlüsselplaneten im Horoskop beruhen, im Geiste mit ihnen spielen und ihnen erlauben, uns ihre Bedeutung zu zeigen. Unsere Venus im Schützen im 2. Haus ist vielleicht eine Truhe voller Hoffnungen; Saturn in den Fischen im 5. Haus Schneeschmelze auf einem Spielplatz; Jupiter in der Jungfrau im 4. Haus ein Forscher, der die Koordinaten auf einer Karte absteckt, während er dabei ist, nach seinem Heimatland zu suchen; Mars im Löwen im 10. Haus ein Hahn, der oben auf dem Scheunendach kräht; Pluto in der Jungfrau im 12. Haus ein Archäologe, der Kunstgegenstände analysiert, die er unter der Erde gefunden hat; Neptun in der Waage im 2. Haus zwei Menschen, die ein Schild mit der Aufschrift tragen: «Träume zu verkaufen»; Jupiter im Schützen im 9. Haus ist vielleicht ein Fahrstuhl in den Himmel; Venus im Skorpion im 3. Haus eine Passionsblume, die in «Nachbars Garten» blüht.

Das Kapitel über kreative und meditative astrologische Techniken in dem Buch *«Schwierige Aspekte — Herausforderungen und Chancen»* macht uns mit Planetenbildern bekannt, die ein Ausgangspunkt für die Entwicklung persönlicher Archetypen sein können. Die folgende Liste der Bilder für Neptun (und Fische) in den Häusern kann helfen, uns auf die wesentliche Bedeutung Neptuns im Geburtshoroskop und im Transit einzustimmen. Unsere persönlichen archetypischen Bilder können sich sogar miteinander vermischen, wie es aus dem folgenden Abschnitt *«Astrologie und Bildersprache»* ersichtlich ist, um uns zu helfen, die Bedeutungen der Radix-Aspekte zu verstehen.

Zusätzlich zu Untersuchungstechniken wie aktive Imagination und gelenkte Fantasiereisen können wir den neptunischen Einfluß praktisch nutzen, indem wir uns Veränderungen vorstellen, die wir für die Zukunft erhoffen. Weil diese Vorstellungen lebendig und kraftvoll sein können, sind wir in der Lage, zukünftiges Verhalten zu beeinflussen, indem wir es durch Fantasien und Meditationen vorbereiten. Vielleicht aspektiert Neptun unseren Mars im 5. Haus; wenn wir dann zum Beispiel nicht die Energie aufbringen, unser tägliches Training auf dem Tennisplatz einzuhalten, könnten wir stattdessen unsere Technik vervollkommnen, indem wir uns imaginär jede Bewegung genau vorstellen, die wir während des Tennisspiels machen würden. Kämpfen wir gerade gegen eine Krankheit, besonders wenn Neptun das 1. oder 6. Haus beeinflußt, können wir den Heilungsprozeß beschleunigen, indem wir uns ein weißes Licht vorstellen, das den betroffenen Körperteil umgibt. Wenn Neptun uns mit Befürchtungen und Ängsten überwältigt, könnten wir Techniken anwenden, durch die wir systematisch unempfindlicher werden. Wir beginnen mit einer Meditation oder indem wir unseren Körper Muskel für Muskel entspannen, bis wir uns ruhig fühlen. Dann stellen wir uns angsteinflößende Situationen vor, die wir mit positiven Affirmationen bewältigen. So erfahren wir die Auflösung von Befürchtungen und den Aufbau unseres Selbstwertgefühls.

Welche Planeten und Häuser es auch sein mögen, die Neptun beeinflußt, wir können uns vorstellen, daß wir in diesem Lebensbereich glücklich, klar und tüchtig wirken. Dabei sollten wir Körper, Geist und Emotionen so viel wie möglich in die Fantasien miteinbeziehen, um die Erfahrung vollständig und kraftvoll zu machen, und damit unsere Realität verändern. Während wir diese Fantasien schaffen, sollten wir uns nach innen wenden, um sicherzugehen, ob wir die Erfahrungen, die wir uns vorstellen, auch wirklich machen wollen, da sie wahrscheinlich zur Realität werden, wenn wir sie innerlich oft genug durchspielen. Sie haben Erfolg, wenn wir an das Ergebnis glauben. Wenn wir positiv denken und das Augenmerk nur auf das Positive richten und unsere Energie eher auf die Visualisierung konzentrieren statt anderen Menschen von unserer Erfahrung, von unserem Fortschritt und unseren Zielen zu berichten.

NEPTUN IN DEN HÄUSERN

Urbilder Neptuns

Nebel	Märchenprinzessin	Möwe
Wolke	gute Fee	Lamm
Verschleierung	Engel	Schaf
Fata Morgana	Elfe	Delphin
Nebelschleier	Einhorn	Chamäleon
Schattenbild	Prinz	Guerilla
Spiegel	Alchimist	Heckenschütze
Prisma	Zauberstab	Vagabund
Maskerade	Kristallkugel	Märtyrer
Seifenblase	Gral	Tänzer
rosarote Brille	Kerze	Segelboot
Trance	Zauberer	Küste
Irrgarten	Mönch	Harfe
Riesenrad	Guru	Melodie
Karussell	Heiliger	Surfbrett
Leuchtfeuer	Muse	Fallschirm
Harfe	Barkeeper	Drachen

1. HAUS

ein Spiegel, der nicht reflektiert — ein Chamäleon, das die Farbe wechselt — eine sich nähernde Wolke — ein Nebelschleier — eine mysteriöse Person auf einer Maskerade — eine gute Fee — eine inspirierende Muse — ein Engel, der Harfe spielt — eine Zauberin, die eine Formel spricht — ein Gaukler und seine Zaubertricks

2. HAUS

ein arbeitsloser Engel — ein unternehmerisches Lamm — die Schatztruhe eines Poeten — Einkaufszentrum im Nebel — das durchnäßte Scheckbuch eines Surfers — Guerilla-Krieg um eine Brieftasche — das Gold des Alchimisten — Sozialarbeiter beim Arbeitsamt — ein Einhorn im Supermarkt — Ersparnisse von Hoffnungen und Träumen

3. HAUS

Nebel auf den Straßen der Stadt — Wolken auf einer Besichtigungstour — ein Weinprobe-Lehrgang — Kristallkugel auf einer wissenschaftlichen Messe — ein Alkoholiker in der Fahrschule — Delphine in Kommunikation — das Raumfahrtzentrum in der Nachbarschaft — eine sozialistische Zeitung — der Hypnotiseur im Fernsehen

4. HAUS

Luftschlösser — der Traum vom Vater-/Mutterland — ein Inselkloster — eine Villa an der See — Barkeeper in einem Restaurant — ein Wasserbett — ein Aquarium — Matrose im Heimathafen — ein Marihuanafeld — die Behausung eines Poeten — eine Schwester im Tagesheim — ein Hausboot

5. HAUS

ein Puppenspiel für Kinder — Vergnügungsdampfer — Nebel auf der Straße zum Geliebten — betrunkener Seemann an der Bar — ein Mönch auf Freiersfüßen — ein verlorenes Kind — ein Verstellungsspiel — Karussell auf dem Jahrmarkt — ein Puppenhaus — Spiegelkabinett in einem Freudenhaus — eine Wasserski-Schau — ein Kinderstar — Kinder und Seifenblasen

6. HAUS

Fabrik am Meer — ein Zentrum für ganzheitliches Heilen — tierärztlicher Rettungsdienst — Alchimist in einem Labor — Kristallkugel in einer Arztpraxis — Büro für Zeitarbeit — Werkstatt der Elfen — Fotostudio — Goldfisch — ein Büro-Labyrinth — ein Irrgarten, der aus Papier besteht — Delphin an der Schreibmaschine

7. HAUS

ein Engelsduett — ein nebliger Hochzeitstag — zwei einander zugewandte Spiegel — Wasserski-Tandem — der Heiratsantrag eines Betrunkenen — Hochzeit im siebenten Himmel — ein Chamäleon-Paar — zwei verschmelzende Wolken — Abendessen für zwei bei Kerzenschein — Paar auf dem Karussell — Opferlämmer — Seelengefährten in Verbundenheit

8. HAUS

Engel auf einem Vulkan — ein Mönch im Bordell — poetischer Beerdigungsritus — Guru eines okkulten Centers — Wolke der Beurteilung — Nebel über einem Abgrund — mystische Riten — Chemiker, der dabei ist, gefährliche Flüssigkeiten zu mischen — himmlische Initiationsriten — Nebelschleier über Herbstlaub — kosmischer Orgasmus — Drogenhändler in der Unterwelt

9. HAUS

fliegender Teppich nach Kathmandu — Nebel über dem Land von Morgen — Flüchtling in einem fremden Land — Chamäleon auf Weltreise — Wallfahrt nach Indien — Fahrstuhl zum heiligen Gral — Meditationskurs — Prinzessin im Elfenbeinturm — die Universität der Trunkenheit — ein heiliges Diplom — einer, der die Schule schwänzt — ein erfolgsuchender Tümler

10. HAUS

auf dem Gipfel der Trunkenheit — Delphine, die aus dem Meer hochspringen — ein Himmelsgefährt — Penthaus am Meer — Vorgebirge mit Nebel verschleiert — ein Engel auf der Titelseite einer Zeitung — Nebel über einem Gebirgssee — eine scheue Primadonna — Kristallkugel auf einem Sockel — Leuchtfeuer am Himmel — der Fischer und seine Frau — Labyrinth aus Wolkenkratzern

11. HAUS

ein Lichtkreis — Zusammenkunft guter Feen — eine Herde Schafe — die Ritter der Tafelrunde — eine geistige Bruderschaft — Anonyme Alkoholiker — eine Kampagne «zur Rettung der Wale» — ein Himmelschor — Himmelsstürmer — die Sozialistische Partei — eine Meditationsgruppe — eine Agentur für soziale Dienste im Himmel

12. HAUS

Seele im Exil — verbotene Magie — Schutzengel — Soul-Musik — kosmischer Teich — geheimer Mystiker — Einhorn in Gefangenschaft — Tänzer im Bühnenhintergrund — Seelengewässer — verborgene Quelle — innere Flutwelle — bewölkte See — private Mission — inneres Leuchtfeuer

Astrologie und Bildersprache

Das Folgende ist ein Auszug aus dem unvollendeten Manuskript «Your Planetary Archetyes». *Es bietet: Bilder für jeden Planeten in jedem Zeichen und Haus; Techniken für die Erschaffung planetarischer Bilder; Beispiele, die zeigen, wie man zwei Bilder miteinander in Verbindung bringt. Sowohl disharmonische als auch harmonische Bilder können uns helfen, die zugrundeliegende Bedeutung und das Potential der Aspekte im Geburtshoroskop zu entdecken.*

Das erste Bild, das mir erschien, als ich über meinen rückläufigen Jupiter meditierte, der auf 29 Grad beim Wassermann am Ende meines 2. Hauses steht (und der auch mein 12. Haus und meinen Aszendenten regiert), war ein großer Luftballon oder eine Art Luftschiff mit der Aufschrift «Entwickle deine Intuition. Studiere Astrologie. 10 — die Stunde.» Da der einzige größere Aspekt zwischen Jupiter und Mars ein Quadrat ist, und der Mars in meinem 12. Haus steht und mein 4. Haus regiert, meditierte ich auch über Mars und erhielt das Bild eines U-Bootes, das nach einer Unterwasserschlacht an die Oberfläche des Meeres steigt. Als ich diese Bilder zum besseren Verständnis des Quadrats miteinander verband, hatte ich die Vision eines durch die Wasseroberfläche brechenden U-Bootes, das nach dem Ballon schoß, um die Luft aus ihm herauszulassen.

Dieses Bild rief Kindheitserinnerungen wach und brachte mir eine blitzartige Erkenntnis. Damals kritisierte mich meine Mutter ständig, daß ich zu dick sei (wie ein Ballon), während sie gleichzeitig die Gebäckschale mit meinen Lieblingskeksen füllte. Es kam mir plötzlich ganz klar zum Bewußtsein, wie diese ständige Kritik meine zwanghafte Eßlust eher vermehrte als verminderte, was dazu führte, daß ich mein gesamtes wöchentliches Taschengeld darauf verschwendete, Bücher zu kaufen, die mein Verlangen, Schriftstellerin zu werden, unterstützten. Da mein physisches Selbst abgelehnt wurde, versuchte ich früh, mein schwaches Selbstbild zu kompensieren, indem ich Verständnis entwickelte und mich auf meine geistige und kreative Entfaltung konzentrierte. Heute, Jahre später, habe ich kein Übergewicht mehr, aber das zwanghafte Verhaltensmuster, Bücher zu kaufen, wiederholt sich, als ob ich noch immer versuchen würde, mich anzufüllen und mir meinen eigenen Wert zu beweisen.

Als ich mir der frühen Muster im Zusammmenhang mit meinem Mars/Jupiter-Quadrat bewußt geworden war, entschied ich mich, ein harmonisches Bild des Zusammenwirkens von Mars und Jupiter zu schaffen, ein Bild, das mir ermöglichen würde, die positiven Seiten des Quadrats zu finden. Zuerst arbeitete ich mit den obigen Bildern. Ich stellte mir ein U-Boot vor, das nach der Unterwasserschlacht auftaucht und in die Luft schießt, um seinen Sieg über die Feinde in der Tiefe zu verkünden; im selben Moment fliegt ein Luftballon darüber hinweg mit der Aufschrift «Schließe mit deinem Unterbewußtsein Freundschaft. Laß dir von deinem Schütze-Aszendenten helfen, deinen inneren Reichtum zu entdecken». Gleich darauf sah ich meinen Jupiter als einen Psychologie-Professor, der die psychologischen Prinzipien nicht abstrakt lehrte, sondern den Studenten half, ihre eigenen unterbewußten Prozesse zu erforschen und sich mit den inneren «Dämonen» auseinanderzusetzen, die ihren Selbstwert und die Erkenntnis ihrer eigenen Fähigkeiten bedrohten.

Diese Bilder halfen mir zu erkennen, wie meine gegenwärtige Richtung in der Astrologie mir nicht nur helfen wird, mein Mars/Jupiter-Quadrat zu integrieren, sondern auch meine Vollmond-Opposition. Diese Arbeit beinhaltet die Auseinandersetzung mit den Planeten des 12. Hauses, die Untersuchung der Psychodynamik des T-Quadrats, den Dialog mit Planeten bis hin zu mehr persönlichem Selbstausdruck in meiner Schriftstellerei. Außerdem versuche ich, mich selbst in Einklang zu meinen inneren Erfahrungen der äußeren Planeten zu bringen und die Bildersprache einzusetzen, um die zugrundeliegende Bedeutung der Planeten und Aspekte zu erfahren. Diese Arbeit kann mir auch helfen, meinen aufsteigenden Mondknoten in den Fischen zum Ausdruck zu bringen statt mich in die Konjunktion meines absteigenden Mondknotens zu drei Planeten in der Jungfrau zurückzuziehen. Während ich mir mein marsisches U-Boot vorstelle, wie es von seinem Unterwassersieg auftaucht, wird mir klar, daß ich mehr und mehr bereit bin, mich den Dämonen zu stellen, die in meinem Unterbewußten begraben sind, und auch gewillt bin, meinen Mars im 12. Haus sowohl in meinem Privat- als auch in meinem Berufsleben mutig und kraftvoll zum Ausdruck zu bringen. Ich bin jetzt auch besser in der Lage, die aggressiven Instinkte zu erkennen und zu verändern, die verzerrt und selbstzerstörerisch sind und zu zwanghaftem Verhalten führen, wenn sie nicht anerkannt und ausgedrückt werden. Ich verstehe jetzt besser, wie mein Jupiter, der in der Vergangenheit ein Problem war, mir zum Vorteil dienen kann, sobald er sich mit den verschütteten Marskräften auseinandergesetzt, sie aufgenommen und zum Ausdruck gebracht hat. Dabei kann der Reichtum der Weisheit entdeckt werden, der sogar in der dunkelsten Ecke des Unterbewußten wohnt, und diese Erkenntnisse können auch anderen durch das Lehren, durch Beratung, das Schreiben und durch Veröffentlichungen übermittelt werden.

Mit Neptuns Strömungen schwimmen

Gelenkte Fantasiearbeit kann uns helfen, aus einem Neptun-Transit Nutzen zu ziehen, jedoch ist das Verlangen, unser Leben zu lenken oder zu kontrollieren, nicht spezifisch für Neptun. Während des Einflusses von Neptun können wir beginnen, das zu erfahren, was die Chinesen als WU-WEI bezeichnen — die Weisheit des «Nicht-Tuns», das Schwimmen mit dem Strom, indem wir uns mit dem TAO, dem Weg der Natur und allen Lebens, in Einklang bringen. Dieses Nicht-Tun bedeutet keinesfalls, sich von jeglichem Tun zurückzuhalten oder sich zu erlauben, indifferent und antriebslos zu werden. Es bedeutet vielmehr, daß wir keine Situation erzwingen oder Widerstände bekämpfen, sondern mit jedem Ereignis fließen können, indem wir uns der Lage anpassen und unseren Gefühlen und Handlungen vertrauen, ohne uns zu überanstrengen.

Obwohl wir uns passiv, apathisch und unerfüllt fühlen können, sobald wir die Energie eines Planeten während des Neptun-Transits wie gewohnt ausdrücken, können wir uns sehr angeregt und energiegeladen fühlen, sobald wir neue Ausdrucksmöglichkeiten für diesen Planeten gefunden haben. Nur wenn wir uns die Freiheit nehmen, abzuschweifen, zu fließen oder verschlungene Wege zu gehen, ohne uns dafür zu verurteilen, daß wir uns nicht auf die gewohnte Weise verhalten, können wir diese neuen Einstellungen, Verhaltensweisen, Aktivitäten und Erfahrungen entdecken. Nicht das, was wir bewußt wählen, sondern das, wohin uns das Leben während des Neptun-Einflusses treibt, sollten wir in unser Leben miteinbeziehen. Unter dem Einfluß eines Neptun/Mars-Transits haben wir möglicherweise nicht mehr die Kraft zum Joggen, könnten aber entdecken, während wir uns beim Abwaschen rhythmisch zur Musik bewegen, daß wir uns eigentlich gerne mit kreativem Tanzen beschäftigen würden. Während eines Neptun/Venus-Transits haben wir wahrscheinlich nicht die Energie oder das Verlangen, Beziehungen aus der Vergangenheit aufrechtzuerhalten, doch können wir entdecken, daß wir auf ganz natürliche Weise mit Menschen ins Gespräch kommen, mit denen wir vorher nicht gesprochen hätten. Dabei knüpfen wir unbewußt Beziehungen an, die in der Zukunft für uns wichtig werden können. Wenn wir uns nicht treiben lassen und einfach nur beobachten, was in uns emporsteigt, wenn wir den Bindungen des aspektierten Planeten und Hauses nicht freien Lauf lassen, werden wir wohl nie entdecken, was Neptun uns lehren kann.

Jeder schwierige Neptun-Aspekt zu einem Planeten zeigt an, daß die Energie des Planeten jetzt in einer fließenden, gefühlvollen, anregenden und sinnvollen Weise ausgedrückt werden muß. Es kann nichts erzwungen werden. Sie muß ihren eigenen Weg finden, wie Wasser, das einen Berg hinabfließt. Nur wenn wir der Inspiration folgen, können wir in die neuen Strukturen oder Beziehungen hineingleiten, die uns erwarten. Wir sollten jedoch vorsichtig sein, wenn wir uns den Gezeiten Neptuns hingeben, um nicht zu weit fortgespült zu werden oder zu schnell an der falschen Küste zu landen. Die Kontrolle über die Art des Dahintreibens können wir aufrechterhalten, indem wir mit unserem Zentrum in Verbindung bleiben und uns besser auf die innere Führung einstimmen. Dadurch können wir verhindern, durch äußere Umstände in Situationen zu geraten, die möglicherweise zerstörerisch für uns sein könnten. Das Ziel kann nicht sein, uns jeder Laune, jedem Impuls oder äußeren Einflüssen auszuliefern, sondern eher, uns dem TAO oder den Lebenskräften hinzugeben, so, wie wir sie im eigenen Zentrum erfahren haben. Folgen wir der inneren Führung. Mit den Worten des I-Ging, Hexagramm 2, *«KUN — das Empfangende»:*

> *... Man ist nicht in selbständiger Stellung, sondern als Gehilfe tätig. Da gilt es, etwas zu leisten. Nicht führen zu wollen — dadurch verirrte man sich nur —, sondern sich führen lassen, ist die Aufgabe. Der Edle läßt sich leiten. Er geht nicht blindlings voran, sondern er entnimmt den Verhältnissen, was von ihm verlangt wird, und folgt dieser Weisung des Schicksals.*

Wir können die Anpassung an die Lebenskräfte entwickeln, indem wir uns erlauben, die Nähe zur Natur zu erfahren, die auch eine Quelle bildlichen Ausdrucks ist und die Kreativität erwecken kann. Unter dem Einfluß von Neptun scheinen Bäume, Berge und Wiesen zu uns zu sprechen. Doch werden wir uns wahrscheinlich dann am friedvollsten fühlen, verbunden mit unseren Gefühlen und im Bewußtsein des Göttlichen in uns und um uns herum, wenn wir uns in der Nähe des Wassers aufhalten. Flüsse, Seen und Meere können uns zur inneren Quelle der Eingebung führen und uns helfen, Gefühle loszulassen, die sich aus der Vergangenheit angestaut haben, bis wir schließlich ruhig werden.

Erfahrungen mit Neptun

Die folgenden Auszüge aus meinem unveröffentlichten Manuskript *«A Passing of Clouds»* schrieb ich, als sich mein progressiver Fische-Mond im 3. Haus und der Transit-Neptun sich im 12. Haus befanden — im Trigon zu meinem schwer angegriffenen Radix-Mond im 4. Haus. Mein Radix-Neptun ist im 10. Haus, in Opposition zum Mond, im Quadrat zu Uranus, Sextil zu Pluto und im Halbsextil zum Mars im 12. Haus.

Arbeitslos erlebe ich das erste Mal Monate des Nichtstuns, halte die Zügel meines Lebens locker in der Hand und trabe gemächlich durch das Land. Es kümmert mich nicht, ob ich ein Ziel erreiche, nur das, wo ich jetzt bin, interessiert mich, und ich wende mich wahllos mal diesem, mal jenem Weg zu, ohne auf die Richtung zu achten. Im Moment geht es darum, dem Pferd zu vertrauen. Wenn es Nacht wird, werde ich die Zügel fester halten wollen und die Kontrolle übernehmen, aber jetzt genieße ich es, sie lockerzulassen.

Sobald ich mir jedoch all der Stunden bewußt werde, die ich verbummelt habe, werde ich ängstlich und unzufrieden. Ich sage mir selbst, daß ich schließlich auf den Hauptpfad zurückkehren und in eine vorbestimmte Richtung reisen werde, aber je weiter ich vom Weg abkomme, desto mehr Schwierigkeiten habe ich, ihn wiederzufinden. Je mehr Freiheit ich meinem Pferd gebe, desto weniger wird es bereit sein, wieder meinen Befehlen zu gehorchen.

Wenn dieses Jahr zu Ende ist, werde ich für diese verschwendeten Monate, diese ziellosen Wanderungen nichts vorzuweisen haben als Erinnerungen an den Wind, der mir ins Gesicht blies und das Rascheln der Blätter. Das ist genug, diese Monate des Nichtstuns zu rechtfertigen.

Meine Schwierigkeiten mit der Definition meiner Lebensrichtung bestehen nicht darin, daß sie bis jetzt gestaltlos ist, sondern eher darin, daß sie schwer faßbar und unmöglich von einem Symbolsystem in ein anderes zu übersetzen ist. Ich kann sie weder sehen noch fühlen noch verbalisieren, und doch weiß ich, wann ich dem richtigen Wege folge, wann ich irrtümlich vom richtigen Pfad abgekommen bin.

Wenn ich versuche, sie in Worte zu kleiden, schaudert es mich, als ob ich eine Entweihung begangen hätte. Das Unfaßbare wird auf die Ebene eines Gemeinplatzes herabgesetzt. Wird das ewige Rätsel erst einmal entschlüsselt, ist es zerstört. Der bewußte Verstand gewinnt die Kontrolle über das Verstehen und, wie ein Vogel, der seine Beute in den Klauen hält, klammert er sich an seine eigenen wörtlichen Interpretationen und lenkt meinen unbewußten Geist davon ab, seinem natürlichen Rhythmus zu folgen.

Das Unbestimmte und Undefinierbare meiner Vision ist für mich ein Schlüssel zu ihrer Gültigkeit. Das wirklich Ursprüngliche, das wahrhaft Bedeutende und Wesentliche in meinen Erfahrungen kann nicht klassifiziert oder erklärt werden. Wirkliches Wachstum, das weiß ich, findet hinter der Bühne statt.

Umgang mit Sensibilität, Wirklichkeitsflucht und Abhängigkeit

In dem Maße, wie wir mit den Strömungen Neptuns fließen, werden wir feststellen, daß auch Gefühle frei fließen, besonders unsere Tränen. Neptun erhöht die Empfindsamkeit; unter seinem Einfluß werden wir mitfühlender, aber auch verletzlicher. Neptun löst Grenzen auf, setzt den Schmerz frei, den wir in uns getragen haben, und erweckt unsere Fähigkeit zu lieben. Mit den Worten des I-Ging, Hexagramm 59, *«HUAN — Die Auflösung»:*

> *Das Wasser beginnt im Herbst und Winter zu erstarren und zu Eis zu gefrieren. Wenn die milden Lüfte des Frühlings kommen, löst sich die Erstarrung, und das in Eisschollen Zerstreute vereinigt sich wieder. Durch Härte und Selbstsucht erstarrt das Herz, und in dieser Erstarrung trennt es sich von allem anderen. Egoismus und Habsucht isolieren die Menschen. Dar-*

um muß eine fromme Rührung das Menschenherz ergreifen. Es muß gelöst werden in heiligen Schauern der Ewigkeit…

Deshalb ist es während eines Neptun-Transits wichtig, besonders wenn es sich um einen Transit zu einem persönlichen Planeten handelt, daß wir unsere Gefühle fließen lassen, daß wir sie ganz und gar durchleben, auch den Schmerz, weil er uns befähigt, anderen gegenüber offener zu sein. Oft sind die Wolken der Verwirrung nur unvergossene Tränen, die sich in unserem Geist verdichtet und ihn vernebelt haben. Jetzt, da die Wunden der Vergangenheit wieder geöffnet werden und wir das Leid erfahren, das wir zu vermeiden suchten, können wir gesunden und wieder zu lieben beginnen. Indem wir Verletzlichkeit und Verwundbarkeit erleben und ausdrücken, erwacht unser Mitgefühl, und wir werden für das Leid um uns herum empfänglicher und verständnisvoller. Wir können jedoch auf Schwierigkeiten stoßen, wenn wir die Liebe und das Mitgefühl in uns an einem Menschen festmachen und uns in romantischen Fantasien oder in Kummer verlieren. Die Liebe Neptuns sollen wir nicht auf eine bestimmte Person konzentrieren, sondern vielmehr um uns herum verteilen und verstreuen, um all unseren Beziehungen und Handlungen Auftrieb zu geben. Neptun lehrt uns, daß Liebe nicht einfach ein Gefühl für einen bestimmten Menschen ist, sondern eher eine Art zu leben.

Eine andere Gefahr eines Neptun-Transits besteht darin, daß wir von Befürchtungen, Ängsten und Selbstzweifeln überflutet werden. Wir fühlen uns, als würden wir in einem Strudel unkontrollierbarer Emotionen ertrinken; wir können sogar deprimiert und teilnahmslos werden, weil wir uns selbst immer wieder negative Botschaften geben. Normalerweise werden wir mit diesen unerfreulichen Nebenwirkungen fertig, indem wir unsere Gefühle körperlich voll erfahren und sie freisetzen, ohne sie in Worte zu fassen, die sie übertreiben und ihre Macht über uns noch vergrößern würden. Wir können auch die entgegengesetzte Annäherung versuchen und uns von diesen Gefühlen befreien, indem wir es beobachtend zulassen, daß sie in unser Bewußtsein dringen. Auf diese Weise entdecken wir vielleicht, daß diese Gefühle getrennt von uns existieren, und daß sie nicht zwangsläufig einen zerstörerischen Einfluß auf unsere Selbstachtung haben oder unser Wirken in der Welt stören müssen. Wenn wir uns während eines Neptun-Transits (besonders im Aspekt zur Sonne, zum Mars oder zum Saturn) paranoid und hilflos fühlen, in dem Bewußtsein, von etwas außerhalb unserer selbst gequält zu werden, könnten wir versuchen herauszufinden, ob wir unseren eigenen Willen, unsere Wut, unseren Haß oder unsere Negativität nach außen projizieren, weil wir nicht bereit sind, diese Emotionen in uns selbst anzuerkennen. Die paranoide Haltung kommt häufig davon, daß wir nicht fähig sind, unsere eigene Wut anzuerkennen und sie auszudrücken. Wenn wir uns unsere wahren Gefühle zu eigen machen, wie negativ sie auch sein mögen, und ihnen erlauben, durch uns hindurchzufließen, können wir sie herauslassen und von ihrem Einfluß frei werden.

Ein Grund für die Negativität, die wir unter Neptun erleben können, ist, daß Neptun uns veranlaßt, die Grenzen und Nichtigkeiten des Alltagslebens wahrzunehmen, wenn wir uns anderen Dimensionen des Seins öffnen. Wir fühlen «göttliche Unzufriedenheit»; wir sehnen uns danach, die Bereiche, die wir erkannt haben, zu überwinden und unser Ideal zu erleben und umzusetzen. Die normalen, weltlichen Tätigkeiten reichen uns nicht mehr aus; wir müssen eine innere Bestandsaufnahme der höchsten Erfahrungen oder transzendenten Momente, die wir erlebt haben, vornehmen. Wir müssen aber auch solche Erlebnisse in Betracht ziehen, von deren Erfahrung wir nur träumen, und bereit sein, sie häufiger geschehen zu lassen. Einen Segelausflug im Sommer, ein romantisches Abendessen bei Kerzenlicht, ein anregendes Konzert — solche Aktivitäten häufiger in unser Leben einzubauen kann uns helfen, die Verbindung mit Neptuns inspirativen Kräften aufrechtzuerhalten und dadurch in einer geistigen Verfassung zu bleiben, die es uns möglich macht, sogar in engen und wenig anregenden Umständen einen inneren Auftrieb zu erleben.

Es gibt noch eine andere Gefahr, die uns möglicherweise durch Neptun droht, nämlich, daß wir versuchen, allem auszuweichen, was unerfreulich ist. Wir laufen dann von einer Schwierigkeit zur anderen, mit der Illusion, daß durch jede neue Erfahrung die Probleme der Vergangenheit vermieden werden könnten. Eine Zeitlang kann dieses Fluchtverhalten wohl funktionieren und es uns ermöglichen, neue sinnvolle Quellen zu entdecken. Aber nachdem wir uns wiederholt in neue Situationen begeben haben und entdecken, daß sie nicht so sind, wie wir es erhofften, kann uns die Desillusionierung verbittern. Obwohl wir unter Neptun nach und nach die Vergangenheit loslassen und neue Möglichkeiten ausprobieren können, lernen wir dabei auch, daß wir mehr Verwirrung, Selbstzweifel und Schuldgefühle hervorrufen können als wir erfahren möchten, indem wir immer wieder vor Konflikten weglaufen und es vermeiden, uns mit bestehenden Verpflichtungen auseinanderzusetzen und sie verantwortungsvoll zu regeln.

Manchmal kann uns dieses Fluchtverhalten auch auf dem auserwählten Weg weiterführen. Wir lesen einen Fantasieroman anstatt eine Hausaufgabe zu vervollständigen und stoßen dabei auf einen Abschnitt, der in unserem Bewußtsein Türen öffnet und dazu führt, ein Problem, mit dem wir uns abgemüht haben, zu lösen. Wir vermeiden ein geschäftliches Treffen, das uns nicht interessiert, und machen stattdessen einen Spaziergang im Park. Dabei treffen wir eine Frau, zu der wir eine Seelenverbindung spüren, und die zu einer vielgeliebten Lehrerin in unserer Entwicklung wird. Es ist wichtig, uns etwas Raum für eine Flucht zu erlauben, wenn wir Neptuns Segen erfahren wollen; dennoch müssen wir beständig abwägen, bis zu welchem Grad und Ausmaß es uns wirklich dienlich ist, Verantworung zu vermeiden.

Eine weitere Gefahr von Neptun ist, daß wir übertrieben passiv und hilflos werden und uns an einige Hilfsmittel klammern — sei es, daß wir durch Drogen oder Alkohol süchtig werden, wenn wir ein Quadrat haben, oder übermäßig abhängig von einem anderen Menschen, wenn wir eine Opposition haben. Auch hier bietet uns das I-Ging Führung an; Hexagramm 30, *«LI — Das Haftende, das Feuer»* rät uns, tatsächlich zu haften, festzuhalten, aber an dem, was richtig ist, uns an das Licht zu halten, das in jedem von uns scheint:

> *Das Dunkle haftet am Lichten und vollendet so dessen Helligkeit... Alles Leuchtende in der Welt ist abhängig von etwas, an dem es haftet, damit es dauernd leuchten kann... Indem der Mensch, der bedingt und nicht unabhängig dasteht in der Welt, dessen Bedingtheit anerkennt, sich abhängig macht von den harmonischen und guten Kräften des Weltzusammenhangs, hat er Gelingen. Indem der Mensch diese Fügsamkeit und freiwillige Abhängigkeit in sich pflegt, erlangt er Klarheit ohne Schärfe und findet seinen Platz in der Welt.*

Neptun drängt uns nicht, unabhängig, sondern eher abhängig zu sein, abhängig von der inneren Führung, die wir erhalten, wenn wir uns auf die höchsten Dimensionen in uns selbst und im Universum einstimmen.

Statt sich an andere zu klammern, können wir unter dem Einfluß von Neptun Beziehungen eingehen, in denen andere sich an uns klammern. Das Mitgefühl, das wir empfinden, kann uns zu Menschen führen, die unsere Liebe und Unterstützung brauchen. In dem Eifer zu geben, sind wir uns vielleicht nicht bewußt, wie wir Abhängigkeit schaffen. Da wir unsere Motive für altruistisch halten, werden wir bitter, wenn diejenigen, denen wir uns geopfert haben, sich nicht bessern oder nicht in der Lage sind, uns zu schätzen und das zurückzugeben, was wir ihnen gegeben haben. Zuerst sonnen wir uns unbewußt in Selbstlosigkeit, um uns dann recht bewußt zurückzuziehen, wenn wir das Gefühl haben, benutzt und betrogen worden zu sein.

Eine der Lektionen von Neptun ist, daß Geben uns und andere stärkt, es schwächt und verbittert nicht. Geben heißt nicht, die Verantwortung für andere zu übernehmen, sondern ihnen zu helfen, die Verantwortung für sich selbst zu tragen. Liebe ist kein uneingeschränkter Fluß von Mitgefühl und Freundlichkeit, sondern beinhaltet die Fähigkeit, nein zu sagen, Anforderungen zu stellen und wenn nötig, sich abzuwenden und sich zu weigern, ein Verhalten anderer zu unterstützen, das für das beiderseitige Wohlergehen schädlich ist — und dennoch ihr Wesen während der ganzen Zeit zu akzeptieren und zu schätzen und sie zu ermutigen, ihre eigene göttliche Natur zum Ausdruck zu bringen.

Neptunische Themen in Beziehungen

Eine Erscheinungsform des Mitgefühls und der Liebe, die ein Neptun-Transit hervorrufen kann, besonders im Zusammenhang mit Venus oder Mond, ist das Bedürfnis, spirituelle Verbindungen zu anderen Menschen einzugehen, sich von Seele zu Seele zu begegnen und eine Einheit des Geistes zu erfahren. Wegen dieser Sehnsucht nach einer Verschmelzung auf höchsten Ebenen können wir uns leicht vormachen, daß wir den Seelengefährten gefunden haben oder unsere gegenseitige Abhängigkeit rationalisieren. Wir befinden uns in dem Glauben, kosmische Verbundenheit zu erfahren, während wir in Wirklichkeit versuchen, in die Sicherheit des Mutterschoßes zurückzukehren. Die spirituellen Verbindungen, die von uns ersehnte Vereinigung zweier Wesen, ist unter dem Einfluß von Neptun sicherlich möglich und kann uns noch lange, nachdem der Transit vorbei ist, inspirieren und innerlich emporheben. Solche Verbindungen geschehen jedoch nur, wenn wir untereinander und uns selbst gegenüber ehrlich sind, und wenn die Bande, die wir knüpfen, durch ein Selbst gestützt wird, das fähig ist, Einsamkeit zu ertragen und sich nach innen zu wenden, um die angestrebte Erleuchtung zu erleben, ohne dafür andere Menschen zu benötigen. Seelenverbindungen werden dann entstehen und andauern, wenn wir unsere eigene spirituelle Quelle finden statt von anderen Menschen zu erwarten, daß sie uns mit den Dingen versorgen, die nur Gott uns geben kann. Dann werden wir fähig, die Schönheit eines anderen zu preisen, ohne von ihm zu verlangen, ein Beispiel an Tugend zu sein.

Wenn Neptun das 7. Haus, die Venus, den Deszendenten oder den Herrscher des Horoskops beeinflußt, neigen wir besonders dazu, uns Illusionen über jene Menschen hinzugeben, die wir lieben, und daruber, wie wir uns in Beziehungen verhalten. Einige von uns wählen unerreichbare Partner, obwohl sie sich nach Nähe sehnen, und können sich nicht eingestehen, daß sie in dieser Lebensphase zu verletzlich oder zu ängstlich für eine vollkommene Beziehung sind. Einige verlieben sich in das Bild, das sie von ihrem Partner haben, und sind nicht bereit, sich mit der Realität auseinanderzusetzen, weil sie sich in die Liebe verliebt haben und ihre Fantasie der Realität vorziehen.

In dem Buch «*Psychology of Romantic Love*» unterscheidet Nathaniel Branden zwischen Beziehungen, die auf geteilter Blindheit beruhen, und denen, die sich auf geteilte Sicht gründen. «Blinde Beziehungen» arbeiten mit dem Prinzip: «Verdirb nicht meinen Traum, und ich werde deinen nicht verderben». Sobald wir uns der Unzulänglichkeiten des Partners voll bewußt werden, verschwindet die Liebe. Beziehungen, die auf geteilter Sicht basieren, beinhalten jedoch die Bereitschaft, den anderen Menschen so zu sehen, wie er wirklich ist, mit all seinen Fehlern und Mängeln, und dennoch in der Lage zu sein, die Saat der Liebe und Romantik am Leben zu erhalten. Neptun kann das Phänomen einzelner oder miteinander geteilter Blindheit schaffen. Sind wir jedoch dazu bereit, durch die falsche Sicherheit der Illusionen hindurchzugehen und eine Partnerschaft zu akzeptieren, die nicht ideal ist und sein kann, erleben wir jene Liebe, die auf geteilter Sicht beruht.

Kahlil Gibran hat einmal geschrieben:

In der Liebe geht es nicht darum, einander tief in die Augen zu schauen, sondern darum, gemeinsam in die Welt hinaus zu sehen.

Eine der Voraussetzungen für eine lebensfähige neptunische Beziehung kann darin liegen, daß die Bindung, die wir eingehen, nicht nur um ihrer selbst willen besteht, sondern ein Ziel hat, das darüber hinausgeht. Vielleicht müssen wir Beziehungen aufbauen, in denen wir schöpferisch zusammenarbeiten und uns der Verwirklichung von Werten und Idealen widmen, die wir mit unserem Partner teilen. Solche Werte und Ideale können sich in Form einer spirituellen Verpflichtung äußern, als berufliches Wagnis, durch unsere Einstellung zur Kindererziehung oder zu sozio-politischen Fragen, die wir mit dem Partner gemeinsam haben. Was auch immer die gemeinsame Vision sein mag, sie muß stark genug sein, um uns während der unvermeidlichen Phasen emotionaler Unzufriedenheit zu stützen.

Die Erkenntnis unserer Ideale und deren Umsetzung in die Realität erfordert eine genaue Definition und einen klaren Sinn für das Wesentliche. Indem wir uns dieser Erkenntnis verpflichten, werden wir fähig, die wahre Bedeutung des Wortes «Aufopferung» auszudrücken, das häufig mit Neptun assoziiert wird. Zu oft werden wir zu Opfern einer niedrigeren Form der Hingabe, die es nötig macht, sich bloßzustellen oder den Märtyrer zu spielen. Vielleicht opfern wir unsere Integrität, weil wir unfähig sind, uns durchzusetzen und zu bejahen oder keinen eigenen Standpunkt haben, oder weil wir unsere wahrhaftigsten Werte nicht kennen und uns ihnen deshalb auch nicht widmen können. Das lateinische Wort «Sacrificium» = «Opfer/Hingabe» bedeutet eigentlich, «etwas heilig zu machen». Als Abraham sich entschloß, seinen Sohn Gott zu opfern, traf er diese Entscheidung nicht deshalb, weil er seinen Sohn nicht liebte, sondern weil er Gott noch mehr liebte. Die Bereitschaft, eine zweitrangige Liebe zugunsten der vorrangigen Liebe zu opfern, kann schmerzhaft sein. Aber der Schmerz wird erträglich, wenn wir fähig sind, den ursprünglichen Wert zu bejahen, den wir tatsächlich gewählt haben. Indem Abraham seine Verpflichtung Gott gegenüber einhielt, erreichte er Gott schließlich, und sein Sohn wurde verschont. Opfern wir unsere niederen Werten den höheren Werten, öffnen wir meistens neue Tore und entdecken, daß wir auf lange Sicht viel mehr gewinnen als verlieren.

In der Welt dienen

Neptun lehrt uns zu lieben und zu geben, und zwar im Hinblick auf uns selbst und auf andere; er hilft uns auch, die Liebe und Inspiration zu erweitern, um unsere Arbeit und Verpflichtung der Gesellschaft gegenüber anzunehmen. Besonders in Verbindung mit dem 1., 6., 10., 11. und 12. Haus drängt uns Neptun dazu, geistige Eingebungen zu erden, indem wir der Welt dienen, und das tun, was für uns und für andere von Bedeutung ist. Dies können wir tun, indem wir auf wichtige Bedürfnisse eingehen, sie erfüllen, und andere aufrichten und inspirieren. Wir können uns über die Natur des Dienstes oder der Mission unter Neptuns Einfluß im unklaren sein; wir sind vielleicht von Idealismus erfüllt, jedoch unfähig, diesen zu praktizieren. Neptun, als der kosmische Verblender, kann uns zu der Illusion verleiten, daß unser Dienst darin bestehen soll, ein Retter der Menschheit zu werden, die Armut abzuschaffen und das Leid auszulöschen. Da wir nichts von all dem tun können, geben wir möglicherweise unseren Idealismus auf oder weigern uns, neue Wege zu entdecken, wie wir dienen können, ohne jedoch das Ego zu beweihräuchern. Neptun lehrt uns, daß «Dienen» darin bestehen kann, einem Kunden ein freundliches Wort zu sagen, während wir seine Lebensmittel einpacken, oder darin, einer alten Dame den Arm zu reichen, wenn sie eine verkehrsreiche Straße überqueren möchte. Unter Neptuns Einfluß können wir danach trachten, mehr zu tun — einem Ruf zu folgen, indem wir den Leidenden oder Unterdrückten helfen, oder jene inspirieren, die sich mit der Frage nach dem Sinn des Lebens abmühen. Doch während wir uns auf Ideale ausrichten und mit der Unfähigkeit ringen, ihnen vollkommen gerecht zu werden, beraubt uns Neptun der Illusionen, indem er uns davon abhält, in spiritueller Selbstgefälligkeit zu versinken.

Inwieweit geben wir uns unserer Mission hin, und bis zu welchem Grad versuchen wir, uns für einen Mangel an Selbstachtung zu entschädigen? Bis zu welchem Grad dienen wir, nur um geschätzt, respektiert und geliebt zu werden? Wir tragen das Göttliche in uns und sind fähig, es auszudrücken, aber wir können nicht erwarten, Christus zu sein. Neptun lehrt uns, daß die Fähigkeit zu lieben und zu dienen größer wird, wenn wir Illusionen ablegen und Demut entwickeln, wenn wir bereit sind, eigene Unzulänglichkeit und Verletzbarkeit zuzulassen und zu zeigen, und für die Schwächen anderer empfindsam zu bleiben statt zu versuchen, ein Erlöser zu sein.

Neptun und die Erfahrung des Eins-Sein

Neptun ist der Planet des Glaubens und der kosmischen Erfahrungen. Unter seinem Einfluß sehnen wir uns danach, über uns selbst hinauszugehen, unser Ego dem Kosmos hinzugeben und Kleinlichkeit, Begrenztheit und Angst loszulassen. Aufgrund unserer spirituellen Sehnsucht und Empfänglichkeit kann Neptun tatsächlich das Bewußtsein erweitern und uns auf himmlische Ebenen führen, von denen wir nicht einmal wußten, daß es sie gibt. Er kann uns erlauben, das Eins-Sein mit der Menschheit und dem Universum zu erfahren. Nur durch die Erfahrung des Eins-Sein, nur durch die Verbindung zu unserem innersten Wesen, durch welches die höchste kosmische Energie fließt, können wir das nötige Vertrauen entwickeln, um den Schmerz in der Auflösung durch Neptun zu bewältigen. Nur dann können wir zulassen, daß uns die so liebgewordenen Illusionen genommen werden und können unser Herz offenhalten, auch wenn es zu brechen droht. Neptun bringt Unsicherheit, Verwirrung und Leid, und er fordert Opfer, indem er offenbart, wie klein und unbedeutend wir sind. Diese Erkenntnis führt uns jedoch auch dazu, uns Gott zuzuwenden und um Hilfe aus dem Universum zu bitten. Indem wir uns dem öffnen, was höher ist als wir selbst, erfahren wir, emporgehoben zu werden, gebadet in kosmischen Gewässern und fähig, das eigene göttliche Wesen zu erfahren. Neptun erleuchtet; durch diese Erleuchtung vertieft sich unser Glaube daran, daß jeder einzelne ein wichtiger Teil eines göttlichen Planes ist und wir fähig sind, diesen Plan zu erfüllen und Leid und Unsicherheiten in unserem Leben zu ertragen. Wichtig ist, daß wir mit den eigenen Quellen der Inspiration im Einklang bleiben.

Wir sind eins, auch wenn wir getrennt sind. Wir sind gesegnet, auch wenn wir verflucht sind. Wir sind Wesen mit ungeheuren Möglichkeiten. Obwohl wir schwach und zerbrechlich sind und in infantile Hilflosigkeit und erniedrigende Unzulänglichkeit zurückfallen können, tragen wir ein kleines bißchen des Göttlichen in uns. Dies sind die Zweideutigkeiten Neptuns, die Lektionen, die über die Logik hinausgehen und uns nur dann verwirren, wenn wir unfähig sind, über uns selbst hinauszugehen und uns und die Welt nur von unserem stillen kleinen Zentrum des Glaubens her erleben.

Auf welche Weise können wir Neptun also erleben? Wie können wir mit der Verwirrung und den Empfindsamkeiten eines Neptun-Transits umgehen? Wir können uns Ruhe gönnen, um in das innerste Wesen einzutauchen und uns von den Überresten des Alltags reinigen; wir können unseren Gefühlen erlauben zu fließen; wir können vertrauensvoll in die Verwirrung hineingehen, weil wir wissen, daß sie ein Hilfsmittel für den Übergang zu größerer Klarheit ist; wir können uns mit Musik, Literatur und Kunst beruhigen; wir können selbst zu Schöpfern werden, indem wir unserer Inspiration Gestalt verleihen; wir können aus Träumen und Fantasien lernen. Wir können unsere Wahrnehmungen mit anderen durchsprechen und sie durch die innere Führung überprüfen, um zu vermeiden, daß wir uns selbst betrügen. Wir können unseren Glauben aufrechterhalten, wenn sich die Illusionen auflösen; wir können unser Herz öffnen und anderen mitfühlend begegnen, ohne Abhängigkeiten zu schaffen; wir können unsere Verletzlichkeit und Unsicherheit mitteilen; wir können Bescheidenheit erfahren; wir können uns darauf einlassen zu dienen und können uns erden, indem wir unsere spirituellen Eingebungen im täglichen Leben umsetzen; wir können das Eins-Sein mit der Menschheit und dem Universum erfahren; wir können uns den kosmischen Energien öffnen; wir können erleuchtet werden; wir können unseren Glauben vertiefen statt uns an unser Verlangen oder andere äußere Hilfsmittel zu klammern; wir können uns an das innere Licht halten, das uns inspiriert, erhält und befähigt, unser eigenes göttliches Wesen zu erhalten und zu schätzen, so daß wir mit unendlicher Güte und Freundlichkeit das Göttliche in anderen Menschen einschließen können.

Kapitel 7

Pluto: Von der Dunkelheit ins Licht

Wie Neptun, so ist auch Pluto in bezug auf unsere unbewußten Prozesse mit dem Mond verbunden. Je verwurzelter wir mit den Instinkten, Gefühlen und Bedürfnissen des Mondes sind, desto besser können wir mit intensiven plutonischen Energien umgehen. Verwurzelung und Erdung sind wesentlich, wollen wir die plutonische Energie konstruktiv anwenden statt von ihr überwältigt zu werden. Wie ein Baum, dessen Zweige hoch und weit in den Himmel ragen, der ein Wurzelsystem entwickelt hat, das sich so weit und tief in das Erdreich ausdehnt, wie sich seine Zweige in die Höhe erstrecken — genau so müssen wir mit unserem plutonischen Wesen in Kontakt kommen, wenn wir vermeiden wollen, uns in neptunischer Verwirrung, Hilflosigkeit und Verletzlichkeit zu verlieren und von neptunischem Idealismus und neptunischer Fantasie getäuscht zu werden. Während Neptun uns in ätherische und spirituelle Bereiche führt, zwingt uns Pluto in den «Keller» unseres Wesens, damit wir uns mit den Schatten, die dort lauern, auseinandersetzen und die Quelle der Kraft entdecken, ohne die Neptun machtlos ist. Das Neptun/Pluto-Sextil, das seit der Mitte und bis zum Ende des zwanzigsten Jahrhunderts wirksam ist, mag eine Botschaft sein, daß die schwierigen Zeiten, denen wir uns persönlich und kollektiv gegenübersehen, tatsächlich das Zusammenwirken und den integrierten Ausdruck dieser beiden Planeten erfordert.

Sei es als Radix-Planet oder als Transit, Pluto konfrontiert uns normalerweise mit der intensiven Freisetzung von Energie, die sehr oft auf einer emotionalen, physischen oder sexuellen Ebene geschieht, aber auch im intellektuellen oder geistigen Bereich stattfinden kann. Auf welcher Ebene die Energie entladen wird, hängt von dem Planeten ab, den Pluto aspektiert, und von den Häusern, die er beeinflußt — von dem Haus, in dem er zur Geburt steht, dem Haus oder den Häusern, die er zur Geburt regiert, und von dem Haus, das er als Transit durchläuft. Immerhin ist Pluto die höhere Oktave von Mars, was eindeutig mit der Freisetzung physischer Energie in Zusammenhang steht. Häufig erleben wir das Hervorbrechen plutonischer Energie aus dem Kern unseres Unbewußten wie einen Ausstoß von Gift aus irgendeiner unbekannten Quelle, ähnlich dem Ausbruch eines Geysirs, oder wie das Aufbrechen eines Furunkels oder Abszesses — ein natürlicher Reinigungsprozeß des Körpers. Zuerst erkennen wir nur die Gifte, die Pluto freisetzt — enttäuschte Leidenschaft, verzerrte Wut, verschlingende Eifersucht oder Gier —, Emotionen, die uns zu überwältigen drohen. Je mehr wir jedoch mit dem inneren Kern in Berührung kommen und je größer unsere Bereitschaft ist, uns von der plutonischen Energie durchströmen zu lassen, desto eher erkennen wir, daß wir von all dem gereinigt und befreit werden, was nutzlos und unbrauchbar geworden ist. Wir sind dann eher in der Lage, mit unserem wahren Wesen in Kontakt zu kommen.

Umgang mit Intensität und Erfahrung persönlicher Macht

Eine der Lehren, die Pluto für uns bereithält, ist die Erfahrung, in einem Zustand extremer Intensität zu leben. «Am Leben zu sein bedeutet zu brennen», schrieb einst Norman O. Brown; das Brennen, auf das er sich bezieht, ist sicherlich eine der grundsätzlichsten Erfahrungen, die wir mit Pluto machen, denn obwohl er ein Wasser-Planet ist, ist er wegen seiner Verwandtschaft mit Mars auch ein Feuer-Planet. Das Feuer von Pluto ist das psychische Urfeuer; wir könnten Pluto ganz passend mit Begriffen wie «brennendes Wasser», «kochendes Feuer» oder «Feuer, das unter Wasser brennt» assoziieren. Wir könnten diese Mischung aus Feuer und Wasser als eine Art inneren Dampf beschreiben, der eine gewaltige Explosion hervorrufen kann, wenn er nicht abgelassen wird. Die Alchimisten benutzten Hitze, um Metalle zu verändern, und betrachteten auch die Veränderung des menschlichen Wesens als einen Prozeß der Anwendung psychischer Hitze auf die Wasser des Körpers und der Emotionen. Diese Hitze kann uns innerliche Höllenqualen bereiten, wenn sie nicht richtig abgeleitet wird. Doch ist sie eines der wichtigsten Hilfsmittel der Psyche, um die Wasser der Vergangenheit zu verbrennen und die dabei freigesetzte Energie in einen neuen Seinszustand umzuwandeln.

Wenn Pluto im Geburtshoroskop stark gestellt ist oder machtvolle Aspekte bildet, die durch Transite oder Progressionen ausgelöst werden, ist es unerläßlich, daß wir lernen, mit dieser intensiven Hitze der Gefühle und des Verlangens zu leben. Normalerweise reicht die innere Erfahrung allein, ohne ein Ventil nach außen, nicht aus, um mit der gewaltigen Energie in uns wirkungsvoll umgehen zu können oder um die äußeren Dimensionen unseres Lebens so zu verändern, wie es Pluto verlangt. Eine andere Lektion, die uns Pluto lehrt, hat mit der Notwendigkeit zu tun, eine passende und konstruktive Möglichkeit zur Kanalisierung dieser brennenden Energie zu finden, damit wir nicht vollkommen durch sie vereinnahmt werden und die plötzlich auftauchenden Gifte auf harmlose Weise freisetzen. Eine neutrale Form der Kanalisierung, die keinem anderen Zweck dient, als uns zu befreien, wie zum Beispiel Jogging, Yoga oder Urschreitherapie, kann durchaus hilfreich sein. Aber anstatt die Gifte, die aus uns hervorbrechen, nur loswerden zu wollen, können wir sie auch umwandeln, indem wir das unerschöpfliche Kräftereservoir, über das wir jetzt verfügen, für einen wichtigen Zweck einsetzen, beispielsweise für soziale Belange.

Unter dem Einfluß von Pluto werden wir wahrscheinlich auf extreme, manchmal auch zwanghafte Weise handeln. Unsere Einstellung zum Leben kann zu einer Haltung werden, die «alles oder nichts» fordert. Wir empfinden das dringende Bedürfnis, uns auf irgendeine Erfahrung total einzulassen, uns an jemanden oder an etwas hinzugeben oder uns darin zu verlieren. Es verlangt uns danach zu verschmelzen, um mit einer anderen Person, einer Sache oder einer Beschäftigung, der wir uns hingeben, eins zu werden. Besessenheit tritt oft dann auf, wenn wir uns keinen Kanal für diese hochgradig intensivierte Energie, die im Unterbewußtsein brodelt, aussuchen; stattdessen wählt diese Energie dann uns als Kanal. Wenn wir uns unter dem Einfluß von Pluto innerlich zwanghaft getrieben fühlen, dann kann es eines unserer Ziele sein, daß wir diesen Zwang *wählen*, d.h. wir selbst entscheiden, wohin wir getrieben werden wollen, um die Energie auf sinnvolle Weise für ein konstruktives Ziel freisetzen zu können.

Was wir aus solch einer Erfahrung lernen, ist ganz offensichtlich davon abhängig, was wir in sie investieren. Weil wir während einer Pluto-Erfahrung so viel Energie zur Verfügung haben, sind wir fähig, eine unglaubliche Energiemenge in einen Menschen, ein Projekt oder Ziel, gleich welcher Art, einfließen zu lassen. Das jeweilige Betätigungsfeld hängt wiederum von den Häusern ab, die Pluto im Geburtshoroskop, durch Transite oder Progressionen beeinflußt sowie von den Planeten, die er aspektiert. Wenn sich ein Pluto-Transit ankündigt, können wir uns schon emotional und intellektuell darauf vorbereiten, eine Form der Kanalisierung zu finden, die zu den von Pluto beeinflußten Planeten und Häusern in Beziehung steht; dann staunen wir vielleicht über unsere Leistungsfähigkeit in dem jeweiligen Lebensbereich.

Die bewußte Wahl eines Betätigungsfeldes für die plutonische Energie kann wirkungslos bleiben, wenn wir auf die Kräfte nicht eingestellt sind, die Pluto in uns aufwühlt. Manchmal müssen wir uns Zwängen oder äußerem Druck unterwerfen, um mit dieser Energie in Berührung zu kommen, bevor wir uns mit ihr identifizieren können und in der Lage sind, sie wirkungsvoll einzusetzen. Dies ist vor allem der Fall, wenn wir die plutonische Energie an einen kleinen Teil unseres Selbst, an eine Person oder einen anderen Einfluß außerhalb von uns abgegeben haben.

Die dritte Lektion, die Pluto für uns bereithält, bezieht sich auf die Erfahrung von Macht. Die Kraft, die durch Pluto erweckt wird, kann uns mit der dynamischen Ur-Energie im Kern unseres Wesens in Verbindung bringen und als Folge davon zum totalen Erleben der eigenen persönlichen Macht führen, über die wir als Individuen verfügen. Nur wenn wir bereit sind, sie vollständig zu erleben, was eigentlich heißt, daß wir groß genug werden müssen, damit diese Kraft oder Macht Raum findet in uns, dann wird sie uns den besten Weg für ihre Freisetzung offenbaren.

Wie äußert sich diese persönliche Macht, die Pluto im besten Falle in uns erwecken kann? Definitionen sind nützlich für das Verständnis der Erscheinungsformen der Macht und für die verschiedenen inneren Entwicklungsmöglichkeiten, die wir während eines Pluto-Transits fördern können. Die Erfahrung, was in unserer persönlichen Macht steht, kann folgendermaßen aussehen:

— die Fähigkeit, mit der dynamischen Energie im Kern unseres Wesens in Berührung zu kommen, völlig in uns selbst zu ruhen und in der Lage zu sein, diese innere Energie zu erleben;
— Vertrauen auf das innerste Wesen und die Bereitschaft, ihm treu zu sein und den Selbst-Respekt aufrechtzuerhalten, indem wir seinen Geboten folgen;
— die Kraft zur Selbstbestimmung, die Erfahrung des «Ich kann», die es uns ermöglicht, eigene Entscheidungen zu treffen, unsere Energie zu kontrollieren, zu kanalisieren und eigene Kontrolle über unser Leben auszuüben;
— die Stärke, unseren Bedürfnissen gerecht zu werden, auf uns selbst aufzupassen und uns mit dem zu versorgen, was wir nicht von außen erhalten können sowie zu lernen, von der Außenwelt all das zu bekommen, was wir von ihr brauchen;
— der Mut zum Risiko, die Fähigkeit, mit unserer Verletzlichkeit und Angst zu leben, ohne zu erlauben, daß sie uns einschränkt oder uns davon abhält, dem nachzugehen, was wir am meisten brauchen und wollen;
— die Kraft durchzuhalten, zu wissen, daß wir mit jedem Gefühl fertigwerden, jeden Verlust ertragen und mit Krisen umgehen können, ohne aufzugeben oder völlig zusammenzubrechen;
— die Kraft, die wir daraus schöpfen, wichtig zu sein, nicht nur für uns selbst, sondern auch für andere Menschen und für die Gesellschaft insgesamt, im Bewußtsein, daß wir etwas verändern oder eine bestimmte Wirkung hervorrufen können, besonders in Form eines positiven oder umwandelnden Einflusses;
— die Macht der Zusammenarbeit oder des gemeinsamen schöpferischen Tuns, die Kraft, Beziehungen zu schaffen, die beide Seiten zufriedenstellen, weil sie auf einer Haltung basieren, die beide *gewinnen* läßt statt auf der Einstellung zu beruhen, bei der einer *gewinnen* und der andere *verlieren* muß.

Solche Stärken, wie oben beschrieben, zeigen sich nicht unbedingt nach außen hin als durchschlagende oder eindrucksvolle Kraft. Persönliche Stärke ist oft ruhig und zurückhaltend und wird durch ein Gefühl für die richtige Haltung und entsprechendes Auftreten zum Ausdruck gebracht. Sie rührt aus der Verwurzelung im eigenen Sein her. Persönliche Macht zu haben bedeutet nicht unbedingt, daß wir die Rollen der Macht so spielen, wie sie die Gesellschaft definiert hat. Zum Beispiel können wir einem Chef oder einem leitenden Angestellten unterstellt sein und dennoch:

— unsere persönliche Macht aufrechterhalten, weil wir wissen, daß wir bereit wären, uns dem Risiko eines Stellungswechsels auszusetzen, wenn die Arbeitssituation unhaltbar würde und sie unsere Integrität zu sehr bedrohen sollte;
— innerhalb der vorgegebenen Grenzen der Situation, so gut es geht, Ausdruck verleihen und alle Fähigkeiten und Begabungen einsetzen, um die Lage zu verbessern;
— unsere Einstellung der Situation selbst gegenüber frei wählen, auch wenn wir im Hinblick auf die Handlungen eingeschränkt sind. Wir haben die Macht, zu akzeptieren oder nicht zu akzeptieren, wir können die Umstände und Verhältnisse in unserem Leben genauer definieren oder neu formulieren, um ihnen einen anderen Sinn zu geben. Wir können auch unter den furchtbarsten Umständen Möglichkeit für Integration, Selbstachtung und Wachstum entdecken.[12]

Je größer die persönliche Macht, desto leichter ist es, andere zu ermutigen, ihre eigene Stärke in sich selbst zu finden. Dann fällt es uns leichter, uns gegenseitig zu stärken, ohne uns bedroht zu fühlen oder Angst zu haben, daß der Gewinn des anderen auf unsere Kosten geht. In seinem Buch «*Power and Innocence*» bezieht sich Rollo May auf eine nährende Macht, die Macht, für uns selbst und gleichzeitig für das Wohl eines anderen Menschen zu sorgen; uns selbst zu erhalten, während wir auch die Entwicklung des anderen fördern. Auch Martin Buber bezieht sich auf die gemeinsamen Kräfte von Liebe und Macht, wenn er empfiehlt, «wir können es nicht vermeiden, Macht zu gebrauchen. Also laßt uns ... machtvoll lieben.»

Das Haus, in dem der Radix-Pluto steht, und das Haus, das er im Geburtshoroskop regiert, sind die Schlüssel zu Lebensgebieten, in denen wir persönliche Macht am intensivsten erfahren und ausüben können. Plutos Transit durch ein Haus kann uns auch die Erfahrung bringen, daß wir auch in diesem Lebensbereich mehr Macht und Stärke erlangen. Das geschieht häufig, nachdem wir uns mit unserer Machtlosigkeit oder einem Machtmißbrauch im Hinblick auf Erfahrungen mit diesem Haus abgefunden haben. Während wir Pluto erleben, haben wir oft das Bedürfnis, über andere Macht auszuüben, oder wir fühlen uns von etwas oder jemandem außerhalb von uns selbst überwältigt. Beide Erfahrungen hängen damit zusammen, daß wir nicht wirklich fähig sind, persönliche Macht zu erfahren, uns zu ihr zu bekennen oder sie konstruktiv einzusetzen.

Plutonische Kämpfe: Machtlosigkeit und Projektion

Eine der negativen Manifestationen von Pluto ist das Bedürfnis zu herrschen, das als Drang, zu manipulieren, zu zerstören und zu vernichten, erlebt wird. Es scheint, als ob dieser Drang uns die Kontrolle entziehen würde, wenn wir uns gegenüber dem, was in uns passiert, machtlos fühlen; das Ego ist zu klein und zu starr, um sich der Erfahrung dieses Energiezustroms aussetzen zu können. So fühlen wir uns überwältigt und sind auf Gnade und Ungnade den inneren Dämonen der Leidenschaften und Begierden ausgeliefert. Da wir uns selbst nicht in der Gewalt haben, versuchen wir andere Menschen oder Dinge außerhalb von uns selbst zu beherrschen. Der Verlust der Ego-Kontrolle, den wir gerade erfahren, macht uns Angst; deshalb versuchen wir, andere zu kontrollieren. Um die Macht des Egos wiederherzustellen, wollen wir sie zwingen, unseren Bedürfnissen zu entsprechen, oder verlangen, daß sie unsere Wünsche erfüllen. Der Drang, über andere Macht auszuüben, ist nicht wirklich ein Ausdruck von Stärke, sondern eher die Reaktion auf ein Gefühl von Hilflosigkeit.

Stärker als der Machtdrang kann diese Machtlosigkeit die vorherrschende Erfahrung mit Pluto sein, besonders dann, wenn wir unfähig sind, die Kraft, die in uns aktiviert wird, vollkommen zu erleben, uns zu ihr zu bekennen und sie anzuwenden. Gewöhnlich erfahren wir uns als machtlos, wenn wir uns von etwas außerhalb unserer selbst überwältigt fühlen, wenn wir beispielsweise unsere Macht an eine Person, Gruppe, Erfahrung oder Betätigung abgegeben haben und uns angesichts dieser Tatsache klein und unzulänglich fühlen. Wir können uns in den von Pluto regierten Bereichen des Horoskops machtlos fühlen:

— wenn wir andere Menschen erleben, die für einen bestimmten Bereich Verantwortung tragen und uns damit beherrschen; die das besitzen, wonach wir streben oder uns daran hindern, es zu bekommen;
— wenn wir mit scheinbar unüberwindlichen Hindernissen oder Begrenzungen konfrontiert werden;
— wenn wir durch innere Widerstände blockiert sind, etwa durch Angst vor dem Unbekannten, vor Erniedrigung, vor Leid und vor dem Verlust von Beziehungen oder Bindungen, die uns etwas bedeuten, oder wenn wir an den eigenen Fähigkeiten zweifeln;
— wenn wir von falschen oder unangebrachten Vermutungen, Einstellungen oder Wahrnehmungen gegenüber der Realität beeinflußt werden, oder wenn uns Gewohnheitsmuster daran hindern, klar zu sehen und effektiv zu handeln oder wir nicht das erforderliche Bewußtsein oder Verständnis haben;
— wenn wir die Verbindungen zu unserer physischen und emotionalen Energie verloren haben, oder durch unbewußte Motive und Widerstände blockiert sind, die uns daran hindern, Motivation und Willen zu entwickeln.

Eine Form der Machtlosigkeit, die häufig unter einem Einfluß Plutos erlebt wird, ist Besessenheit. Ein Teilaspekt der Psyche macht sich von etwas abhängig, das außerhalb von uns selbst existiert, und beherrscht so die anderen Teilaspekte von uns. Wir fühlen uns dann wie besessen oder der Gnade dessen ausgeliefert, dem wir verfallen sind. Besessenheit und andere Erfahrungen der Machtlosigkeit oder des Machtentzugs können daraus resultieren, daß wir Energie und Macht, die in uns erwachen, nach außen projizieren, weil sie uns Angst machen und wir uns davon überwältigt fühlen. Wir sind nicht in der Lage, unser Selbstgefühl genügend zu erweitern, um diese Energie wirklich zu erfahren und ganz in uns aufnehmen zu können.

Die Neigung zu Projektionen, die für Pluto-Oppositionen charakteristisch ist, kann sich auf mancherlei Weise manifestieren. Erstens können wir die Macht statt sie nach außen zu richten, auf einen Teilaspekt unserer Psyche übertragen; so fühlen wir uns beispielsweise unter einem Pluto/Merkur-Transit geistigen Aktivitäten ausgeliefert, weil uns bestimmte Gedanken und Sorgen nicht loslassen. Zweitens können wir unsere Macht auf ganz bestimmte Menschen projizieren, vor allem, wenn der Radix-Pluto in einem Beziehungshaus steht, speziell wenn es das 7. Haus ist, aber auch, wenn es sich um das 3., 5., 6., 8. und 11. Haus handelt, oder wenn er die Venus oder Planeten in der Waage ungünstig aspektiert, oder wenn er zu anderen Planeten in Opposition steht. Plutos Transit durch die Waage bis 1984 hat uns vielleicht alle dazu beeinflußt, unsere Macht auf andere zu projizieren.

Bei dieser Art von Projektion passiert es, daß wir uns von einer bestimmten Person beherrscht fühlen, in etwa so, wie wir als Kinder die Eltern erlebten. Mythen und Volksmärchen, die von Riesen handeln, spiegeln diese Angst vor Unterdrückung wider, diese Neigung, sich klein und hilflos zu fühlen, wenn wir jemandem gegenüberstehen, der anscheinend mehr Macht hat als wir. Eher als das Gefühl, wirklich von anderen Menschen beherrscht zu werden, erleben wir diese Projektion dadurch, daß wir von einer Person oder von der Beziehung zu einer Person, die uns viel bedeutet, innerlich abhängig werden, weil wir auf das, was sie uns gibt, irgendwie nicht mehr verzichten können. Steht der Pluto im 5. Haus, können wir eine Abhängigkeit in Beziehungen zu unseren Kindern haben; bei Pluto im 8. Haus zu unserem Geliebten, im 11. Haus zu einem Freund, im 4. Haus zu einem Mitglied unserer Familie und im 7. Haus zu unserem Ehe- oder Beziehungspartner. Wir können dann erleben, daß Angelegenheiten, die mit diesen Beziehungen in Zusammenhang stehen, eine tiefgreifende Wirkung auf unser Weiterleben, unser grundlegendes Identitätsgefühl und unsere Selbstachtung haben.

Eine dritte Art der Projektion, die häufig vorkommt, besonders wenn Pluto im 10. oder 11. Haus steht, ist die Projektion der Macht auf eine Gruppe von Menschen. Das kann eine Organisation sein, der wir angehören, und die jede unserer Handlungen zu kontrollieren scheint; es kann sich aber auch auf Gruppen im allgemeinen beziehen, die in uns Gefühle von Machtlosigkeit und Entfremdung erwecken, oder auf die Gesellschaft als Ganzes. Zum Beispiel könnten wir uns durch die Wirtschaftspolitik der US-Regierung ausgebeutet und zur Hilflosigkeit herabgewürdigt fühlen. Wir empfinden Gruppensituationen als bedrohlich, es sei denn, wir selbst üben eine Kontrollfunktion aus; wir möchten durch unsere Gegenwart einen Eindruck auf die Gruppe machen. Da wir jedoch die gesellschaftlichen Spiele, die von uns erwartet werden, nicht spielen können oder wollen, erleben wir die Gruppe als unangenehm.

Ein häufiges Mittel der Projektion, das bei Astrologen und Astrologie-Studenten üblich ist, die nicht einsehen wollen, daß die planetarischen Kräfte in uns leben und nicht nur außerhalb von uns zu suchen sind, ist die Projektion der Macht auf die Planeten, auf das Universum oder auf Gott, so daß wir uns wie kleine, hilflose Wesen fühlen, die der Kontrolle kosmischer Energien ausgeliefert sind. Diese Art von Projektion kommt häufig vor, wenn Pluto im 8., 9. oder 12. Haus plaziert ist. Pluto kann uns dazu verleiten, vom freien Willen zu sprechen, ohne daß wir diese Freiheit in Haltung oder Handlungen wirklich erleben, weil wir uns der Einflüsse kosmischer Kräfte in jedem Augenblick so sehr bewußt sind.

Einerlei, worauf wir unsere Macht projizieren, wir können uns auf zwanghafte Weise zu einem bestimmten Menschen, zu einer Sache, einem Objekt, einer Beschäftigung oder einem Glaubenssystem hingezogen fühlen, weil es uns hilft, mit dem innersten Kern unseres Wesens in Kontakt zu bleiben. Nur durch Erfahrungen mit jener Projektion fühlen wir uns energiegeladen, im Kontakt mit uns selbst und lebendig. Der Arbeitsbogen auf den folgenden Seiten, in dem es um persönliche Macht geht, dient als Hilfsmittel, um herauszufinden, wie Macht von uns verleugnet und/oder mißbraucht wird. Außerdem zeigt er uns Entwicklungsmöglichkeiten im Hinblick auf unsere Eigenverantwortlichkeit.

Viele von uns wollen machtlos bleiben. Besonders in den Bereichen des Horoskops, die mit Pluto verbunden sind (Planeten im Quadrat oder Halbquadrat zu Pluto), da Machtlosigkeit uns vertraut ist und uns lohnender und weniger risikoreich erscheint als beängstigende Visionen, in denen wir uns Macht zugestehen. In der Machtlosigkeit fühlen wir uns berechtigt, Selbstmitleid zu haben, Mitgefühl von anderen anzunehmen und uns selbst für unser Verhalten als tugendhafte Märtyrer zu loben. Vielleicht sind wir faul oder fürchten die Verpflichtung und Verantwortlichkeit, die mit der Aneignung und dem direkten Ausdruck von Macht verbunden sind. Möglicherweise wollen wir unser Selbstbild lieber mit Fantasien über unsere Fähigkeiten aufwerten, statt den Verlust dieser Illusionen zu riskieren, der notwendig ist, damit sie in der Welt Fuß fassen und realisiert werden können. Wir mögen Angst haben, Menschen zu gefährden oder zu verlieren, die uns viel bedeuten; oder wir fürchten auch, andere zu verletzen, Wandlungen zu erleben und Wagnisse einzugehen, die uns ins Unbekannte führen.

Fortsetzung S. 244

ARBEITSBOGEN PLUTO: PERSÖNLICHE MACHT

Pluto im Geburtshoroskop

Hausposition:

Herrscher des Hauses:

Haus/Häuser, die von Skorpion angeschnitten werden:

Pluto-Aspekte:

Planeten im 8. Haus:

Planeten im Skorpion:

Hausposition des laufenden Plutos:

Aspekte des laufenden Plutos:

Transit-Aspekte zum Radix-Pluto:

Wähle ein Thema aus deinem Leben oder einen Lebensbereich, wo du mit der Problematik Plutos in Form von Macht oder Machtlosigkeit kämpfst.

MACHTLOSIGKEIT

1. Auf welche Weise erlebst du in diesem Lebensbereich deine Machtlosigkeit? Welche Bedürfnisse erfüllen sich hier durch deine Machtlosigkeit?

2. Was bekommst du dadurch, daß du deine Macht abgibst und dich machtlos hältst? Welchen Bedürfnissen wirst du gerecht, wenn du hier machtlos bleibst?

3. Wie kannst du diesen Bedürfnissen begegnen, ohne machtlos zu bleiben oder in wirkungslosen oder destruktiven Verhaltensmustern gefangen zu sein?

4. Welche Affirmationen gibst du dir, die dich machtlos halten?

5. Welche positiven Affirmationen könntest du dir geben, um deine Eigenverantwortung zu stärken? Welche Haltungen könntest du kultivieren?

MACHT IN BEZIEHUNGEN

6. Wie mißbrauchst du deine Macht in Beziehungen, indem du andere auf aggressive oder indirekte Weise beherrschst?

7. Welches Bedürfnis versuchst du damit zu erfüllen?

Arbeitsbogen Pluto, Fortsetzung 3

8. Wie könntest du diesem Bedürfnis wirkungsvoller begegnen? Welche anderen Wege stehen dir zur Verfügung?

9. Wie setzt du deine Macht *für* andere ein?

10. Welche anderen Möglichkeiten gäbe es für dich, um diese Macht *für* andere einzusetzen, und zwar in Zusammenarbeit mit anderen oder in gemeinsamen schöpferischen Aktivitäten? Wie könntest du andere in ihrer Eigenverantwortung stärken?

PERSÖNLICHE MACHT

11. Wie hast du in diesem Lebensbereich deine persönliche Macht oder Stärke erfahren?

12. Wie würdest du deine innere Erfahrung persönlicher Macht und die Wirkung, die sie auf dein Leben gehabt hat, beschreiben?

13. Wie würdest du hier gerne deine Macht erfahren?

14. Was hält dich zurück, deine Macht zu erfahren? Welche inneren Widerstände und äußeren Hemmnisse blockieren dich? Was fürchtest du zu verlieren oder zu erfahren?

15. Inwiefern würde sich dein Leben zum Besseren wenden, wenn du hier mehr persönliche Macht erleben würdest? Welche konstruktiven Möglichkeiten siehst du?

16. Was würde es dich kosten, hier mehr Eigenverantwortung zu entwickeln? Was müßtest du konfrontieren, aufgeben, riskieren oder tun?

17. Wie könntest du anfangen, diese Hindernisse zu überwinden? Welche Einstellungen und Taten könnten dir dabei helfen, innere Stärke zu gewinnen und die Verantwortung für dich selbst zu übernehmen?

18. Wie könntest du die Hilfsquellen anderer oder deiner Umgebung nutzen, um dich innerlich zu stärken statt dich zu schwächen?

19. Welche kleinen Schritte kannst du während der nächsten Wochen und Monate machen, um deine persönliche Macht und/oder deine kooperative Macht in diesem Lebensbereich zu erfahren?

Solange wir nicht das innere Zentrum gefunden haben, mögen wir zögern, jene Menschen oder Betätigungen loszulassen, die zum Mittelpunkt unseres Lebens wurden und unsere Abhängigkeit gefördert haben. Wir sind wahrscheinlich von negativen Vorstellungen über Macht beeinflußt, auch an Einstellungen und Werte gebunden, die die Tugenden des liebenden, zurückhaltenden und mitfühlenden Weiblichen hochhalten oder die Meinung vertreten, daß das Weibliche nur in seiner Beziehung zu Männern existiert und daraus seine Bedeutung gewinnt. Vielleicht fehlen uns Vorbilder für die Rolle als liebende und eigenverantwortliche Männer und Frauen. Schließlich können wir ohne Verbindung zu unserem Körper sein, ohne innere Stütze, und noch immer unfähig, mit den Kräften der Begierde, der Wut und der Sexualität umzugehen und sie in rechte Bahnen zu lenken. Denn diese Emotionen können sich, werden sie umgewandelt, eindeutig zu einer konstruktiven und fruchtbaren Kraftquelle entwickeln.

Einige von uns schwanken zwischen dem Gefühl der Machtlosigkeit und dem Bedürfnis, jemanden oder etwas außerhalb ihrer selbst zu beherrschen. Dieses Gefühl kommt aus der Unfähigkeit, die freigesetzten Energien und Kräfte völlig zu erfassen und zu akzeptieren. Wir sind dann nicht in der Lage, uns dem Prozeß der eigenen Verwandlung zu unterziehen und so tief in das Selbst hineinzureisen, daß wir mit dem Kern unseres Wesens in Berührung kommen und durch diesen Kontakt wieder mit Leben erfüllt werden. Das geschieht für gewöhnlich dann, wenn ein Mensch oder ein Ereignis unser ureigenstes Gefühl für Identität oder Sicherheit bedroht. In dieser Situation können wir uns total erniedrigt, ausgebeutet oder so fühlen, als würde auf uns herumgetrampelt. Wir können dann mit einer so intensiven Wut reagieren, daß wir zur Rache getrieben werden. Wir fühlen, daß wir vernichtet worden sind und wollen gleichfalls vernichten. Wenn wir eine Erfahrung dieser Art machen, geht es in unseren plutonischen Lektionen um das Loslassen des Teiles unserer Persönlichkeit, der sich vernichtet fühlt. Er reagiert mit solcher Wut, weil er zu groß und zu wichtig war; er ist ein unsicherer, verzerrter, aufgeblasener Teil des Egos, der in unserem Selbstgefühl wieder einen angemessenen Platz einnehmen muß. Einige Facetten der Selbstachtung haben sich, vielleicht in bezug auf gesellschaftlichen Ehrgeiz oder im Hinblick auf Beziehungswünsche, auf einer falschen Grundlage entwickelt und müssen nun aufgegeben werden. Die Wut, die wir dabei erleben, ist die Wut des Teiles in uns, der sich gegen seinen Tod wehrt. Richten wir diese Wut ständig gegen den Menschen, den wir als verantwortlich für unsere Erniedrigung ansehen, verlieren wir den Kontakt zu den wirklichen Erfahrungen von Tod und Wiedergeburt, die in uns geschehen.

Pluto, Tod und Wiedergeburt

Pluto ist der Planet des Todes. Der Tod, den er bringt, ist oft eher psychischer als physischer Natur — es ist der Tod vergangener Identitäten, Strukturen, Einstellungen und Verhaltensweisen, die uns nicht länger dienlich sind. Menschen, deren Radix-Pluto in einem Aspekt oder in Konjunktion zu Sonne oder Mond steht oder die Pluto im 1. oder 8. Haus haben, müssen im Laufe ihres Lebens eventuell viele Male durch machtvolle Erfahrungen eines psychischen Todes gehen. Enge Quadrate zu Pluto können deshalb auch zu Erfahrungen dieser Art führen. Die meisten von uns erleben in den Lebensbereichen, die Pluto im Geburtshoroskop beeinflußt, auf irgendeine Weise eine psychische Todeserfahrung. Wahrscheinlich gehen wir genau dann durch solche Umwandlungsphasen, wenn Pluto in Konjunktion, im Quadrat oder in Opposition zu Radix-Planeten steht und uns auffordert, den Planeten, das Zeichen und das Haus, die er aspektiert, anders als bisher auszudrücken.

Die wohl beste Analogie für die psychische Todeserfahrung ist das «Schwarze Loch» im All, in dem die Materie so dicht wird, daß sie in sich selbst zusammenfällt und verschwindet. Die Anziehungskraft von Sternen, die in sich zusammenfallen und zu schwarzen Löchern werden, ist so gewaltig, daß sie alles um sich herum in die Leere des zusammengefallenen Zentrums hineinzieht. Ich stolperte über diese Analogie des schwarzen Loches im Jahre 1972, als ich mit dem Studium der Astrologie begann, meine Kenntnisse über Transite aber noch nicht ausreichten, um zu wissen, daß Pluto zu der Zeit auf meiner Sonne stationär wurde. Genau in diesem Monat war ich ganz intensiv damit beschäftigt, eine Serie von Gedichten zu schreiben, denen ich den Titel «Die Gedichte der Schwarzen Sonne» gab. Darin beschrieb ich meinen Kampf gegen ein Gefühl der Leere und Machtlosigkeit und die psychische Erfahrung des inneren Zusammenbrechens oder sogar des Sterbens. In dem Versuch, mit diesem schwierigen emotionalen Zustand zurechtzukommen, schuf ich auch spontan eine Collage aus schwarzen Kreisen, die kein Zentrum besaßen und vor einem weißen Hintergrund wirbelten. Während des Jahres 1972 entdeckten Astronomen ein «Schwarzes Loch» im All und veröffentlichten Informationen über dieses ungewöhnliche Phänomen. Ich war wie vom Blitz gerührt über die Verbindung zwischen der Bedeutung des schwarzen Lochs zu meiner inneren Erfahrung sowie meinem kreativen Ausdruck.

Meine eigene Erfahrung mit Pluto, der während der letzten zehn Jahre über die meisten meiner Radix-Planeten lief sowie auch zum absteigenden Mondknoten und zur Himmelsmitte (MC) in Konjunktion stand, hat mich davon überzeugt, daß Pluto uns «in die Leere im Zentrum unseres Wesens» führen kann und uns zwingt, der Furcht vor der Vernichtung zu begegnen. Dies deckt sich auch mit den Erfahrungen anderer Menschen, die ich kenne, und die sehr intensive Pluto-Transite hinter sich gebracht haben. Wenn wir bisher nicht in Harmonie mit dem Universum gelebt haben und bestimmten Seiten unseres Wesens oder Bereiche des Lebens, die unsere Entwicklung eher behindert als gefördert haben, zu sehr verhaftet waren, können wir das Gefühl haben, in einen schwarzen, endlosen Abgrund zu stürzen. Wir leben dann in der panischen Angst, uns aufzulösen, zu nichts zu werden, alles zu verlieren, was wir von uns selbst wissen. Während der zweijährigen Periode des Pluto-Transits über meine Sonne warf ich immer wieder dasselbe I-Ging-Hexagramm, «*KAN — Das Abgründige, das Wasser*», was diese Dimension Plutos ganz klar zum Ausdruck bringt. «Das Abgründige, Wasser über Wasser» stellt den Abgrund dar, eine Situation immer wiederkehrender Angst. Richard Wilhelm schrieb zu diesem Hexagramm:

> *... Das Zeichen stellt das Herz, die Seele dar, die im Leib eingeschlossen ist, das Lichte, das im Dunkeln enthalten ist.*

Wie Wasser dürfen wir vor keinem gefährlichen Platz oder keinem Sprung zurückscheuen oder unser wahres Wesen verlieren. In der Gefahr zählt nur, daß wir wirklich all das durchführen, was getan werden muß — in Vollendung — und vorwärts gehen, um nicht durch Zaudern in der Gefahr umzukommen.

Es ist besonders dann schwierig, mit Pluto umzugehen, wenn wir ein beschränktes und unsicheres Identitätsgefühl haben. Wie Dylan Thomas es ausdrückt: «Wir kämpfen und kämpfen gegen das sterbende Licht.» Solch ein Kampf kann damit enden, daß wir in dem Gefühl aufgeben, widerstandslos, geschlagen, vernichtet zu sein. Aber wir durchleben es und entdecken dabei, daß wir keineswegs völlig vernichtet worden sind, sondern daß nur ein Teil unseres bisherigen Selbst, ein Teil, den wir nicht länger brauchen, zerstört wurde. Jetzt können wir damit beginnen, die Persönlichkeit auf der soliden Grundlage des erweiterten Selbst wiederaufzubauen und eine lebensfähigere Beziehung zum Universum einzugehen. Wir entdecken wahrscheinlich erst Jahre später, in welchem Maße uns der Pluto-Transit zugute gekommen ist, wenn wir für die traumatischen Erlebnisse dankbar sein werden, die uns eine Wiedergeburt ermöglicht haben.

Unsere Gesellschaft verfügt nicht über lebendige Kosmologien oder Mythen, die auf der wirklichen Todeserfahrung beruhen oder den Tod in den größeren Rahmen der Seelenentwicklung während vieler Leben eingliedern. Es existieren auch nur wenige Rituale oder Initiationsriten, die uns die Erfahrung des Todes in verschiedenen Phasen des Lebens ermöglichen. Deshalb kann die Erfahrung des psychischen Todes, wenn wir sie allein, ohne Unterstützung, durchmachen, niederschmetternd sein, weil wir wahrscheinlich keine Vorstellung davon haben, was wir gewinnen können. Angesichts des Unbekannten, das als eine gewaltige, bedrohliche Dunkelheit erfahren wird, können wir wirklich glauben, am Ende unserer Existenz angelangt zu sein, ohne uns bewußt zu werden, daß wir damit auch an einen neuen Anfang gekommen sind.

Die Reise in das Nichts

Diese Erfahrung des psychischen Todes ist am schwersten zu ertragen, wenn wir uns ihr widersetzen, wenn wir so von panischem Schrecken ergriffen werden, daß wir emotional vor dem, was in uns passiert, weglaufen, und nicht tief genug in uns gehen, um ein Freiwerden und eine Umwandlung der Energie zu ermöglichen. In meinen Vorträgen über Tiefen-Astrologie habe ich über die «große Leere» gesprochen, die im All existiert — eine Leere oder ein Raum, der so gewaltig ist, daß die Materie, aus der die Planeten bestehen und aus der die Atome geschaffen sind, im Vergleich dazu unendlich klein ist. Würde der Anteil der Materie in den Atomen unseres Körpers verdichtet werden, hätte sie das Volumen eines Staubkorns. Alles andere wäre «die Leere». Diese Leere in uns und um uns herum ist nicht wirklich leerer Raum, sie besteht vielmehr aus vibrierenden, schwingenden Energiestrukturen, die die Chinesen als Chi bezeichnen, die dynamische Energie des Lebens, aus der alle Materie entsteht. Wie Chuang Tse sagte:

> *Wenn man weiß, daß die große Leere von Chi erfüllt ist, gibt es kein Nichts.*

Im All gehen Teilchen aus dem Nichts hervor und verschwinden wieder darin; entsprechend den Kosmologien vieler Kulturen wird die Welt und alle Lebewesen aus diesem Nichts geboren. Das Nichts, die Dunkelheit, die Leere in uns und um uns herum ist eigentlich das, was die Gestalt-Therapeuten die «fruchtbare Leere» nennen, eine Energiequelle, die Quelle allen Seins und Werdens.

Eines der wichtigsten Dinge, die wir während eines Pluto-Transits tun können, besonders wenn es sich um einen Transit über Sonne oder Mond handelt, ist das Hineingehen in die Leere und Dunkelheit in unserem Inneren. Wir können wirklich bis in den innersten Kern vordringen, nicht mit irgendwelchen selbstzerstörerischen Absichten, sondern mit dem Ziel, die Dunkelheit in uns aufzunehmen und den Mittelpunkt zu finden, der tief in uns liegt. Eine solche Reise nach innen ist erschreckend und fürchterlich; sie ist wirklich ein Abstieg in die Hölle. Aber sie ist auch ein Aufstieg, denn wenn wir uns vollkommen mit der Dunkelheit und der Erfahrung, ein Nichts zu sein, identifizieren, und wenn wir die Leere, die wir fühlen, annehmen statt uns gegen sie aufzulehnen, erfahren wir eine machtvolle Freisetzung von Energie, die uns regenerieren kann und Möglichkeiten aufzeigt, die verzerrten Emotionen, die uns innerlich verdorben haben, umzuwandeln. Ein solcher Abstieg findet vielleicht ohne eine bewußte Entscheidung statt und kann so schrecklich sein, daß wir die Hilfe eines Therapeuten oder spirituellen Meisters benötigen, um nicht in den kraftraubenden äußeren Bereichen der Dunkelheit steckenzubleiben, sondern allmählich zu ihrem Kern vordringen und durch sie hindurchgehen können. Während eines Pluto-Transits profitieren wir besonders von den intensiven und befreienden Therapieformen — zum Beispiel: Primärtherapie, Rebirthing, Gestalttherapie, Bioenergetik und Yoga. Mit machtvollen kathartischen Methoden sollten wir allerdings vorsichtig sein, wenn wir keine angemessene Überwachung und Unterstützung haben. Eine passive Therapie oder ein spiritueller Weg wie Meditation hat wahrscheinlich wenig Auswirkung auf uns, da Pluto seinem Wesen nach den totalen Einsatz von Körper und Emotionen sowie die Befreiung physischer und emotionaler Energie fordert.

Als Pluto 1972 in Konjunktion zu meiner Sonne stand (während er ein Halbquadrat zum Radix-Pluto bildete), hatte ich mehrfach Gelegenheit zu erleben, daß in der Erfahrung von Hilflosigkeit die Entdeckung der Macht liegen kann. Einmal, in einer Primär/Gestalt-Gruppe, führte mich die Erfahrung meiner eigenen panischen Furcht in die Leere hinein und durch sie hindurch. Als ich mich von dieser Panik lauthals befreite, indem ich minutenlang: *«Ich habe Angst!»* brüllte, verwandelte sich meine normalerweise sanfte Stimme in eine kräftige Stimme, die aus dem Bauch kam. Mein Körper zitterte noch Stunden später von der freigesetzten Energie, die mich durchströmt hatte. Während einer anderen Gelegenheit ergoß sich die Qual einer beendeten Liebesbeziehung in die «Gedichte der schwarzen Sonne», auf das Papier; ich schrieb die Zeilen: «Zünde mich an. Ich kann nicht selber brennen. Zünde mich an. Ich will nicht selber brennen. Ich bin ein Streichholz, und mein Kopf ist verraucht, mein Körper gebeugt und meine Macht — verbraucht.» Indem ich mir den Kummer über meine Hilflosigkeit von der Seele schrieb, wurde ich mir einer Ebene der Kreativität bewußt, die mich nicht nur wiederbelebte, sondern auch dazu führte, daß ich in den folgenden sechs Jahren weitere acht Bücher schrieb.

Erfahren wir an einem Punkt in unserem Leben den psychischen Tod und die Machtlosigkeit durch Pluto, dann sollten wir uns daran erinnern, daß es nützlich ist:

- in das Zentrum der Erfahrung zu gehen statt uns in panischer Angst an den Rand zurückzuziehen;
- eine unterstützende, therapeutische Umgebung oder Helfer zu finden, die uns auf dem Abstieg begleiten;
- einen ausdrucksstarken physischen oder kreativen Kanal zu finden.

Viele von uns können erst dann den Aufstieg beginnen, wenn sie ganz tief in den Abgrund ihres Selbst hinabgestiegen sind und das Leid, das darin liegen kann, erfahren und akzeptiert haben. Oft zeigt sich die Möglichkeit zum Aufstieg erst, wenn der Pluto-Transit vorüber ist. Dann kann dieser Aufstieg für den Rest unseres Lebens andauern. Normalerweise erscheint die Möglichkeit eines Aufstiegs beim Abstieg unvorstellbar. Die Erfahrung des psychischen Abstiegs und Aufstiegs weist jedoch deutliche Parallelen zu den Theorien vieler spiritueller Lehren über Tod und Wiedergeburt auf. So wie Stanislav und Christina Grof schrieben:

> *Die Seele muß sich einem merkwürdigen Widerspruch aussetzen; um fähig zu sein, ihre Reise fortzusetzen, muß sie akzeptieren, daß sie für immer in der Hölle bleiben wird... Nur, wenn man sich mit dieser Situation völlig abfindet, hat man wirklich erfahren, was die Hölle ist, und dann kann die Reise weitergehen. Nach einer tiefen Auseinandersetzung mit den bösen Mächten und der «dunklen Nacht der Seele» kommt der herrliche Wendepunkt... Die Seele tritt ein in den strahlenden Glanz göttlichen Lichtes und erfährt spirituelle Wiedergeburt.*

Die Erfahrung des psychischen Todes sowie die Erfahrung des physischen Todes bedeutet deshalb nicht das Ende, sondern eher eine Entwicklungsstufe im fortwährenden Prozeß des Werdens und der Evolution. Sie ist eine Wiedergeburt, ein Mittel, um nutzlose Reste aus der Vergangenheit wegzuwerfen, damit das Neue hervortreten kann. Moderne Physiker entdecken gerade, daß schwarze Löcher verschwinden, um in der Leere wieder als weiße Löcher, als neue Sterne, als neue Galaxien zu erscheinen. Sie sterben, um wiedergeboren zu werden. Im griechischen Mythos von Demeter und Persephone steigt Demeter hinab in die Unterwelt, um ihre Tochter Persephone wieder ins Leben zurückzuholen. Da Persephone einen Granatapfelsamen gegessen hat, während sie im Reich des Hades war, muß sie jedes Jahr für sechs Monate in die Unterwelt hinabsteigen — sie muß also während der Herbst- und Wintermonate sterben, damit der Frühling kommen und das Leben sich immer wieder erneuern kann. Dieses Tod/Wiedergeburt-Thema ist grundlegend für die Mysterien-Religionen; es ist auch die Basis für Initiationsriten, in denen ein Individuum unglaubliches Leid durchmacht, häufig um das Überleben kämpfen muß und dann, während es seine bisherige Identität und Rolle in der Gesellschaft hinter sich läßt, in einen neuen Namen und eine neue Rolle hineingeboren wird. Was den physischen Tod betrifft, gibt es unzählige Patienten, die klinisch tot waren, wiederbelebt wurden und zurückkamen, um die himmlischen Ebenen, die sie besucht hatten, zu beschreiben — weite, lichterfüllte, freudvolle Bereiche, die hinter dem Tod existieren. Viele sterbende Patienten, die während ihrer letzten Stunden solche Visionen hatten, ergaben sich friedlich dem Tod, weil sie wußten, daß er nicht das Ende ist, sondern die Geburt in eine neue Dimension, ein Durchgangsstadium auf der Reise der Seele durch Zeit und Raum.

Je mehr wir mit dem Höheren Selbst verbunden sind, um so weniger identifizieren wir uns mit dem Ego oder mit den verschiedenen «planetarischen Erscheinungsformen» des Egos, die durch das Horoskop zum Ausdruck kommen. Je intensiver wir erleben, daß wir mehr als das sind, was wir im normalen, täglichen Bewußtsein von uns wahrnehmen, desto besser öffnen wir uns den Energien des Universums und heißen das Unbekannte willkommen und lassen es zu, von ihm transformiert zu werden. Je besser wir imstande sind, dem eigenen Werdegang und dem göttlichen Plan, der unsere Evolution leitet, zu vertrauen, desto leichter können wir mit Pluto-Transiten umgehen und aus ihnen Nutzen ziehen. Wenn wir die Erfahrung der Vernichtung machen, ist dies ein traumatisches Erlebnis, das jedoch nicht völlig niederschmetternd sein muß, wenn wir uns dessen bewußt sind, was mit uns geschieht und auf das Endergebnis vertrauen. So wie das *«Tibetanische Totenbuch»* die Seele anweist, den eigenen physischen Sterbeprozeß bewußt zu lenken, ist es möglich, das eigene psychische Sterben bewußt durchzuführen, aber nur, wenn wir uns wenigstens teilweise mit der Seele oder dem Höheren Selbst identifizieren und nicht völlig den irdischen Bindungen, Begierden und Gefühlen verhaftet sind. Durch diese Identifikation mit der Seele werden wir Pluto weniger als vernichtend erfahren, sondern eher als einen Schritt hin zur Befreiung, zum Erwachen oder zur Wiedergeburt.

Wenn ich über meinen eigenen Zyklus von sieben Pluto-Konjunktionen nachdenke (zu fünf Planeten, der Himmelsmitte und dem absteigenden Mondknoten) sowie über die Quadrate und Oppositionen, die zur gleichen Zeit stattfanden, glaube ich wirklich, daß ich einen langen Prozeß der Wiedergeburt erlebt habe. Am Ende meiner letzten Pluto-Konjunktion, als ich gerade dabei war, meine erste Version dieses Kapitels über Pluto vorzubereiten, fragte ich das I-Ging, welche Haltung ich während des Schreibens über die Lehren von Pluto einnehmen sollte, jetzt, da dieser Pluto-Zyklus in meinem Leben zu einem Abschluß gekommen war. Das Hexagramm, das ich warf, *«GI DSI — Nach der Vollendung»*, war äußerst treffend — Wasser über dem Feuer oder Feuer unter Wasser — wieder eine klare Beschreibung von Pluto:

> *Wenn Wasser im Kessel über dem Feuer hängt, so stehen beide Elemente in Beziehung, und es wird dadurch Kraft erzeugt (vergleiche die Entstehung des Dampfes),*

sagte mir das I-Ging in der Ausgabe von Richard Wilhelm, und weiter:

> *Allein, die daraus entstehende Spannung gebietet Vorsicht. Läuft das Wasser über, so wird das Feuer ausgelöscht, und seine Kraftwirkung geht verloren. Ist die Hitze zu groß, so verdampft das Wasser und geht in die Luft.*

Das I-Ging gibt zu bedenken, daß sogar die Wiedergeburt, die Vollendung eines Pluto-Zyklus, nicht als definitives Ende betrachtet werden kann. Der Umgang mit dem von Pluto aktivierten Feuer und Wasser erfordert Vorsicht, sorgfältige Ausgewogenheit und Achtsamkeit. Unter Pluto können wir wiedergeboren werden, doch ist eine solche Wiedergeburt ein kontinuierlicher Prozeß; er bedeutet, daß wir in einen neuen Erfahrungszyklus eintreten, in dem uns mehr Energie und Macht zur Verfügung stehen, und daß wir verpflichtet sind, im Gebrauch dieser Energie und im Ausdruck dieser Macht ständig Vorsicht walten zu lassen.

Plutonische Belange: Verschmelzung, soziale Transformation, Auflösung

Wir haben unterschiedliche Erfahrungen und Lehren erörtert, die sich auf die Fragen von Tod und Wiedergeburt beziehen, haben jedoch die anderen Erscheinungsformen plutonischer Energie noch kaum untersucht. Eine der Erfahrungen, die normalerweise unter einem engen Pluto-Transit auftritt, besonders wenn Sonne, Mond, Venus oder Mars beteiligt sind oder wenn das 1., 5., 7. oder 8. Haus beeinflußt wird, ist ein übermächtiges Verlangen zu verschmelzen, sich mit etwas oder mit jemandem zu vereinen, der oder das über uns selbst hinausgeht. Diese Sehnsucht wird häufig als sexuelles Verlangen erlebt. Wir können von der Sexualität besessen sein und uns vom eigenen Feuer verzehrt fühlen. Wir sind vielleicht auf einen oder mehrere Menschen versessen, den oder die wir begehren. Die sexuellen Erfahrungen mit ihnen werden wahrscheinlich zu den machtvollsten gehören, die wir jemals gemacht haben. Sie können uns befreien und in einen glückseligen übersinnlichen Zustand versetzen. Gesteigertes sexuelles Verlangen, nicht nur im Sinne von Energieentladung, sondern auch im Sinne von Verschmelzung, ist jedoch nur eine von Plutos Dimensionen. Diese kann auf zerstörerische Art zwanghaft werden, wenn wir kein kreatives oder spirituelles Betätigungsfeld haben, das uns ermöglicht, diese Energie auf eine höhere Ebene zu transformieren oder sie zu sublimieren. Durch kreativen Ausdruck oder befreiende spirituelle Disziplinen, wie Yoga, werden wir allmählich fähig, Leidenschaft und Begehren zu verwandeln. Dann erkennen wir, daß unser Verlangen nach Hingabe oder Verschmelzung gewissermaßen die Sehnsucht nach der Wiedervereinigung mit dem Universum, der Rückkehr in den kosmischen Schoß, ist. Wir verlangen nach der Einswerdung mit allem, was außerhalb von uns selbst liegt, und sehnen uns danach, das begrenzte Bewußtsein des eigenen Egos zu verlieren.

Indem wir uns den kosmischen Energien überlassen und uns diesen Erfahrungen öffnen, wobei es gleichgültig ist, auf welche Weise wir diese plutonische Energie freisetzen, verlieren wir durch die Erfahrung der Leere in uns das Gefühl der inneren Begrenztheit und gewinnen eine erweiterte Kenntnis unserer selbst. Dieser Prozeß erlaubt dem Ego, sich neu zu strukturieren und die Erfahrung des Höheren Selbstes zu integrieren. Es ist auch möglich, daß wir durch totales Engagement für eine Tätigkeit oder ein Ziel, durch die Hingabe an irgendeine Sache, an die wir glauben, durch aktive Übernahme einer Rolle zur Reform und Regeneration der Gesellschaft, einen Pluto-Transit oder den Ausdruck unseres Radix-Pluto als kosmische Verschmelzung erfahren.

Pluto, als ein äußerer Planet, befaßt sich nicht nur mit den primären Dimensionen unserer eigenen Psyche, sondern auch mit dem Kollektiv, der Gesellschaft, und mit sozialen Veränderungen. Wenn wir aufgrund des individuellen Horoskops keine befriedigende Position in der Gesellschaft innehaben, die zuläßt, daß wir einen Beitrag leisten, den wir und andere als sinnvoll erachten, werden wir wahrscheinlich eine Entfremdung zu unserer eigenen Psyche und auch zur Welt, in der wir leben, fühlen. Eine derartige Entfremdung kann so verwirrend sein, daß wir uns zur Zerstörung verleiten lassen statt uns dem Aufbau und der Erneuerung zu widmen. Beeinflußt uns ein Pluto-Transit, indem er gewaltige zerstörerische Kräfte entfesselt, dann können wir diese Energien wenigstens konstruktiv kanalisieren, indem wir uns der Vernichtung dessen zuwenden, was vernichtet werden muß — der Beseitigung von Elendsvierteln, der Krebsbekämpfung oder der Aufdeckung politischer Mißstände. Aber einfach zu zerstören, um der Zerstörung willen, ist keine Lektion Plutos. Die Wut, die Pluto freisetzt und die wir als den Drang zur Zerstörung erleben, ist eine Leidenschaft, eine Energie, die wir besser zum Wiederaufbau, zur Erneuerung und zur Bewußtwerdung einsetzen sollten. Erleben wir diese Zerstörungswut (zum Beispiel in den Häusern, auf die Pluto im Geburtshoroskop einwirkt oder die von ihm durch Transit und aufgrund der Planeten, die er aspektiert, beeinflußt werden), ist es wichtig, daß wir uns fragen, welche neuen Daseinsformen wir schaffen wollen. Wir sollten mindestens so viel Energie für die Erschaffung des Neuen investieren wie in die Zerstörung des Alten.

«Geh' mit der Energie» ist einer meiner persönlichen Grundsätze, der als echter Leitfaden für den Umgang mit Pluto betrachtet werden kann. «Mit der Energie zu gehen» bedeutet nicht, jedem plötzlichen Impuls und jedem Verlangen zu folgen, sondern eher, daß durch eine Verbindung mit der Energie im Kern unseres Wesens die Möglichkeit besteht, dem Handeln und Verhalten jene Richtung zu geben, die für uns am besten ist, und die uns helfen wird, diese Energie für ein konstruktives Ziel einzusetzen. Pluto ist immerhin der Planet, der auf die «Energie im Bauch», in unserer Mitte, hinweist. Eine Energie, die sogar noch instinktiver und machtvoller wirkt als die Energie von Mond und Mars und sicherlich auch schwieriger zu erleben und nutzbar zu machen ist. Das Haus, in dem der Radix-Pluto steht, und bis zu einem gewissen Grad auch das Haus, das er regiert, kann uns darauf hinweisen, wo wir unsere Macht abgeben. Es zeigt aber auch an, wie wir uns mit der verfügbaren Energie verbinden können, um sie zu erfahren, und wie wir sie möglichst fruchtbar anwenden können. Wenn Pluto eine Verbindung zum 10. oder 11. Haus hat, können wir den überwältigenden Wunsch haben, einen wichtigen Beitrag zur Gesellschaft zu leisten. Doch selbst wenn Pluto in anderen Häusern plaziert ist oder sie regiert, können und müssen wir hier die Verbindung zur Gesellschaft herstellen, indem wir unsere Energie, unsere Mittel und unsere Macht für einen Zweck einsetzen, der über uns selbst hinausgeht. Wir müssen die plutonische Energie in ein Ziel einfließen lassen, das regenerierend oder heilend wirkt, oder das auf andere Weise ein Mittel ist, die Dunkelheit in uns und um uns herum in Licht zu verwandeln.

Es gibt zwei weitere Lehren Plutos, die wir in Betracht ziehen müssen, wenn wir das Potential seiner Radix-Stellung vollkommen umsetzen und Pluto-Transite und -Progressionen nutzen wollen. Das gilt besonders für die langen Perioden, die normalerweise bis zu zehn Jahren dauern, wenn Pluto durch Progression stationär wird. Eine der Lektionen ist die Lehre von der Auslöschung. Sobald wir uns auf die Erfahrung der freigesetzten Energie und der inneren Umwandlung einlassen, kommen wir immer mehr mit unserem inneren Kern in Verbindung und sind immer weniger mit dem Oberflächenbereich des Lebens zufrieden. Wir nehmen dann das Wesentliche direkt wahr oder streben zumindest danach, es wahrzunehmen; wir möchten das Wesentliche leben. Das hat zur Folge, daß wir die Notwendigkeit verspüren, alles auszulöschen, was an unserer Identität, unserem Lebensstil und unseren Erfahrungen unwesentlich ist. Aus diesem Grund sind wir während eines Pluto-Transits möglicherweise rücksichtslos, wenn wir uns von Einstellungen, Verhaltensweisen, Menschen, Besitz oder Strukturen, die im Selbst keine Resonanz mehr erzeugen, befreien wollen. Befinden wir uns mit der Energie im innersten Kern nicht in Kontakt, können wir die Erfahrung machen, daß Teilbereiche unseres Lebens ohne unser bewußtes Einverständnis von uns genommen werden, daß Strukturen, Glaubensgrundsätze, Menschen oder Besitz zerstört werden. Je stärker wir jedoch mit unserem Innersten verbunden sind, desto bewußter werden wir uns von überflüssigem Gepäck trennen wollen, damit das äußere Leben mit den inneren Erfahrungen im Einklang steht und sie reflektieren kann. Pluto zwingt uns, die Oberfläche der Erfahrungen zu durchdringen, alles auszulöschen, was wir nicht brauchen, und das zu entdecken, was für uns und andere lebenswichtig ist, uns belebt, stärkt und regeneriert. Welche Oberflächen durchdrungen und welche unserer Seiten oder Lebensbereiche ausgelöscht werden müssen, hängt davon ab, welche Häuser und Planeten von Pluto im Geburtshoroskop oder durch Transite beeinflußt werden.

Die heilende Kraft Plutos

Eine andere Lehre Plutos und damit auch des Skorpions, die eindeutig ein Ausdruck plutonischer Energie ist, besagt, daß Pluto uns die Fähigkeit zum Heilen gibt, und zwar nicht nur auf physischer, sondern auch auf psychischer Ebene. Die psychische Heilung durch Pluto beruht direkt auf der Energie, die wir freisetzen, wenn wir der Dunkelheit in uns selbst begegnen, uns mit ihr auseinandersetzen und sie verwandeln. Viele Skorpion-Geborene und Menschen mit machtvollen Pluto-Aspekten, die durch ihre eigene Dunkelheit transformiert worden sind, verfügen über eine heilende Ausstrahlung. Sie haben sich so intensiv mit den eigenen Dämonen auseinandergesetzt, daß sie die Macht der Dämonen in uns tatsächlich neutralisieren können — die

Wut, die Begierde, die Gier oder Eifersucht, die wir als böse oder ungünstig betrachten, und denen wir allein durch die Ablehnung schon Macht verleihen. Als Waage-Geborene mit Mars im 12. Haus habe ich oft gezögert, mich meiner dunklen Seite zu stellen. Ich habe mich durch enge Freundschaften mit Skorpion-Geborenen oder mit plutonischen Charakteren geheilt gefühlt, Menschen, die ständig mit ihren eigenen Eifersüchten und Ängsten, ihrem Zorn, ihrem Haß und ihrem Verlangen nach Macht über andere im Kampf liegen. Sie haben es gelernt, die eigene dunkle Seite als wesentlichen Bestandteil ihrer Menschlichkeit und als Stärke zu betrachten.

Worin liegt die heilende Kraft dieser Plutonier, die um die Überwindung ihrer inneren Zwänge kämpfen, um nicht mehr urteilen, verdammen und vernichten zu müssen? Vielleicht ist es ihre Fähigkeit zu sagen: «Ach das, das verstehe ich, damit lebe ich immer, jeden Tag», wenn wir zögernd unsere Gefühle offenbaren, die wir für ungeheuerlich und gräßlich halten. Indem sie das so leicht akzeptieren, was wir als unser eigenes böses Wesen ansehen, entlassen sie uns aus dem Kampf, den wir damit hatten, und befreien unsere Energie für einen wertvolleren Zweck. Wir fühlen uns vielleicht so, als hätten wir eine Krankheit gehabt, die durch ihre Worte oder sogar durch ihre bloße Gegenwart geheilt worden ist. Die Legende von «der Schönen und dem Tier» ist ein Ausdruck der heilenden Kraft plutonischer Akzeptanz und Anerkennung, die erfordert, das Tier in uns zu lieben und zu akzeptieren. Der preisgekrönte Fantasie-Roman von Ursula Le Guin, *«A Wizard of Earthsea»*, gibt uns auch eine Lektion über Pluto (sowie das 12. Haus). Die Geschichte erzählt von einem Hexenmeister, der gerade lernt, seinem eigenen Schatten zu begegnen und ihn in sich aufzunehmen.

Sobald Pluto Energie in uns freisetzt, wird zuerst das befreit, was wir als negativ ansehen würden — Zorn, enttäuschtes Verlangen, Haß, Eifersucht — all die Gifte, die unser Zentrum blockiert hielten, und die verdreht und verzerrt wurden, weil sie sich, ohne das Licht des Bewußtseins und ohne Akzeptanz, in uns angesammelt haben. Wenn wir uns auf diese dunklen Kräfte einlassen, bedeutet dies, daß wir den inneren Dämonen gegenübertreten; wir fühlen uns vielleicht wie besessen, außer Kontrolle, und wir können das Vertrauen in uns selbst verlieren. Aber was geschieht, wenn wir diese dunklen Mächte voll und ganz erleben, wenn wir bereit sind, sie in unsere Identität zu integrieren und sie bewußt in unsere Erfahrungen aufzunehmen, indem wir ihnen mutig entgegentreten und sie als menschlich akzeptieren? Die Energie, die mit diesen Gefühlen frei wird, steht dann in verwandelter Form für einen anderen Zweck zur Verfügung. Wir sind jetzt fähig, mehr aus der eigenen Quelle zu schöpfen, uns selbst aufzurichten, zu motivieren und mehr zu erreichen als wir für möglich hielten. Wir haben mehr Energie für die Erfüllung unserer Ziele zur Verfügung. Wir kommen durch die Erfahrung dieser Energie auch besser mit uns selbst in Berührung; wir stehen mit dem innersten Wesenskern in Verbindung und sind fähig, uns an diesem Zentrum unseres Seins zu orientieren und seinem Rat zu folgen, wenn wir die eigene Machterfahrung wollen. Schließlich erlangen wir die Fähigkeit, anderen im Umgang mit ihren eigenen inneren Dämonen zu helfen. Wir können unter die Oberfläche ihrer Erfahrung sehen, wahrnehmen, was in ihnen vorgeht, und sie durch ihren eigenen Umwandlungsprozeß führen. Jetzt können wir andere heilen und regenerieren, so wie wir uns selbst geheilt und regeneriert haben.

Plutonische Beziehungen

Steht Pluto im 7. Haus oder ist er der Herrscher des 7. Hauses, oder aber Venus steht im engen Aspekt zu Pluto, haben wir plutonische Lektionen zu lernen, die eindeutig damit im Zusammenhang stehen, wie wir über Beziehungen mit unserer persönlichen Macht in Verbindung kommen. Ist Pluto im Horoskop ein «Beziehungsplanet», suchen wir wahrscheinlich einen Partner, der intensiv lebt, der einfühlsam, tiefgründig und willensstark ist, jemanden, dessen Energie unser eigenes Lebensgefühl erweckt. Solch ein plutonischer Mensch kann jedoch auch dominant, eifersüchtig und destruktiv sein und dazu neigen, andere schnell zu verurteilen. Unsere plutonischen Beziehungen können im Negativen zu Beziehungen gegenseitiger Manipulation degenerieren, zu Machtkämpfen, psychologischer Kriegsführung oder besessenen, allesverschlingenden symbiotischen Bindungen. Möglicherweise betonen wir oder unser Partner zu sehr die sexuellen oder finanziellen Aspekte der Verbindung, oder wir sind so übermäßig aufeinander fixiert, daß ein Überleben der Beziehung mit dem eigenen Überleben gleichgesetzt wird. Da wir außerstande sind, eigene Bedürfnisse zu erfüllen, fordern wir, daß uns der Partner für diese Unfähigkeit entschädigt. Unfähig, unsere Lebendigkeit selbst zu erleben und zu bejahen, werden wir zwanghaft von einem Menschen angezogen, der intensive Emotionen und die Sexualität in uns zum Leben erweckt. Diese Intensität können wir fälschlicherweise für einen Liebesbeweis halten oder als Anzeichen für «die einzig wahre Beziehung» sehen. Vielleicht erwarten wir von einer Liebesbeziehung tatsächlich, daß sie dramatische Wechsel zwischen Haß und Begierde beinhaltet und uns in eine Atmosphäre beständiger Krisen und Unruhen verwickelt.

Eine plutonische Beziehung muß weder für uns noch für unseren Partner zerstörerisch sein. Im Idealfall ist eine Beziehung, in der plutonische oder skorpionische Energie vorherrscht, intensiv und transformierend und führt tief in uns selbst hinein. In solch einer Beziehung setzen wir unser psychisches Einfühlungsvermögen ein, um das Wachstum des Partners und unser eigenes Wachstum zu fördern. Wir benutzen es nicht als Mittel, um den anderen zu beherrschen. Eine konstruktive plutonische Beziehung beruht auf beiderseitiger, geteilter Macht, wobei wir genug Sicherheit in uns selbst finden, um den anderen zur Eigenverantwortung zu ermutigen. Wir sind dann in der Lage, eine Haltung einzunehmen, die «ich gewinne, du gewinnst» ausdrückt statt eine «ich-gewinne,-du-verlierst»- oder «du-gewinnst,-ich-verliere»-Einstellung zu pflegen. Partner, die sich in einer lebensfähigen plutonischen Beziehung befinden, erleben häufig tiefe und bedeutende Veränderungen in der Art und Weise ihres Zusammenseins. So kann es sein, daß sich die Form ihrer Beziehung völlig verändert und ihnen das Gefühl vermittelt, sich in einem ständigen Erneuerungsprozeß zu befinden. Im Positiven ist eine plutonische Beziehung stärkend, lebendig und leidenschaftlich. Dennoch wird Lebendigkeit, die im gegenseitigen Austausch geweckt wird, nicht ausschließlich in die Beziehung geleitet, sondern, sei es nun einzeln oder gemeinsam, auf einen schöpferischen Ausdruck in der Welt gerichtet.

Ist Pluto im Horoskop ein Beziehungs-Planet (in Verbindung mit dem 7. Haus oder mit Venus), so müssen wir plutonische Energie sowohl in unsere als auch in andere Beziehungen einbringen. Wir brauchen den intensiven emotionalen Austausch mit mehreren Menschen, um unsere Tiefe zu ergründen, und haben das Bedürfnis, psychologische Einsichten in vielen Beziehungen anzuwenden. Bedürfnisse nach Macht und Verantwortung können auf konstruktive Weise befriedigt werden, indem wir wichtige Beziehungen aufbauen, in denen wir Gelegenheit finden, andere zu beeindrucken und einen Einfluß auf sie auszuüben, der für beide Teile wertvoll und nützlich ist.

Im Verlaufe dieses Kapitels haben wir die meisten Bedeutungen von Pluto im Sinne psychischer Erfahrungen behandelt und über die Lektionen, die er uns lehrt, nachgedacht. Fassen wir nochmals kurz zusammen, was wir tun können, wenn Pluto eine machtvolle Stellung einnimmt, indem er schwierige Aspekte bildet, sei es im Geburtshoroskop oder durch Transite.

1. Wir können die Verbindung mit dem Geist, dem Höheren Selbst, erneuern, um eher bereit zu sein, den Prozeß des psychischen Todes und der Wiedergeburt ganz zu erleben, ohne unsere Identität oder die Fähigkeit, in der Welt tätig zu sein, völlig zu verlieren.

2. Wir können in unserem Leben und in uns selbst Raum schaffen, um bereitwillig die Energien erleben zu können, die in uns freigesetzt werden.

3. Wir können uns einer intensiven Therapie oder einer wirksamen geistigen Schulung unterziehen, die uns durch die Erfahrung hindurch helfen kann.

4. Wir können die verschiedenen religiösen Weltanschauungen studieren wie zum Beispiel Tantrischen Buddhismus, oder uns mit Mythologien beschäftigen, in denen es um Tod und Wiedergeburt geht, und dabei zulassen, symbolisch durch unsere eigene Erfahrung von Tod und Wiedergeburt geführt zu werden.

5. Wir können einen konstruktiven Weg zur Freisetzung unserer Energie entdecken, zum Beispiel physische Betätigungen, die uns helfen, angesammelte Gifte auszuscheiden. Noch wichtiger ist es, daß wir Beschäftigungen nachgehen, die uns physisch, emotional und intellektuell so stark fordern, daß wir die Energie nicht nur freisetzen und verwandeln, sondern durch sie ein lohnendes Ziel erreichen und einen sinnvollen Beitrag zur Gesellschaft leisten können.
6. Wir können uns aktiv für soziale Reformen engagieren, indem wir nicht nur zerstören, was der Zerstörung bedarf, sondern auch entdecken, was geschaffen werden muß.
7. Wir können Einstellungen, Verhaltensweisen oder Erfahrungen aus unserem Leben löschen, die keine Bedeutung mehr haben, und sie durch solche ersetzen, die wichtig sind.
8. Wir können die Verbindungen mit skorpionbetonten und plutonischen Menschen vertiefen, die erfolgreich mit ihrer Dunkelheit zurechtgekommen sind und uns helfen, mit der eigenen Dunkelheit richtig umzugehen.
9. Wenn wir aus der Dunkelheit auftauchen, die wir erfahren haben, und in uns das Licht der Morgendämmerung entdecken, können wir schließlich zu Heilern werden, die anderen in ihrem Kampf mit Krankheiten und Dämonen der Psyche helfen. Wir können ermöglichen, daß unsere Gegenwart ein Licht für sie ist, eine heilende und erhaltende Kraft. Während ihres Abstiegs können wir sie durch ihre eigene Transformation, ihre Wiederherstellung und ihre Bewußtwerdung begleiten.

Wie T. S. Eliot in *«The Four Quartets»* schrieb:

> *Um das zu besitzen, was du nicht besitzt, mußt du dich nach dem Weg der Enteignung richten. Um da anzukommen, wo du nicht bist, mußt du den Weg gehen, auf dem du dich nicht befindest. ... Wir müssen still sein und uns dennoch in eine andere Intensität hineinbewegen, zu einer weiteren Einheit, einer tieferen Kommunion durch die dunkle Kälte und die leere Trostlosigkeit ... Am Ende liegt mein Anfang.*

Brief an einen Skorpion

Die folgenden Auszüge sind aus einem Brief, den ich im April 1980 an einen Skorpion-Freund schrieb, einen Mann mit einer Sonne/Merkur-Konjunktion in engem Quadrat zu Pluto und sechs weiteren Löwe/Skorpion-Quadraten, die sein 2. mit seinem 5. Haus verbinden. Ich veröffentliche diesen Brief, so persönlich er auch ist, nur deshalb, weil ich glaube, daß er jene von euch anspricht, die mit den dunkelsten Seiten von Pluto kämpfen. Vielleicht hilft er euch dabei, mit der Kraft, die in der Dunkelheit wohnt, umzugehen, sie zu verwandeln und weiterzuleiten.

Du fragst, warum du mit der Dunkelheit kämpfen mußt — mit dem gewaltigen Abgrund von Wut, Leidenschaft und Trostlosigkeit in dir; warum sie manchmal Macht über dich bekommt, dich überwältigt und dich dazu verleitet, alles, was du liebst, zu zerstören. Ich sehe, daß die Dunkelheit in dir, das «schwarze Loch» im Raum, im Zentrum deines Wesens, gleichermaßen ein Geschenk und ein Fluch ist... das Tor zu der machtvollen, umwandelnden, heilenden Kraft in dir..., das Tor zu den «weißen Löchern» der Bewußtwerdung in dir... Die Dunkelheit ist ein Weg, ein Durchlaß für die Energie in uns, die erschlossen und freigesetzt werden kann, um unsere Schönheit und unser Licht zu bestätigen statt zu verleugnen. Nicht das ferne überirdische Licht, nicht der eintönige Singsang von «Hare Krishna», losgelöst vom Leben, nicht das Davonschweben ins All, nicht die Spiritualität, die von sich behauptet, die Menschheit zu lieben, aber unfähig ist, ihr Herz einem Baum, einer Frau oder einem Kind ganz zu öffnen... Das Licht, das zählt, ist das Licht, das die Dunkelheit einschließt, das sie absorbiert und das durch die Kraft, die in der Dunkelheit liegt, nicht zerstört, sondern eher verstärkt wird... Bekämpfe die Dunkelheit mit dem Licht, sagen viele. Ja, Licht! Aber Licht, das sich mit der Dunkelheit vereinigen kann, so wie die Morgendämmerung der Nacht begegnet und nicht wie ein dünner Schleier über ihr schimmert. Licht, das die Dunkelheit absorbiert, enthält sie. Licht, das brechen und bluten kann und dann, wenn es seine Ganzheit wiedergewinnt, sich weiter fortpflanzt wie ein Laserstrahl, verdichtet, vereint, gelenkt und positiv.

Wir können Tai Chi praktizieren; wir können meditieren; wir können hohe Vibrationen aussenden. Aber verwandeln wir damit wirklich die Dunkelheit, oder laufen wir vor ihr davon? Gehen wir wirklich in die Tiefe und verbinden uns mit den Kräften unseres innersten Wesens, wodurch wir mit der Qual, der Leere, der Wut und den Leidenschaften in uns in Berührung kommen? Sind wir wirklich in der Lage, mit diesen Gefühlen zu arbeiten und sie emporzuheben? Ich glaube nicht länger an eine Höherentwicklung durch das Singen von Mantras und dadurch, daß wir uns gegenseitig in Licht-Auren hüllen, während wir auf dem Gehweg in Hundescheiße treten und unsere Augen von dem Schmutz, den wir in uns tragen, abwenden. Jeder von uns muß durch das Leid hindurchgehen und nicht darüber hinweg, muß die Wut durchleben und nicht vor ihr weglaufen. Darin liegt die Quelle unserer Kraft; nur dadurch gewinnen wir die notwendige Energie, um den Schrecken und Greueln in uns und um uns herum entgegentreten zu können. Wir müssen die Energie für uns in Anspruch nehmen, unser eigen nennen, sie benutzen, die Kernenergie in uns selbst erschließen, Bomben auslösen, die nicht töten, sondern die uns für andere öffnen.

Vor vierzig Jahren ließen die Nazis ihre Dämonen auf die Menschheit los. Jetzt sind die Konzentrationslager verschwunden, aber der Nazismus geht weiter, um uns herum und in uns selbst. Der Nazismus unserer Psyche ist unsere

Weigerung, in die eigene Dunkelheit hineinzugehen und sie zu verwandeln. Wir gehen nicht weit genug; wir kommen dem Kern nahe und rennen in Panik vor ihm davon, wir projizieren unsere Fehler nach außen und müssen andere zerstören, um uns von den eigenen Dämonen zu befreien. Wenn wir dies tun, geben wir diesen Dämonen noch mehr Macht; wir erlauben ihnen, uns zu beherrschen, und sie zerstören uns statt uns zu erwecken…

Ja, auch ich ringe mit Dämonen, genau wie du, fühle mich von Mächten außerhalb meiner Kontrolle unter Druck gesetzt. Aber langsam lerne ich zu erkennen, daß die Kehrseite dieser grausamen Verzerrung eine Bejahung des Lebens ist. Jeder Stoß, jeder grausame Schnitt des Messers, jeder schmerzvolle Schrei stammt von dem gesunden, wunderbar empfindsamen Teil unseres Wesens, der laut nach Ausdruck verlangt, der sich weigert, getreten, zerstört und von den Greueln um uns herum verleugnet zu werden. Er ist nur verzerrt, weil ihm nicht erlaubt wurde, sich völlig auszudrücken, weil er in der Welt keinen Platz fand, wo er sein volles Ausmaß an Schönheit erfahren und zum Ausdruck bringen durfte.

Auch ich habe Dunkelheit in mir. Aber ich lerne, nicht mehr gegen sie anzukämpfen, nicht mehr gegen sie zu wüten. Stattdessen tauche ich in ihr Zentrum ein — ich tauche ein in diese Leere, ich greife nach diesen tanzenden Wellen/Teilchen, ich werde zu ihnen, ich fange an, sie zu benutzen, um mich zu bejahen, um mich zu öffnen, um zu erwachen, um zu lieben. Das ist das Geheimnis. Du fragst mich, wo sich das Animalische und das Geistige treffen. Genau da treffen sich das Animalische und das Geistige. Mit unserer Wut werden wir Brücken zueinander bauen statt sie zu verbrennen. Mit unserem Schmerz werden wir Musik machen. Mit unserer Panik werden wir in den Abgrund unserer Isolation tauchen und in der dort herrschenden Trostlosigkeit die vollkommene Fähigkeit zu lieben finden…

Du wirst getrieben, sagst du, bist deiner Qual, deinem Zorn, deiner Leidenschaft ausgeliefert… wenn du deine vergangene Identität immer wieder neu schaffen willst, indem du dir selbst, mir und der Welt verkündest, daß du ein Mensch bist, der zerstören muß, was er liebt, dann mach' alles zunichte, stochere in der Asche der Verwüstung herum und geh' dann weiter, du kannst wählen. Aber es ist keine Entscheidung, an der ich mich beteiligen werde; es ist keine Wahl, die du treffen mußt. Es gibt andere Möglichkeiten. Wenn du etwas zerstören und Rache üben mußt, dann mach das Böse in der Welt zunichte, das vernichtet werden muß, schließe dich einem Abrißkommando an, das Elendsviertel abreißt, setze das Wrack eines wertlosen Autos in Brand. Aber zerstöre nicht mich; zerstöre nicht das Schöne, das du verkörperst. Mach' weiter, schimpfe, schreie, erfülle die Nacht mit deiner rasenden Wut. Aber laß es ein Fest sein, nicht eine Verwüstung. Laß es eine Bestätigung dafür sein, daß du die Fähigkeit zu leben und zu lieben besitzt. Blute in den Farben des Zorns, der Enttäuschung, der Qual und der Isolation, doch dann laß diese Farben zu den Farben einer strahlenden Morgendämmerung werden.

Teil 3

Astrologie und Selbst-Entwicklung

Kapitel 8

Die Prinzipien der Tiefen-Astrologie

Widerspreche ich mir? Nun gut, dann widerspreche ich mir eben... Ich bin groß. Ich trage eine unermeßliche Vielfalt in mir.

— Walt Whitman

Wer auf sein Höheres Selbst hört, der wird ein großer Mensch; wer auf sein Niederes Selbst hört, der wird ein kleiner Mensch.

— Mencius

Das Zentrum, das ich nicht finden kann, ist meinem unbewußten Geist bekannt; ich habe keinen Grund zu verzweifeln, weil ich schon dort bin.

— W. A. Auden

Wir Astrologie-Studenten und Berater werden ständig mit Fragen nach dem Zweck, dem Wert und den Anwendungsmöglichkeiten unserer Kunst konfrontiert. Welchen Wert hat das Studium der Astrologie? Führt das Wissen um gegenwärtige und zukünftige Einflüsse nicht zu einem Gefühl der Hilflosigkeit, oder auch dazu, die Handlungen auf diese Voraussagen abzustimmen, wodurch sich die Prophezeiungen erfüllen? Wie wird in der Astrologie der freie Wille berücksichtigt? Wie können wir die Astrologie für uns und andere aufbauend einsetzen, anstatt angesichts von Umständen, die anscheinend außerhalb unserer Kontrolle liegen, hilflos zu verharren? Die Fragen, die uns gestellt werden, bringen uns wirklich weiter in der eigenen inneren Suche nach einem besseren Verständnis für die Ziele und den Gebrauch der Astrologie, und helfen uns, eine Philosophie und einen Zugang zur Interpretation zu entwickeln, die für den einzelnen konstruktiv und aufbauend ist.

Wir wollen uns einen Moment Zeit nehmen und uns einige wichtige Fragen über unser astrologisches Studium und unsere astrologische Praxis stellen. Warum beschäftigen wir uns mit Astrologie? Warum liest gerade *du* dieses Kapitel? Wonach suchst du? Bist du nur an Astrologie interessiert, weil sie funktioniert? Weil sie ein strukturiertes Denksystem bietet, das dir hilft, dich in der Welt, in der du lebst, sicherer zu fühlen? Weil du dir deiner Fähigkeit, mit deinem Leben zurechtzukommen, nicht sicher bist, und wissen willst, was dir die Zukunft bringen wird? Weil du dir deiner Identität nicht sicher bist und die Astrologie dir hilft, dein Wesen klar zu umreißen statt selbst direkt zu erleben, wer du bist? Ist die Astrologie ein System, das dir helfen kann, Rationalisierungen aufrechtzuerhalten, mit guten wie mit schlechten alten Verhaltensweisen weiterzumachen und Veränderungen zu vermeiden? Fördert die Anwendung von Astrologie in dir eher deine Abhängigkeit von Interpretationen, die du über Planeten, Zeichen, Häuser und Aspekte gelesen oder gehört hast, oder kommst du mit deiner eigenen inneren Führung in Einklang und lernst, anderen zu geben und deine eigene Verbundenheit mit dem Universum zu empfinden? Für jeden von uns ist es wichtig, sich selbst gegenüber ehrlich zu sein, wenn es um die Fragen geht, warum wir uns für Astrologie interessieren, und wie wir sie einsetzen. Die Motivation und die Art der Annäherung haben eine direkte Auswirkung darauf, wie die Planeten uns beeinflussen und auf welche Weise wir für die Menschen um uns herum hilfreich sein können. Wie können wir anderen helfen, mit ihrem inneren Zentrum in Verbindung zu kommen und mit ihren widersprüchlichen Energien Frieden zu schließen? Wie können wir ihnen helfen, daß sie lernen, mit universellen Energien zusammenzuarbeiten statt gegen sie anzukämpfen (indem sie zulassen, daß sie durch ihr eigenes Höheres Selbst geführt werden), wenn wir uns selbst als Opfer der Planeten fühlen und nicht in der Lage sind, konstruktiv auf die Energien einzugehen, die ständig auf uns einwirken?

Astrologie und das Lebensziel

Unser astrologisches Wissen zu erweitern kann für sich alleine schon ein lohnendes Ziel sein. Doch sollten wir dabei ein noch wichtigeres Ziel nicht aus den Augen verlieren - bei dem es darum geht, unsere *Lebensqualität* und die unserer Mitmenschen zu verbessern. Astrologie ist nur in dem Maße sinnvoll, wie sie die eigene Entwicklung vorantreibt und es uns ermöglicht, friedvoller mit uns selbst und unserer Umgebung zu leben. Astrologie dient diesem Zweck, wenn sie uns hilft, unsere widersprüchlichen Seiten zu vereinen und einzugliedern, damit wir unsere Aufmerksamkeit wichtigen Aufgaben zuwenden können, die außerhalb von uns selbst liegen. Ich glaube nicht an das Wissen um des Wissens willen, an Wissenschaft um der Wissenschaft willen oder gar an Astrologie um der Astrologie willen, weil sich all diese Annäherungen an das Leben nur mit einer Vielzahl vorübergehender Ziele beschäftigen statt mit einem übergeordneten, vereinenden Ziel oder Zweck.

Das Leben im zwanzigsten Jahrhundert ist unglaublich spezialisiert und unzusammenhängend geworden. Seit der Glaube an Gott und die meisten Kosmologien, die mit Gott assoziiert werden, in Auflösung begriffen sind, scheinen wir nicht nur den Kontakt mit einem vereinenden Zentrum außerhalb unserer selbst, sondern auch den eigenen Mittelpunkt verloren zu haben. Dieses Vakuum füllen wir dann ersatzweise mit unzähligen Zielen, Interessen oder Anregungen, zu denen wir eigentlich keine innere Beziehung haben. Wir erwarten von der Arbeit, dem Geliebten, der Familie oder unseren Studien, daß sie uns den Sinn geben, den wir uns selbst nicht vermitteln können. In der Sprache des Horoskops ausgedrückt, lassen wir uns erst von einem Planeten beherrschen und dann von einem anderen. Wir verhalten uns wie die Fahrer von Auto-Scootern, die von einer Richtung in die andere rasen und dabei mit anderen zusammenstoßen, die genauso ziellos umherfahren und sich bemühen, irgendeinen Sinn im Leben zu finden. Wahrscheinlich wissen wir nicht, wie wir mit unserem Zentrum, dem inneren Licht, dem Brunnen, aus dem wir die heilenden Energien des Universums schöpfen, in Kontakt kommen können; vielleicht sind die Stimmen unserer Planeten ständig dabei, sich zu streiten und lehnen es ab, aufeinander zu hören. Sie ähneln eher dem Stimmengewirr in einer Kneipe als dem Zusammenklingen einer planetarischen Symphonie, die von der Leitung eines Dirigenten abhängig ist, nämlich von unserem zentralen, vereinigten Selbst, das eine innere Harmonie schaffen kann.

Jeder soll sich fragen: Was ist der Sinn des Lebens, vom individuellen und kollektiven Standpunkt aus. Auf welches Ziel sollten unsere Einstellungen und unser Handeln gerichtet sein? Wenden wir die Astrologie wirklich in Übereinstimmung mit unserem Ziel an? Setzen wir sie ein, um unser Leben und das Leben anderer zu verbessern? Ist es einer Entwicklung tatsächlich förderlich, wenn wir uns lediglich mit Daten vollstopfen statt jene Informationen, über die wir bereits verfügen, zu verinnerlichen und im Leben umzusetzen? Fördern wir inneres Wachstum, wenn wir daran zweifeln, ob wir eine Arbeit behalten werden und ob wir in der Lage sind, sie weiterhin erfolgreich durchzuführen, nur weil Uranus im Quadrat zum Radix-Mars im 6. Haus steht? Helfen wir Freunden und Klienten damit, wenn wir ihnen im Hinblick auf bevorstehende Saturn-Transite Angst einflößen statt sie zu ermutigen, sich bereits jetzt auf diesen Transit vorzubereiten und ihm konstruktiv Ausdruck zu verleihen?

Die Astrologie liegt schon seit Jahrhunderten mit der Wissenschaft im Streit, von dem Zeitpunkt an, als diese begann, die Religion von ihrem Thron zu verdrängen und alles auszulöschen, was sie für Aberglauben hielt. Aber die Astrologie geht denselben Weg wie die traditionelle Wissenschaft, wenn wir nicht genau darüber nachdenken, welchen Zielen sie dient und wie sie eingesetzt wird. Wir alle wissen durch die Presse, was geschieht, wenn endgültige Folgen nicht bedacht werden und die Menschen sich nicht mit den Konsequenzen ihres Handelns auseinandersetzen. Wenn die Industrie nur an Profit orientiert ist und die Auswirkungen ihres Handelns auf die Umwelt ignoriert; wenn Regierungen auf ihre Macht pochen statt gegenseitige Abhängigkeiten zu erkennen und zusammenzuarbeiten; wenn einzelne Menschen, von ihren enttäuschten Hoffnungen getrieben, zu Kriminellen werden und nicht bereit oder in der Lage sind, die Bedürfnisse anderer zu respektieren. Denken wir an Einstein, der ein Yod zu Uranus im 3. Haus hatte und es sich zu lange erlaubte, die Physik nur um der Physik statt um der Menschheit willen zu betreiben und dabei die Fragen des 9. Hauses außer acht ließ. Er begann erst über diese letzten Fragen nachzudenken, als er die zuständigen Regierungsstellen über das mögliche Kriegspotential der Kernenergie in Kenntnis gesetzt hatte.

Diejenigen, die sich mit Astrologie beschäftigen, fordere ich auf, nicht fortgesetzt Wissen anzusammeln, ohne sich genau die Bedeutung dieses Wissens vor Augen zu führen. Ihr müßt eingehend prüfen, wie ihr dieses Wissen auf eure eigenen Lebensumstände anwendet und wie ihr es zur Interpretation von Horoskopen für euch selbst und für andere Menschen einsetzt. Ich lege jedem nahe, sich nicht in den Einzelheiten eines Horoskops zu verlieren und es so zu betrachten, als wäre es ein Puzzlespiel, das aus unterschiedlichen Teilen besteht. So, als ob euer Hauptziel in dem Beweis läge, wie recht ihr mit eurer Interpretation haben könntet oder wie leicht ihr die Vielschichtigkeit eines Menschen oder seiner zukünftigen Möglichkeiten auf ein klares, übersichtliches System reduzieren könnt. Die Vielschichtigkeit zu reduzieren bedeutet, das Durchleben des Chaos in euch und um euch herum zu vermeiden — eines Chaos, das euch, wenn es völlig durchlitten wird, erleuchten und zu einem besser integrierten Ganzen verändern kann. Ich bitte euch dringend, eure Aufmerksamkeit nicht auf solche Fragen zu konzentrieren wie: Was bedeutet es, daß der Saturn zu Merkur im Quadrat steht?, oder: Was wird geschehen, wenn der laufende Pluto zu meiner Sonne in Opposition steht? Ihr sollt eher fragen: Wo liegen die äußersten Möglichkeiten, wenn diese beiden Planeten mit vereinten Kräften zusammenwirken? Wie kann ich dieses Potential in meinem Leben am besten entfalten? Welche innere Einstellung und welche Handlungen, die für einen Aspekt dieser beiden Planeten bezeichnend sind, werden mir und anderen nützen? Wie kann ich mich für die Erfahrung eines Transits offenhalten und von ihm lernen, während er sich nähert, und das anwenden, was ich gelernt habe, sobald er exakt wird? Wie kann ich die Erfahrung eines jeden Transits in den Ausdruck meiner anderen Planeten integrieren, so daß er nicht mein Bewußtsein beherrscht und mich von meinem Zentrum fortzieht, sondern mein Zentrum noch mehr erweckt? Wie können Radix-Planeten und Aspekte sowie jeder Transit und jede Progression, die ich erlebe, die Qualität meines Lebens, meiner Beziehungen, meiner Teilnahme an der Gesellschaft und meiner Verbindung zum Universum verbessern?

Viele dieser Fragen können wir nicht beantworten. Aber solange wir nicht die richtigen Fragen stellen und uns nicht ständig dessen bewußt sind, wie wir die Astrologie anwenden und wie sie eingesetzt werden könnte, und solange wir uns nicht dazu verpflichten wollen, das höchste Potential der Planeten, Zeichen, Häuser und Aspekte zu verstehen, zu erleben und auszudrücken, werden wir wahrscheinlich nicht fähig sein, die richtigen Antworten zu entdecken.

Im Gespräch mit unseren astrologischen Teilpersönlichkeiten

Ein wichtiges Prinzip der Tiefen-Astrologie ist, daß die Planeten wirkliche Persönlichkeiten in uns darstellen, nicht nur Teile oder Qualitäten von uns sind, sondern Wesen mit eigener Daseinsberechtigung, mit eigenem Leben. In der Psychosynthese, einer spirituell orientierten Psychotherapie, die von Roberto Assagioli entwickelt wurde, wenden wir gelenkte Fantasien an und führen Dialoge mit Teilpersönlichkeiten in uns, die den Planeten-Persönlichkeiten ähnlich sind. Vielleicht entdecken wir, daß eine gute Fee in uns ist, eine Heulsuse, ein Arbeitssüchtiger, ein Ringkämpfer, ein professioneller Animateur, ein geselliger Schmetterling oder ein Rebell. Die meisten dieser Teilpersönlichkeiten können wirklich den Planeten entsprechen. Uranus im 1. Haus ist der Rebell, Venus im Löwen im 5. Haus der Animateur, Saturn in der Jungfrau im 6. Haus der Arbeitssüchtige, Mars im Stier im 7. Haus der Ringkämpfer, Mond in den Fischen im 4. Haus die Heulsuse, die Venus in den Zwillingen im 11. Haus der gesellige Schmetterling.

Häufig sind wir zur selben Zeit mit einer oder zwei Teilpersönlichkeiten bzw. Planeten in Kontakt — zuerst erleben wir den Mars im 7. Haus und provozieren einen Streit, weil wir ärgerlich sind, dann erleben wir den Mond in den Fischen im 4. Haus, ziehen uns gekränkt zurück, dann aktivieren wir vielleicht die Venus in den Zwillingen im 11. Haus und stürzen uns in einen Wirbelwind sozialer Aktivitäten, damit wir Ärger und Verletzlichkeit vergessen können. Wir verleihen einem Planeten vielleicht für einen Moment, eine Stunde, einen Tag oder sogar noch länger Ausdruck, ohne andere Planeten zu beachten oder ihnen Ausdruck zu verleihen, bis sie ebenfalls aktiviert werden. Wird zum Beispiel unsere Jungfrau-Sonne im 4. Haus von Saturn aspektiert, und diese Saturn-Teilpersönlichkeit ist ständig dabei, unser Leben zu beherrschen, dann können wir monatelang mit unserer Verantwortung der Familie gegenüber beschäftigt und ganz von der Organisation häuslicher Angelegenheiten besessen sein. Etwas später steht Saturn in Opposition zu Mars in den Fischen im 10. Haus, und wir werden von der Arbeit überwältigt, die wir im Beruf vernachlässigt haben. Wie bei einer Opposition üblich, schwenken wir jetzt zu unserem Mars um und identifizieren uns mit seiner Teilpersönlichkeit, indem wir jetzt den beruflichen Angelegenheiten Aufmerksamkeit zukommen lassen und unser Heim und die Familie völlig vernachlässigen. Mars beherrscht unser Leben für einige Monate, bevor wir die Gangart nochmals wechseln und es der Sonne in der Jungfrau im 4. Haus erlauben, sich wieder unserem Privatleben zu widmen. Wir schaffen unzählige Probleme und bringen unser Leben aus dem Gleichgewicht, wenn wir einer der Planeten-Persönlichkeiten in uns das Recht einräumen, zu lange unser Bewußtsein zu beherrschen und die Wünsche und Bedürfnisse der anderen Planeten zu blockieren, die auch erfüllt werden müssen, wollen wir mit uns Frieden schließen.

Es kann, zumindest bei Oppositionen, notwendig sein, ein wenig hin und herzuschwanken; wenn wir allerdings im Laufe dieses Wechsels zwischen den verschiedenen Planeten-Persönlichkeiten einer erlauben, uns zu beherrschen und darüber die anderen vollkommen vergessen, kann das dazu führen, daß wir uns wie eine gespaltene Persönlichkeit verhalten und einen Zustand ständigen Chaos schaffen. In dem oben angeführten Beispiel können wir, während wir auf unsere Familie konzentriert sind, den Beruf so sehr vernachlässigen, daß wir fast den Arbeitsplatz verlieren und dann, um die berufliche Sicherheit wiederherzustellen, jede Aufmerksamkeit für die Bedürfnisse der Familie aus dem Bewußtsein streichen. Wir arbeiten Tag und Nacht, bis wir plötzlich feststellen, daß unser Ehemann drauf und dran ist, uns zu verlassen, und daß die Kinder in der Schule versagen und zeigen, daß sie sich vernachlässigt fühlen, indem sie ihre ganze Zeit auf der Straße verbringen. Könnten wir während einer intensiven Arbeitsphase der Sonne im 4. Haus wenigstens ein kleines bißchen Ausdruck verleihen, und hätten wir die Fähigkeit, dem Mars im 10. Haus wenigstens so viel Durchsetzungskraft einzuräumen, daß wir ihn zumindest auf die wesentlichsten Seiten unseres Berufes anwenden könnten, während wir mit häuslichen Angelegenheiten beschäftigt sind, würden wir nicht so ein Durcheinander schaffen, wie es der Fall ist, wenn eine Planeten-Persönlichkeit mit uns durchgeht und keiner anderen erlaubt hervorzutreten.

Um alle Planeten-Persönlichkeiten ausdrücken und integrieren zu können, müssen wir uns zuerst klar darüber werden, wie jede von ihnen wirkt — was sie braucht, was sie will, wie sie sich manifestiert und wie sie am besten erfüllt werden kann. Wir müssen in der Lage sein, unsere eigenen Handlungen zu beobachten, die wir sowohl mit unserem inneren Zustand als auch mit jenen Verhaltensweisen in Einklang bringen müssen, die verschiedene Planeten-Persönlichkeiten in uns widerspiegeln. Wenn wir die Teilpersönlichkeiten erkennen und mit ihnen vertraut werden wollen, müssen wir vor allem eine Haltung der Akzeptanz und des Mitgefühls pflegen. Das wird leichter erreicht, wenn wir Verständnis für unsere Vergangenheit entwickeln und erkennen, daß verschiedene Eigenschaften, die uns heute stören, seinerzeit entwickelt wurden, um mit der Umgebung besser zurechtzukommen. Kennen wir unsere Teilpersönlichkeiten und wollen wir sie schätzen lernen, ohne jene von ihnen zu verurteilen, die wir beispielsweise in der Kindheit entwickelt haben und die uns im Leben eines Erwachsenen Kummer bereiten, brauchen wir Zeit und Aufmerksamkeit. Sobald wir eine Seite in uns selbst wiedererkannt und angenommen haben und ihre Anwesenheit zulassen, werden wir zu unserem Erstaunen feststellen, daß sie sich verändert und anfängt, ihr positives Potential zu offenbaren. Sobald wir das bedürftige Kind unseres Krebs-Mondes nicht mehr verurteilen, hört es auf zu jammern und zu weinen und beginnt anderen gegenüber seine zartfühlende Sensibilität zu zeigen. Es offenbart auch seine Fähigkeit, uns mit warmen Gefühlen emotional aufbauen zu können. Hören wir auf, den faulen, unkonzentrierten Fische-Mars zu verurteilen, beginnt er sich zu entspannen und uns zu kreativen, inspirierenden Tätigkeiten zu führen.

Beginnen wir die Teilpersönlichkeiten zu beobachten, wie sie in uns auftauchen und wieder aus unserem Bewußtsein verschwinden, lernen wir zu unterscheiden, ob wir gerade mit einer oder zweien von ihnen in Verbindung stehen oder ob unser Bewußtsein weit genug ist, um die meisten von ihnen einzubeziehen. Je umfassender unser Bewußtsein wird, desto größer wird die Fähigkeit sein, alle unsere Seiten zu erkennen. Wir können dann von einem Planeten zum anderen gehen und jeden um Rat fragen, wenn wir eine Entscheidung treffen wollen. Entwickeln wir einen Lebensstil, der jeden Planeten miteinbezieht, werden wir uns weniger mit den Planeten-Persönlichkeiten identifizieren und mehr mit dem Zentrum in uns in Kontakt kommen, das uns die Kraft und die Einsicht gibt, auch die schwierigsten Themen im Horoskop zu verändern.

In *«Schwierige Aspekte — Herausforderungen und Chancen»* stelle ich einige meiner eigenen Planeten-Persönlichkeiten vor und erlaube ihnen, einen Dialog zu führen und die Zusammenarbeit zu lernen. Die Technik, mit den Planeten Dialoge zu führen, sie miteinander sprechen zu lassen oder selbst mit jedem einzelnen zu reden, ist eine machtvolle Technik, die ihren Ursprung in der Gestalttherapie und in der Arbeit mit Teilpersönlichkeiten in der Psychosynthese hat. Nehmen wir folgendes Beispiel:

«Umarme mich,» sagt der Mond im Widder, als Neptun völlig in seinem Lieblings-Fantasieroman aufgeht. «Ich möchte ein paar Tomaten«, sagt der Mond zur Sonne in der Waage (im 9. Haus), die gerade versucht, eine Entscheidung darüber zu treffen, was sie mit diesem immer länger werdenden Kapitel tun sollte. Dann wendet sich der Mond an Uranus (im 7. Haus), der sich gerade auf einen Klienten vorbereitet, und sagt: «Ich möchte dir erzählen, was ich heute gemacht habe.» «Du Klette! Du Heulsuse! Du kecke Göre!», kreischt Uranus. «Du verzärtelter Einfaltspinsel! Du wimmernder Stiefellecker! Du schniefender Blutsauger! Du rotznäsiger Grünschnabel! Du plärrender, winselnder, quäkender Dummkopf!» Wieder und wieder feuert Uranus mit seiner Maschinenpistole auf den Mond im Widder, äußerst erstaunt über seine Fähigkeit, sich auch nach den niederschmetternsten Schlägen wieder zu erheben.

Wenn wir einen Dialog zwischen den Planeten herstellen, wie in dem vorangegangenen Dialog zwischen Sonne und Neptun in der Waage, Mond im Widder und Uranus im Krebs (ein exaktes T-Quadrat), so kann das nicht nur bisher unerkannte Dimensionen unseres inneren Schauspiels offenbaren, sondern durch das direkte Erleben auch die persönlichen Archetypen zum Ausdruck bringen und deren Transformation beschleunigen.

Teilpersönlichkeiten in den Zeichen

Die folgende Liste enthält, nach Zeichen geordnet, eine Anzahl von möglichen Teilpersönlichkeiten, die wir in uns selbst erleben können.[11] *Auch wenn wir auf den ersten Blick meinen, viele dieser Eigenschaften in Verbindung mit unserem vorherrschenden Zeichen zu besitzen, werden wir für gewöhnlich feststellen, daß nur ein paar von ihnen Grundzüge unserer Persönlichkeit darstellen. Viele von uns besitzen ein «hungriges Kind» oder einen «Alleinunterhalter», aber die spezielle Form, die diese Teilpersönlichkeit annimmt, ihre besonderen Wünsche, Bedürfnisse, Ziele und Verhaltensmuster werden bei jedem von uns einmalig sein.*

WIDDER

der Kämpfer	der Führer	Geschwindigkeitsteufel
der Vergnügungssüchtige	der Abenteurer	der Risikofreudige
der Täter	der Athlet	«Ich zuerst»
der Tatkräftige	der Konkurrent	der Urheber
der verzogene Bengel	der Aufrührer	Frl. Warheitsbekenntnis/
der Pionier	das spontane Kind	unverblümt
der Kreuzfahrer	der Angreifer	der Verräter
der «Macho»	der Narzist	

STIER

die «Erdmutter»	der Sinnliche	der Konformist
der Landwirt	der Künstler	der «Grapscher»
der Materialist	der Lässige	der Besitzer
der Faulenzer	der Feinschmecker	der Felsen
das Hündchen	der Produzent	der Unternehmer
die Lokomotive	der Geldverdiener	der «ach-so-Gute»
die Planierraupe	der Selbstgefällige	der Schlemmer
der Manager	der Genußsüchtige	der Gönner
der Hamsterer		

ZWILLINGE

der schnelle Redner
der Schwätzer
der Geistreiche
das Klatschmaul
der Pfuscher
der Schmetterling
Frau Nichtssagend
der Logiker
der Wissenschaftler
der Fragensteller
der Nachtfalter
der Intrigant
der Bote
der Energiegeladene
der Jongleur
der Zappelphilipp
der nette Nachbar
das Schaltpult
der Tausendfüßler
der Verkäufer
der Buchhändler
der Alleswisser
Talkshow-Gastgeber
der Manipulierer

KREBS

das hungrige Kind
die Schildkröte
die Patentante
die Krake
der Beschützer
die Hausfrau
der Gönner
der Strauß
das Medium
die Hysterische
die Heulsuse
der Märtyrer
der Klammerer
der Hamsterer
der «Brütende»
die Glucke
der Softie
«Miss Muffet»
der Schwamm
die «arme Kleine»
«Mutter Hubbard»
Heinzelmännchen
der Ernährer
der Tröster

LÖWE

der Stern
das verspielte Kind
der Held
der schöne Prinz
«Romeo»
«Don Juan»
das strahlende Licht
der König
der Schauspieler
der Unterhalter
der Befehlshaber
der Lebenslustige
der Schöpfer
der Geltungsbedürftige
der «Gockel»
das «Herz aus Gold»
der Diktator
Frau «leerer Schein»
der Playboy
das Glühwürmchen
der Aufschneider
der Gewinner
der Beleuchter
der feige Löwe
der Romantiker
Bienenkönigin
Rampenlicht
Herr Zuversicht

JUNGFRAU

der Analytiker
der Organisator
der Buchhalter
der Skeptiker
die Sekretärin
der Pedant
der Arbeitssüchtige
Frau Zimperlich
der Perfektionist
der Puritaner
die Nonne
Frau Demut
der Helfer
der Sorgenvolle
Gesundheitsfanatiker
die emsige Biene
der Schüchterne
der Unterwürfige
der Unsichtbare
der Moralapostel
der Sezierer
Umstandskrämer
die Krankenschwester
der Diener
der Wohltäter
der Makellose

WAAGE

der Freudenspender
die Friedensprinzessin
die Feenprinzessin
der Engel
glückliche Gastgeberin
der anmutige Gast
der Lächelnde
das gefällige Kind
der Heuchler
der Mitarbeiter
«Süße und Licht»
der Fürsprecher
der Ästhet
der Schätzer
«Charlie Brown»
der Flirter
der Charmeur
die sanfte Taube
der Maßvolle
der Unterhändler
der Richter
die Wippe
das Anhängsel
Frau Unentschieden
Schönheitskönigin
«die Frau neben ihm»

SKORPION

der Ermittler
der Untergrundforscher
das eifersüchtige Biest
der Prüfer
der Sexbesessene
der Intensitätssüchtige
der Wahrheitssucher
der Nachtragende
das Elektrizitätswerk
der Schwelgende
der Machtsüchtige
der Extremist
der Wiederaufbauer
der Diktator
der «schwere Junge»
der Richter
der Stoiker
der Vulkan
der Stille
der Versteckspieler
der Detektiv
der Nehmende
der Wolf
der Skorpion
der Psychologe
der Heiler
der Schnellkochtopf

SCHÜTZE

der Suchende
der Professor
der ewige Student
der Moralist
jedermanns Freund
der Freigeist
der Forscher
der Missionar
der Philosoph
der Guru
der Bücherwurm
die Schlampe
der Zögernde
der Übertreiber
der Überzogene
der Wanderer
der Optimist
Herr Großzügig
der Besserwisser
der Dogmatiker
der Verallgemeinernde
der Ethikprofessor
der weise alte Mann
der Menschenfreund
der Sportler
der Führer
der «Durchhänger»

STEINBOCK

der Verwalter	Papa ist der Größte	der starke Halt
der Geschäftsmann	Herr Verantwortlich	der Bergsteiger
der Stoiker	Herr Sicherheit	der Sonderling
der Verschwiegene	der Einzelgänger	der Streber
der Arbeitssüchtige	die Autorität	Macchiavelli
der Schmarotzer	der Chef	Herr Präsident
der Realist	der Geizige	der Trauerkloß
der Leugner	der Menschenfeind	die harte Lady
der Konformist	der Pessimist	der Versorger
der Angsthase		

WASSERMANN

der Humanist	der Merkwürdige	der Individualist
der Nonkonformist	das Groupie	der Wissenschaftler
der Bohemien	die freie Seele	das verrückte Genie
der Wahrheitssucher	der Neutrale	Retter der Menschheit
der Freund aller	der Unbeteiligte	der Anarchist
der Reformator	der Dissident	der Übergeschnappte
der Liberale	der «Schillernde»	der Unangepaßte
der Rebell	der Ketzer	der Außenseiter
der Erfinder	der Gruppenführer	Herr Politik

FISCHE

der Mystiker	der Rückgratlose	der sensible Zuhörer
der Penner	die Demütige	der Tagträumer
der Idealist	der Zimmerer	Frau Verletzlich
der Himmelsstürmer	Aschenputtel	der Tränenreiche
der Allesgebende	der Seher	der Gnadenengel
das Chamäleon	die verlorene Seele	der Flüchtende
der Poet	der Parasit	der Schwamm
der Übersinnliche	der Vermeider	Fräulein Hilflos
der Märtyrer	das Opfer	der Undefinierbare
der Ziellose	die Elfe	der Retter
der Auserwählte	Fräulein Mitgefühl	der Zyniker
der Musiker	der Träumer	«ich armes Wesen»

Astrologie als Umwandlungsprozeß

Ein weiteres Prinzip der Tiefen-Astrologie nimmt den Gedanken auf, daß wir keine statischen Wesen sind, die über bestimmte Planetenpositionen definiert und eingeordnet werden können, sondern Energiemuster in ständiger Bewegung, immer wieder neu bearbeitet, in kontinuierlichen Wechselbeziehungen zu den zahllosen Möglichkeiten des Seins. Die heutige Physik hat uns gelehrt, daß alles im Universum aus Energiewellen und -teilchen besteht, daß die Materie nichts weiter ist als Energie auf einer niedrigen Schwingungsfrequenz. Die Atome des Körpers vibrieren ungefähr mit einer Geschwindigkeit von 10^{15} Umdrehungen in der Sekunde, die Zellkerne mit 10^{22}, die Moleküle mit 10^{9} und die Zellen mit 10^{3} Umdrehungen in der Sekunde. Wir glauben, daß wir aus festem Stoff und für alle Zeit so gut wie unveränderlich sind, weil wir einen dichten physischen Körper besitzen, dessen Erscheinungsbild sich nur langsam verändert. Wir tragen in unserem Bewußtsein eine Reihe sich aufeinander beziehende Erinnerungen und wirken durch festgelegte Strukturen und Beziehungen, die wir dazu benutzen, unser Identitätsgefühl klar zu begrenzen und zu festigen.

Die meiste Zeit hindurch ist unser Bewußtsein auf einen winzig kleinen Teil von uns selbst beschränkt. Wir sind uns nicht klar darüber, daß unser aus ungefähr 10^{27} Elektronen/Protonen-Paaren bestehender Körper buchstäblich Trillionen von Zellkernen bildet, die ihrerseits Trillionen von Atomen schaffen und die ebenfalls wiederum Trillionen — eigentlich 10^{14} oder 100 Trillionen — Zellen hervorbringen. Jedes untergeordnete System in uns hat seine Gesetze und ein eigenes Bewußtsein, das seine Entwicklung bestimmt und reguliert. Jedes untergeordnete System steht mit den anderen im Energieaustausch, verwandelt sich durch seine Beziehung zu allen anderen untergeordneten Systemen und durch die Energie, die es mit den Systemen außerhalb des Körpers austauscht. Wir vergessen so häufig, daß wir mehr sind als das Bewußtsein von uns selbst; wir klammern uns an das, was wir als «Identität» definiert und durch unsere Vergangenheit bestimmt haben. Wir sträuben uns gegen Veränderungen und Entwicklungen, die von den zahllosen Teilaspekten des Selbst, die außerhalb der Wahrnehmung liegen, schon äußerst detailliert geplant sein können.

Die heutige Physik und die östlichen Religionen, besonders jene, die sich durch so weise Schriften wie das I-Ging kundtun, lehren uns, daß die Wandlung das einzig Beständige ist. Wir werden fortwährend neu erschaffen und sind eher «Werdende» als «Seiende». Um in der Sprache des Horoskops zu sprechen: Wir definieren uns durch bestimmte Planetenpositionen und erkennen nicht, daß wir, stehen wir in Kontakt mit dem Licht des eigenen Zentrums, über diese Planeten hinausgehen können. Wir können bisher nicht zum Ausdruck gebrachte Dimensionen eines jeden Planeten zum Leben erwecken, Quadrate und Oppositionen umwandeln, können Kanäle öffnen, die durch Halbsummen und untergeordnete Aspekte gebildet und durch Transite und Progressionen aktiviert werden. Das Geburtshoroskop ist keine kartografische Darstellung dessen, was wir sind, sondern eher ein Mandala, das auf die Möglichkeiten zur Energietransformation hindeutet. Es zeigt uns die dynamischen Potentiale, mit denen wir geboren wurden, und die wir in Zusammenarbeit mit den Kräften, die uns ständig durch das Universum verfügbar sind, entfalten können.

Es ist schwierig, uns selbst als einen beständigen Veränderungsprozeß zu begreifen, weil wir unser Leben so einrichten, daß es scheint, als würden wir nach festgelegten Strukturen handeln. Außerdem sprechen wir eine Sprache, die buchstäblich tot ist. Sie ist angefüllt mit Substantiven, die starre Begriffe repräsentieren, und schwach in den Verben, die viel klarer die eigentliche innere und äußere Realität aufzeigen. Unser Bewußtsein, und das anderer Menschen, ist vom Gebrauch des Verbs «sein» beeinflußt. Wir sagen: «Ich bin, du bist», als wären wir Fotografien, statt ein fortlaufender Film zu sein, in dem Gegenwart, Vergangenheit und Zukunft völlig aufeinander bezogen sind und sich gegenseitig bedingen. Wir klammern uns an eine Definition oder Identität, um uns inmitten der ständigen Veränderungen in unserer Umgebung und im Wandel der eigenen emotionalen Erfahrungen sicher zu fühlen. Durch dieses Verhalten begrenzen wir ständig die Gegenwart gemäß der Vergangenheit und schränken damit zukünftige Möglichkeiten ein.

Der heutigen Physik zufolge ist nichts sicher; alles, was existiert, hat nur die *Tendenz* zu existieren; alles ist *wahrscheinliche* und nicht unverrückbare Realität. Wir sagen, daß wir Waage oder Fisch sind oder daß unsere Venus im Skorpion ein Quadrat zu Mars im Löwen bildet. Eine genauere Darstellung würde allerdings beinhalten, daß wir *häufig* wie das Sonnenzeichen, Waage oder Fische, erscheinen, und daß wir eine *Neigung* zu dramatischen, intensiven Liebeskonflikten haben, was auf eine Planeten-Kombination wie ein Mars/Venus-Quadrat zurückzuführen ist. Es gibt für jede Position und jeden Aspekt im Horoskop einen großen Spielraum, um uns auszudrücken. Oft legen wir uns selbst Beschränkungen auf, indem wir nur einen kleinen Teil der verfügbaren Möglichkeiten verwirklichen. Selten machen wir Gebrauch von den Energieströmen, die durch Aspekte, Halbsummen oder andere Energienetzwerke geschaffen werden, um den Spielraum auch dieser Aspekte noch überschreiten zu können.

Um uns selbst als einen Prozeß zu erfahren und zu erlauben, in einem ständigen Werdegang uns dem zu nähern, was unsere Bestimmung ist, dürfen wir uns nicht an alte Strukturen oder Persönlichkeitsdefinitionen klammern, seien sie nun astrologisch oder auch nicht. Wir müssen bereit sein, die Ungewißheit anzunehmen und uns den Erfahrungen von Schmerz und Verwirrung, die mit dem Wechsel kommen, auszusetzen; im Vertrauen auf den göttlichen Plan, der uns das lehrt, was wir brauchen, ob wir diese Lehren nun bewußt suchen oder auch nicht. Nur so sind wir in der Lage, uns für Veränderungen zu öffnen und die Strukturen des Horoskops konstruktiv einzusetzen und zu verwandeln. Nur so können uns die Transite und Progressionen jene Möglichkeiten bewußt machen, die wir zu verwirklichen fähig sind. Wir müssen uns dem Universum öffnen, seiner Stimme in der Stille des eigenen Zentrums lauschen und auf sie mit den Affirmationen antworten: «Ich ergebe mich! Ich öffne mich! Ich lasse es zu, verändert zu werden! Ich ordne meinen eigenen kleinen Willen dem universellen Willen unter! Ich akzeptiere die nächste Stufe auf dem Weg zu meiner Bestimmung!»

Die Transzendierung des Geburtshoroskops

Ein wichtiges Prinzip der Tiefen-Astrologie, das eigentlich eine Erweiterung aller ihrer anderen Prinzipien ist, besteht darin, daß wir über ein Geburtshoroskop hinausgehen können. Unser ganzes Leben hindurch tragen wir dieses Horoskop in uns, aber sobald wir ein Zentrum in uns entwickeln, der inneren Führung zu vertrauen lernen und uns mehr im Einklang mit den universellen Energien befinden, sind wir dem Druck der Planetenpositionen weniger ausgeliefert. Steht zum Beispiel die Venus zu Uranus in Opposition, könnten wir uns dagegen wehren, an jemanden, den wir lieben, gebunden zu sein. Folglich gehen wir Beziehungen mit Menschen ein, die sich davor hüten, Verpflichtungen auf sich zu nehmen. Menschen, die uns die Freiheit geben, die wir suchen, indem sie sich weigern, völlig für uns verfügbar zu sein oder indem sie uns schon nach kurzer Zeit verlassen. Vielleicht wehren wir uns das ganze Leben hindurch gegen die Einschränkungen, die mit den Verpflichtungen einer Partnerschaft einhergehen. Doch muß uns die Angst vor diesen Beschränkungen nicht daran hindern, sinnvolle Bindungen einzugehen. Mit der Zeit werden wir uns bewußter, welche Art von Freiheit wichtig ist, dann sind wir besser in der Lage klärzustellen, was wir in einer Beziehung noch tolerieren können und was nicht. Wir werden fähiger, Bedürfnisse mitzuteilen und Beziehungen einzugehen, die die Befriedigung der wichtigeren Bedürfnisse ermöglichen. Wir beginnen, das Licht im Zentrum unseres Wesens zu erleben und von ihm Energie zu beziehen, wodurch wir für uns und andere eine Quelle der Erleuchtung werden. Durch diesen Prozeß können wir eine solche Erfüllung in dem finden, wer wir sind, daß wir nicht mehr so sehr dem ausgeliefert sind, was uns in der Vergangenheit wichtig war. Zwar kann eine Uranus/Venus-Opposition in manchen Zeiten der Ursprung innerer Konflikte bleiben — zum Beispiel eine gelegentliche Sehnsucht auszubrechen und nach neuen Beziehungen zu suchen oder über mehr persönlichen Freiraum zu verfügen — aber diese Spannungen beherrschen nicht mehr unser Bewußtsein.

Ein Marionetten-Theater ist eine gute Entsprechung, um ein Geburtshoroskop zu beschreiben. Je mehr wir unsere Wahrnehmung erweitern und fähiger werden, uns über das Horoskop zu erheben und Energien zu lenken statt von der niederen Natur getrieben zu werden, je vertrauter wir mit den Ausdrucksmöglichkeiten der Planeten sind, um einen Lebensstil entwickeln zu können, der allen widersprüchlichen Bedürfnissen gerecht wird, um so eher werden wir selbst zum Puppenspieler, anstatt nur eine Marionette im eigenen kosmischen Schauspiel zu sein. Wir sind nicht länger in eigene Fäden verstrickt, sondern befinden uns über der Bühne und leiten die Aufführung.

An diesem Punkt können wir uns fragen, ob es wirklich unser Ziel ist, Kontrolle über die Planeten zu übernehmen, das heißt, Puppenspieler oder Dirigent der eigenen planetarischen Symphonie zu sein, oder ob es unser Ziel ist, uns hinzugeben an Gott, an den universellen Willen, an den göttlichen Plan oder wie auch immer wir die höchsten Kräfte des Universums nennen wollen. Auf den ersten Blick können diese beiden Einstellungen, einerseits zu leiten und andererseits sich hinzugeben, widersprüchlich erscheinen. Verstehen wir jedoch, daß göttliche Kraft im Zentrum des Universums wirkt, und uns hilft, ein zentrales Selbst zu entwickeln, das alle von uns abgespaltenen Teile integriert, löst sich der Widerspruch auf. Wenn wir die Direktoren unseres kosmischen Schauspiels werden wollen, müssen wir dafür sorgen, daß nicht das Ego oder die Planeten-Persönlichkeiten die Leitung unseres Lebens in der Hand halten, sondern ein Selbst, das die Planeten und das Ego transzendiert, ein Zentrum des Bewußtseins, das die Planeten-Persönlichkeiten integriert und dennoch weit über sie hinausreicht. Natürlich ist es ein lebenslanger Prozeß, das inneres Zentrum zu entwickeln, und vielleicht umfaßt er viele Leben.

In diesem Kapitel werden wir später kurz erörtern, wie wir mit diesem Zentrum in Kontakt kommen und es entwickeln können. Doch zuerst wollen wir einige Möglichkeiten betrachten, wie wir, bewußt oder unbewußt, damit beginnen können, die niedersten Dimensionen des Horoskops zu transzendieren und das höchste Potential zu entfalten. Wir bekommen durch Transite und Progressionen laufend Gelegenheiten zur Selbstentwicklung, da sie im Horoskop neue Energiekanäle aktivieren und uns an neue Gefühle, Denkweisen und Handlungsmöglichkeiten heranführen. Das ganze Jahr hindurch sind die inneren Planeten dabei, jeden erdenklichen Aspekt zu den Radix-Planeten zu bilden. Alle 27-30 Jahre ermöglicht es der progressive Mond, daß wir innerlich alle Zeichen durchleben und mit jedem Planeten, den er aspektiert, emotional Frieden schließen können. Auch Saturn vollendet seinen Zyklus durch das Horoskop ca. alle 29 Jahre und drängt uns, die Energie jedes Radix-Planeten konkret anzuwenden und die aktuelle Phase eines jeden Planeten zur Vollendung zu bringen, so daß wir für die nächste Phase bereit sind.

Im Verlaufe eines Lebens aspektieren die transsaturnischen Planeten alle Radix-Planeten. Obwohl sie vielleicht nicht die gesamte Abfolge der Aspekte zu jedem Planeten durchlaufen, eröffnen sie jeder unserer Planeten-Persönlichkeiten drei verschiedene Arten der Transformation, während sie einen oder mehrere Quadranten des Geburtshoroskops durchlaufen: die niederschmetternde, aber auch befreiende Unruhe von Uranus; die auflösenden, aber auch transzendierenden Nebel von Neptun; die vernichtende, aber auch erneuernde Macht Plutos.

Das Solar (ein Jahreshoroskop, das auf die grad- und minutengenaue Wiederkehr der Sonne zu ihrer Radix-Stellung berechnet wird) ist ebenfalls ein Führer auf dem Weg zu unserer Bestimmung. Es enthüllt für jedes Jahr die Möglichkeiten, wie wir Anlagen entwickeln und Planeten, Zeichen und Häuser integrieren können, die im Geburtshoroskop vielleicht in Spannung zueinander stehen. In den Jahren, in denen die Planeten, die bei unserer Geburt Quadrate und Oppositionen gebildet haben, im Solar in Konjunktion, im Trigon oder im Sextil zueinander stehen, finden wir am leichtesten alternative Ausdrucksformen. Wenn zum Beispiel der laufende Saturn durch ein Trigon mit dem Radix-Mond in Beziehung tritt, oder Saturn zur Zeit der solaren Wiederkehr ein Trigon zur Sonne oder zum Radix-Mond bildet, können wir lernen, diese Energien zu unserem Vorteil miteinander zu verbinden. Wir entdecken, wie wir uns für eine wichtige Aufgabe oder Person einsetzen können, wie wir Gefühle stabilisieren statt sie zu unterdrücken, und wie wir die Befriedigung erleben können, daß wir uns in vielen Phasen unseres Lebens reif und verantwortungsvoll verhalten. Merken wir uns, wie wir diese beiden Planeten integrieren, dann können wir die gelernten Lektionen anwenden, wenn wir uns das nächste Mal durch unser Saturn/Mond-Quadrat oder die Opposition der beiden im Geburtshoroskop depressiv und bedrückt fühlen.

Außerdem bieten unsere Beziehungen Gelegenheiten zum inneren Wachstum. Sind wir anderen Menschen nahe, besonders dann, wenn wir sexuelle Beziehungen zu ihnen haben, wohnen wir zusammen oder sind auf andere Weise sehr intensiv mit ihnen verbunden, kommt es zu einem Energieaustausch. Wir beeinflussen sie; sie beeinflussen uns. Ihre Gegenwart kann ein Verhalten hervorrufen, das uns selbst überrascht. Diese Menschen aktivieren verborgene Seiten in uns, oder öffnen uns für neue Ausdrucksmöglichkeiten. Bei einem Horoskopvergleich stellen wir dann möglicherweise fest, daß unsere stark angegriffene Venus, die, übersensibel und für Selbsttäuschung anfällig, einer Neptun-Opposition ausgeliefert ist. Oder aber dieselbe Venus ist in der Liebe ruhelos und fordernd, wenn sie ihr Jupiter-Quadrat zum Ausdruck bringt und dabei auf Menschen trifft, deren Planeten ein Trigon oder ein Sextil zu ihr bilden. Wir können sogar eine befriedigende Ehe mit jemandem eingehen, dessen Mars ein Sextil und dessen Saturn ein Trigon zu unserer Venus bilden. Die marsische Sexualität und Vitalität dieses Menschen regt uns an, ohne uns zu verleiten, unrealistischen Fantasien oder Erwartungen nachzuhängen. Sein Saturn ruft in uns eine gesunde und reife Liebe hervor, erweckt Treue sowie den Wunsch und die Fähigkeit, feste und dauerhafte Bindungen einzugehen. Andererseits könnten wir entdecken, daß unser scharf ausgeprägter und konsequent rationaler Merkur in der Jungfrau jetzt Schwierigkeiten hat, seine Gedanken zu ordnen und mit eben diesem Partner zu kommunizieren, dessen Merkur in den Fischen genau in Opposition zu dem eigenen Merkur steht. Das Bemühen um Klarheit und bessere Kommunikation kann mit der Zeit nicht nur zu einem tieferen Verstehen des geliebten Menschen führen, sondern auch unsere Denkweise intuitiv, bildhaft und umfassender machen. Vielleicht gewinnen wir auch die Fähigkeit, auf eine gefühlvollere Weise zu sprechen und können es zulassen, daß unsere verborgene Kreativität und Spiritualität an die Oberfläche dringt.

Die wichtigen Menschen in unserem Leben aktivieren nicht nur die verschiedenen Seiten unseres Horoskops; sie befähigen uns auch, Qualitäten und Wesenszüge zu entwickeln, auf die wir keinen Hinweis erhalten, wenn wir lediglich das Geburtshoroskop betrachten. Es kann natürlich sein, daß wir uns auf ihre Trigone und Sextile zu unseren angegriffenen Planeten stützen und von ihnen abhängig sind, weil sie unsere Konflikte mildern. Ziehen sich diese Menschen dann aus unserem Leben zurück, werden wir plötzlich mit diesen Konflikten konfrontiert, und es beunruhigt uns, daß wir bisher in ihrer Lösung noch keinen Fortschritt gemacht haben. Wir profitieren aber auch vom Einfluß dieser Menschen, wenn wir uns klar machen, wie wir unsere angegriffenen Planeten in ihrer Gegenwart zum Ausdruck bringen. So können wir, wenn diese Menschen einmal aus unserem Leben verschwinden, das Gelernte anwenden und bewußt damit fortfahren, diese Planeten auf positive Weise auszudrücken. Es wird nicht leicht sein, aber wenn wir wirklich aus den Erfahrungen gelernt haben, ist es mit Sicherheit möglich.

Das Potential des Geburtshoroskops verwirklichen

Abgesehen von Transiten und Progressionen sowie dem Einfluß von Partnerhoroskopen, können wir die Begrenzungen des Geburtshoroskops transzendieren, indem wir das höchste Potential der Planeten, Zeichen, Häuser und Aspekte verstehen und bewußt zum Ausdruck bringen.

Erstens: Wir können die positivsten Bedeutungen jeder Planetenposition im Geburtshoroskop untersuchen und uns ausschließlich auf sie konzentrieren. Sicher hat der Mond im Steinbock auch seine Vorzüge, obwohl er in diesem Zeichen in seinem Fall steht. Dasselbe gilt für Venus in der Jungfrau, Saturn im 12. Haus und Mars im 7. Haus. Die meisten astrologischen Schriften betonen die Schwierigkeiten solcher Plazierungen, aber jede Position hat sowohl ihre Stärke als auch ihre Schwäche. Was also sind die Stärken jeder Planetenposition? Wir können sie nicht bewußt ausdrücken, solange wir sie nicht kennen.

Zweitens: Wir können uns dem Verständnis und dem Einsatz der nicht angegriffenen Planeten sowie deren Trigonen und Sextilen widmen. Diese harmonischen Aspekte müssen gewöhnlich bewußt aktiviert werden; je mehr Energie wir in sie einfließen lassen, desto mehr befreien wir die Quadrate und Oppositionen von der überschüssigen Spannung, die uns daran hindern kann, ihre Konflikte zu lösen.

Drittens: Wir können den Herrscher eines Hauses, das schwer angegriffene Planeten enthält, für uns nutzen. Ist der Herrscher weniger angegriffen, kann der Druck, der in diesem Haus auf uns lastet, gemildert werden, wenn wir diesem Planeten entsprechend dem Haus, das er regiert, Ausdruck verleihen und damit das Potential der angegriffenen Planeten erschließen.

Viertens: Wir können damit beginnen, eine Synthese zwischen Quadraten und Oppositionen zu schaffen, indem wir unsere Aufmerksamkeit zuerst denen zuwenden, die am genauesten sind und dabei nach Möglichkeiten suchen, wie die beteiligten Planeten, Zeichen und Häuser zu integrieren wären. In *«Schwierige Aspekte — Herausforderungen und Chancen»* wird gezeigt, wie jede Haus- und Zeichen-Opposition zusammengefügt werden kann, wie sie zusammenwirken und zum gegenseitigen Vorteil arbeiten kann statt im Widerstreit miteinander zu liegen. Geht es um Oppositionen, können wir allmählich Verständnis für ein mögliches Zusammenwirken entwickeln, wenn wir uns die Bedeutung einer Konjunktion dieser beiden Planeten klarmachen; Quadrate können wir wie Trigone behandeln. Wie können wir etwas über die Möglichkeiten lernen, die zum Beispiel unser Pluto/Merkur-Quadrat beinhaltet, wenn wir aus den Astrologiebüchern nur etwas über die Probleme erfahren, denen wir mit einem solchen Aspekt begegnen. Warum sollen wir nicht beginnen, für die Möglichkeiten dieses Aspektes Verständnis zu entwickeln, indem wir über die Wirkung eines Merkur/Pluto-Trigons nachdenken, oder besser noch selbst herausfinden, wie es funktionieren könnte. Wenn wir auf die Zeiten in unserem Leben zurücksehen, in denen zwischen Merkur und Pluto durch Transit oder Progression ein Trigon gebildet wurde, können wir herausfinden, wie wir in dieser Zeit begonnen haben, diese Energien zu integrieren. Zwei Planeten im Quadrat zueinander haben nicht bloß die Fähigkeit, in Harmonie miteinander zu existieren, sondern in *dynamischer* Harmonie zu wirken, weil das Quadrat für die entsprechende Motivation sorgt. Eine Opposition beinhaltet nicht nur die Möglichkeit zu einer Energieverbindung, wie sie bei der Konjunktion der Fall ist, sondern kann auch zu einer Zusammenarbeit beider Planeten führen mit jener Bewußtheit, die die Opposition mit sich bringt.

Die Beziehung zwischen Planeten in ihren eigenen Zeichen und Häusern kann noch bedeutungsvoller sein, als es selbst sehr starke Planetenpositionen sind. Wie wir von der modernen Physik gelernt haben, ist das Wesen der Realität im Grunde ein Netzwerk von Energie-Schwingungsmustern. Nichts ist in Zeit und Raum dauerhaft, gewiß und festgelegt, nichts existiert durch sich selbst, ohne Beziehung zu allem anderen. Aspekte, und bis zu einem gewissen Grad auch Halbsummen, die Planeten, Zeichen und Häuser miteinander verbinden, die sonst keine Beziehung zueinander hätten, weisen uns auf innere Energiekanäle hin. Ob diese Kanäle für uns nutzbringend wirken oder nicht, hängt davon ab, wie wir auf sie reagieren und auf welche Weise wir sie einsetzen. Ein wichtiges Prinzip der Tiefen-Astrologie sagt, daß jeder Aspekt verwandelt werden kann. Ein Quadrat hat die *Tendenz*, Konflikte zwischen zwei Seiten in uns hervorzurufen; eine Opposition hat die *Tendenz*, uns darauf hinzuweisen, daß wir einige unserer Fähigkeiten auf andere Menschen projizieren. Wir müssen uns jedoch daran erinnern, daß es eine dynamische Energie ist, die beide Planeten miteinander verbindet, daß es nicht nur um den gebildeten Aspekt geht, und daß diese Energie in sich selbst die Möglichkeiten zu ihrer eigenen Transformation trägt.

Nehmen wir zum Beispiel die Saturn/Neptun-Konjunktion, die wir vorher diskutiert haben (siehe Kapitel 5, *Saturn/Uranus und Saturn/Neptun*). Besonders im Aspekt zu unseren Hauptplaneten weist diese Konjunktion darauf hin, daß wir jetzt lernen müssen, die Einflüsse von Saturn und Neptun zu integrieren. Wir können uns natürlich auf die gegenseitige Beziehung dieser beiden Planeten und die damit zusammenhängenden Probleme konzentrieren und uns darüber beklagen, daß uns die Arbeit durcheinanderbringt und wir uns nicht konzentrieren können. Wir können uns auch darüber beklagen, daß wir besorgt und unsicher sind, daß wir unfähig sind, uns mit den inneren Quellen der Inspiration zu verbinden oder uns produktiven, kreativen oder geistigen Aufgaben zu widmen. Doch kann uns diese Konjunktion, indem sie uns zwingt, uns mit scheinbar widersprüchlichen Einflüssen abzumühen, auch dazu veranlassen, diese Einflüsse in eine harmonische Synthese zu bringen. Unter dem Einfluß einer Saturn/Neptun-Konjunktion können wir den Begrenzungen gegenüber einfühlsam und bewußt bleiben; wir können uns in neue Strukturen hineingleiten lassen; wir können alte Strukturen zu neuem Leben erwecken; wir können unserer Inspiration Gestalt verleihen; wir können Fantasien beobachten, sie bewerten und lenken, können unsere Werte und Ideale klären und unseren Glauben wieder aufbauen; wir können unsere Spiritualität konkret zum Ausdruck bringen und unsere Beziehungsfähigkeit neu definieren; wir können mit anderen über unsere Verwirrung, unsere Illusionen und unseren inneren Zwiespalt sprechen und durch diesen Austausch einfühlsamere und solidere Beziehungen entwickeln. Alle Aspekte und Planetenkombinationen können integriert und verwandelt werden, wenn wir wissen, wie sie zusammenwirken können, und wenn wir dieses Wissen auch anwenden (selbst wenn es zwei Planeten sind, die nicht durch irgendeinen größeren oder kleineren Aspekt im Geburtshoroskop miteinander verbunden, sondern durch Transit-Aspekte oder durch Transite über Halbsummen aufeinander bezogen sind).

Eine fünfte Technik zum wirkungsvollen Umgang mit dem Geburtshoroskop ist der bewußte Einsatz jener Planeten, die im Geburtshoroskop zur Halbsumme zweier anderer Planeten eine Konjunktion bilden. Besonders wenn sie im Quadrat oder in Opposition zueinander stehen, ist diese Technik ein gutes Hilfsmittel, um diese beiden Planetenenergien zu einer Synthese zu bringen. Die Halbsumme eines Quadrats bildet zwei Halbquadrate (45-Grad-Winkel). Die Halbsumme einer Opposition bildet ein T-Quadrat (jeweils ein 90-Grad-Winkel zu den beteiligten Planeten). Diese Halbsummen können die Spannung des Quadrates oder der Opposition wirkungsvoll lösen. Sogar Halbsummen zwischen solchen Planeten, die im Geburtshoroskop nicht im Aspekt zueinander stehen, können uns helfen, jene inneren Bereiche zu erwecken und auszudrücken, die durch diese beiden Planeten angezeigt werden. In meinem eigenen Horoskop hat mich Merkur in der Halbsumme zwischen Neptun und Pluto gelehrt, daß mein Schreiben mein Neptun/Pluto-Sextil aktivieren kann und es mir ermöglicht, ein Kanal für die universellen Energien zu werden. Als ich meinem Widder-Mond die Freiheit gab, sich im Schreiben persönlich auszudrücken, konnte ich auf einen Vorrat an emotionaler Energie und Inspiration zurückgreifen, den ich nie in mir vermutet hätte. Sowohl mein Mond am IC als auch mein MC bilden nämlich jeweils die Halbsumme zwischen Sonne/Neptun und Mars/Pluto — beides Planetenkombinationen, die sonst nicht durch Aspekte verbunden sind.

Eine sechste Technik, die wir im Geburtshoroskop anwenden können, ist die Erforschung der kleineren Aspekte — besonders der Quintile und Biquintile und deren bewußter Ausdruck. Das kann unser Bewußtsein erweitern und uns befähigen, einmalige und kreative Möglichkeiten in der Vermischung zweier Planeten-Persönlichkeiten zu entdecken. Kleinere Aspekte sind besonders in solchen Horoskopen von Bedeutung, die viele Quadrate oder Oppositionen haben, weil die Spannung dieser Konflikte leicht jeden verfügbaren Energiekanal im Horoskop erweckt. In Horoskopen, die wenig enge oder genaue Aspekte enthalten, können kleinere Aspekte mit einem engen Orbis tatsächlich äußerst dynamisch sein. Da wir über die Bedeutung dieser ganz spezifischen Aspekte nur wenig wissen, können wir sie am besten nutzen, wenn wir die beiden Planeten betrachten, die durch diese Aspekte verbunden sind, und uns fragen, wie wir ihre Energien wirkungsvoll miteinander verbinden können statt zu versuchen, die genaue Bedeutung eines Anderthalbquadrats (135-Grad-Winkel) oder eines Halbsextils (30-Grad-Winkel) herauszufinden.

Die siebte Technik ist für solche Horoskope geeignet, bei denen eines der vier Elemente oder die veränderlichen, fixen oder kardinalen Zeichen schwach vertreten sind. Man kann mit der Entwicklung des Elementes oder einer der drei Zeichen-Qualitäten beginnen, indem man sich zum Beispiel jenen Zeichen zuwendet, die den Häusern entsprechen und die das fehlende Element zum Ausdruck bringen. Ebenso können wir versuchen, diese schwach ausgeprägte Seite von uns mit Hilfe jenes Planeten zu entwickeln, dessen Bedeutung in bezug dazu steht. Saturn kann uns zum Beispiel über die Erde belehren, Mond und Neptun über das Wasser und Mars über die Urkraft.

Eine achte Technik ist der aktive Ausdruck des aufsteigenden Mondknotens und des Planeten, der das Zeichen des Mondknotens regiert und einen Hinweis darauf gibt, wie wir uns am besten auf unsere Lebensaufgabe einstellen und sie zum Ausdruck bringen können. Den aufsteigenden Mondknoten zu leben ist selten einfach; wir sollten ihn sorgfältig erforschen, um jede Ausdrucksmöglichkeit seiner Zeichen- und Haus-Verbindungen sowie des Herrschers, in dem der aufsteigende Mondknoten steht, zu verstehen. Dann können wir bewußt versuchen, unser Verständnis anzuwenden, auch wenn wir uns wie von einem Magneten zu den sicheren Verhaltensweisen der Vergangenheit hingezogen fühlen, die aus dem absteigenden Mondknoten resultieren. Der absteigende Mondknoten muß auch eingesetzt werden — seine Energie ist uns zugänglicher als die Energie jedes anderen Planeten —, aber wir dürfen sie nicht um ihrer selbst willen einsetzen, sondern vor allem, um das Ziel des aufsteigenden Mondknotens zu erreichen.

Zusätzlich zu der Erweckung des aufsteigenden Mondknotens und der Integration der Mondknotenachse könnten wir auch der eigenen emotionalen Stärkung besondere Aufmerksamkeit widmen, und zwar durch Akzeptanz und Ausdruck des Mondes. Jeder Versuch, die höheren Bedürfnisse des Selbst zu befriedigen, ohne sich zuerst die grundlegenden und instinktiven Bedürfnisse des Mondes einzugestehen und sie zu erfüllen, kann zu Selbstbetrug und zur Täuschung anderer führen. Die Bedürfnisse der Persönlichkeit müssen zuerst respektiert werden, bevor sie transzendiert werden können. Um die Möglichkeiten des Radix-Mondes zu entfalten, müssen wir sowohl mit unserem eigenen Wesen als auch mit unserer Umgebung verbunden sein, wir müssen von den planetarischen Zyklen, wie wir sie durch die eigenen Gefühle und Instinkte erleben, erfüllt sein, müssen den kosmischen Gezeiten vertrauen und ihnen erlauben, uns zu den sicheren Gestaden des Höheren Selbst zu tragen. Wir können den Radix-Mond von allen Bewertungen befreien, mit denen wir unsere instinktive Natur belastet haben, und für diesen Teil von uns Liebe empfinden. Dann können wir den Mond seinem eigenen Ausdruck übergeben und uns von ihm zeigen lassen, wie wir am besten mit den Energien der äußeren Planeten zusammenarbeiten können.

Nicht nur der Mond, sondern auch die Planeten und Zeichen im 12. Haus fordern besondere Aufmerksamkeit, da sie zwanghaft und selbstzerstörerisch wirken können, wenn wir uns ihrer nicht bewußt bleiben und sie nicht als lebensfähige und machtvolle Seiten von uns selbst akzeptieren. Wir neigen dazu, die Einflüsse des 12. Hauses für schwach oder zerstörerisch zu halten und blockieren oder verzerren dadurch ihren Ausdruck. Wenn wir sie jedoch erfahren und akzeptieren, wodurch der Druck gemildert wird, der sich aufgebaut hatte, während diese Einflüsse an den Rand unserer Psyche zurückgedrängt wurden, können die Energien der betroffenen Planeten freier fließen und zu einer Quelle der Stärke und der emotionalen Nahrung werden.

Die Transformation planetarischer Energie

Die Betonung, die auf den Planeten und Zeichen des 12. Hauses liegt, beruht auf einem anderen wichtigen Prinzip der Tiefen-Astrologie — auf dem Prinzip, daß es möglich ist, die Ausdrucksformen der Planeten zu verändern, indem wir uns selbst annehmen und sanft und mitfühlend mit uns umgehen. Einer der großen Widersprüche des Lebens ist, daß das Akzeptieren und nicht das Ablehnen von unerwünschten Eigenschaften und Verhaltensweisen dazu führt, von ihnen weniger beherrscht zu werden. Mögen wir es zum Beispiel nicht, daß unsere Venus im Krebs sich danach sehnt, in den Arm genommen, gehegt und gepflegt zu werden, können wir es nicht zulassen, daß andere Menschen uns emotional stärken oder können alles das, was sie uns geben, nicht wirklich genießen. Als Folge davon wird das Bedürfnis nach Zuwendung immer stärker und vorherrschender. Je mächtiger dieses Bedürfnis wird, desto mehr verurteilen wir es. Blockieren wir unsere Energie durch Bewertungen, leisten wir einer Planeten-Persönlichkeit Widerstand oder kämpfen auf andere Weise gegen sie an, wird diese Persönlichkeit von der Energie des Konfliktes durchdrungen und ihre Forderung nach Selbstausdruck sich noch hartnäckiger äußern. Wenn wir sie nicht befriedigen, wird ihr Ruf zu einem verzerrten Flehen, wie bei einem hungrigen, weinenden Kind, das auf Enttäuschung und Vernachlässigung reagiert, und wir haben noch mehr Angst davor, daß dieses planetarische Wesen unser Leben durcheinanderbringen könnte.

Jeder Planet kann sich für uns vorteilhaft oder nachteilig auswirken, je nachdem, wie unsere Einstellung zu ihm ist und wie wir seine Energie kanalisieren. Jeder Planet hat Bedürfnisse, die er zu erfüllen sucht und wirkt destruktiv, wenn wir diese Bedürfnisse ignorieren oder uns nicht gestatten, sie zu befriedigen. Am häufigsten neigen wir dazu, mit den Planeten im 12. Haus und dem Mond im Streit zu liegen. Es kann aber auch sein, daß wir bei einem Quadrat oder einer Opposition die Bedürfnisse eines der beteiligten Planeten verleugnen, weil wir uns zu stark und ausschließlich mit dem anderen beteiligten Planeten identifizieren.

Wann immer wir uns innerlich unzufrieden oder unausgeglichen fühlen, weil eine unserer Planeten-Persönlichkeiten abgelehnt wird, oder wenn wir fühlen, daß uns ein Widerwille gegen eine der Planeten-Persönlichkeiten überkommt, die in einer verdrehten, zerstörerischen Weise zu wirken scheint, können wir in uns gehen und den Ursprung der Unzufriedenheit feststellen. Welcher Planet schafft das Problem? Welche seiner Bedürfnisse werden nicht erfüllt? Wie können wir diese Bedürfnisse so gut wie möglich befriedigen, ohne gleichzeitig alle anderen Planeten zurückzuweisen? Sobald wir die Planeten in uns als Teilpersönlichkeiten erkennen, sobald wir ihr ständiges Geplapper im Kopf hören und selbst erfahren, wie wir zuerst zu der einen und dann zu einer anderen werden, können wir beginnen, uns in ihren Dialog einzuschalten. Wir können die Rolle des Mars einnehmen, der zu seiner Venus spricht. Dann antworten wir als Venus und versuchen, mit Mars eine gemeinsame Lösung einiger Probleme unseres Mars/Venus-Quadrats zu finden. Wir können auch als Beobachter von außen kommen, der sich mit keinem der Planeten, sondern eher mit dem Zentrum identifiziert, aus dem alle Planeten hervorgehen. Dann können wir mit einer oder mehreren Planeten-Persönlichkeiten ein Gespräch führen, um die Gründe für ihr Verhalten herauszufinden, und um zu erfahren, was sie von uns möchten. Ob wir nun laut mit ihnen sprechen, ob wir es schriftlich niederlegen, darüber meditieren oder mit Fantasiereisen arbeiten, wir können jedem Planeten begegnen und ihm erlauben, für uns eine Quelle der Weisheit zu sein. Er kann uns dann erzählen, welchen seiner Bedürfnisse wir nicht gerecht werden, und wie wir es anfangen können, diese Bedürfnisse zu erfüllen.

Vielleicht haben wir die Venus im Krebs im 2. Haus im Quadrat zu Jupiter am Ende des 4. Hauses. Vielleicht regiert der Stier das 12. Haus, und wir fühlen uns nicht wohl mit unseren Empfindungen für die Venus und wie wir sie ausdrücken. Wir möchten uns mit wunderschönem Besitz umgeben; wir möchten von der Familie verwöhnt und unterstützt werden statt ihre Forderungen zu erfüllen. Wenn wir diesen Teil von uns ablehnen und uns weigern, seinen Selbstausdruck zuzulassen oder uns auf andere Weise daran hindern, die Art, wie er sich darstellt, zu genießen, kann er unbewußt und zwanghaft auf übertriebene Weise wirken. Wir verjubeln vielleicht unser gesamtes Gehalt bei einem Einkaufsbummel in der Stadt oder essen eine ganze Schokoladentorte auf einmal oder ziehen uns ins Bett zurück und täuschen eine Krankheit vor, damit unsere Familie uns versorgt.

Was würde geschehen, wenn wir stattdessen regelmäßig mit der Venus Zwiesprache hielten und herausfänden, was sie möchte? «Ich bekomme nicht genug», könnte sie sagen. «Saturn am Aszendenten erlaubt mir nicht, das zu essen, was ich mag oder schöne Kleider zu tragen, und zu Hause sagt mir auch keiner, daß er mich mag, und niemand kümmert sich darum, wie es mir geht. Ich bekomme nicht genügend emotionale Nahrung,» sagt sie und läßt uns dabei wissen, daß unser manchmal unbescheidenes Verhalten einfach der einzige Weg ist, den wir kennen, um uns selbst etwas Gutes zu tun. Die Fragen, die wir jetzt an Venus und die anderen Planeten richten könnten, lauten: Wie können wir uns selbst emotional besser aufbauen, uns etwas Gutes tun und Liebe empfangen, von uns selbst und von anderen? Wie können wir starre Gewohnheiten beim Essen, in Geldangelegenheiten und in der Art, uns zu kleiden, lockern und dennoch einen gewissen Sinn für Grenzen beibehalten, wie ihn unser Saturn am Aszendenten fordert? Wie können wir den Menschen in unserer Umgebung am besten zu verstehen geben, daß wir ihre Unterstützung und ihre Anerkennung möchten? Sicher, wenn wir die bedürftigen Seiten an uns nicht mögen, ist es eher unwahrscheinlich, daß wir selbst versuchen, diese Bedürfnisse zu befriedigen, oder daß wir andere dazu auffordern würden, es für uns zu tun. Und wenn andere dennoch auf diese Bedürfnisse eingehen, werden wir vermutlich keine Befriedigung zeigen können. Wir werden einige der extremsten Äußerungen des Venus/Jupiter-Quadrats aufgeben, wenn wir anfangen, beide als einen wertvollen Teil von uns selbst zu akzeptieren und lernen, lieber ihre ständigen Sehnsüchte zu befriedigen als sie zu unterdrücken.

Wann immer ein Planet Probleme verursacht, können wir uns stets fragen, welches grundlegende Bedürfnis nicht befriedigt wird. Vielleicht provoziert unsere Merkur/Mars-Konjunktion im 5. Haus Streit mit dem Geliebten. Ist die Neigung, Auseinandersetzungen anzufangen, unser Grundproblem? Oder liegt das Problem darin, daß einige Bedürfnisse aus einer Mars/Merkur-Konstellation im Wassermann nicht erfüllt werden? Wird unsere Liebesbeziehung schal, weil wir keinen Gedankenaustausch mehr haben, keine neuen gemeinsamen Aktivitäten entdecken können, oder weil unsere sexuelle Beziehung langweilig geworden ist? Wir möchten mehr Anregung; wir möchten das Prickeln, das wir einmal zusammen gefühlt haben, wieder zum Leben erwecken. Aber wird das ständige Nörgeln zurückbringen, was wir verloren haben? Wenn wir die unerfüllten Bedürfnisse des Mars erst einmal erkannt haben, können wir beginnen, sie unserem Geliebten mitzuteilen und Wege zu ihrer Erfüllung suchen, die für beide Seiten befriedigend wären.

Jeder Planet des Horoskops ist sowohl positiv als auch negativ, sowohl aufbauend als auch zerstörerisch. Ignorieren oder unterdrücken wir einen von ihnen oder verwehren ihm auf andere Weise einen konstruktiven Ausdruck, isolieren wir einen wichtigen Teil von uns und zwingen ihn, unterschwellig zu wirken. Dadurch schränken wir die verfügbaren Energien ein, die unseren bewußten Zielen dienen. Wir erwarten zu viel, wenn wir uns zu jeder Zeit ein gesundes, tugendhaftes und uneigennütziges Verhalten abverlangen. Abgesehen von der Wahrnehmung grundlegender Bedürfnisse von Planeten, können wir allmählich auch einige Eigenschaften der Planeten-Persönlichkeiten schätzen lernen, die wir bisher abgelehnt haben, wenn wir feststellen, daß sie ein wesentlicher Bestandteil jener Qualitäten sind, die wir mögen. Wenn unser Venus/Jupiter-Quadrat Liebe fordert, so ist das nur die Kehrseite der Fähigkeit, viel Liebe geben zu können. Die Neigung, uns in uns selbst zurückzuziehen, die aus einer Merkur/Saturn-Konjunktion stammt, ist die andere Seite unserer Fähigkeit, Gedanken zu formulieren, in der Arbeit wirkungsvoll zu kommunizieren oder klar und verständlich zu schreiben.

Sicher, bei den Menschen in unserer Umgebung sind wir uns wahrscheinlich darüber im klaren, wie Eigenschaften, die wir schätzen oder ablehnen, sich in einer Person manifestieren. Vielleicht fühlen wir uns zu Skorpion-Männern hingezogen aufgrund ihrer Fähigkeit zu tiefer Einsicht, ihrer Gefühlsintensität, ihrer magischen Anziehungskraft und ihrer Leidenschaftlichkeit. Dann allerdings stellen wir fest, daß wir mit einer gewissen Schwermut und rücksichtsloser Ehrlichkeit zurechtkommen müssen, die die andere Seite ihrer tiefen Einfühlsamkeit und Intensität ist, mit ihrer Attraktivität für andere Frauen und ihrem Rückzug nach innen, der die andere Seite ihrer Anziehungskraft darstellt und mit ihrer Besitzgier und der ständigen Betonung auf Sexualität, die wiederum die andere Seite ihrer Leidenschaft ist. Je ausgeprägter die Skorpion-Eigenschaften sind, die wir mögen, desto extremer können die Eigenschaften sein, die wir nicht mögen. In unseren Beziehungen und in uns selbst müssen wir uns ständig der vielen Seiten jeder Planeten-Persönlichkeit bewußt bleiben, müssen sie akzeptieren und verstehen, wie sie alle miteinander zusammenhängen. Vielleicht erfüllen wir die grundlegenden Bedürfnisse eines Planeten, so daß sein Ausdruck nicht mehr so zerstörerisch ist, müssen aber noch mit seinen vielen anderen Seiten Frieden schließen und sie akzeptieren. Wir müssen anerkennen, daß gerade jene Seiten einer Planeten-Persönlichkeit, die auf den ersten Blick nicht besonders tugendhaft erscheinen, einen wichtigen Beitrag zu den Seiten leisten, die wir am meisten schätzen und auszudrücken suchen.

Astrologie als ein Weg zur inneren Tiefe

Ein wichtiger Schritt in der Tiefen-Astrologie bezieht sich auf den Nachdruck, der auf das Annehmen aller Planeten-Persönlichkeiten gelegt wird. Dabei geht es um die innere Bereitschaft, uns emotional, kreativ und geistig mit dem Geburtshoroskop auseinanderzusetzen, statt Astrologie bloß als eine intellektuelle Übung zu betrachten. Die Veränderung, die in uns möglich ist, wird wahrscheinlich solange nicht positiv sein, wie wir uns nicht erlauben, gelegentlich intellektuelles Wissen beiseite zu lassen und wirklich unsere Gefühle zu erfahren: die Angst vor Isolation durch Saturn; den Hunger des Mondes; die Unsicherheit, das Chaos und vielleicht sogar Angst und Schrecken, die durch Transite der äußeren Planeten in uns ausgelöst werden können. Wir könnten extreme Spannung, Nervosität und Ruhelosigkeit durch Uranus erfahren, die Verwirrung und Verletzbarkeit Neptuns, die Befreiung machtvoller emotionaler und sexueller Energien durch Pluto. Unsere eigene Angst, die Kontrolle zu verlieren, unseren Gefühlen ausgeliefert zu sein und über einem Abgrund zu schweben, dessen unbekannte Dunkelheit uns zu verschlingen droht, kann uns leicht dazu verleiten, auf den Verstand umzuschalten, sobald uns etwas Neues begegnet. Wir versuchen dann, für unsere Erfahrungen astrologische Erklärungen zu finden, ohne uns vorher ganz auf die Gefühle einzulassen, die durch diese inneren Vorgänge entstehen. Die tiefe innere Erfahrung der Trostlosigkeit Saturns kann uns zu einer bereichernden Einsamkeit und zu befriedigender Schaffenskraft führen; die schlafähnlichen Nebel Neptuns können schöpferische Eingebungen erwecken; aber solange wir uns nicht gestatten, tief in die eigene Erfahrung hineinzugehen, wie lange es auch immer dauern mag, bis wir Erleuchtung finden, werden wir wahrscheinlich «am Rande» festsitzen. Unsere Angst, in höchst unangenehme Gefühle hineinzugehen, hindert uns daran, die neuen und belebenden Bewußtseinszustände und Tätigkeiten zu entdecken, zu denen sie uns führen können.

Gewöhnlich beurteilen wir eine Erfahrung positiv, wenn sie sich *gut* anfühlt, und halten sie für negativ, wenn sie sich *schlecht* anfühlt. Aber wir können unser Leben aus einer Langzeitperspektive betrachten, und zwar im Sinne der Bedeutsamkeit jeder seiner Phasen und hinsichtlich unserer persönlichen Entwicklung und der Ziele, die wir zu erfüllen suchen. Dann werden wir feststellen, daß einige Erfahrungen, die sich gut anfühlen und die wir für positiv halten, tatsächlich destruktiv sind. Ebenso sind einige Erfahrungen, die sich schlecht anfühlen, die wir als negativ oder destruktiv ansehen, in Wirklichkeit konstruktiv. In einem französischen Restaurant ein Abendessen mit sechs Gängen zu bestellen, wenn wir nicht in der Lage sind, unsere Miete zu bezahlen und zwanzig Pfund Übergewicht haben, mag durchaus genußreich sein, ist aber destruktiv; von einem Geliebten verlassen zu werden, dessen Unsicherheit uns an einer Weiterentwicklung gehindert hat, mag sich niederschmetternd anfühlen, aber es führt uns auch dazu, endlich herauszufinden, was wir wirklich wollen und das auch anzustreben. So oft mühen wir uns mit Transiten ab und wehren uns gegen die Veränderungen, die sie uns bringen, weil wir Angst haben, Schmerzen, Sorgen, Verlust oder Furcht zu erfahren, obwohl solche Gefühle uns mit der Zeit zu einem tieferen Seelenfrieden führen können. Diese Erlebnisse ermöglichen es uns, Menschen, Lebensstile, Besitztümer oder Orte hinter uns zu lassen, die uns geschadet haben, und lassen uns zur richtigen Zeit Möglichkeiten ergreifen, die befriedigender sind.

Um eine innere Einheit zu schaffen, um einen Lebensstil zu entwickeln, der wirkungsvoll jeden Planeten zum Ausdruck bringt und das Potential unseres Horoskops erfüllt, dürfen wir nicht jederzeit danach trachten, uns gut zu fühlen, sondern müssen eher versuchen, die Erfahrung unangenehmer Gefühle und einer schlechten Geistesverfassung positiv zu bewerten. So können wir durch Schmerz, Isolation, nervöse Spannungen, Überempfindlichkeit oder Besessenheit Ziele erreichen, die weit wichtiger sind als momentane Befriedigung. Deshalb müssen wir damit beginnen, Erfahrungen im Hinblick auf ihren schließlichen Nutzen abzuwägen, sowie prüfen, ob sie dem persönlichen und spirituellen Wachstum dienen und einen Beitrag zur Gesellschaft darstellen, anstatt sie an angenehmen oder unangenehmen Gefühlen zu messen. Ein Weg ist es, die möglichen Langzeiteinflüsse genau zu bedenken; ein anderer, alles zu tun, um den Glauben zu vertiefen, und darauf zu vertrauen, daß die Zeit uns die positive Bedeutung offenbaren wird. Wir können auch das Vertrauen in die Weisheit unseres Unterbewußtseins und in die Weisheit des Universums entwickeln, in der Zuversicht, daß wir die Erfahrungen bekommen, die der Evolution unserer Seele helfen werden, auch wenn uns die Bedeutung dieser Erfahrungen für viele Jahre verborgen bleibt.

Astrologische Kenntnisse und Bewußtseinserweiterung

Eine wichtige Entdeckung der heutigen Physik ist, daß das Universum ein Netz aus Energiemustern ist, in dem alles miteinander verbunden ist und in dem der Beobachter und das Beobachtete sich gegenseitig beeinflussen. Als Studenten der Astrologie wissen wir schon, daß wir durch einen Wechsel des Standortes in Raum und Zeit die Beziehung zwischen den Planeten und uns verändern. Eine Entscheidung, die wir am Mittag treffen, kann anders ausfallen als eine Entscheidung um Mitternacht, weil der Mond um Mitternacht andere Aspekte zu unserem Horoskop bildet und alle Planeten andere Häuser beeinflussen. In Kalifornien statt in Indiana zu leben, kann uns im Horoskop neue Möglichkeiten eröffnen, weil sich die Winkel und Häuser verändern, besonders wenn wir uns weit nach Osten oder Westen bewegen. Wir wissen, daß uns Zeit und Raum beeinflussen und daß wir die Wirkung der Planeten auf uns verändern können, wenn wir den Bezugspunkt in Zeit und Raum ändern.

Worüber wir uns vielleicht nicht ganz im klaren sind, ist, wie wir den Einfluß der Planeten durch eine Bewußtseinsveränderung verwandeln können. Die Atome, die Moleküle, die Zellen, die sich mit unglaublicher Geschwindigkeit in uns bewegen, sind nicht nur Empfänger planetarischer Energie, sie geben auch Energie an das Universum zurück. Allein die Energie, die durch Gehirnströme ausgesendet wird, pflanzt sich so unglaublich schnell fort, daß es durchaus möglich sein kann, daß sie weit über unser Sonnensystem hinausreicht. Können wir nicht annehmen, daß unser Bewußtseinszustand und der kollektive Bewußtseinszustand der Menschheit die Wirkung der Planeten auf die Erde beeinflussen kann, wenn wir die Erkenntnis haben, daß Materie und Energie austauschbare Begriffe sind und daß Energie sich selbst in eine Vielzahl von Formen verwandeln kann? Ist es nicht möglich, daß eine Veränderung unseres Bewußtseinszustandes die Entwicklung eines tieferen Verstehens unserer Beziehung zum Universum und die Erweiterung des Bewußtseins einen konstruktiven Einfluß auf die wirkenden Kräfte der Radix-Planeten, Transite und Progressionen hat?

Resonanz ist ein Terminus der modernen Physik, der sich auf den Energieaustausch zwischen Systemen bezieht, die auf derselben Frequenz arbeiten oder auf entsprechenden Übereinstimmungen dieser Frequenz. Schlägt ein Klavierstimmer zum Beispiel ein A auf der Stimmgabel an, vibrieren alle A auf dem Klavier, wenn es sauber gestimmt ist; sie alle schwingen durch den selben Klang mit. In der Ionosphäre, dem elektrostatischen Feld über der Erdoberfläche, wo sich die Energieströme von Planeten und Sternen sammeln, beträgt die Vibrationsfrequenz ungefähr 7½ Umdrehungen in der Sekunde, was der Frequenz des menschlichen Körpers in einem tiefen Ruhezustand entspricht, beispielsweise in der Meditation. Mit anderen Worten, der Körper kann mit der Atmosphäre mitschwingen, er kann auf die Energieströme aller Planeten reagieren und sie beeinflussen.

Heute gehen die meisten Physiker davon aus, daß das Universum wie ein Torus (eine elliptische Ringfläche mit einem Loch in der Mitte) geformt ist, und daß unsere Galaxie von dem dichten inneren Zentrum dieser Ringfläche zu dem weniger dichten Rand wandert, so daß sich aus unserer Perspektive der Raum wirklich ausdehnt. Die Ausdehnung des Raumes in der äußeren Welt geht mit der Erweiterung des Raumes einher, der in uns erscheint, da zwischen unserem Körper und den kosmischen Energien eine Wechselwirkung besteht und Elektronen aus dem Weltraum absorbiert werden. Negativ geladene Elektronen stoßen einander ab. Das bedeutet, daß mit den Elektronen, die unser Organismus absorbiert, auch eine große Menge Raum aufgenommen wird, und das durch diesen Raum die Elektronen in der Lage sind, ihre Energiefelder zu erhalten und in der nötigen Entfernung voneinander zu bleiben. Dieser Raum ist so unermeßlich, daß alle Elektronen des menschlichen Körpers, wenn sie verdichtet würden, nicht größer als ein Staubkorn wären; alles andere wäre Raum — und zwar, wie wir uns noch einmal vergegenwärtigen müssen, nicht leerer Raum, sondern ein energetisches Schwingungsfeld, die aktivierende Kraft der Materie, die in der Leere existiert und die das Leben möglich macht.

Wenn sich der Körper in einem Zustand tiefster Ruhe befindet, erhöht sich die Schwingungsfrequenz der Energieebene. Befinden wir uns auf einer hohen Energieebene, während gleichzeitig ein Elektron mit großer Geschwindigkeit von außen auf den Körper stößt, bewirkt die Wucht des Aufpralls, daß einige Elektronen in uns an die äußeren Umlaufbahnen gedrängt werden, wodurch wieder Raum frei wird und das neue Elektron absorbiert werden kann. Sobald ein neues Elektron aufgenommen wird, nimmt der Raum innerhalb des Atoms entsprechend zu. Ob es zu einer Absorbtion des Elektrons und zu einer Ausdehnung des inneren Raumes kommt oder nicht, hängt sowohl von der Macht des aufprallenden Elektrons ab (denken wir zum Beispiel an die machtvollen Elektronen eines äußeren Planeten, der in enger Konjunktion zu einem unserer Planeten steht) als auch von der Energieebene innerhalb unserer eigenen Atome, die weitgehend davon abhängt, auf welcher Stufe unser Bewußtsein sich befindet. Wenn wir im Alphazustand und in Harmonie mit uns selbst sind und mit der Ionosphäre mitschwingen, nehmen wir mehr kosmische Energie in uns auf, und das Bewußtsein erweitert sich. Sobald sich das Bewußtsein erweitert, verändern wir uns und werden fähig, alte Muster zu transzendieren.

In *«Studies in Alchemy»* schrieb St. Germain:

> *Wenn der Mensch seine Angelegenheiten auf rechte Weise bewältigen will, muß die Auffassung in Betracht gezogen werden, daß mit der Ausdehnung des Universums eine gleichzeitige Bewußtseinserweiterung einhergeht.*

Welche Bedeutung hat diese Feststellung, und was bedeuten die Entdeckungen der modernen Physik für uns als Astrologie-Studenten? Ihr Sinn liegt darin, daß wir unser Bewußtsein erweitern können, um dadurch mehr von den universellen Energien aufzunehmen, um sie in innere Erfahrungen miteinzubeziehen. Auf diese Weise handeln wir im Einklang mit dem Universum statt die Planeten als äußere Kräfte zu erleben, die uns kontrollieren. Ihre Bedeutung liegt ebenso darin, daß wir fähig sind, höhere Bewußtseinsstufen zu erreichen, auf denen wir uns nicht mit momentanen Gefühlen oder mit einer Planeten-Persönlichkeit identifizieren, sondern mit unserem Gesamtorganismus in seiner Beziehung zum Universum. Auf diese Weise entfaltet sich die Verbindung zum Kosmos durch das Zentrum unserer Psyche, das wir «das Selbst» nennen. Durch diese Bewußtseinserweiterung werden wir fähig, Energiequellen anzuzapfen, die bis dahin unerreichbar waren. Für alte Probleme können wir neue Lösungsmöglichkeiten finden und verfügen über einen größeren Reaktions-Spielraum auf Geschehnisse in unserem Leben.

Hinsichtlich unseres Horoskops können wir in den Planeten neue Ausdrucksweisen erwecken und Möglichkeiten zur Integration der Quadrate und Oppositionen finden. Wir können Kanäle aktivieren, die durch größere und kleinere Aspekte entstehen, sogar durch die subtilsten und geringfügigsten harmonischen Aspekte, die wir uns vorstellen können — Energiekanäle, die einem Umkreis von 22½ Grad (einem halben Semiquadrat) oder einem Umkreis von 15 Grad (einem halben Semisextil) entsprechen. Das bedeutet, daß wir eine reiche Auswahl an Planetenkombinationen zur Verfügung haben und eine große Auswahl an möglichen Reaktionen auf jede Erfahrung. Wir entwickeln die Fähigkeit, den Druck vorherrschender Quadrate und Oppositionen durch erleuchtendes Verstehen zu transzendieren, und dadurch, daß wir unsere Energie in neu entdeckte Verhaltensweisen einfließen lassen. Das Horoskop wird zu einem Farbspektrum, in dem wir alle Farben leben können, zu einem Klavier, auf dem wir in allen Tonarten spielen, zu einem Orchester, in dem uns jedes Instrument zur Verfügung steht und in Harmonie zusammenklingt, vorausgesetzt, wir entwickeln einen Dirigenten in uns, der fähig ist, Harmonie hervorzubringen.

Das Selbst als Dirigent planetarischer Energien

Identifizieren wir uns zu stark mit einem Planeten und erlauben ihm, unser Leben zu beherrschen und seine eigenen Ziele in extremer Weise zu verfolgen, ohne die Bedürfnisse der anderen Planeten-Persönlichkeiten zu berücksichtigen, leben wir nicht im Einklang mit uns selbst. Vielleicht wirkt ein Planet unterbewußt und zwanghaft, weil wir ihn nicht akzeptieren oder keinen lebensfähigen Ausdruck für ihn finden. Wir beginnen, sowohl solche Probleme als auch die Konflikte der Quadrate und Oppositionen zu lösen, wenn wir das innere Zentrum durch ein erweitertes Bewußtsein erfahren. Dann geht das, was wir als «Ich» empfinden, aus diesem Zentrum hervor statt aus irgendeinem der Planeten; und wenn wir von diesem Zentrum aus wirken, sind wir fähig, uns aller unserer Seiten bewußt zu bleiben und auf eine Art und Weise zu handeln, die die meisten, vielleicht sogar alle, Bedürfnisse der Planeten befriedigt. Manche entdecken einen Tätigkeitsbereich, der die Bedürfnisse aller Planeten erfüllt, andere wiederum müssen ein Netzwerk von Aktivitäten und Beziehungen schaffen, um ihre Radix-Planeten zufriedenzustellen und zu integrieren.

Aus dem zentralen Selbst heraus zu handeln und sich aller unserer Seiten bewußt zu bleiben heißt nicht, die Spontaneität aufzugeben; es hilft eher, eine Flexibilität des Bewußtseins zu entwickeln, die St. Germain als «ein bewegliches und anpassungsfähiges Bewußtsein» beschreibt, das fähig ist, leicht von einer Planeten-Persönlichkeit zur anderen zu wechseln, und das immer zum Zentrum zurückkehrt, bevor es irgendeinem Planeten erlaubt, die Leitung zu übernehmen. Unter der Führung unseres Dirigenten im Zentrum spielen wir die Flöte von Merkur, dann die Trompeten von Mars und vereinigen beide in einem dynamischen Thema, sobald wir anfangen, unser Merkur/Mars-Quadrat zu lösen. Zum Beispiel könnten wir Satiren schreiben, ein Sportprogramm zusammenstellen oder eine eigene Radio-Talk-Show starten. Schließlich integrieren wir die Harfen von Venus, die Violinen Neptuns, den Baß von Pluto und alle anderen planetarischen Instrumente, wobei jedem ein paar Momente des Solospiels erlaubt werden, aber alle sind aufeinander abgestimmt und schaffen ein vollständiges, zusammenhängendes Musikstück — die Melodie unseres Lebens. Wir haben das Potential, eine lebende Symphonie zu werden, dennoch bleiben die meisten von uns stecken, und spielen immer wieder dieselben Noten. Vielleicht reagieren wir auf einen bestimmten Ton der neptunischen Violine immer wieder mit einer Dissonanz des saturnischen Fagotts, ohne jemals die Auswahl verfügbarer Töne auf unseren Instrumenten zu erforschen. Vielleicht erproben wir nie die unterschiedlichen Klangqualitäten desselben Tons oder die möglichen Klangmischungen und untersuchen nie, was dabei herauskommt, wenn wir andere Instrumente mitwirken lassen, um die Melodie abzurunden.

Zum Dirigenten unseres planetarischen Orchesters zu werden ist ein lebenslanger Prozeß. Er macht erforderlich, daß wir in dem Moment, wo wir uns der verschiedenen Anteile unserer Persönlichkeit bewußt werden, damit aufhören, auch nur eine dieser Persönlichkeiten in ihrer Erfahrung zu blockieren, stattdessen ihre Widersprüchlickeit und ihren Doppelsinn erleben. Wir müssen die Spannung ertragen, die in uns anwächst, wenn wir uns nicht von einem Planeten mitreißen lassen oder sie nicht sofort auf einen anderen Menschen projizieren. Was können wir tun, wenn beispielsweise der laufende Uranus die Venus aktiviert und gleichzeitig ein Saturn-Transit den Mars beeinflußt? Sollten wir hart arbeiten und gesellschaftliche und sexuelle Bedürfnisse unterdrücken, um uns nicht einer ständigen Verliebtheit auszusetzen? Sollten wir der Uranus/Venus-Konjunktion die Herrschaft übergeben, damit sie uns in eine unerwartete Liebesaffäre führt, obwohl wir im Moment lieber nur gesellschaftliche Anregung hätten als in eine sexuelle Beziehung verwickelt zu werden? Wenn wir die Spannung dieser gegensätzlichen Einflüsse aushalten und sogar ein Gefühl innerer Lähmung einige Zeit hindurch ertragen würden, könnten wir uns fühlen, als ob wir in Stücke gerissen würden. Doch wie ein *«Koan»* in der Zen-Meditation, kann uns auch die Erfahrung dieser Spannung zu einem Durchbruch verhelfen statt in den Zusammenbruch zu führen. Ist unser Bewußtsein gezwungen, zwei widersprüchliche Erfahrungen zu integrieren, kann es sich so weit ausdehnen, daß es sozusagen Risse bekommt, die das Licht neuer Erkenntnisse hereinlassen. Vielleicht können wir, um beim oben genannten Beispiel zu bleiben, eine Möglichkeit finden, um physische Energie in produktive Arbeit umzusetzen und den Single-Lebensstil, den wir im Moment vorziehen, weiterführen, auch während wir neue und aufregende Möglichkeiten in Beziehungen erforschen. Eine heterosexuelle Frau, die ähnliche planetarische Einflüsse erlebte, wurde mit der Situation erfolgreich fertig, indem sie für einige Monate mit einem homosexuellen Freund zusammenlebte und arbeitete.

Sobald das Selbst in uns erwacht, kann es uns über neue Möglichkeiten aufklären und uns befähigen, die bisherigen Grenzen zu überschreiten. Das Selbst muß jedoch durch unsere Planeten wirken. Seine Weisheit ist unendlich, und die Energie, die es hervorbringt, ist machtvoll, aber es kann sich nicht durch Verhaltensweisen ausdrücken, auf die es im Horoskop keinen Hinweis gibt. Steht Jupiter am Aszendenten im Quadrat zum Mond, können wir wahrscheinlich nicht unseren Wunsch erfüllen, Mannequin zu werden, auch wenn die Venus im Widder am MC steht, weil nichts im Horoskop die physische Selbstkontrolle unterstützt, die wir brauchen würden, um unser Gewicht zu halten. Und mit einem angegriffenen Saturn im 5. Haus bringen wir nicht gerade zehn Kinder zur Welt. Das Selbst kann uns führen und auf unendlich viele Arten verwandeln, weil es die Planeten transzendiert. Aber es schließt die Planeten auch mit ein und fordert uns auf, die unbekannten Bereiche des Potentials zu erforschen, das durch unsere Planeten angezeigt wird. Wir sollten aber nicht versuchen, ein Potential zu erfüllen, das über die Fähigkeiten der eigenen Planeten hinausgeht.

Da das Selbst alle Planeten einschließt, gibt es einen Weg zu erfahren, ob wir aus unserem Zentrum wirken oder nicht. Wir können alle Planeten-Persönlichkeiten zu Rate ziehen und feststellen, wie sie auf eine ganz bestimmte Entscheidung, die wir treffen, reagieren. Haben wir mit den Planeten-Persönlichkeiten Zwiesprache gehalten und damit begonnen, jede als Teilpersönlichkeit in uns zu erleben, sollte uns dieser Prozeß leicht fallen. Wenn wir noch nicht so sicher sind, welcher Teil in uns welchem Planeten entspricht, müssen wir astrologische Fachkenntnisse einsetzen, um herauszufinden, wie jeder Planet auf die gegebene Situation antwortet.

Betrachten wir das folgende Beispiel: Nehmen wir an, es ist Donnerstagabend, ein wichtiges Arbeitstreffen steht bevor. Ein Mann, der uns seit Monaten interessiert, ruft an und lädt zu einem einmalig stattfindenden Konzert eines talentierten Folk-Sängers ein — das Konzert ist am gleichen Abend. Wie sollen wir uns verhalten? Unsere unmittelbare Reaktion ist, ja zu sagen und die Stimme des Gewissens zu überhören. Intuitiv fühlen wir aber, daß dies keine Entscheidung aus unserem Zentrum ist und sagen ihm, daß wir zurückrufen werden. Dann beginnen wir, den streitenden Stimmen in uns zu lauschen, und während wir auch im Horoskop nachsehen, stellen wir fest, daß die Aufregung, das impulsive Verlangen, ja zu sagen, die Stimme der Sonne im Widder im 5. Haus ist. Die romantischen Fantasien, ganz zu schweigen von unserer Liebe zur Musik, kommen von der Venus in den Fischen am Anfang des 5. Hauses, die bereits im siebten Himmel schwebt. Der Mond im Skorpion im 1. Haus sehnt sich danach, dem betreffenden Mann emotional und sexuell näher zu kommen; Mars im Stier im 7. Haus ist sich endlich einmal mit dem Mond einig und ist bis jetzt bereit gewesen, geduldig auf den Anfang einer neuen Beziehung zu warten; Neptun in der Waage im 11. Haus fühlt sich von gesellschaftlichen Ereignissen wie Konzerten und von empfindsamen Menschen, die gute Musik schätzen, angezogen. Warum also nicht hingehen? Während wir einen Moment innehalten und auf unser nagendes Gewissen hören, begutachten wir noch einmal alle Planeten. Wir wissen, daß wir nicht einfach ja sagen können, ohne Merkur im Widder im 6. Haus und Saturn im Löwen im 10. Haus in Betracht zu ziehen. Merkur setzt sich wirklich dafür ein, daß wir am Arbeitstreffen teilnehmen; schließlich war er es, der einen ganzen Monat damit zugebracht hat, das zur Diskussion stehende Projekt zu organisieren; Saturn im 10. Haus ist sehr verantwortungsbewußt und legt Wert auf seinen guten Ruf am Arbeitsplatz. Er weiß, daß seine Beförderungschancen gefährdet sein könnten, wenn er dieses Treffen verpaßt. Jetzt, wo wir uns weigern, dem impulsiven Handeln, das von der Sonne im Widder gefordert wird, nachzugeben, fühlen wir uns wie gelähmt. Was sollen wir tun? Wie können wir eine Entscheidung treffen, die aus unserem Zentrum kommt und die Bedürfnisse aller unserer Planeten befriedigt?

Auch wenn wir in tiefem Einklang mit dem Selbst sind, wird es uns nicht immer sofort antworten. Selbst wenn es das tut, erfordert die Antwort, eine oder zwei planetarische Stimmen zeitweilig zurückzuweisen, um sie erst zu einem späteren Zeitpunkt zufriedenzustellen. Schon der bloße Akt, ihnen zuzuhören und sie ernst zu nehmen, wird uns daran hindern, übereilte Entscheidungen zu treffen, die wir später bereuen. Das Zuhören wird uns helfen, andere Wege zu finden, um auch diese Planeten zufriedenzustellen.

Im obigen Beispiel, bei der Verabredung für das Konzert, ist es jedoch möglich, alle Planeten zu befriedigen. Da wir uns jeder ihrer Stimmen bewußt sind, können wir das Verlangen eines jeden Planeten abwägen und bewerten; wir können auf die innere Führung hören und sehen, was sie vorschlägt. Indem wir erkennen, daß auch Merkur im 6. Haus und Saturn im 10. Haus unsere Stimmen sind, wissen wir, daß es sich bei dem Arbeitstreffen nicht so sehr um eine Pflicht handelt, sondern um etwas, das wir gerne tun möchten. Aber wir wollen auch diesen Mann treffen und in das Konzert gehen. Im Erleben der Spannung widerstreitender Wünsche fühlen wir uns für ein paar Minuten hin- und hergerissen, dann ergibt sich die Lösung von selbst. Wir lesen die Zeitung und entdecken ein anderes Konzert, das ein paar Abende später stattfindet, und das wir auch ganz gerne hören würden. Wir rufen zurück und schlagen vor, das Konzert am Samstagabend zu besuchen. Wird er an diesem Abend Zeit haben? Wird er gehen wollen? Er hat und er will! Jetzt ist es uns möglich, dem Arbeitstreffen beizuwohnen; jetzt haben wir eine Verabredung für ein Konzert mit einem wichtigen neuen Mann, und überdies findet die Verabredung am Samstagabend statt. An einem Abend, an dem wir lange aufbleiben und uns vergnügen können, weil wir am nächsten Morgen nicht arbeiten müssen. Wir haben die Astrologie eingesetzt, um Kontakt zu unserer Mitte herzustellen, um alle Planeten-Persönlichkeiten zu Rate zu ziehen und um in dieser ganz bestimmten Situation die bestmögliche Entscheidung zu treffen.

Die Integration unserer Planeten-Persönlichkeiten

Es gibt andere Wege, Kontakt zu unserer Mitte herzustellen, das Selbst in uns zu erwecken und alle Planeten-Persönlichkeiten zu integrieren. Wenn wir immer wieder mit den Planeten sprechen oder Geschichten schreiben, in denen sie die Hauptdarsteller sind, können wir sie so deutlich erleben, daß unser Zentrum, das der wirkliche Beobachter ist, mehr Macht gewinnt und anfängt, unser kosmisches Schauspiel zu leiten. Wir können täglich meditieren und durch den inneren Abstand, den uns die Meditation bringt, den Beobachter in uns stärken. Solche Zeiten innerer Ruhe sind notwendig, wollen wir unser Bewußtsein erweitern. Wir können Yoga, Tai Chi und eine Vielzahl anderer spiritueller Disziplinen anwenden, die uns helfen, Geist und Körper zu vereinen. Wir können uns einem Ziel weihen, das über uns hinausreicht, besonders wenn es sich um eines handelt, das den Ausdruck aller Planeten zuläßt. Wenn wir alle Seiten der Persönlichkeit gemeinsam für einen wertvollen Beitrag zur Gesellschaft einsetzen, kann die Hingabe das innere Zentrum öffnen und uns mit einem Zustrom an heilender, kosmischer Energie belohnen.

Gleichgültig wie die Planeten gestellt sind, in dem Maße, wie die eigene Integration fortschreitet und wir mit uns selbst und dem Universum in Harmonie leben, werden wir feststellen, daß alle unsere Planeten eine Einheit bilden; daß sie nur die verschiedenen Gesichter des einen Selbst sind, das uns lenkt, und das uns mit allen Teilpersönlichkeiten verbindet. Wir werden dann auf eine Weise leben, die alle Planeten befriedigt und vereint, sei es durch eine ganz bestimmte Tätigkeit oder Beziehung oder durch eine Reihe von untereinander zusammenhängender Tätigkeiten oder Beziehungen. Jeden Tag werden wir die Aufgaben all unserer Planeten erfüllen: die der Sonne, indem wir unsere Persönlichkeit ausdrücken, unsere Selbstachtung stärken und aus dem inneren Licht schöpfen; die des Mondes, indem wir uns selbst und andere emotional stärken; die des Merkurs, indem wir Erfahrungen verarbeiten und sie mit anderen austauschen; die der Venus, indem wir unsere tiefsten Werte erfüllen und liebevolle Beziehungen eingehen; die des Mars, indem wir unsere Energie aktiv und konstruktiv freisetzen; die des Jupiters, indem wir unser Verständnis vergrößern und uns nach neuen Erfahrungsbereichen umsehen. Wir werden die Aufgaben des Saturns erfüllen, indem wir uns auf wichtige Aufgaben konzentrieren, die vor uns liegen, und ein Gefühl der Vollkommenheit erleben, das aus unserem Einsatz resultiert; die des Uranus, indem wir mit unserer tiefsten Intuition im Einklang bleiben und die innere Freiheit und Transformation erleben, die das Ergebnis unabhängigen und individualistischen Handelns ist; die des Neptuns, indem wir unsere Quelle der Kreativität und Inspiration entdecken und jeden Tag unsere Verbundenheit mit dem Universum spüren, und schließlich werden wir die Aufgaben des Pluto erfüllen, indem wir aus dem tiefsten Kräftereservoir unseres Wesens schöpfen, unsere innere Macht erleben und kanalisieren, so daß nicht nur wir uns immer wieder regenerieren, sondern auch die Menschen um uns herum.

Selbst im Hinblick auf jeden persönlichen Planeten ist die Ausdrucksform am wirkungsvollsten, die die Bedürfnisse aller anderen Planeten miteinschließt. Woran merken wir, daß wir den Mars schöpferisch einsetzen? Daran, daß wir in unseren Handlungen die Bedürfnisse der Venus berücksichtigen, die anderen gegenüber einfühlsam bleibt und liebevolle Beziehungen aufbauen möchte. Wir erfüllen die Bedürfnisse des Mondes in Verbindung mit dem Mars, emotional zu nähren und genährt zu werden; wir setzen den Mars schöpferisch ein, indem wir auf die Stimme Saturns hören, handeln vorsichtig, konzentrieren unsere Energien und beachten unsere Verpflichtungen; wir folgen Merkurs Rat in Verbindung mit Mars, vorsichtig zu planen, unsere Gedanken klar zu organisieren und sie miteinander auszutauschen; wir reagieren auf Neptuns Bitte an den Mars um inspirierende Tätigkeiten, indem wir unser kreatives und spirituelles Wesen zur Erfüllung bringen. Je mehr planetarische Persönlichkeiten wir durch den Mars zum Ausdruck bringen, desto schöpferischer, verbindender und befriedigender wird er sich in unseren Handlungen Geltung verschaffen.

Der tiefere Sinn astrologischer Selbstverwirklichung

Für uns Astrologie-Studenten ist das Ziel der Tiefen-Astrologie, das Horoskop als Leitfaden einzusetzen, als Landkarte auf dem Weg zu unserer Bestimmung und besonders zur Unterstützung der inneren Integration. Aber dieses Ziel ist in sich selbst bedeutungslos, solange wir nicht ein noch höheres Ziel ins Auge fassen, dem es untergeordnet wird. Wollen wir die innere Integration oder Ganzwerdung nur zu unserer eigenen Befriedigung erreichen, hauptsächlich, um uns angenehmer zu fühlen und um weniger gestreßt zu sein? In diesem unermeßlichen Universum, in dem alles miteinander verbunden ist und in Wechselbeziehungen zueinander steht, in dem sich alles gegenseitig beeinflußt und verändert, wollen wir da nur für uns allein «ganz» werden?

Je größer die innere Einheit, desto leichter fällt es uns, harmonische Beziehungen mit anderen Menschen zu unterhalten, unsere Aufgabe in der Gesellschaft wahrzunehmen, sie zu erfüllen und unsere Verbundenheit mit dem Universum zu vertiefen. Die Hopi-Indianer, die Dakotas und verschiedene andere Kulturen, die wir noch bis vor kurzem als primitiv angesehen haben, waren sich immer dessen bewußt, welchen Einfluß der individuelle Seinszustand auf das Gleichgewicht in der Natur hat. Es war ihr vorrangiges Ziel, die Erfahrungen universeller Verbundenheit und kosmischer Harmonie zu fördern und zu verstärken. Wir sind als Einzelpersönlichkeiten fähig, eine innere Einheit zu erreichen, ganz zu werden. Aber als Gesellschaft, als Planet, als Universum sind wir schon eine Einheit; wir sind alle untereinander verbunden. Die Frage ist: sind wir als Gesellschaft, als Planet, als Universum harmonisch integriert und wirken wir in Harmonie mit dem Höchsten, das die Quelle ist, aus der das Selbst in jedem von uns seine Erleuchtung erhält?

Das letzte und vielleicht wichtigste Prinzip der Tiefen-Astrologie ist, daß das Ziel jedes einzelnen nicht nur darin liegen darf, irgendeine unserer kleinen Planeten-Persönlichkeiten auszuleben oder das Höhere Selbst in uns zu wecken, sondern eher darin, zu einer inneren Einheit zu werden. Das heißt, uns zu entfalten, unser Selbst zu erwecken, damit wir zur Harmonisierung unserer Beziehungen, der Gesellschaft und der Umgebung beitragen und Frieden, Liebe und Licht über den Planeten Erde, über das Sonnensystem und über das Universum verbreiten können.

Wir leben in einer schwierigen Zeit und können es uns nicht leisten, weiterhin emotionale, intellektuelle, physische und geistige Ressourcen zu verschwenden und in Verzweiflung und Selbstmitleid zu schwelgen, weil unser Leben nicht so ist, wie wir es haben möchten. Wir haben nicht nur uns selbst, sondern auch dem Planeten Erde gegenüber die Verantwortung, unsere Energie positiv zu erhalten, zur inneren Einheit zu gelangen und uns der Verbesserung der Lebensqualität für uns und andere zu widmen. Wir müssen alle und wir können alle Träger des Lichtes sein.

Kapitel 9

Mißbrauch der Astrologie

Wir Astrologie-Studenten und Astrologen neigen dazu, uns mit unserer Kunst zu sehr zu identifizieren. Einige benutzen die Ephemeriden fast zwanghaft bis fanatisch. Wir definieren uns im Sinne der Planeten; wir ziehen Planetenpositionen zu Rate, bevor wir Entscheidungen treffen und berechnen sofort das Geburtshoroskop eines jeden Menschen, der in unserem Leben wichtig wird. Je weiter unser Bewußtsein sich ausdehnt und je mehr wir im Einklang mit den kosmischen Zyklen stehen, desto größer wird unsere Ehrfurcht und unsere Begeisterung. Doch trotz wachsender Kenntnisse erfahren wir auch zunehmend Unzufriedenheit und Besorgnis. Hilft uns die Astrologie wirklich? Entwickeln wir durch die Beschäftigung mit der Astrologie tatsächlich die Fähigkeit, ein Leben in Übereinstimmung mit unseren höchsten Werten zu führen? Überwinden wir unsere Angst und entwickeln ein tieferes Vertrauen? Öffnen wir unser Herz genauso wie unseren Geist?

Bei der Interpretation von Horoskopen stellen wir das Denken auf kosmische Symbole ein, auf Archetypen, die die Kräfte im Kern des Selbstes und im Universum vertreten. Wir stümpern ein bißchen in den Sphären der Götter herum. Wie Ikarus riskieren wir, zu nah an die Sonne zu fliegen, uns die Flügel zu versengen und zur Erde niederzustürzen. Wie Eva, die durch die verbotene Frucht verführt wurde, oder wie die Erbauer des Turmes zu Babel, die schließlich alle innerhalb der Grenzen ihrer eigenen Sprache gefangen waren und deshalb nicht wirklich miteinander kommunizieren konnten, weil sie nach dem Himmel gegriffen hatten. Genauso können auch wir manchmal zu hoch hinaus wollen, danach streben, zu viel zu wissen, zu viel zu sein, und so eine kosmische Vergeltung auslösen. Man kann nicht mit den Archetypen der Seele spielen, ohne ihre Macht zu entfesseln. Was immer wir in uns nicht wahrhaben wollen, was immer wir verleugnet, unterdrückt oder nach außen projiziert haben, es wird auf uns zurückfallen.

Astrologie ist eine machtvolle Kunst, die dem Leben eine höhere Qualität verleihen kann, da sie uns hilft, die eigene Entwicklung zu verstehen, und uns zeigt, wie wir mit den Energien in uns selbst und um uns herum zusammenwirken können. Aber sie ist auch eine gefährliche Kunst und kann leicht mißbraucht werden. Wir müssen ein hohes Maß an Ehrlichkeit und Integration erreicht haben, fest in uns ruhen und auch die Berechtigung für unser Tun haben. Außerdem müssen wir uns ganz klar einem Leben gemäß unseren höchsten Prinzipien verschreiben — und in der Lage sein, ein solches

Leben zu führen, wenn wir astrologisches Wissen konstruktiv einsetzen wollen, ohne den vielen Gefahren zu erliegen, die dem Spiel mit kosmischen Kräften innewohnen.

Worin liegen also die Gefahren der Astrologie, die eine zerstörerische Wirkung auf die Beziehung zu uns selbst, zu anderen Menschen, zur Realität als Ganzes und zur Allgemeinheit haben? Welche unerledigten Angelegenheiten könnten uns zu Opfern unserer Kunst werden lassen statt selbst der Künstler zu sein? Womit müssen wir uns als Person und im Gebrauch der Astrologie auseinandersetzen, um unsere Tätigkeit bewußter, effektiver und sicher auch bescheidener auszuüben? Nur wenn wir das Unbewußte ins Bewußtsein bringen, wenn wir die Schwächen kennenlernen, die persönlich und beruflich eine zerstörerische Wirkung haben, und uns damit auseinandersetzen, haben wir überhaupt eine Chance, zu wirklichen Helfern und Heilern zu werden.

Gefahr Nr. 1: Wir verlieren den direkten Kontakt zu uns selbst

Je mehr wir uns selbst und die Welt um uns herum mit höchst abstrakten Symbolen in Beziehung setzen, desto größer wird das Risiko, daß wir den Kontakt zu direkten Erfahrungen verlieren. Wir kommen mit unserem Körper und mit Gefühlen weniger in Berührung, und unsere Fähigkeit, vollkommen lebendig und offen für den gegenwärtigen Augenblick zu sein, nimmt ab. Während wir innere Gelassenheit entwickeln, kann sich auch unsere Absonderung vergrößern. Während das Verständnis umfassender wird, kommen wir gleichzeitig mit unmittelbarer Selbsterkenntnis in Verbindung. Versuchen wir aber, Kontrolle über unsere Erfahrungen zu gewinnen, indem wir uns von ihnen distanzieren und sie objektiv betrachten, können wir paradoxerweise den Kontakt zum innersten Wesen verlieren, und damit auch die Herrschaft über unser Leben und die Fähigkeit, es zu lenken.

Gefahr Nr. 2: Wir halten an unseren Bildern fest

Wir sind nicht das, wofür wir uns halten. Wir sind in jedem Augenblick das, was wir sind — fühlend, denkend, handelnd. Wir sind Subjekte und keine Objekte; das Selbst existiert in jeder Erfahrung des: «Ich bin» statt in der Erklärung des «ich bin dies oder das», was dem Bild entspricht, das wir von uns haben. Die Erfahrung des: «Ich bin, ich fühle, ich möchte, ich kann, ich will» verbindet uns mit der Energie im Kern unseres Wesens. Dagegen sind Aussagen wie: «Ich bin impulsiv, weil ich meinen Mond im Widder habe», oder: «Ich brauche Freiheit und Abwechslung in Liebesbeziehungen, weil meine Venus im Quadrat zu Uranus steht», nur gedankliche Vorstellungen, die nichts mit tiefgehenden persönlichen Erfahrungen zu tun haben, die wir als lebendige, selbstverantwortliche und aktive Individuen machen können. Wenn wir uns zu stark auf die Erklärungen: «Ich bin dies oder das» konzentrieren, d.h. auf die Vorstellungen, die wir schaffen, um uns verstehen zu lernen, kann die Erfahrung des: «Ich bin» tatsächlich abgeschwächt werden. Gedankliche Vorstellungen sind Hilfen, aber kein Ersatz für jenes Selbst-Gefühl, das nicht im Verstand, sondern im innersten Zentrum wohnt. Je stärker die Verbindung mit diesem inneren Wesenskern ist, desto weniger benötigen wir verstandesmäßige Deutungen, um uns selbst zu definieren. Sind wir von uns selbst wirklich erfüllt, ganz und gar authentisch, sind wir nicht mehr von der Definition unseres Wesens durch die Astrologie abhängig. Die Vorstellungen, die wir von uns haben, beziehen sich letzten Endes auf das Ego. Je sicherer wir im innersten Wesen ruhen, desto leichter fällt es uns, das Ego loszulassen, das am besten als Diener funktionieren sollte und nicht als Meister.

Gefahr Nr. 3: Wir verwechseln Wissen mit Macht

Unser Wissen über die Einflüsse von Planeten kann für eine Pseudo-Sicherheit sorgen, für ein falsches Machtgefühl, für einen Puffer gegen das «Chaos-hier-drinnen» und das «Unbekannte-dort-draußen», das wir vielleicht in der direkten Konfrontation fürchten. In dem unendlichen Universum allein zu sein, ist eine schreckliche Erfahrung; nicht zu wissen, wohin wir gehen oder was passieren könnte, ist besonders beängstigend, wenn wir nicht daran glauben, daß uns die Hilfsmittel zur Bewältigung des Unerwarteten zur Verfügung stehen. Unser Wissen kann uns wie ein Schutz erscheinen; es betäubt die Ängste soweit, daß wir uns durch sie nicht mehr überwältigt fühlen. Wenn wir Wissen so einsetzen, wird es uns schwächen. Nur durch das Erleben von Furcht, Unsicherheit und Machtlosigkeit können wir Vertrauen, innere Gewißheit und innere Stärke entwickeln. Nur wenn wir die Kontrolle aufgeben, können wir Kontrolle erlangen; nur durch Unwissenheit können wir die Grenzen des Wissens transzendieren und uns auf die tiefer führenden Kräfte im Inneren ausrichten.

Gefahr Nr. 4: Die Intuition läßt nach

Wenn wir immer wieder die Ephemeriden zu Rate ziehen, bevor wir eine Entscheidung treffen und die Einstellung zu einer bestimmten Person von der Berechnung ihres Horoskops abhängig machen, schwächen wir unser Vertrauen in das innere Wesen. Anstatt die intuitiven «Muskeln» zu gebrauchen und zu stärken, lassen wir sie verkümmern. Wir erlauben eher dem astrologischen Wissen als den Gefühlsabläufen im Inneren, die Entscheidung zu treffen. Sobald wir der Astrologie eine größere Autorität zugestehen als uns selbst, sobald wir sie als einen Gott ansehen, der Urteile fällt und feierliche Verkündigungen abgibt und der uns mit der Androhung von Katastrophen ängstigt, verlieren wir jegliche innere Autorität. Die Macht der Planeten gewinnt immer größere Bedeutung, je kleiner wir werden.

Gefahr Nr. 5: Die Landkarte mit der Landschaft verwechseln

Das Horoskop ist eine Landkarte und nicht die Wirklichkeit, genau so, wie die Vorstellung über uns selbst nicht das Selbst ist. Wenn wir mit dem Auto durch eine unbekannte Gegend fahren, nehmen wir eine Landkarte zu Hilfe, stellen fest, welchen Weg wir nehmen müssen, legen die Karte fort und fahren vorsichtig und kundig zu dem gewünschten Ziel. Wir kommen dort nicht nur deshalb an, weil wir die Landkarte befragt haben, sondern auch, weil wir unseren Füßen, dem Gaspedal, den Bremsen und natürlich auch der Straße Aufmerksamkeit zukommen lassen. Würden wir mit der Landkarte direkt vor der Nase fahren und die gelben und blauen Linien auf dem Papier anstarren statt nach vorne auf die Straße zu sehen, würden wir nicht nur das gewünschte Ziel verfehlen, sondern könnten auch im Krankenhaus oder im Gefängnis landen. Möglicherweise würde die Fahrt auch mit dem Tod enden, der uns in einen engeren Kontakt mit der Astralebene brächte als wir eigentlich wollten. Wenden wir unser Wissen richtig an, gereicht es uns zum Segen, doch machen wir unangemessenen Gebrauch davon, wird es zur Belastung.

Gefahr Nr. 6: Prophezeihungen erfüllen sich

Obwohl gedankliche Vorstellungen nicht die Wirklichkeit sind, haben sie doch die Fähigkeit, die Realität zu beeinflussen. Vermutungen und Überzeugungen verleiten uns dazu, so zu handeln, daß aus ihnen Prophezeihungen werden, die sich erfüllen. Sie beeinträchtigen das eigene Verhalten und das Verhalten anderer uns gegenüber. Erwarten wir, abgelehnt zu werden, nehmen wir wahrscheinlich ein derart zurückhaltendes und ablehnendes Verhalten an, daß wir die Ablehnung geradezu herausfordern. Erwarten wir, während eines Saturn-Transits depressiv zu werden, füttern wir uns mit negativen Affirmationen, die uns erschöpfen und daran hindern, uns auf emotional stärkende und wiederbelebende Tätigkeiten sowie den Austausch mit anderen Menschen einzulassen.

Psychologen haben festgestellt, daß Lehrer, die bestimmte Schüler für langsam und wenig intelligent halten, diese anders behandeln als solche, die ihrer Meinung nach schnell und aufgeweckt sind. Folglich arbeiten die Schüler, die durch diese negativen Annahmen beeinträchtigt werden, nicht so gut wie jene, die der Lehrer für besser hält. Der Lehrer signalisiert ein Vorurteil, und der Schüler reagiert entsprechend. Wie wichtig ist es dann erst für uns Astrologen, nicht nur auf die Überzeugungen, Annahmen und Erwartungen zu achten, deren wir uns bewußt sind. Wir müssen verborgene Motive und Erwartungen aufspüren, die Verhaltensweisen und Umstände verursachen können, die uns und anderen schaden.

Gefahr Nr. 7: «Unerledigte Angelegenheiten»

Da die Planeten Archetypen der Energien im Kern unseres Wesens sind, werden die Strukturen, die auf diesen Energien basieren, verstärkt, wenn wir uns auf sie konzentrieren. Unbewußte Prozesse, Verdrängungen, unerledigte Angelegenheiten, soweit sie sich auf die Bedeutung der einzelnen Planeten beziehen, werden jedes Mal betont, wenn wir uns auf einen dieser Planeten einstellen, sei es im eigenen oder im Horoskop eines anderen. Symbole haben die außergewöhnliche Eigenschaft, Energie, die tief in uns begraben ist, zu verdichten und zu befreien. Jedes Mal, wenn wir uns auf ein psychisches Symbol konzentrieren, wühlen wir tatsächlich die Energie auf, die durch dieses Symbol ausgedrückt wird. Wir fordern es auf, seinen Part auf der Bühne unseres Lebens zu spielen — indem es innere Erfahrungen, äußere Ereignisse und Verhaltensweisen schafft.

Gleichgültig, wie unsere Ängste, unsere Negativität und Zwänge beschaffen sind, die Konzentration auf die Planeten werden sie wahrscheinlich genauso verstärken wie unsere positiven Seiten, die ebenfalls von den Planeten versinnbildlicht werden. Sicher wird die Konzentration auf Saturn, den Planeten, der für die Angst steht, unsere Ängste an die Oberfläche drängen. Widmen wir jedoch jedem einzelnen oder allen Planeten zusammen unsere Aufmerksamkeit, wird dies unbewußte Probleme und Emotionen aktivieren und verstärken, einfach deshalb, weil wir uns auf Archetypen oder Symbole des Unterbewußtseins einstimmen. Fürchten wir die Zukunft und sichern uns ständig gegen unbekannte Katastrophen ab, kann die Anwendung der Astrologie diese Angst vergrößern. Wenn wir beträchtliche Zweifel an unserem Wert haben, uns ständig rechtfertigen und das Ego als Schutz gegen innere Leere zur Schau stellen, kann der Einsatz von Astrologie wie Öl auf die rationale Mühle sein und das unbewußte Bedürfnis unterstützen, das, was uns fehlt, zu kompensieren. Wir können die Astrologie im Dienste dieser Verdrängung gebrauchen. Definieren wir uns zum Beispiel über den Mond im Stier im Quadrat zu Saturn im Löwen, sind wir stolz darauf, ein vorsichtiger, scharfsinniger Pragmatiker zu sein, und rationalisieren gleichzeitig unsere geringe Risikobereitschaft, die dann zu Mißerfolgen führt.

Denken wir über die planetarischen Archetypen nach, konzentrieren wir uns auf die Energien, die sie in uns vertreten. Legen wir jedoch das Schwergewicht auf das Symbol, begegnen wir dieser Energie auf einer verstandesmäßigen Ebene und nehmen sie als etwas wahr, das außerhalb von uns selbst existiert, ohne sie direkt zu erfahren. Deshalb werden wir wahrscheinlich alles, was wir nicht erkannt und akzeptiert haben, auf ein Symbol projizieren. Wie bei den meisten Projektionen werden wir abhängig von dem Objekt, auf das sich die Projektion richtet, weil es einen Teil repräsentiert, den wir verleugnet haben. Je mehr wir den Kontakt zu uns selbst verlieren, desto wahrscheinlicher werden Projektionen. Je mehr Aufmerksamkeit wir dem Objekt der Projektion widmen, desto weniger sind wir in der Lage, den Energien, die wir verleugnet haben, in uns zu begegnen. Wenn Selbstwertgefühl und Selbsterkenntnis löchrig sind, sind wir besonders anfällig, von Symbolen, aber auch von Menschen und Besitz, abhängig zu werden, die unseren Mangel repräsentieren.

Einige unter uns, die ihre zunehmende Abhängigkeit und ihren Machtverlust spüren, versuchen sich davon zu befreien, indem sie gegen ihre wachsende Sucht nach Astrologie oder die Negativität, die sie ans Licht bringen kann, ankämpfen. Ähnlich wie die Braut von Jason, die sich in einen Zaubermantel hüllte, der ihr von Medea gewebt worden war — ein Umhang, der ihr Fleisch verbrannte und der um so zäher an ihr haftete, je mehr sie versuchte, ihn abzureißen —, so versuchen wir die wachsende Abhängigkeit von der astrologischen Landkarte loszuwerden, finden uns jedoch durch jeden Versuch noch stärker daran gebunden. Die Gefahr liegt nicht in der Astrologie selbst, sondern darin, wie wir sie einsetzen, und welche Beziehung wir zu unseren eigenen Energien haben. Die Schlacht ist noch nicht geschlagen, wenn wir uns den Gebrauch der Ephemeriden untersagen, sondern erst dann, wenn wir tieferen Kontakt zu unserem inneren Wesen gewinnen.

Gefahr Nr. 8: Machtlosigkeit und der Verlust der eigenen Mitte

Die Erfahrung der eigenen Machtlosigkeit ist für viele von uns von besonderer Bedeutung. Wir haben das Gefühl, nicht aus dem Zentrum heraus zu leben und außerstande zu sein, das Leben nach unserem Willen und eigenen Zielen zu gestalten. Wenn wir dazu neigen, uns als Opfer oder fremdbestimmt zu fühlen oder das Gefühl haben, nicht mehr selbst der Mittelpunkt unseres Universums zu sein, sondern uns um ein anderes Zentrum drehen, kann die Astrologie diese Tendenz noch verstärken.

Um auf angemessene Weise zu wirken, müssen wir unseren Willen auf die Aufgaben lenken, die vor uns liegen — wir müssen «ich möchte, ich kann und ich will» erleben und als Folge des inneren Erlebens handeln. Das Gefühl für das Selbst scheint dann am stärksten zu sein, wenn wir uns selbst erfahren, ausdrücken und unsere Realität aktiv gestalten. Häufig kollidieren wir mit Kräften, die sich unseren Absichten entgegenstellen. Wir kommen an die Grenzen äußerer Umstände, unvorhergesehener Hindernisse und an Menschen, die uns ablehnend gegenüberstehen. Sobald unsere Fähigkeiten, unsere Selbstachtung und unsere Unabhängigkeit zunehmen, sind wir allmählich in der Lage, die meisten dieser Widerstände anzunehmen und ihnen erfolgreich zu begegnen. Die Astrologie betont, wie die Verhaltens-Psychologie und die Weltanschauung des Determinismus, eher die Einflüsse, die von außen auf uns einwirken, als die Fähigkeit zu handeln, zu wirken oder zu lenken. Je mehr Aufmerksamkeit wir dem zuwenden, was vielleicht auf uns einwirkt, ohne gleichzeitig zu erfahren, wie wir unser Verhalten kontrollieren und die Umgebung beeinflussen können, desto mehr werden wir entmachtet. Unsere Energie wechselt dann vom «Sein» (im Kontakt zu uns selbst und der Welt) und «Tun» zum «Wissen» und dann zum «das wird mir angetan». Statt Subjekt zu bleiben, werden wir zum Objekt; wir sind nicht länger die Meister unseres Lebens. Sobald wir unsere Mitte verlieren, scheinen die Planeten eine deutlichere Wirkung zu haben, weil wir ohne eine zentrale, integrierende Kraft leben, die fähig ist, Energien wirksam zu kanalisieren und zu lenken.

In der Psychosynthese, einer von Roberto Assagioli entwickelten Therapieform, wird den Teilpersönlichkeiten viel Bedeutung beigemessen; jenen inneren Persönlichkeiten, die spezifische Wünsche und Bedürfnisse haben, die häufig im Widerstreit miteinander liegen und uns manchmal beherrschen können. Obwohl es ein Ziel der Psychosynthese ist, mit den Bedürfnissen jeder Teilpersönlichkeit in Kontakt zu kommen, sie zu verstehen, zu akzeptieren und zu befriedigen, liegt das Endziel darin, ein Zentrum des Bewußt-Seins und des Willens zu schaffen, das fähig ist, diese Bedürfnisse zu koordinieren, zu integrieren und zu lenken.

Stellen wir uns ein Theaterstück ohne Regisseur vor, in dem jeder Schauspieler nach Lust und Laune improvisiert, ohne auf die anderen Rücksicht zu nehmen. Das Ergebnis wird wahrscheinlich unkoordiniert und chaotisch sein. Oder nehmen wir eine Konferenz, die ohne einen Leiter stattfindet, oder eine Klasse, die ohne Lehrer ist. Wie wenig wird zustande gebracht, und welche Schwierigkeiten bereitet es den Teilnehmern oder Schülern, sich in solchen Fällen einheitlich zu verhalten und auf erfüllende und produktive Weise zu arbeiten. Auch unsere Persönlichkeit wird funktionsunfähig, wenn der Regisseur oder Leiter nicht anwesend ist. Unsere Planeten-Persönlichkeiten kämpfen um die Befriedigung ihrer Bedürfnisse und spielen immer wieder unbewußte Verhaltensmuster durch, die sich gegeneinander richten und die wirklich jede Gelegenheit zur Bedürfnisbefriedigung sabotieren. Es ist keine zentrale Kraft anwesend, die die Problematik verstehen könnte, die einer Teilpersönlichkeit das Zeichen für ihren Auftritt geben würde oder sie abriefe, um aus den verschiedenen Rollen ein Theaterstück schaffen zu können.

Menschen, die einen inneren Direktor haben, die sich als Zentrum ihres eigenen Universums erfahren, die mit ihrem Körper, ihren Gefühlen und ihrem inneren Wesen in Kontakt sind, werden nicht so stark durch die Planeten beeinträchtigt. Sie können sich über ihre unterbewußten Prozesse erheben. Ein Saturn-Transit, den ein psychisch zerrütteter oder bezugsloser Mensch als schwere Depression erlebt, wird von einem bewußten Menschen, der innere Integration erreicht hat, nur als ein zeitweiliges Aufflackern emotionaler Energie oder als kleine Veränderung empfunden und nicht wie ein Versinken im Sumpf.

Was für einen Teufelskreis schaffen wir, wenn wir uns im Erleben von Machtlosigkeit mehr an die Planeten oder Teilpersönlichkeiten wenden statt zu versuchen, in Kontakt mit unserem Zentrum zu gelangen und aus ihm heraus zu handeln! Das wachsende Gefühl der Machtlosigkeit kann uns erst recht dazu verleiten, nach Antworten zu suchen, die sich uns aber entziehen, weil die Lösung eben nicht im Verstand zu finden ist, nicht in den Ephemeriden, nicht in der Kenntnis und Interpretation von Planetenpositionen. Die Lösung liegt auf dem Grund unseres Wesens, in der Beziehung zu einer Seite in uns, mit der wir nichts zu tun haben wollen.

Gefahr Nr. 9: Die Entfremdung von anderen

Eine letzte Gefahr im Gebrauch der Astrologie liegt in der Wirkung, die unsere Beschäftigung mit diesem Thema auf die Beziehung zu einzelnen Menschen und auf die Gesellschaft insgesamt haben kann. Sicherlich, die Kenntnis der astrologischen Fachsprache macht es möglich, uns gegenseitig einzuordnen und zu bestimmen, Begriffe und Klassifizierungen zu bilden, die uns dazu verleiten, eher über verstandesmäßige Schranken hinweg miteinander umzugehen statt einander mit all unserer Verletzlichkeit wahrzunehmen und direkt aufeinander zuzugehen. Wieviel leichter ist es doch, das Horoskop eines Freundes oder Geliebten zu berechnen und unsere Haltung und unser Verhalten ihm gegenüber eher am Verständnis für sein T-Quadrat mit Pluto oder für seine Sonne/Venus-Konjunktion zu orientieren als ohne astrologische Vorurteile uns auf die eigenen unsicheren Wahrnehmungen und Gefühle diesem Menschen gegenüber einzulassen.

Wenn wir Schwierigkeiten haben, echten Kontakt zu Menschen herzustellen, besonders wenn es darum geht, die Tiefe unserer Gefühle, unsere Bedürfnisse und unsere Verletzlichkeit zu teilen, können wir den astrologischen Jargon dazu benutzen, eine Illusion von Nähe herzustellen, die wir nicht wirklich empfinden. Es fühlt sich viel sicherer an, wenn wir darüber sprechen, daß «dein Saturn eine Konjunktion zu meinem Mond bildet» und «dein Mars in Opposition zu meinem Merkur steht», als zu sagen, «daß ich mich verletzt fühle, wenn du dich zurückziehst, wenn ich des Trostes bedarf und deine Nähe brauche» und «daß ich mich häufig überhört fühle, weil du mich so oft unterbrichst, wenn ich wirklich etwas mitzuteilen habe.» Sind wir fähig, die Angelegenheit zwischen uns symbolisch auszudrücken, können wir die Spannung unausgesprochener Gedanken mindern und scheuen vielleicht noch mehr davor zurück, uns auf wirkliche Kommunikation einzulassen, die die Beziehungen tief und erfüllend werden läßt. Als Folge davon verbergen wir unsere wirklichen Erfahrungen, wenn wir uns als abstrakte Symbole gegenüberstehen statt uns durch direkte Kommunikation zu begegnen.

Die Astrologie ist eine höchst mystische und ganz private Sprache, mit der nur relativ wenige Menschen vertraut sind. Wenn wir kein Vertrauen zu uns selbst haben, zu unserer Kommunikationsfähigkeit, zu unserer Fähigkeit, Beziehungen anzuknüpfen, und wenn uns das Gefühl für Gruppenzugehörigkeit fehlt, dann benutzen wir vielleicht unbewußt den Zugang zu dieser geheimen Sprache als Mittel zur Kompensation. Die Astrologie verschafft uns das Gefühl, etwas Besonderes zu sein und Macht zu haben. Dadurch erheben wir uns über andere und erleben das Gefühl des Getrenntseins. Wenn wir schon der geheimen Bruderschaft der Mystiker angehören und fähig sind, mit den magischen Kräften des Universums zu kommunizieren, warum sollten wir uns dann noch an dem langweiligen alltäglichen Geschwätz der Uneingeweihten beteiligen, die sich ja letztendlich sowieso nicht auf unserer Bewußtseinsebene befinden? Je wichtiger uns esoterisches Wissen wird, um so unbefriedigender kann die gewöhnliche Unterhaltung mit jenen Menschen sein, die dieses Verständnis nicht teilen können. Wir vergessen, daß der tiefste und erfüllendste Kontakt zwischen Menschen nicht über den Verstand, sondern durch Augenkontakt, durch die Offenheit des Herzens und durch den direkten Ausdruck geschieht. Dabei gilt es, selbst echte, unverfälschte Gefühle zu zeigen und auf die Gefühle anderer einzugehen.

Wir verbringen in der Regel viel Zeit mit denen, die «mit astrologischen Zungen» reden, und fühlen uns jenen Menschen gegenüber, die nicht «auf unserer Wellenlänge sind», immer fremder und unsicherer. Wir identifizieren uns vielleicht mehr mit den Randgruppen der Gesellschaft und werden anfälliger für die Zurückweisung der Menschen, die von den «mystischen Künsten» nichts verstehen oder dagegen voreingenommen sind. Wir neigen dazu, uns als getrennt von ihnen zu erleben und fühlen uns den «gewöhnlichen» Menschen überlegen. Wir verlieren allmählich die Fähigkeit, mit Menschen zu kommunizieren, die unsere Leidenschaft nicht teilen, haben wenig Einfühlungsvermögen und können nur mit Mühe Kontakte aufrechterhalten. Ironischerweise kann uns das Interesse an der Astrologie (die eine Kunst des Wassermanns ist) daran hindern, die Ideale dieses Zeichens zu erfüllen, obwohl unser Interesse durch den Wunsch geweckt wurde, die Verbundenheit mit dem Universums zu erfahren. Sicherlich wird auch eine Integration des Löwen, der gegenüberliegenden Polarität, verhindert, wenn wir es erlauben, daß unsere Beschäftigung mit der Astrologie zu Getrenntheit und Entfremdung führt statt zu Gemeinsamkeit und Einheit. In dem Maße, wie sich der Verstand erweitert, kann sich das Herz zusammenziehen. Sobald wir zunehmend vom Verstand und Wissensdurst beherrscht werden, sind wir weniger bereit und in der Lage, unser Herz dem Schmerz, der Traurigkeit, der Armut, der Sehnsucht und auch der Liebe zu öffnen.

Autoritätsmißbrauch in der astrologischen Beratung

Hier geht es um die äußerst mächtigen und häufig verlockenden Gefahren, denen die Studenten der Astrologie ausgesetzt sind. Diejenigen, die astrologische Berater sind, müssen sich mit diesen Gefahren auseinandersetzen, und zusätzlich noch mit dem möglichen Mißbrauch der beruflichen Autorität, die wir in dieser Rolle innehaben. Als astrologische Berater obliegt uns die Verantwortung, uns zu fragen: «Benutzen wir die Klienten, um eigene unerfüllte Bedürfnisse zu befriedigen statt ihren Bedürfnissen gerecht zu werden? Welche unbewußten Botschaften, die vielleicht im Widerspruch zu unserer konstruktiven und helfenden Absicht stehen, vermitteln wir ihnen auf direkte oder indirekte Weise?»

Jede der folgenden persönlichen Eigenschaften, Einstellungen und Verhaltensweisen kann unsere Qualität als Berater untergraben, wenn wir sie nicht in uns selbst abklären und sie, soweit es menschenmöglich ist, daran hindern, unsere Arbeit zu beeinträchtigen.

1. *Ein Gefühl der Überlegenheit:* Wir sprechen aus einer Position überlegener Autorität über den anderen Menschen und vermitteln «ich bin besser als du» oder «ich weiß mehr über dich als du selbst».

2. *Die «Ich-weiß-alles»-Haltung:* Wir handeln, als hätten wir alle Antworten für das Leben des Klienten parat, übermitteln unsere eigenen Meinungen unter dem Deckmantel astrologischer Autorität oder zeigen auf andere Weise einen Mangel an Respekt für den Klienten.

3. *Urteile fällen:* Wir bewerten die Persönlichkeit, die Entscheidungen und das Verhalten des Klienten nach unseren eigenen Maßstäben, anstatt ihn zu ermutigen, selbst seine Werte zu bestimmen.

4. *Aufmerksamkeit erheischen:* Wir halten Monologe, geben mit unserem Wissen an, teilen belanglose persönliche Erfahrungen mit oder stellen uns auf andere Weise in den Mittelpunkt des Geschehens, anstatt auf die Bedürfnisse des Klienten einzugehen.

5. *Herrisches Gehabe:* Wir zwingen den Klienten unseren Rat auf oder fühlen uns gedrängt, ihnen vorzuschreiben, wie sie ihr Leben zu führen haben, anstatt sie selbständig entscheiden zu lassen, wie sie leben möchten.

6. *Die eigene Philosphie aufdrängen:* Wir versuchen, den Klienten von unserer Lebensphilosophie oder geistigen Betrachtungsweise zu überzeugen, ohne sein eigenes Glaubenssystem und seine Bedürfnisse entsprechend zu berücksichtigen.

7. *Das Bedürfnis, gebraucht zu werden:* Wir unterstützen die Abhängigkeit der Klienten oder versuchen, sie von ihren Problemen zu befreien, ohne ihre Individualität zu achten.

8. *Falsche Vorstellungen über das Helfen:* Wir stärken unsere Selbstzufriedenheit, indem wir glauben, wir könnten nur dann erfolgreiche Helfer und Berater sein, wenn wir astrologische Informationen weitergeben, ohne uns in die Welt des Klienten hineinzufühlen und einen ehrlichen Dialog zu führen, der sowohl den Austausch von Gefühlen als auch die Integration und die Anwendung des Wissens beinhaltet.

9. *Falsche Vorstellungen über das Wissen:* Wir legen übertriebenen Wert auf Wissen und abstraktes Verstehen als Schlüssel zur Veränderung, ohne darauf zu achten, ob der Klient dieses Wissen auch entsprechend anwenden kann.

10. *Machtlosigkeit vermitteln:* Wir nehmen dem Klienten das Gefühl von Freiheit, Willen und Motivation, wenn wir uns in erster Linie darauf konzentrieren, wie die Planeten auf ihn wirken, dabei aber seine Fähigkeit zu einer aktiven Lebensführung ignorieren.

11. *Negativität und Angst vermitteln:* Wir geben negative Erklärungen ab oder schaffen negative Erwartungen für die Zukunft, anstatt auch an die schwierigsten Planeten und Aspekte mit einer konstruktiven Einstellung heranzugehen.

12. *Gefallen wollen:* Wir geben dem Klienten nicht das, was er braucht, sondern das, was er möchte. Wir verschaffen ihm zeitweilige Befriedigung oder ein Gefühl der Sicherheit und verschweigen Mitteilungen, die im ersten Moment für den Zuhörer vielleicht quälend sind, auf lange Sicht jedoch wertvoll sein können.

13. *Informationszwang:* Wir handeln aus der Einstellung heraus: «je mehr, desto besser», und überschütten den Klienten mit Informationen, ohne daran zu denken, wie er dieses Wissen emotional verarbeiten kann.

14. *Der Gebrauch vager, unbegründeter Gemeinplätze:* Wir arbeiten von einer Ebene oberflächlicher Interpretationen aus und weichen den wirklichen Problemen des Klienten, mit denen er sich zur Zeit herumschlägt, aus. So ist das Wissen, das wir ihm zuteil werden lassen, von wenig konkretem oder praktischem Nutzen für ihn.

15. *Intellektualisierung und emotionale Abtrennung:* Wir kommunizieren auf einer intellektuellen Ebene und lehnen es ab, uns gefühlsmäßig zu engagieren, auch ermutigen wir den Klienten nicht zu emotionalen Äußerungen. Wir bleiben auf Distanz, anstatt Mitgefühl und menschliche Anteilnahme zu zeigen.

16. *Das Horoskop mit dem Klienten verwechseln:* Wir beziehen uns auf das Horoskop und nicht auf den Menschen, als ob das Horoskop größere Gültigkeit hätte als die Erfahrungen des Klienten, und als ob es wichtiger wäre, Informationen über das Horoskop weiterzugeben als die momentanen Bedürfnisse des Klienten zu erfüllen.

17. *Mystifizierung:* Wir überschütten den Klienten mit astrologischen Fachausdrücken, ohne diese in eine Sprache zu übersetzen, die für ihn verständlich wäre, und vermitteln den irrigen Eindruck, daß wir aus der Tiefe schöpfen, während wir lediglich ein Netz aus astrologischen Symbolen weben.

18. *Ein Mangel an Selbsterkenntnis:* Wir sind unfähig oder nicht bereit anzuerkennen, daß persönliche Konflikte und persönliche Eigenschaften uns im Gebrauch der Astrologie beeinträchtigen und dazu verleiten, eigene unerledigte Angelegenheiten auf den Klienten zu projizieren, oder ihn auf andere Weise zu benutzen, um unseren Bedürfnissen und Erwartungen gerecht zu werden.

Ob nun Astrologie-Student oder Berater, wir können durch die Anwendung der Astrologie häufig in die oben genannten Fallen geraten. Wir sind menschliche Wesen, keine Götter, und können einfach nicht von uns erwarten, daß wir uns aller Handlungen immer ausreichend bewußt sind und die Astrologie immer nutzbringend und klug einsetzen. Wir benötigen Bescheidenheit und Selbstakzeptanz und müssen uns verpflichten, uns selbst gegenüber ehrlich zu sein. Wir brauchen ein Gefühl der Verantwortung, das uns ständig daran arbeiten läßt, die Begrenzungen, die unsere astrologischen Studien und Beratungen untergraben könnten, herauszufinden und zu überwinden.

Was können wir — jeder einzelne und die astrologische Gemeinschaft insgesamt — dazu beitragen, Mißbrauch und Gefahren der Astrologie, die wir hier diskutieren, zu verringern? Wie können wir das Negative in uns und unserer Kunst allmählich überwinden? Wie können wir die folgenden Eigenschaften in uns aufrechterhalten oder entwickeln:

a. Verwurzelung in unserem Wesen;
b. direkten Kontakt zu uns selbst, zu anderen und zur Realität insgesamt;
c. die Fähigkeit, unseren Schatten mutig zu begegnen und die «unerledigten Angelegenheiten» zu lösen;
d. Vertrauen, das fähig ist, unsere Angst zu überwinden;
e. die Erfahrung innerer Macht;
f. die Identifizierung mit dem «Ich bin», dem Selbst statt mit der Vorstellung die wir von uns haben; Zugang zum innersten Kern;
g. den Willen und die Fähigkeit, aus diesem Zentrum heraus zu handeln. Wie könnten wir den Wunsch und die Fähigkeit zur verstandesmäßigen Entwicklung pflegen und dabei gleichzeitig empfänglicher und offener werden?

Jeder von uns hat eine Verantwortung sich selbst und seinen Klienten gegenüber. Deshalb müssen wir über diese Fragen nachdenken. Es gibt keine einfachen Antworten. Die Antworten, die es gibt, müssen wir selbst auf dem Grunde unseres Wesens entdecken. Wenn wir uns darauf einlassen, mit der Unklarheit ungelöster Probleme und unbeantworteter Fragen zu leben, während wir im Herzen den klaren Wunsch nach der Überwindung der persönlichen Hindernisse aufrechterhalten, kann uns das zur rechten Zeit die Lösung bringen. Wie es Rainer Maria Rilke ausdrückte:

> *Ich möchte dich inständig bitten, so sehr ich kann, all dem gegenüber, was in deinem Herzen ungelöst ist, geduldig zu sein, und zu versuchen, die* ***Fragen*** *an sich zu lieben, wie verschlossene Räume, wie Bücher, die in einer sehr fremden Sprache geschrieben sind. Suche jetzt nicht nach den Antworten, die dir nicht gegeben werden können, weil du noch nicht fähig wärst, sie zu leben. Und es geht darum, alles zu leben. Jetzt* ***lebe*** *die Fragen! Vielleicht wirst du allmählich, ohne es zu bemerken, eines fernen Tages in die Antworten hineinwachsen.*

Anmerkungen

1 Bei Vollmond in Konjunktion mit meinem Widder-Mond im 4. Haus entschied ich mich, meinen ersten Kochkurs anzufangen und meinen ersten Job — als Kellnerin — anzutreten. Bei Vollmond in Konjunktion mit meinem Mars im 12. Haus fing ich an, mich für die Inhalte des 12. Hauses zu interessieren, eignete mir Wissen über das 12. Haus an und begann ein Buch zu diesem Thema zu schreiben. Zu Vollmond in Konjunktion mit meinem Neptun habe ich das Werk eines anregenden Schriftstellers entdeckt, was mich motivierte, selbst Gedichte zu schreiben.

2 Einige der Zitate, die für die Mond-Zeichen in einem vorangegangenen Kapitel aufgeführt sind, könnten auch für den aufsteigenden Mondknoten bedeutsam und inspirierend sein.

3 Es können von allen Arbeitsbögen in diesem Buch Fotokopien angefertigt werden.

4 Einmal habe ich in einem Workshop erwähnt, daß ich um die Bekanntschaft von Menschen gebeten hätte, die Konjunktionen zu meinem aufsteigenden Mondknoten haben, und daß meine Gebete sofort erhört wurden. Ein Student in dem Workshop entgegnete: «Aber Sie haben ihren aufsteigenden Mondknoten in den Fischen! Und Menschen mit Planeten in den Fischen hören eben zu!»

5 Zur Interpretation der Mondknoten in den Zeichen siehe «The Astrologers Node Book» von Donna van Toen und «Mondknoten und Reinkarnation» von Martin Schulmann, Urania Verlag.

6 Der Titel von Tracy Marks «Planetary Aspects» erscheint im Verlag HIER & JETZT Anfang 1990.

7 Weitere detaillierte Informationen über die Einflüsse von Transiten auf Mehrfach-Aspekte siehe Tracy Marks «Schwierige Aspekte — Herausforderungen und Chancen».

8 Der ASTRO-LOGIK-Computerservice der Buchhandlung Hier & Jetzt bietet einen preisgünstigen und umfangreichen Rechenservice. Bitte fordern Sie einen Gesamtprospekt an: Buchhandlung HIER & JETZT, Erzbergerstr. 10, D-2000 Hamburg 50.

9 Weitere detaillierte Informationen über die Auswirkungen jedes rückläufigen Planeten siehe in dem Kapitel über Transite und rückläufige Planeten in «Schwierige Aspekte — Herausforderungen und Chancen».

10 Ich erlebe sie nicht als eine Stimme oder ein Bild oder sogar als Worte, sondern als einen Lufthauch, der inmitten der Stille entsteht. Die Erfahrungen anderer Menschen können anders sein. Einige hören tatsächlich eine Stimme; andere sehen wirklich den Weg, dem sie folgen sollen.

11 Copyright 1982 by Tracy Marks. Neudruck von «The Square Aspect» von Tracy Marks, erschienen bei Sagittarius Rising Publishing Company.

12 Lies «Ma's Search for Meaning» von Viktor Frankl, der seine Erlebnisse in einem Konzentrationslager des Zweiten Weltkrieges und die Lebensphilosophie, die er dort zu entwickeln anfing, beschreibt.

Quellenangabe

Die I-Ging-Zitate wurden entnommen aus: I-Ging, Das Buch der Wandlungen, von Richard Wilhelm, Eugen Diederichs Verlag, München.

Anhang
Eklipsen- und Lunations-Tabelle

Sonnen- und Mondfinsternisse (Eklipsen): 1980-1995

MOND			SONNE		
Datum	Grad	Zeichen	Datum	Grad	Zeichen
27. 7.80	4°52′	Wassermann	16. 2.80	26°50′	Wassermann
26. 8.80	3° 3′	Fische	10. 8.80	18°17′	Löwe
20. 1.81	0°10′	Löwe	4. 2.81	16° 2′	Wassermann
17. 7.81	24°31′	Steinbock	31. 7.81	7°51′	Löwe
9. 1.82	19°14′	Krebs	25. 2.82	4°54′	Wassermann
6. 7.82	13°55′	Steinbock	21. 6.82	29°47′	Zwillinge
30.12.82	8°27′	Krebs	20. 7.82	27°43′	Krebs
25. 6.83	3°14′	Steinbock	15.12.82	23° 4′	Schütze
20.12.83	27°36′	Zwillinge	11. 6.83	19°43′	Zwillinge
15. 5.84	24°31′	Skorpion	4.12.83	11°47′	Schütze
13. 6.84	22°45′	Schütze	30. 5.84	9°26′	Zwillinge
8.11.84	16°30′	Stier	22.11.84	0°50′	Schütze
4. 5.85	14°17′	Skorpion	19. 5.85	28°50′	Stier
28.10.85	5°15′	Stier	12.11.85	20°09′	Skorpion
24. 4.86	4° 3′	Skorpion	9. 3.86	19°06′	Widder
17.10.86	24° 7′	Widder	3.10.86	10°16′	Waage
14. 4.87	23°38′	Waage	29. 3.87	8°18′	Widder
7.10.87	13°22′	Widder	23. 9.87	29°34′	Jungfrau
3. 3.88	13°18′	Jungfrau	18. 4.88	27°42′	Fische
27. 8.88	4°23′	Fische	11. 9.88	18°40′	Jungfrau
20. 2.89	1°59′	Jungfrau	7. 3.89	17°10′	Fische
17. 8.89	24°12′	Wassermann	31. 8.89	7°48′	Jungfrau
9. 2.90	20°47′	Löwe	26. 1.90	6°35′	Wassermann
6. 8.90	13°52′	Wassermann	22. 7.90	29° 4′	Krebs
30. 1.91	9°51′	Löwe	15. 1.91	25°20′	Steinbock
27. 6.91	5° 0′	Steinbock	11. 7.91	18°59′	Krebs
26. 7.91	3°16′	Wassermann	4. 1.92	13°51′	Steinbock
21.12.91	29° 3′	Zwillinge	30. 6.92	8°57′	Krebs
15. 6.92	24°20′	Schütze	24.12.92	2°28′	Steinbock
9.12.92	18°10′	Zwillinge	21. 6.93	0°31′	Zwillinge
4. 7.93	13°55′	Schütze	13.11.93	21°32′	Skorpion
29.11.93	7° 3′	Zwillinge	10. 5.94	19°48′	Stier
24. 6.94	3°43′	Schütze	3.11.94	10°54′	Skorpion
18.11.94	25°42′	Stier	29. 4.95	8°56′	Stier
15. 4.95	25° 4′	Waage	23.10.95	0°18′	Skorpion
8.10.95	14°54′	Widder			

Lunationen (1950-1999)

Widder				Stier			
Vollmond		Neumond		Vollmond		Neumond	
00° 14′	23.09.72	00° 49′	21.03.85	00° 14′	23.10.61	00° 05′	20.04.85
00° 24′	23.09.91	01° 07′	22.03.66	00° 36′	23.10.80	00° 18′	20.04.66
01° 11′	24.09.61	02° 40′	23.03.93	01° 46′	25.10.69	01° 38′	22.04.55
01° 35′	24.09.80	02° 46′	24.03.55	01° 52′	25.10.50	01° 52′	21.04.93
01° 56′	25.09.99	02° 52′	23.03.74	01° 59′	25.10.88	01° 55′	22.04.74
02° 29′	26.09.50*	04° 08′	25.03.63	03° 26′	26.10.96	02° 58′	23.04.63
02° 35′	25.09.69*	04° 26′	25.03.82	03° 27′	26.10.77	03° 21′	23.04.82
02° 65′	25.09.88	05° 07′	25.03.52	03° 43′	27.10.58	04° 05′	24.04.52
04° 07′	27.09.77*	05° 29′	26.03.71	05° 32′	29.10.66*	04° 19′	25.04.71
04° 15′	27.09.96*	05° 53′	26.03.90	05° 15′	28.10.85*	04° 43′	25.04.90
04° 16′	27.09 58	06° 39′	27.03.60*	07° 02′	31.10.55	05° 40′	25.04.60
05° 48′	29.09.85	06° 51′	28.03.79	07° 06′	30.10.93	05° 43′	26.04.79
06° 05′	29.09.66	07° 15′	28.03.98	07° 14′	31.10.74	06° 03′	26.04.98
07° 37′	30.09.93	08° 18′	29.03.87*	08° 25′	01.11.63	07° 15′	28.04.87
07° 52′	01.10.74	08° 19′	28.03.68*	08° 46′	01.11.82	07° 25′	27.04.68
07° 52′	01.10.55	09° 54′	30.03.95	09° 29′	01.11.52	08° 56′	29.04.95*
09° 15′	03.10.63	10° 07′	30.03.76	09° 48′	02.11.71	09° 13′	29.04.76*
09° 30′	03.10.82	10° 24′	31.03.57	10° 13′	02.11.90	09° 23′	29.04.57*
10° 14′	03.10.52	11° 57′	01.04.84	11° 04′	03.11.60	10° 53′	01.05.65
10° 37′	04.10.71	12° 03′	02.04.65	11° 13′	04.11.79	10° 57′	01.05.84
11° 00′	04.10.90	13° 12′	03.04.54	11° 35′	04.11.98	11° 53′	02.05.54
11° 41′	04.10.60	13° 35′	03.04.73	12° 49′	05.11.68	12° 18′	02.05.73
11° 58′	05.10.79	13° 42′	03.04.92	12° 44′	05.11.87	12° 34′	02.05.92
12° 24′	05.10.98	14° 33′	04.04.62	14° 41′	06.11.76*	13° 14′	04.05.62
13° 17′	06.10.68*	14° 58′	04.04.81	14° 55′	07.11.57*	13° 37′	04.05.81
13° 22′	07.10.87*	15° 49′	06.04.51	14° 24′	07.11.95	14° 41′	05.05.70
14° 54′	08.10.95	15° 57′	06.04.70	16° 30′	08.11.84*	14° 44′	06.05.51
15° 02′	08.10.76	16° 19′	06.04.89	16° 33′	09.11.65	14° 57′	05.05.89
15° 20′	08.10.57	17° 27′	07.04.78*	17° 40′	10.11.54	16° 17′	07.05.78
16° 52′	09.10.84	17° 32′	08.04.59*	18° 03′	10.11.73	16° 22′	06.05.97
17° 04′	10.10.65	17° 40′	07.04.97*	18° 14′	10.11.92	16° 31′	07.05.59
18° 20′	12.10.54	19° 06′	09.04.86*	19° 02′	11.11.62	18° 01′	08.05.86
18° 39′	12.10.73	19° 22′	09.04.67	19° 27′	11.11.81	18° 18′	09.05.67*
18° 40′	11.10.92	20° 53′	10.04.94	20° 28′	13.11.51	19° 50′	10.05.56
19° 42′	13.10.62	21° 10′	11.04.75	20° 30′	13.11.70	19° 48′	10.05.94*
20° 06′	13.10.81	21° 11′	11.04.56	20° 50′	13.11.89	19° 59′	11.05.75*
20° 52′	15.10.51	22° 38′	12.04.64	22° 06′	14.11.78	21° 10′	11.05.64
21° 04′	14.10.70	22° 50′	13.04.83	22° 14′	14.11.97	21° 30′	12.05.83
21° 28′	14.10.89	23° 36′	13.04.53	22° 16′	15.11.59	22° 08′	13.05.53
22° 32′	16.10.59	24° 00′	13.04.72	23° 50′	16.11.86	22° 30′	13.05.72
22° 32′	16.10.78	24° 21′	14.04.91	24° 09′	17.11.67	22° 54′	14.05.91
22° 43′	16.10.97	25° 01′	15.04.61	25° 42′	18.11.94*	23° 38′	14.05.61
24° 07′	17.10.86*	25° 20′	15.04.80	25° 55′	18.11.56*	23° 50′	14.05.80
24° 21′	18.10.67*	25° 45′	16.04.99	25° 58′	18.11.75*	24° 15′	15.05.99
25° 53′	19.10.94	26° 34′	16.04.69	27° 21′	19.11.64	25° 16′	15.05.88
26° 11′	20.10.75	26° 43′	16.04.88	27° 37′	20.11.83	25° 17′	16.05.69
26° 18′	19.10.56	26° 46′	17.04.50	28° 21′	20.11.53	25° 34′	17.05.50
27° 49′	21.10.64	28° 12′	17.04.96*	28° 44′	20.11.72	26° 52′	17.05.96
27° 56′	22.10.83	28° 17′	18.04.77*	29° 08′	21.11.91	27° 03′	18.05.77
28° 49′	22.10.53	28° 35′	19.04.58*	29° 51′	22.11.61	27° 18′	18.05.58
29° 15′	22.10.72					28° 50′	19.05.85*
29° 33′	23.10.91					28° 55′	20.05.66*

* Mondfinsternis bei Vollmond / Sonnenfinsternis bei Neumond

Lunationen (1950-1999)

Zwillinge

Vollmond		Neumond	
00° 07′	22.11.80	00° 02′	21.05.55
00° 31′	23.11.99	00° 24′	21.05.74
01° 32′	23.11.69	00° 31′	21.05.93*
01° 35′	23.11.88	01° 19′	23.05.63
01° 46′	24.11.50	01° 44′	23.05.82
03° 11′	25.11.96	02° 35′	23.05.52
03° 21′	25.11.77	02° 42′	24.05.71
03° 40′	26.11.58	03° 03′	24.05.90
05° 13′	27.11.85	04° 10′	26.05.79
05° 25′	28.11.66	04° 17′	25.05.60
06° 42′	29.11.55*	04° 24′	25.05.98
07° 01′	29.11.74*	05° 49′	27.05.87
07° 03′	29.11.93*	06° 04′	27.05.68
08° 03′	30.11.63	07° 34′	29.05.95
08° 28′	01.12.82	07° 49′	29.05.76
09° 17′	01.12.52	07° 50′	29.05.57
09° 28′	02.12.71	09° 13′	30.05.65*
09° 52′	02.12.90	09° 26′	30.05.84*
10° 59′	03.12.79	10° 08′	01.06.54
11° 01′	03.12.60	10° 33′	01.06.73
11° 16′	03.12.98	10° 55′	01.06.92
12° 38′	05.12.87	11° 32′	02.06.62
12° 53′	05.12.68	11° 50′	02.06.81
14° 27′	06.12.95	13° 04′	04.06.70
14° 46′	06.12.76	13° 12′	03.06.89
14° 53′	07.12.57	13° 15′	04.06.51
16° 25′	08.12.65*	14° 40′	05.06.97
16° 32′	08.12.84	14° 45′	05.06.78
17° 26′	10.12.54	14° 50′	06.06.59
17° 51′	10.12.73*	16° 32′	07.06.86
18° 10′	09.12.92	16° 44′	08.06.67
18° 52′	11.12.62	18° 02′	08.06.56
19° 13′	11.12.81	18° 17′	09.06.94
20° 26′	12.12.70	18° 19′	09.06.75
20° 35′	13.12.51	19° 19′	10.06.64*
20° 38′	12.12.89	19° 43′	11.06.83*
22° 08′	14.12.97	20° 22′	11.06.53
22° 10′	14.12.78	20° 38′	11.06.72
22° 28′	15.12.59	21° 02′	12.06.91
24° 01′	16.12.86	21° 57′	13.06.61
24° 19′	16.12.67	22° 00′	12.06.80
25° 51′	17.12.56	22° 20′	13.06.99
25° 55′	17.12.94	23° 32′	14.06.88
26° 03′	18.12.75	23° 41′	14.06.69
27° 14′	19.12.64*	23° 58′	15.06.50
27° 36′	20.12.83*	25° 12′	16.06.96
28° 19′	20.12.53	25° 28′	16.06.77
28° 37′	20.12.72	25° 37′	17.06.58
29° 03′	21.12.91*	27° 07′	18.06.66
29° 56′	22.12.61	27° 11′	18.06.85
		28° 05′	20.06.55*
		28° 30′	20.06.74*
		28° 46′	20.06.93
		29° 23′	21.06.63
		29° 47′	21.06.82*

Krebs

Vollmond		Neumond	
00° 03′	21.12.80	00° 51′	22.06.52
02° 03′	24.12.50	00° 49′	22.06.71
01° 37′	23.12.88	01° 05′	22.06.90
01° 44′	23.12.69	02° 37′	24.06.60
03° 20′	24.12.96	02° 23′	24.06.79
03° 37′	25.12.77	02° 28′	24.06.98
03° 52′	26.12.58	04° 07′	26.06.87
05° 29′	27.12.85	04° 23′	25.06.68
05° 32′	27.12.66	05° 54′	27.06.57
06° 39′	29.12.55	05° 54′	28.06.95
07° 02′	29.12.74	06° 04′	27.06.76
07° 15′	28.12.93	07° 14′	29.06.65
08° 01′	30.12.63*	07° 34′	29.06.84
08° 27′	30.12.82*	08° 10′	30.06.54*
09° 30′	31.12.52	08° 32′	30.06.73*
09° 30′	31.12.71	08° 57′	30.06.92*
09° 50′	31.12.90	09° 38′	01.07.62
11° 07′	02.01.80	09° 50′	01.07.81
11° 15′	02.01.99	11° 15′	03.07.89
11° 19′	01.01.61	11° 16′	03.07.70
12° 54′	04.01.88	11° 33′	04.07.51
13° 13′	03.01.69	12° 49′	04.07.97
13° 24′	04.01.50	13° 01′	05.07.78
14° 48′	05.01.96	13° 17′	06.07.59
15° 00′	05.01.58	14° 48′	07.07.86
15° 03′	05.01.77	14° 53′	07.07.67
16° 28′	07.01.66	15° 58′	08.07.56
16° 44′	07.01.85	16° 21′	09.07.75
17° 29′	08.01.55	16° 29′	08.07.94
17° 51′	08.01.74	17° 16′	09.07.64*
18° 15′	08.01.93	17° 41′	10.07.83
18° 59′	09.01.63*	18° 30′	11.07.53*
19° 14′	09.01.82*	18° 37′	10.07.72*
20° 40′	11.01.71	18° 59′	11.07.91*
20° 42′	11.01.90	20° 04′	12.07.80
20° 56′	12.01.52	20° 10′	12.07.61
22° 19′	12.01.98	20° 17′	13.07.99
22° 30′	13.01.79	21° 41′	13.07.88
22° 49′	13.01.60	21° 56′	14.07.69
24° 24′	15.01.87	22° 09′	15.07.50
24° 35′	15.01.68	23° 26′	15.07.96
25° 52′	16.01.57	23° 42′	16.07.77
26° 12′	17.01.76	23° 42′	16.07.58
26° 15′	16.01.95	25° 07′	18.07.66
27° 15′	17.01.65	25° 19′	17.07.85
27° 40′	18.01.84	26° 02′	19.07.55
28° 30′	19.01.54*	26° 27′	19.07.74
28° 40′	18.01.73*	26° 48′	18.07.93
29° 04′	19.01.92	27° 24′	20.07.63*
		27° 43′	20.07.82*
		28° 56′	22.07.71*
		29° 04′	22.07.90*
		29° 06′	21.07.52

* Mondfinsternis bei Vollmond / Sonnenfinsternis bei Neumond

Lunationen (1950-1999)

Löwe				Jungfrau			
Vollmond		Neumond		Vollmond		Neumond	
00° 10′	20.01.81*	00° 31′	23.07.98	00° 13′	18.02.81	00° 48′	24.08.87
00° 14′	20.01.62	00° 36′	24.07.79	00° 25′	19.02.62*	00° 53′	23.08.68
01° 50′	21.01.89	00° 52′	23.07.60	01° 59′	20.02.89*	02° 00′	25.08.57
02° 06′	22.01.70	02° 22′	25.07.87	02° 18′	21.02.70*	02° 22′	25.08.76
02° 23′	23.01.51	02° 35′	25.07.68	02° 26′	21.02.51*	02° 29′	26.08.95
03° 40′	23.01.97	03° 52′	27.07.57	03° 51′	22.02.97	03° 18′	26.08.65
03° 59′	24.01.78	04° 08′	27.07.95	04° 00′	23.02.59	03° 43′	26.08.84
04° 05′	24.01.59	04° 09′	27.07.76	04° 04′	23.02.78	04° 35′	28.08.54
05° 37′	26.01.67	05° 10′	28.07.65	05° 26′	24.02.67	04° 41′	18.08.73
05° 45′	26.01.86	05° 34′	28.07.84	05° 43′	24.02.86	05° 03′	27.08.92
06° 39′	27.01.56	06° 14′	29.07.54	06° 26′	26.02.56	06° 10′	29.08.81
07° 03′	27.01.75	06° 30′	29.07.73	06° 49′	26.02.75	06° 16′	30.08.62
07° 23′	27.01.94	06° 54′	29.07.92	07° 13′	25.02.94	07° 48′	31.08.89*
08° 05′	28.01.64	07° 49′	31.07.62*	07° 57′	27.02.64	08° 04′	31.08.70*
08° 26′	28.01.83	07° 51′	31.07.81*	08° 12′	27.02.83	08° 18′	01.09.51*
09° 30′	29.01.53*	09° 22′	01.08.89	09° 39′	29.02.72	09° 33′	01.09.97*
09° 39′	30.01.72*	09° 32′	02.08.70	09° 40′	28.02.91	09° 50′	02.09.78
09° 51′	30.01.91*	09° 49′	02.08.51	09° 54′	28.02.53	09° 50′	03.09.59
11° 20′	31.01.99	11° 11′	03.08.97	11° 14′	02.03.99	11° 15′	04.09.67
11° 22′	01.02.80	11° 19′	04.08.78	11° 26′	01.03.80*	11° 28′	04.09.86
11° 41′	31.01.61	11° 28′	04.08.59	11° 45′	02.03.61*	12° 12′	04.09.56
13° 14′	02.02.88	12° 58′	06.08.67	13° 17′	04.03.50	12° 36′	05.09.75
13° 31′	02.02.69	13° 02′	05.08.86	13° 18′	03.03.88*	12° 58′	05.09.94
13° 31′	02.02.50	13° 58′	06.08.56	13° 28′	03.03.69	13° 36′	06.09.64
15° 01′	04.02.58	14° 22′	07.08.75	14° 41′	05.03.58	13° 55′	07.09.83
15° 14′	04.02.77	14° 38′	07.08.94	15° 01′	05.03.77	15° 10′	07.09.72
15° 07′	04.02.96	15° 17′	07.08.64	15° 05′	05.03.96	15° 18′	08.09.91
16° 24′	05.02.66	15° 40′	08.08.83	16° 02′	07.03.66	15° 22′	08.09.53
16° 47′	05.02.85	16° 43′	09.08.72	16° 27′	07.03.85	16° 47′	09.09.99
17° 31′	07.02.55	16° 46′	09.08.53	17° 18′	08.03.55	16° 52′	09.09.80
17° 48′	06.02.74	16° 59′	10.08.91	17° 27′	08.03.74	17° 10′	10.09.61
18° 13′	06.02.93	18° 17′	10.08.80*	17° 50′	08.03.93	18° 40′	11.09.88*
19° 08′	08.02.63	18° 22′	11.08.99	18° 57′	09.03.82	18° 53′	11.09.69*
19° 14′	08.02.82	18° 31′	11.08.61*	19° 01′	10.03.63	18° 48′	12.09.50*
20° 47′	09.02.90*	20° 00′	12.08.88	20° 37′	11.03.90	20° 12′	13.09.58
20° 55′	10.02.71*	20° 17′	13.08.69	20° 52′	12.03.71	20° 28′	12.09.96
21° 14′	11.02.52*	20° 22′	13.08.50	21° 07′	11.03.52	20° 29′	13.09.77
22° 30′	11.02.98	21° 47′	14.08.96	22° 24′	13.03.98*	21° 31′	14.09.66
22° 47′	12.02.79	21° 50′	15.08.58	22° 42′	13.03.79*	21° 55′	14.09.85
23° 01′	12.02.60	21° 58′	14.08.77	22° 47′	13.03.60*	22° 37′	16.09.55
24° 37′	13.02.87	23° 10′	16.08.66	24° 16′	14.03.68	22° 52′	16.09.74
24° 38′	14.02.68	23° 29′	16.08.85	24° 25′	15.03.87	23° 16′	15.09.93
25° 45′	14.02.57	24° 08′	17.08.55	25° 15′	16.03.57	24° 14′	17.09.63
26° 08′	15.02.76	24° 29′	17.08.74	25° 39′	16.03.76	24° 16′	17.09.82
26° 21′	15.02.95	24° 53′	17.08.93	25° 59′	16.03.95	25° 50′	19.09.90
27° 08′	16.02.65	25° 37′	19.08.63	26° 40′	17.03.65	26° 00′	19.09.71
27° 32′	17.02.84	25° 48′	19.08.82	27° 01′	17.03.84	26° 18′	19.09.52
28° 26′	17.02.54	27° 15′	20.08.90	28° 14′	18.03.73	27° 32′	20.09.98
28° 37′	17.02.73	27° 15′	20.08.71*	28° 23′	19.03.54	27° 49′	21.09.79
28° 55′	18.02.92	27° 32′	20.08.52*	28° 24′	18.03.92	27° 58′	20.09.60*
		28° 48′	22.08.98	29° 56′	20.03.81	29° 30′	22.09.68*
		29° 01′	22.08.79*			29° 34′	23.09.87*
		29° 16′	22.08.60				

* Mondfinsternis bei Vollmond / Sonnenfinsternis bei Neumond

Lunationen (1950-1999)

Waage				Skorpion			
Vollmond		Neumond		Vollmond		Neumond	
00° 13′	21.03.62	00° 30′	23.09.57	00° 58′	21.04.51	00° 18′	24.10.95*
01° 45′	22.03.89	00° 54′	23.09.76	01° 09′	21.04.70	00° 57′	24.10.65
02° 00′	23.03.51	01° 10′	24.09.95	01° 00′	21.04.89	01° 16′	24.10.84
02° 01′	23.03.70	01° 51′	25.09.65	02° 19′	23.04.59	02° 34′	26.10.73
03° 27′	24.03.59*	02° 14′	25.09.84	02° 39′	23.04.78	02° 41′	25.10.92
03° 36′	24.03.97*	03° 20′	26.09.73	02° 45′	22.04.97	02° 47′	26.10.54
03° 40′	24.03.78*	03° 24′	27.09.54	03° 37′	24.04.67*	04° 19′	27.10.81
04° 47′	26.03.67	03° 35′	26.09.92	04° 03′	24.04.86	04° 38′	28.10.62
05° 10′	26.03.86	04° 57′	28.09.81	04° 50′	25.04.56	06° 11′	29.10.89
05° 52′	26.03.56	05° 12′	28.09.62	04° 59′	25.04.75	06° 21′	30.10.51
06° 08′	27.03.75	06° 43′	29.09.89	05° 22′	25.04.94	06° 25′	30.10.70
06° 33′	27.03.94	07° 01′	30.09.70	06° 26′	28.04.83	07° 45′	31.10.59
07° 27′	28.03.64	07° 05′	01.10.51	06° 31′	26.04.64	08° 01′	31.10.97
07° 33′	28.03.83	08° 33′	01.10.97	08° 04′	28.04.91	08° 03′	31.10.78
09° 05′	30.03.91	08° 34′	02.10.59*	08° 19′	28.04.72	09° 07′	02.11.67*
09° 14′	29.03.72	08° 43′	02.10.78*	08° 33′	29.04.53	09° 31′	02.11.86
09° 32′	30.03.53	09° 56′	03.10.67	09° 50′	30.04.99	10° 15′	02.11.56
10° 47′	31.03.99	10° 16′	03.10.86*	10° 06′	30.04.80	10° 29′	03.11.75*
11° 03′	31.03.80	10° 55′	04.10.56	10° 10′	30.04.61	10° 54′	03.11.94*
11° 16′	01.04.61	11° 16′	05.10.75	11° 14′	02.05.50	11° 54′	04.11.64
12° 33′	02.04.50*	11° 41′	04.10.94	11° 37′	02.05.69	11° 56′	04.11.83
12° 51′	02.04.88	12° 27′	05.10.64	11° 48′	01.05.88	13° 32′	06.11.91
12° 51′	02.04.69*	12° 38′	06.10.83	12° 34′	03.05.58*	13° 44′	06.11.72
13° 53′	04.04.58	14° 09′	07.10.72	12° 58′	03.05.77	14° 02′	06.11.53
14° 17′	04.04.77*	14° 17′	07.10.91	13° 19′	03.05.96	15° 18′	08.11.99
14° 31′	04.04.96*	14° 27′	08.10.53	13° 56′	04.05.66*	15° 36′	07.11.80
15° 13′	05.04.66	15° 44′	09.10.99	14° 17′	04.05.85*	15° 46′	08.11.61
15° 38′	05.04.85	15° 58′	09.10.80	15° 27′	06.05.74	16° 59′	09.11.50
16° 41′	07.04.55	16° 14′	09.10.61	15° 37′	06.05.55	17° 21′	09.11.69
16° 41′	06.04.74	17° 40′	11.10.50	15° 38′	06.05.93	17° 24′	09.11.88
16° 58′	06.04.93	17° 48′	10.10.88	17° 07′	08.05.82	18° 22′	11.11.58
18° 15′	08.04.82	17° 54′	11.10.69	17° 24′	08.05.63	18° 47′	11.11.77
18° 28′	09.04.63	19° 02′	12.10.58*	18° 54′	09.05.90	19° 03′	11.11.96
20° 00′	10.04.90	19° 24′	12.10.77*	19° 08′	10.05.52	19° 45′	12.11.66*
20° 18′	10.04.71	19° 32′	12.10.96*	19° 10′	10.05.71	20° 09′	12.11.85*
20° 26′	10.04.52	20° 21′	14.10.66	20° 32′	11.05.60	21° 16′	14.11.74
21° 49′	11.04.98	20° 47′	14.10.85	20° 42′	11.05.98	21° 21′	14.11.55
21° 57′	11.04.60	21° 41′	15.10.55	20° 46′	12.05.79	21° 32′	13.11.93*
22° 02′	12.04.79	21° 46′	15.10.74	21° 51′	12.05.68	22° 56′	15.11.82
23° 20′	13.04.68*	22° 08′	15.10.93	22° 14′	13.05.87	23° 11′	16.11.63
23° 38′	14.04.87*	23° 18′	17.10.82	22° 54′	13.05.57*	24° 45′	17.11.90
24° 16′	14.04.57	23° 25′	17.10.63	23° 10′	13.05.76*	25° 03′	18.11.71
24° 39′	14.04.76	25° 00′	18.10.90	23° 35′	14.05.95	25° 08′	17.11.52
25° 04′	15.04.95	25° 17′	19.10.71	24° 26′	15.05.65	26° 38′	19.11.98
25° 45′	15.04.65	25° 30′	18.10.52	24° 31′	15.05.84*	26° 39′	18.11.60
26° 00′	15.04.84	26° 49′	20.10.98	26° 01′	16.05.92	26° 48′	19.11.79
27° 25′	17.04.73	27° 06′	20.10.60	26° 09′	17.05.73	28° 04′	20.11.68
27° 26′	17.04.92	27° 06′	21.10.79	26° 27′	17.05.54	28° 24′	21.11.87
27° 40′	17.04.54	28° 33′	21.10.68	27° 56′	19.05.81	29° 07′	21.11.57
29° 10′	19.04.81	28° 46′	22.10.87	28° 08′	19.05.62	29° 27′	21.11.76
29° 28′	20.04.62	29° 31′	23.10.57*	29° 23′	21.05.51	29° 52′	22.11.95
		29° 55′	23.10.76*	29° 41′	21.05.70		
				29° 42′	20.05.89		

* Mondfinsternis bei Vollmond / Sonnenfinsternis bei Neumond

Lunationen (1950-1999)

Schütze Vollmond		Schütze Neumond		Steinbock Vollmond		Steinbock Neumond	
00° 42′	22.05.59	00° 40′	23.11.65*	00° 06′	22.06.67	00° 49′	22.12.65
01° 05′	22.05.78	00° 50′	21.11.84*	00° 27′	22.06.86	00° 49′	22.12.84
01° 19′	22.05.97	02° 21′	14.11.92	01° 36′	23.06.75	02° 28′	23.12.92*
02° 00′	23.05.67	02° 24′	24.11.73	01° 44′	23.06.56	02° 40′	24.12.73*
02° 25′	23.05.86	02° 43′	25.11.54	01° 47′	23.06.94	02° 58′	25.12.54*
03° 25′	25.05.56*	04° 16′	26.11.81	03° 14′	25.06.83*	04° 33′	26.12.81
03° 25′	25.05.75*	04° 32′	27.11.62	03° 30′	25.06.64*	04° 42′	26.12.62
03° 45′	24.05.94*	06° 00′	29.11.51	05° 00′	26.06.91*	05° 56′	28.12.51
04° 57′	26.05.83	06° 08′	28.11.89	05° 11′	27.06.53	06° 17′	18.12.70
05° 09′	26.05.64	06° 14′	28.11.70	05° 14′	26.06.72	06° 22′	28.12.89
06° 39′	28.05.91	07° 24′	30.11.59	06° 34′	28.06.61	07° 20′	29.12.59
06° 56′	28.05.72	07° 46′	30.11.78	06° 45′	28.06.99	07° 44′	29.12.78
07° 03′	28.05.53	07° 54′	30.11.97	06° 48′	28.06.80	08° 01′	19.12.97
08° 26′	30.05.99	08° 47′	01.12.67	07° 29′	29.06.50	08° 46′	31.12.67
08° 32′	30.05.61	09° 12′	01.12.86	07° 52′	29.06.69	09° 08′	31.12.86
08° 38′	29.05.80	10° 09′	02.12.56*	08° 15′	29.06.88	10° 19′	01.01.76
09° 30′	31.05.50	10° 13′	03.12.75	08° 55′	01.07.58	10° 25′	01.01.57
09° 54′	31.05.69	10° 35′	02.12.94	09° 11′	01.07.77	10° 33′	01.01.95
10° 12′	31.05.88	11° 47′	04.12.83*	09° 35′	01.07.96	12° 00′	03.01.84
10° 51′	01.06.58	11° 56′	04.12.64*	10° 27′	02.07.66	12° 17′	02.01.65
11° 13′	01.06.77	13° 31′	06.12.91	10° 33′	02.07.85	13° 51′	04.01.92*
11° 37′	01.06.96	13° 49′	05.12.72	12° 02′	03.07.93	14° 10′	04.01.73*
12° 17′	03.06.66	14° 02′	06.12.53	12° 10′	04.07.74	14° 13′	05.01.54*
12° 31′	03.06.85	15° 23′	07.12.99	12° 26′	05.07.55*	15° 43′	06.01.62
14° 09′	05.06.55*	15° 39′	07.12.61	13° 55′	06.07.82*	15° 54′	06.01.81
13° 54′	04.06.74*	15° 40′	07.12.80	14° 06′	06.07.63*	16° 44′	07.01.51
13° 55′	04.06.93*	16° 44′	09.12.50	15° 19′	07.07.52	17° 09′	07.01.70
15° 37′	06.06.82	17° 09′	09.12.69	15° 38′	08.07.71	17° 29′	07.01.89
15° 53′	07.06.63	17° 22′	08.12.88	15° 39′	08.07.90	18° 13′	09.01.59
17° 20′	08.06.52	18° 10′	10.12.58	16° 36′	08.07.60	18° 32′	09.01.78
17° 24′	08.06.90	18° 33′	10.12.77	17° 01′	09.07.79	18° 58′	09.01.97
17° 32′	09.06.71	18° 55′	10.12.96	17° 14′	09.07.98	19° 49′	10.01.67
18° 40′	09.06.60	19° 38′	12.12.66	17° 55′	10.07.68	19° 58′	10.01.86
19° 01′	10.06.79	19° 56′	12.12.85	18° 20′	11.07.87	21° 31′	11.01.94
19° 06′	10.06.98	21° 17′	13.12.74*	19° 20′	11.07.57	21° 35′	12.01.75
19° 59′	10.06.68	21° 23′	13.12.93	19° 20′	11.07.76	21° 54′	13.01.56
20° 24′	11.06.87	21° 30′	14.12.55*	19° 38′	12.07.95	23° 27′	14.01.83
21° 10′	12.06.57	23° 04′	15.12.82*	20° 52′	13.07.84	23° 43′	14.01.64*
21° 19′	12.06.76	23° 23′	16.12.63	21° 04′	13.07.65	25° 09′	15.01.53*
21° 42′	13.06.95	24° 58′	17.12.90	22° 34′	14.07.92	25° 20′	15.01.91*
22° 45′	13.06.84*	25° 06′	17.12.52	22° 51′	15.07.73*	25° 25′	16.01.72*
22° 48′	14.06.65*	25° 11′	17.12.71	22° 57′	16.07.54*	26° 32′	16.01.61
24° 20′	15.06.92*	26° 32′	18.12.60	24° 25′	17.07.62*	26° 55′	17.01.80
24° 35′	15.06.73*	26° 48′	18.12.98	24° 31′	17.07.81*	27° 04′	17.01.99
24° 48′	16.06.54	26° 50′	19.12.79	25° 21′	18.07.51	27° 40′	18.01.50
26° 19′	17.06.81	27° 56′	19.12.68	25° 46′	18.07.70	27° 56′	18.01.69
26° 22′	18.06.62	28° 20′	20.12.87	26° 04′	18.07.89	28° 21′	19.01.88
27° 26′	19.06.51	29° 07′	21.12.57	26° 42′	20.07.59	29° 24′	19.01.77
27° 48′	19.06.70	29° 21′	21.12.76	27° 04′	20.07.78	29° 25′	19.01.58
27° 59′	19.06.89	29° 45′	21.12.95	27° 27′	20.07.97	29° 45′	20.01.96
28° 44′	20.06.59			28° 09′	21.07.67		
29° 08′	20.06.78			28° 23′	21.07.86		
29° 29′	20.06.97			29° 46′	22.07.94		
				29° 46′	23.07.75		
				29° 59′	22.07.56		

* Mondfinsternis bei Vollmond / Sonnenfinsternis bei Neumond

Lunationen (1950-1999)

Wassermann				Fische			
Vollmond		Neumond		Vollmond		Neumond	
01° 29′	24.07.83	01° 00′	21.01.85	00° 06′	23.08.64	01° 05′	19.02.85
01° 45′	24.07.64	01° 10′	21.01.66	01° 21′	24.08.53	01° 21′	20.02.66
03° 13′	26.07.53*	02° 46′	22.01.93	01° 40′	24.08.72	02° 55′	21.02.93
03° 16′	26.07.91*	03° 04′	23.01.74	01° 41′	25.08.91	03° 13′	22.02.74
03° 24′	26.07.72*	03° 16′	24.01.55	02° 39′	26.08.61*	03° 15′	22.02.55
04° 31′	27.07.61	04° 52′	25.01.63*	03° 03′	26.08.80*	04° 45′	24.02.63
04° 52′	26.07.80*	04° 54′	25.01.82*	03° 14′	26.08.99	04° 56′	23.02.82
05° 29′	29.07.50	05° 55′	26.01.52	03° 46′	27.08.50	05° 43′	25.02.52*
05° 49′	29.07.69	06° 21′	26.01.71	03° 58′	27.08.69*	06° 09′	25.02.71*
06° 14′	29.07.88	06° 35′	26.01.90*	04° 23′	27.08.88*	06° 30′	25.02.90
07° 00′	30.07.58	07° 20′	28.01.60	05° 23′	29.08.58	07° 10′	26.02.60
07° 09′	30.07.77	07° 44′	28.01.79	05° 24′	28.08.77	07° 29′	26.02.79*
07° 32′	30.07.96	08° 07′	28.01.98	05° 41′	28.08.96	07° 54′	26.02.98*
08° 36′	31.07.85	08° 50′	29.01.68	06° 57′	30.08.85	08° 45′	28.02.68
08° 40′	01.08.66	09° 07′	29.01.87	07° 09′	31.08.66	08° 54′	28.02.87
10° 12′	02.08.93	10° 30′	31.01.76	08° 41′	01.09.93	10° 25′	01.03.95
10° 27′	03.08.74	10° 35′	30.01.95	08° 58′	01.09.74	10° 31′	29.02.76
10° 41′	03.08.55	10° 45′	30.01.57	09° 05′	02.09.55	10° 49′	01.03.57
12° 12′	04.08.82	12° 19′	01.02.84	10° 34′	03.09.63	12° 22′	02.03.84
12° 15′	05.08.63	12° 38′	01.02.65	10° 41′	03.09.82	12° 37′	03.03.65
13° 18′	05.08.52*	14° 12′	03.02.92	11° 32′	04.09.52	14° 01′	05.03.54
13° 41′	06.08.71*	14° 18′	03.02.54	11° 57′	05.09.71	14° 14′	04.03.92
13° 52′	06.08.90*	14° 25′	03.02.73	12° 15′	05.09.90	14° 17′	05.03.73
14° 35′	07.08.60	15° 43′	05.02.62*	12° 53′	05.09.60*	15° 23′	06.03.62
15° 00′	08.08.79	16° 02′	04.02.81*	13° 16′	06.09.79*	15° 46′	06.03.81
15° 21′	08.08.98*	16° 44′	06.02.51	13° 41′	06.09.98*	16° 29′	07.03.51*
15° 58′	08.08.68	17° 05′	06.02.70	14° 21′	06.09.68	16° 44′	07.03.70*
16° 19′	09.08.87	17° 30′	06.02.89	14° 35′	07.09.87	17° 10′	07.03.89*
17° 29′	09.08.76	18° 17′	07.02.59	15° 59′	08.09.76	18° 08′	09.03.59
17° 38′	10.08.57	18° 29′	07.02.78	16° 00′	09.09.95	18° 10′	09.03.78*
17° 39′	10.08.95	18° 54′	07.02.97	16° 15′	09.09.57	18° 31′	09.03.97*
19° 08′	11.08.84	19° 58′	09.02.86	17° 45′	10.09.84	19° 44′	10.03.86
19° 24′	12.08.65	20° 00′	09.02.67	18° 01′	10.09.65	19° 55′	11.03.67
20° 55′	13.08.92	21° 38′	10.02.94	19° 31′	12.09.54	21° 29′	12.03.94
21° 08′	14.08.54	21° 51′	11.02.75	19° 34′	12.09.92	21° 47′	12.03.75
21° 09′	14.08.73	22° 09′	11.02.56	19° 42′	12.09.73	21° 58′	12.03.56
22° 30′	15.08.62*	23° 44′	13.02.83	20° 52′	14.09.62	23° 32′	14.03.64
22° 45′	15.08.81	23° 52′	13.02.64	21° 13′	14.09.81	23° 35′	14.03.83
23° 25′	17.08.51*	25° 03′	14.02.53*	21° 52′	15.09.51*	24° 35′	15.03.53
23° 49′	17.08.70*	25° 26′	15.02.72	22° 12′	15.09.70*	25° 00′	15.03.72
24° 12′	17.08.89*	25° 31′	15.02.91	22° 37′	15.09.89	25° 14′	16.03.91
24° 50′	18.08.59	26° 25′	15.02.61*	23° 24′	17.09.59*	25° 57′	16.03.61
25° 07′	18.08.78	26° 50′	16.02.80*	23° 33′	16.09.78*	26° 21′	16.03.80
25° 32′	18.08.97	27° 08′	16.02.99*	23° 57′	16.09.97*	26° 43′	17.03.99
26° 24′	20.08.67	27° 43′	16.02.50	25° 01′	18.09.86	27° 25′	18.03.69*
26° 29′	19.08.86	27° 50′	16.02.69	25° 05′	18.09.67	27° 28′	18.03.50*
28° 00′	21.08.94	28° 12′	17.02.88	26° 39′	19.09.94	27° 42′	18.03.88*
28° 08′	21.08.75	29° 22′	18.02.77	26° 54′	20.09.75	29° 02′	19.03.77
28° 25′	21.08.56	29° 29′	18.02.58	27° 08′	20.09.56	29° 08′	19.03.96
29° 55′	23.08.83	29° 36′	18.02.96	28° 42′	22.09.83	29° 17′	20.03.58
				28° 45′	21.09.64		
				29° 51′	23.09.53		

* Mondfinsternis bei Vollmond / Sonnenfinsternis bei Neumond

Tracy Marks

Schwierige Aspekte Herausforderungen und Chancen

Die Autorin bietet wirkungsvolle Methoden zum Verständnis und zur Lösung der Probleme, die durch Quadrate und Oppositionen entstehen. Das Kernthema dieses Buches, das T-Quadrat, das fast in jedem Horoskop, wenn nicht im Geburtshoroskop, dann durch Transite, Progressionen oder Horoskopvergleiche periodisch auftritt, wird hier vollständig behandelt. Tracy Marks zeigt auf, wie *jeder* die von ihr entwickelten Methoden zum Verständnis schwieriger Phasen und Herausforderungen anwenden kann — und nicht nur die Menschen, deren Geburtshoroskop ein T-Quadrat aufweist.

Laut einer landesweiten Umfrage des *Astrology 'book Club* in den USA war »Die Chancen schwieriger Aspekte« das am höchsten bewertete Buch. Die *»New England Astrology Assoc. Newsletter«* schreibt:

»Auch wenn Sie sich schon jahrelang mit Astrologie beschäftigt haben, werden Sie hier neue Ideen finden. Ein Buch, das informiert und zum Nachdenken anregt und das wir besonders empfehlen können.«

252 Seiten, br.
ISBN 3-926025-04-3
29,80 DM